THE TEACHING PORTFOLIO
Third Edition

ティーチング・ポートフォリオ
作成の手引

大学教育を
変える
教育業績記録

ピーター・セルディン 著
大学評価・学位授与機構 監訳
栗田佳代子 訳

玉川大学出版部

The Teaching Portfolio
A Practical Guide to Improved Performance and Promotion / Tenure Decisions
Third Edition
by Peter Seldin

Copyright © 2004 by Anker Publishing Company, Inc.
All Rights Reserved. This translation published under license.
Japanese translation rights arranged with John Wiley & Sons International
Rights, Inc. through Japan UNI Agency, Inc., Tokyo.

日本語版出版にあたって

　『ティーチング・ポートフォリオ』の初版が1991年に世に出たときには，このコンセプトを採用していた大学はアメリカとカナダにおいて，確か，10大学くらいであったと思う。それからティーチング・ポートフォリオは全世界に広がることとなった。ポートフォリオは今や教壇に立つ教員のためだけでなく，大学院生にも利用されており，マレーシアやフィンランド，ケニア，イギリス，香港，エクアドル，ベラルーシ，南アフリカなどの2,500近くの大学に普及している。
　なぜ，ポートフォリオのアイデアが文化や言語を超えてこんなに広まったのだろうか？　私は，それはティーチング・ポートフォリオ作成における自己省察のプロセスと教育活動の文書化という特徴にあると考えている。
　ポートフォリオ作成によって次のことが行われる。
　(1) 個人的な教育活動について深く考える
　(2) 優先すべきものの整理をする
　(3) 教育戦略について再考する
　(4) 未来の計画をたてる
　これらが専門領域の教育について自らの考えを深く掘り下げる作用を果たし，それが結果として教育活動の改善を効果的に行うことになる。ポートフォリオは実際に教えている科目，学生，時間に注目を向ける。そして，この具体性が学問領域に即した教育と学びにとってたいへん重要なことなのである。ポートフォリオは，大学などで教鞭をとるということの複雑性，そして，個性の表現には最適の方法である。
　『ティーチング・ポートフォリオ』の第3版は既に多くの国で出版されている。そして，あらたに日本において第3版が出版され，ポートフォリオのコンセプトが共有されることは，著者としてもたいへんに光栄なことである。

ピーター・セルディン
ニューヨーク州プレザントヴィル
2007年3月

第3版日本語版出版にあたって

　大学における教育が，21世紀の新しい知の創造のために，あらためて重視されている。新しい知の創造が世界全体で求められているなかで，大学への要求や期待が社会的に高まっている。絶えず変化する社会環境に対応して，取り組むべき課題を積極的に発掘し，その課題に果敢に挑戦していく姿勢を社会は大学に強く求めており，21世紀の社会は，それを必要としているのである。このために，大学における教育に，学問の最先端を教えるだけでなく，身近な知識や学問を教えることも必要であるということが，社会的に広く認識されている。

　ところが，大学教員は大きな矛盾を抱えているのである。すなわち，教育をするための教員人事が，研究やその成果としての論文によって，決められてきた。もちろん，教育を無視した人事が行われてきたわけではないが，教員自身が，どのような教育を行ってきたのか，それが成果を挙げてきたのかなどについて，証明する手段を持っていない。ある時期から学生による授業評価が実施されてきたが，学生の授業評価結果は，教員の教育実績を判断するための一部のデータに過ぎない。

　独立行政法人大学評価・学位授与機構は，『ティーチング・ポートフォリオ』の著者であるピーター・セルディン氏に2006年8月に東京と京都における講演を依頼し，教育評価について議論した。その結果，有効な教育評価のための最重要課題は，教員自身が自らの教育業績記録を作成することであるという結論に達した。教員は，今まで自分の研究や出版活動を文書として記録してきたように，教育活動についても文書化する必要がある。今後，わが国の大学における教育活動に関する説明責任を果たすためにも，これは重要である。このような状況を勘案し，「ティーチング・ポートフォリオ」を「教育業績記録」と日本語訳し出版することとした。

　最後に，日本語版出版にあたり，玉川大学出版部の成田隆昌氏には大変お世話になった。心からお礼申し上げる。

独立行政法人 大学評価・学位授与機構
理事　川　口　昭　彦

第 3 版出版にあたって

『ティーチング・ポートフォリオ』の第 1 版が 1991 年に出版されて以来，私は数百の大学を訪れ，教員のグループ，学科長，学部長，昇格やテニュア†の審査委員会などに対し，ポートフォリオそのものおよび評価と教育活動の改善におけるポートフォリオの位置づけについて話をしてきた。また，メンター†として，ティーチング・ポートフォリオを作成する 500 人以上の大学教員を 1 対 1 で指導するという大きな喜びを得てきた。

私は，実践者としてこのように深くポートフォリオにかかわってきたおかげで，ポートフォリオに関して新しい視点や発想を得，これまでに学んだことを洗練・修正することが可能になった。この『ティーチング・ポートフォリオ』第 3 版はそれらの多くを取り入れて改訂されたものである。

本書は，関連する研究文献の精髄を読者に伝えるとともに，30 年以上にわたり教務担当学部長，学科長，経営学の教授，国内および世界 40 ヶ国の高等教育機関の教育・学習コンサルタントとして活動してきた私個人の経験を反映している。また，この第 3 版には，多数の傑出した教育者——自身の模範的ティーチング・ポートフォリオを作成し，他の人々のポートフォリオ作成に協力し，この分野に大きな影響を及ぼした人々——の貴重なポートフォリオが含まれている。

第 1 版および第 2 版と同様に，本書は，内省と教育業績の文書化に焦点をおいている。第 1 部では，ティーチング・ポートフォリオとは何か，なぜ，どのように作成するのかを説明する。ここには，十分に実証された段階的なポートフォリオ作成アプローチ，昇格やテニュアの決定に使用される場合と教育の改善に使用される場合のティーチング・ポートフォリオの作成方法に関する詳細な議論，よくある質問に対する回答，ポートフォリオ・メンターの役割，メンターがいない場合のポートフォリオの作成の方法が含まれている。

第 3 版では，以下のように第 1 部の内容が拡充されている。

- ポートフォリオに含まれる可能性のある項目リストの拡大
- 内省のプロセスを論じたセクションの強化
- ポートフォリオ作成の注意点に関するセクションの追加

- よりよいポートフォリオを作成するための具体的なヒントの追加
- ポートフォリオの更新に関するセクションの拡大
- 3つの高等教育機関におけるポートフォリオの発展の事例に関するセクションの追加

　第2部は，ウェブを用いた電子的ティーチング・ポートフォリオについて，新たに加えられた部分である。ここでは，ハイパーリンク，メニュー，その他のナビゲーションツール，情報や資料の階層的な構成，マルチメディアの利用可能性がいかに新しい思考，視点，洞察を刺激しうるかについて説明する。コンピュータ画面の例示が含まれている。

　第3部も新たに加えられた部分である。ここでは，7つの大学――大規模，小規模，公立，私立――がどのようにポートフォリオを取り入れたかについて詳しく説明する。ポートフォリオの導入を成功させるには，目的をしっかりと現実的に見ること，戦略，および何が機能し何が機能しなかったかに関する厳格な判断が必要である。

　第4部は，ポートフォリオの更新と改善の具体的な戦略である。ポートフォリオは生きたプロセス文書であることに鑑み，あるポートフォリオの最新バージョンを提示する。このポートフォリオの一部の項目には，内省とメンターとの共同作業によってなされた変更点のリストに従って番号が付けられている。

　やはり新たに設けられた部分である第5部には，多様な学問分野，多様な大学の22名の教員が作成した実際のティーチング・ポートフォリオが含まれている。これらはすべて，熟練したポートフォリオ・メンターのガイダンスの下で作成された。いずれも第1版と第2版には含まれていなかったものである。

　そのほか，第3版では，重要な問題点，注意を要する点，成功のベンチマークも取り上げた。人事上の決定のために作成されるポートフォリオと，教育活動の改善のために作成されるポートフォリオを注意深く区別し，31のポートフォリオ項目をリストアップした。それぞれの大学教員はこの中から自分に最も関連のあるものを選ぶことができる。

　本書の特徴を一言でいうならば，ポートフォリオの最も効果的な使用を促進するために必要な，すぐに使える実践的な情報を提供する書籍であるといえるだろう。これは，大学教員，学科長，学部長，昇格・テニュア決定委員会のメンバーのために書かれている。また，大学院生，特に大学教員としてのキャリアを考え

ている大学院生にとっても役に立つであろう。率直な表現や現実的な提案および現場で試験済みの提言も有用なはずである。

　『ティーチング・ポートフォリオ』の第1版は13年前に刊行された。以来この本は，ティーチング・ポートフォリオの分野でおそらく最も広く使用されている史上最高のベストセラーという地位を得てきた。米国だけではなく，世界の多くの国でも成功を収めている。

　ありがたいことに，多くの方々から圧倒的なまでの信頼と，新たな熱意を持って最新版の刊行を望む声が寄せられている。ゆえに，内省の手段として，そして教育の有効性を文書化する手段として高く評価されたこれまでの第2版の揺るぎない基礎の上に立ち，ここに第3版を刊行することにした次第である。

ピーター・セルディン
ニューヨーク州プレザントヴィル
2003年10月

目　次

日本語版出版にあたって ………………………………………………………… iii
第3版日本語版出版にあたって ………………………………川口昭彦 ……… iv
第3版出版にあたって …………………………………………………………… v

第1部　ティーチング・ポートフォリオ──目的，プロセス，成果
ピーター・セルディン

1　ティーチング・ポートフォリオとは ……………………………………… 2
2　ティーチング・ポートフォリオの作成 …………………………………… 6
3　ティーチング・ポートフォリオに含める項目の選択 …………………… 11
4　ティーチング・ポートフォリオの利用 …………………………………… 16
5　ティーチング・ポートフォリオに関するよくある質問とその答え … 25

第2部　電子的ティーチング・ポートフォリオ

6　電子的ティーチング・ポートフォリオによる優れた教育活動の共有
スーザン・カーン ………… 38

第3部　7つの高等教育機関におけるポートフォリオの使用事例

7　ドレクセル大学のティーチング・ポートフォリオ・プログラム
テク＝カー・リム ………… 56
8　複数の方略によるポートフォリオの発展促進──オハイオ州立
　　マイアミ大学　　　　　　ミルトン・D. コックス ………… 67
9　エモリー大学オックスフォード・カレッジにおけるティーチング・
　　ポートフォリオの導入と実施　　マイラ・フレイディ ………… 77
10　ペース大学のティーチング・ポートフォリオ──移行期の1つの文化
　　　　リンダ・アンステンディグ　コンスタンス・A. クナップ ………… 84
11　ラトガース大学のティーチング・ポートフォリオ
モニカ・A. ディヴァナス ………… 91

12 テキサス A&M 大学のティーチング・ポートフォリオ——10 年の実践
　　をふり返って　　ナンシー・J. シンプソン　　ジーン・E. L. レイン ………… *99*

13 エヴァンズヴィル大学におけるティーチング・ポートフォリオ
　　　　　　　　　　　　　　　　　　　タマラ・L. ワンデル ………… *108*

第 4 部　ポートフォリオの更新
　　　　　　　　　　　　　　　ジョン・ズビザレタ

14 ティーチング・ポートフォリオの更新と改善の戦略 ………………………… *120*
15 ティーチング・ポートフォリオの改訂と更新のキーポイント ……………… *126*

第 5 部　各学問領域のポートフォリオの実例

会計学
16 ジョセフ・G. ドネラン　　ウェストフロリダ大学 ……………………… *143*
生物科学・生命工学
17 シヴァンティ・アナンダン　　ドレクセル大学 ………………………… *152*
コミュニケーション研究／コミュニケーション科学・聴覚言語障害学
18 アビー・L. バーグ　　ペース大学 …………………………………………… *162*
19 キャスリーン・A. マクダナー　　ニューヨーク州立大学フレドニア校 …… *171*
古典言語・文学
20 ブリジット・トーマス　　トルーマン州立大学 ………………………… *181*
デザイン・マーチャンダイジング・繊維
21 サリー・L. フォルテンベリー　　テキサスクリスチャン大学 ……………… *191*
教育
22 エイミー・E. セルディン　　ウェストフィールド州立大学 ……………… *202*
23 クレメント・A. セルディン　　マサチューセッツ大学アマースト校 …… *211*
英語
24 メアリー・バロウズ　　バートン郡コミュニティカレッジ ………………… *220*
25 ジェーン・コリンズ　　ペース大学 ………………………………………… *230*
26 ソーンドラ・K. リギンス　　ニューヨーク州立大学フレドニア校 ……… *242*
27 アラン・シェパード　　ゲルフ大学 ………………………………………… *250*

地質学
28　ステファン・W. ヘンダーソン　エモリー大学オックスフォード・
　　カレッジ ·· *261*

　教育工学
29　カレン・L. ラズマッセン　ウェストフロリダ大学 ········· *273*

　数学
30　ウィリアム・J. ロビンソン　バートン郡コミュニティカレッジ ········ *284*
31　ジャネット・リウ＝マーク　ニューヨーク・シティ工科カレッジ ······ *294*

　音楽
32　ケイ・L. エドワーズ　マイアミ大学（オハイオ州）········ *307*

　看護学
33　キャスリン・A. バロー　ミズーリ大学カンザス・シティ校 ············ *319*

　物理学
34　カーチス・C. ブラッドレイ　テキサスクリスチャン大学 ············· *331*

　宗教学
35　バーバラ・A. B. パターソン　エモリー大学················ *340*

　社会学
36　アーサー・B. ショスタック　ドレクセル大学 ··············· *350*

　舞台芸術
37　マーガレット・ミッチェル　インカーネート・ワード大学 ············ *363*

参考文献 ·· *377*
用語解説 ·· *380*
索引 ··· *381*
寄稿者略歴 ·· *384*
著者略歴 ·· *388*

*印に番号のついた脚注は訳者によるものである。また†印の語句については巻末に解説を付した。

第1部

ティーチング・ポートフォリオ──目的，プロセス，成果

1　ティーチング・ポートフォリオとは
2　ティーチング・ポートフォリオの作成
3　ティーチング・ポートフォリオに含める項目の選択
4　ティーチング・ポートフォリオの利用
5　ティーチング・ポートフォリオに関するよくある質問とその答え

1 ティーチング・ポートフォリオとは

ピーター・セルディン

　今，大学のキャンパスでは，教育がこれまでよりも真剣にとらえられるようになってきているという重要かつ喜ばしい変化が起きている。数え切れないほどの高等教育機関が教育への取り組みを見直し，それを改善する方法，そして優れた教育活動に報いる方法を模索している。また，かつてなかったことであるが，大学教員は自らが行う教育活動の質について確かな根拠（エビデンス）を提示する責任を負うようになってきている。

　大学教員が抱えるおなじみのパラドクスも多くのキャンパスからなくなりつつある。長年，教員たちは教育をするために雇用されていながら，研究と出版物の数によって功績が報いられるという矛盾の中におかれていた。いうまでもなく，そうした状況は多くの高等教育機関で——特に強力な大学院を有する大学で——今なお続いているが，学部教育に重点をおくキャンパスではほとんど見られなくなってきている。

　教育があらためて重視されるようになった背景には何があるのか。社会からは新たな意識を持った議会および評価機関から突きつけられる教育の責任に対する強い要求，そして，キャンパスにおいては教育は実のところ学問の表現の1つである——学問は研究の最先端だけではなく，身近な知識あるいは研究というものを学生たちに教えるところにもある——という確固とした認識も力となった。しかし，おそらく最も大きな推進力として働いたのは，自分たちが教室で何を行っているか，いかにうまく行っているかについて，証明する手だてがほとんどないことに対する教員たち自身の不満の声の高まりであろう。確かに大学教員は学生から授業評価を受けてきただろうが，他には何もない。そして，教室での実績を判断するには学生の授業評価だけでは全く不十分なのである。

　しかし，教育の実績についての情報がなければ，どうやって教育活動を評価することができるのか。どうやって優れた教育活動に報い，教育の質を高めることができるのか。また，高等教育機関はどうやって教育機能に適切な役割と価値を与えることができるのか。

教育を真剣にとらえるという動きと，教育の責任のシステムを改善するという圧力に大学が同時に対応する方法はあるのだろうか。答えはイエスである。解決策は，高等教育の外に目を向けることによって見いだすことができる。

建築家，写真家，芸術家らはみな，自らがこれまでに生み出した作品の中で最も優れたものをまとめた作品集〈ポートフォリオ〉を持っている。教育でも同じことができるであろう。教育の作品集〈ティーチング・ポートフォリオ〉を作ることにより，大学教員は自身の教育の成果を記録として提示することができる。同時にそれは，より理に適った人事の決定，そして教員一人一人の専門能力の発展と成長に貢献するはずである。

ティーチング・ポートフォリオとは何か

ティーチング・ポートフォリオとは教育業績を記録する資料の集合であり，1人の大学教員の教育活動について最も重要な成果の情報をまとめたものである。研究や学究活動に関して出版物，交付補助金，受賞した賞などを一覧にするのと同様に，教育活動に関して自分の重要な成果をまとめるのである。ティーチング・ポートフォリオは柔軟性に富み，テニュア†や昇格に関する決定に用いることも，あるいは改善が必要な分野を自己省察するためのきっかけや仕組みとすることもできる。

重要なのは，ティーチング・ポートフォリオとは個人の教育業績に関連する全ての文書や資料の網羅的な寄せ集めでは**なく**，教育活動に関して十分に考えて選ばれた情報と，教育活動の有効性に関する確かな根拠資料を提示するものだということである。履歴書の場合と同じく，ポートフォリオに記される全ての主張は実証的な根拠で裏づけられなければならない。効果的なポートフォリオを作成するには，慎重な資料の選択とよく考えられた構成が必要である。それは，読み手を納得させられるように正確かつ包括的に教育の有効性を描き出すものでなければならないのである。

このアプローチに懐疑的な大学教員も，貴重な時間を費やしてポートフォリオを作成すべきであろうか。答えはイエスである。大学教員は一般に自分の研究や出版活動を文書にまとめているのに，教育活動についてはこれを行っていない。したがって，研究や学究活動を文書化するのと同じ思慮と熱心さを持って教育活動を文書化するのは，大学の教員として当然のことといえる。

ポートフォリオを支える論理は単純である。学生による授業評価や同僚による

観察といったこれまでの評価は，いわば小さな懐中電灯のようなものであった。つまり，1人の教員の教育スキルや能力の一部分を照らすにすぎず，光が当てられるのは教室での行動のわずかな部分だけであった。それに対して，ポートフォリオはサーチライトにたとえることができる。その光線は，教育のスキル，能力，姿勢，価値観を幅広く照らし出すのである。

現在，ポートフォリオの使用に向けた高等教育界における全国的な動きがかつてなく活発になっている。正確な数値を示すのは難しいが，米国とカナダの2,000ものカレッジや大学が現在ポートフォリオを使用している，またはその試験的運用中であると推定されている（カナダでは「教育調査書」（dossier）とよばれている）。1990年には10校程度だったことからすると，驚くほどの急増ぶりである。

ポートフォリオの広がりが見られるのは北米だけではなく，実のところ，世界的な動きだといってよい。現在，オーストラリア，ケニア，イギリス，南アフリカ，フィンランド，イスラエル，マレーシアなど，世界各地において教育の有効性を文書化するために使用されている。

なぜティーチング・ポートフォリオを作成するのか

非常に忙しい——いつも急きたてられてさえいる——大学教員がなぜわざわざ時間と労力をかけてティーチング・ポートフォリオを作成しようなどと考えるのだろうか。Seldin(2003)は以下の理由を指摘している。

- 自分の教育の有効性に関する確かな根拠と具体的なデータを集め，テニュアや昇格に関する審査組織に提示するため
- 自分の教育活動の中で改善が必要な分野を自己省察するのに必要な仕組みとして用いるため
- 補助金や職務解放時間（released time）の申請書において根拠資料を提示するため
- 教育の実践に関する討議が標準的に行われる大学環境を促進するため
- 教育に関する賞に応募するため
- 求職のために提出する書類の一部とするため
- テニュアが与えられた後の審査において根拠資料を提供するため
- 教育の知識や経験を若い教員と共有するため
- まもなく退職する教員の講座を引き継ぐ将来の世代の教員が先達の考え方や

1 ティーチング・ポートフォリオとは

経験から学べるように,学科あるいは学内に文書記録を残すため

重要なのは,ポートフォリオの使用目的によってポートフォリオに含まれる項目とその構成が決まるということである。この点については後に詳しく論ずる。

2 ティーチング・ポートフォリオの作成

ピーター・セルディン

　理論的にいえば，ティーチング・ポートフォリオは教員が自分1人で作成することができる。しかし，この個人単独によるアプローチでは，ポートフォリオが人事上の決定や教室での活動の改善に貢献する可能性が小さくなる。なぜならば自分だけで作成したポートフォリオは，人事上の決定を支持するために必要な根拠の制御や補強ができず，また，教育改善プログラムに不可欠な同僚や上司によるサポートが得られないからである。したがって，ポートフォリオは，博士論文の執筆と同じく執筆者本人とメンター†の相互作用を伴いながら作成されるべきである。

　誰がポートフォリオのメンターとなればいいのだろうか。学科長，同僚またはファカルティ・ディベロップメントの専門家がこの役割を果たすことができるであろう。メンターは，次のような問いを手引きとしてポートフォリオの作成者と話し合うとよい。

- 教育－学習のプロセスのどの部分が検討されるのか。
- どのような情報の収集が期待されるのか。
- その情報がどのように分析され，提示されるのか。
- どうしてポートフォリオを作成するのか。

【注意点1】 誰がポートフォリオのメンター（またはコーチ）になるにしても，その役割を果たす人は，効果的な教育を文書化する手順と最新の手段について幅広い知識を持っていなければならない。メンターは，ポートフォリオの作成のあいだ恒常的にその知識に基づいて助言や資源を提供することにより，教員のサポートを行う。

【注意点2】 それぞれの教員や高等教育機関の背景はさまざまであるため，共同作業を構造化する唯一最良の方法というものはない。しかし，メンターの選出にあたりこれまでに有益であることが明らかになっている次のようないくつかのアプローチがある。

- 同じまたは異なる学問領域で，若い同僚と直接一緒に仕事をしている年上の経験を積んだ教員
- 担当する授業数を削減する代わりに，数人の教員のポートフォリオ・メンターとなるよう訓練を受けた，内部の教員のグループ
- 同じまたは異なる学問領域の外部コンサルタント

【注意点 3】 ポートフォリオはそれを作成する教員本人のものであるということをメンターは忘れてはならない。そこに何を含むかは一般にメンターと作成者の協力によって決定されるが，含まれる項目，最終的な用途，最終的な成果の保有について，最後に決めるのは作成者本人である。つまり，メンターは自分の仮説，目的，形式，スタイルを押しつけてはならないのである。メンターの役割は，手引きをすることであって命令することではない。

学科長の重要な役割

人事上の決定に用いられるティーチング・ポートフォリオは，テニュア†，昇格，再任の決定をする人がこのアプローチを信頼してはじめて本当の価値を持つ。信頼を生み出すために重要なのは，教育面での責任，教育に付属する義務，そして，ポートフォリオの具体的な項目に関して学科長と教員が定期的に意見を交わすことである。

学科長と教員が話し合うテーマには，何が期待されるのか，教育業績がどのように報告されるのかが取り上げられるべきである。そうでなければ重要な関心領域が含まれないデータが提出されてしまう恐れがある。率直な話し合いは，生じうる誤解の多くを排除する。最終的な目標としては，ポートフォリオが教育の複雑性と個別性を正確にとらえる重要かつ信頼できる手段としての地位を獲得することである。

ティーチング・ポートフォリオの作成のステップ

ほとんどの教員は自分のポートフォリオを作成するにあたって段階的アプローチを用いる。これはペンシルバニア州立大学の教育・学習センターの活動成果 (*Designing a Teaching Portfolio*, 1997)，Haugen (1998)，Knapper and Wright (2001)，Seldin (1997) および Seldin (2003) を基礎としている。

ステップ1　計画を立てる

　ポートフォリオの作成に取りかかる前に，その目的と読み手を考える必要がある。前述したように，ポートフォリオ作成には，人事上の決定，教育活動の改善，求職活動，賞の候補者としての資料提出，活動記録の作成などいろいろな目的がある。どのような目的であるかがほぼ内容を決定するといってよい。また，誰がそれを読むのかも内容を大きく左右する。ゆえに，目的と読み手をじっくりと考えることがポートフォリオを具体化する上で有益である。手引きとして次の問いを考えるとよい。

- ポートフォリオを作成する主な目的は何か。
- 主に誰が読むのか。
- 読み手はどのような根拠資料を期待するのか。
- どのようなタイプの根拠資料がこれらの読み手にとって最も説得力があるか。
- 誰にどのような情報の提供を求めるか。

ステップ2　教育面での責任を要約する

　多くの場合，ポートフォリオの冒頭には，自分が現在または過去数年間に担当した科目，それらが必修か選択か，学部生向けか大学院生向けかなどに関する2から3パラグラフの説明が記される。また，学生組織の顧問や学生・院生の個人指導など，教育に付属する活動が含まれることもある。ここでの焦点は，自分が教師として何に責任を負っているかということである。これは，その後の全ての内容の枠組みとなる。

ステップ3　自分の教育アプローチを説明する

　これは通常ポートフォリオの中で最も長い部分になる。ステップ2で記述した教育面での責任を基礎にして自分の教育の理念，目的，方法論，戦略についての省察を2ページから2ページ半にまとめる。自分が教室で**何を，なぜ**行っているかという観点から，教育の責任をどのように果たしているかを説明するのである。手引きとして以下の問いが参考となるだろう。

- 教育に関してどのような信念を持っているか。
- 学生に関して何を目標としているか。なぜ自分にとってこの目標が重要なのか。

- 教育者としての自分の行動は教育と学習に関する自分の信念をどのように反映しているか。
- どのような根拠資料を提示すれば自分の行動が信念の反映であることを示せるか。
- どのような具体例を提示できるか。
- 教育学に関する知識を自分の専門分野にどのように適用しているか。
- 学生，科目の教材，カリキュラムの変化に応じて自分の教育方法がどのように変化してきたか。
- 批判的思考のスキルを育成する上で，また生涯にわたる学習スキルの獲得を促進する上で，自分はどのような役割を果たしているか。
- どのようにして教える内容，リソース，方法を決定しているか。
- 能動型学習†や学生中心型の授業の原理を使うかどうか，またそれらをいつ使うかをどのように決めているか。
- どのような教材を作成しているか。
- どのような斬新な活動を工夫したか。

ステップ4　ポートフォリオに組み込む項目を選ぶ

　ポートフォリオに組み込む項目の候補リストの中から，自分の教育の責任と教育アプローチに最も適した項目群を選択する。項目の選択には，ポートフォリオ作成者の個人的な好み，教育のスタイル，学問領域，担当している科目の特徴が反映される。創造的に，かつよく考えて教育の成果を箇条書にし，教育に関する省察を提示することは，自分独自のポートフォリオを作成するのに役立つ。

　ポートフォリオに組み込む項目の選択は何によって決定すればよいだろうか。この選択を左右するのは，ポートフォリオが作成される目的と読み手である。その他にも，自分の教育スタイル，担当科目，所属する学科や大学が定めている教育内容の要件にも依存する。学科や大学が許容する限りポートフォリオの内容と構成の個性が尊重されるべきである。

ステップ5　各項目に関して記述する

　次に各項目に関する活動や率先的行動および成果について記述する。手引きとして以下の問いを考察するとよい。

- 教育の有効性を測定する多様な手段を持っているか。
- 教育方法を改善するためのプログラムに参加したことがあるか。
- それぞれの日付と見出しが含まれているか。
- 担当科目のシラバスは掲げた具体的なテーマと一致しているか。
- 自分の主張の全てに関して裏づけとなる資料を提示しているか。
- 本文と添付資料の相互参照を行っているか。

ステップ6　各項目を順序よく配置する

　それぞれの分野での成果に関する記述の順序は，ポートフォリオの使用目的によって決定される。たとえば，教育活動の改善を証明しようとするならば，ファカルティ・ディベロップメント部門が行う研修会やセミナーへの参加などの活動が強調されるであろう。あるいは，カリキュラムの改訂を示したいのならば，以前のシラバスと現在のシラバス，およびカリキュラム改訂の理由を強調することになる。

ステップ7　裏づけデータをまとめる

　ポートフォリオで言及された全ての項目について，それを裏づける根拠が保管され，閲覧可能とされなければならない。これには，たとえば，他の教員や学科長からの手紙，学生による授業評価の原本，学生の提出物のサンプル，その学問領域の教育に関する論文寄稿の要請，同僚による評価などが含まれる。これらの根拠は本文の主張を裏づけるものであり，添付資料に含むか，または要請に応じて提出できるように準備しておくものである。

ステップ8　ポートフォリオをファイルに綴じる

　ポートフォリオ一式は，3センチ程度の厚みのある2リングバインダー1冊*1に綴じる。これは信頼できる柔軟なファイリング方法であり，内容を示すラベルのついたセクションごとに資料を効率的に整理することができる。

3

ティーチング・ポートフォリオに含める項目の選択

ピーター・セルディン

　ティーチング・ポートフォリオは高度に個人的な産物である。全く同じものは1つとして存在しない。内容も構成も教員によって大きく異なる（第5部の実例を参照していただきたい）。分野や科目が異なれば文書のタイプも異なる。たとえば，微積分学の入門コースと環境設計の専門コースには大きな隔たりがある。新入生向けの地質学と遺伝子工学の大学院コースは天と地ほども離れている。

　しかし，筆者は高等教育のあらゆる部門を代表するさまざまな機関の教員によって作成された1,000点以上のポートフォリオを見てきた経験から，安定して組み込まれる項目を自信を持って挙げることができる。それらは3つの大まかなカテゴリーに分けられる。

自ら作成するもの

- 担当する科目の名称，単位数，学生数，必修科目か選択科目か，大学院生向けか学部生向けかを含め，教育の責任に関する記述
- 自分の教育の理念，戦略，目的，方法論を説明する省察
- 指導上の創意工夫およびその有効性の評価
- 新たなコースプロジェクト，教材，課題を含め，カリキュラムの改訂に関する記述
- 学習の手引き，マニュアル，ケーススタディ，注釈つきの文献目録，科目の小冊子，コンピュータ利用学習プログラムなど，作成した教材
- 科目の内容と目的，指導方法，読書課題，宿題を詳しく説明した代表的な講義シラバス
- 視聴覚教材やコンピュータを用いた教材が講義においてどのように用いられたかに関する記述

---

*1　原文では1.5インチまたは2インチの3リングバインダーとなっているが，日本に普及しているタイプのものではないため，これに相当するバインダーを示した。

- 教育に直接貢献する研究
- 教育スキルを高めるプログラムへの参加
- 自分の教育を評価および改善するために取った手段の説明
- 教育に関連した活動への補助金の獲得
- 次の5年間の自分の教育目標
- 評価方法と科目の目的の明確な関係を示す学年別の評価手段
- 教育と学習に関連する委員会活動

他者から提供されるもの

- 有効性や満足度の総合的な評価をするあるいは改善点を提案する，学生による授業／指導評価のデータ
- 優れた指導あるいは学生への助言を称える賞など，同僚または学生から受けた名誉賞その他の表彰
- 教材（講義シラバス，課題，読書課題リスト，試験と成績評価の根拠など）を体系的に検討した同僚，または授業を参観した同僚からの講評
- その学問領域の教育または教育全般に関する学会での指導あるいは研究発表を求める外部機関からの要請書類
- 大学教育センターなどを通じたファカルティ・ディベロップメント活動の記録
- 大学院に進んだ学生の学力に関する他大学の教員からの意見
- 指導の質に関する卒業生の意見
- 課程の発展や教育の改善に関して同僚を支援した根拠
- プログラムの設計，プログラムの教材，学習の手引き，オンライン指導に関する同僚からの意見

教育／学習の成果を示すもの

- 学生の学習成果の根拠として，科目の受講前と受講後の試験の成績
- 学生の小論文，フィールドワークの報告書，実験室の活動記録，日誌
- 「優秀」，「平均的」，「平均以下」の評価をつけた学生の小論文の例
- その分野の高度な学習を達成した学生の記録
- 自分の指導の下でその科目に関連して作成された学生の出版物または学会発表
- 学生の進路の選択に影響を及ぼしたこと，または学生の就職や大学院への進

学を実現するために支援したことを示す根拠
- 学生の論文の下書きが回を重ねるごとにどのように改善されたかを示す自分のコメントを付した，論文の一連の下書き
- 学期の開始時と終了時の学生の習熟度の変化を示す根拠

これらは最も一般的に選択される項目であるが，ポートフォリオに含まれる内容はけっしてこれだけではない。学問領域，指導のスタイル，所属する大学の優先事項などに従って，異なる内容構成を選ぶ教員もいる。ポートフォリオに時折見られる項目として以下のものがある。

- 自分の典型的なクラスにおける授業を録画したビデオテープ
- 教育に関連したキャンパス外の活動への参加
- 教室でのテクノロジーの使用に関する説明
- 教育に関連した活動の自己評価
- それぞれの学問領域の教育に関する専門誌への寄稿または編集委員としての関わり
- その学科の教育に対する貢献を評価した学科長の講評
- 教員のアドバイザーとしての業績のレビュー

ページ数と費やす時間

一人の教員の教育業績を適正に示すにはどれだけの文章と根拠資料が必要なのだろうか。これに対する単純な答えはない。しかし，経験からいうと大部分の大学教員にとって，しっかりと考えて精選された8ページから10ページの文書と，それを裏づける添付資料があれば十分である。実際ポートフォリオが長大なものにならないようにページ数に上限を設け，過剰にデータが詰め込まれるのを防止する大学が多くなっている。

ポートフォリオの作成にはどれだけの時間がかかるのだろうか。これにも単純な答えはない。しかし，ほとんどの教員にとって——特に熟練したメンター†がいる場合には——数日にわたって合計で12時間から15時間かければ第3稿の段階まで進むのに十分であるように思われる。

添付資料

　ポートフォリオの記述部分の情報が精選されていなければならないのと同様に，添付資料も記述部分を的確に裏づけるよう慎重に選ばれた根拠で構成される必要がある。時には根拠資料が大きすぎたり厚すぎたりして，添付資料の中に入れるのが難しいことがある。そのような場合には，記述部分でそれについて簡単に説明し，要求があれば提示するという形を取ってもよいだろう。

　多くの人がポートフォリオの記述部分について添付資料への参照を行う。すなわち，記述部分と添付資料が相互参照される。これによって一貫性が強化されるからである（第5部に記したポートフォリオの実例を参考にしていただきたい）。一般に，添付資料に含まれるのは，学生による授業評価，他の教員による講評，シラバス，その学問領域の教育に関する会議での講演依頼，評点を付けた学生の提出物といった裏づけ文書である。

　添付資料は，読み手に読んでもらおうと思うのならば，無理なく読める量でなければならない。ほとんどの教員にとって，添付資料の項目は6ないし10のカテゴリーで十分である。

　ポートフォリオの作成は，まず自らの根底にある教育理念を考察し，次にその理念から発する教育の戦略と方法論（**なぜ**行うのか，**何を**行うのか）を記述し，その上で教育活動と成果についての確かな根拠を示す文書や資料を選ぶという順序で行うのが最良であることを忘れてはならない。

自己省察の価値

　ポートフォリオの最も重要な部分の1つは，教員が自分の教育活動を振り返るところにある。ポートフォリオの作成は，教師としての自分自身について新たな発見をするのに役立つ。自己省察のプロセスの助けとなる問いを以下に挙げておこう。

- 教師として自分の最大の長所は何か。それはなぜか。
- 自分の教育活動の中で最も変えたいのはどのような点か。それを変えるためにどのような手段を取ってきたか。
- 教育活動の中で自分がこれまでに達成した最も重要なことは何か。
- この1年間にどのような新しい教育戦略を試みたか。
- 成功した戦略から何を学んだか。成功しなかった戦略から何を学んだか。
- シラバスには自分の授業スタイルについてどう書かれているか。

3 項目の選択

- どのようにして特に優秀な学生の意欲を引き出しているか。成績不振の学生に対してはどうか。
- 自分と学生の間の感情はどのように表現できるか。
- 自分の学問領域における新人教員が効果的な教育を行うために知っておくべき最も重要なことを3点挙げるとすれば，それは何か。
- 教育に対する自分の姿勢をどのように表現するか。それは最近変化しているか。変化しているとすれば，どのようにか。

ティーチング・ポートフォリオの更新

　ティーチング・ポートフォリオは生きた文書であり，時間とともに変化する。新しい項目が加えられ，現状にそぐわなくなるなど，もはや関連がなくなった項目は削除される（第4部参照）。ポートフォリオはどのくらいの期間を対象とすべきなのか。それは使用目的によって異なる。改善のためであれば，2年から4年の期間を振り返って見れば十分であろう。しかし，テニュア†や昇格の決定にかかわるときには，ポートフォリオに含まれる期間はおそらく6年程度に伸びると思われる。遠い過去の教育成果に関する記録（たとえば何年も前の学生の授業評価や授業参観の講評など）は，時間の経過とともに妥当性が低下する。

　ポートフォリオがいったん作成されれば，それを毎年更新するには教育に関連する素材をファイル用引き出しに入れるだけでよい。研究や各種サービスに関して行われているのと同じである。ポートフォリオを更新するときに役に立つかもしれない根拠資料を引き出しに入れるようにすれば，データの収集が継続的なものになり，毎年ポートフォリオを手直しする作業は1日もかからないものとなる。

4 ティーチング・ポートフォリオの利用

ピーター・セルディン

　ティーチング・ポートフォリオは教育の有効性に関して目に見える形でその根拠を提供できるため，いろいろな目的で作成される。新しい職場を見つけるため，あるいは大学教員の職を得るためにティーチング・ポートフォリオを作成する場合もあれば，教育に関する賞の選考や能力給の査定のためにポートフォリオの提出が求められる場合もある。また，補助金の申請書に添える場合や，学科や所属機関の内部に記録を残すために作成される場合もある。

　しかし，ティーチング・ポートフォリオの作成の理由として群を抜いて多いのは，人事上の決定に用いられる根拠資料を提示すること，および教育活動の改善に用いるというものである。

人事上の決定のためのポートフォリオの使用

　なぜ教員はティーチング・ポートフォリオを評価委員会に提出したいと考えるのだろうか。それは，ポートフォリオは教員が教室で何をどのように行っているかについて，無視できない情報を委員会に提供することができるからである。また，ポートフォリオは教育の個別性と複雑性をとらえられるため，評価者は学生による授業評価をはるかに超えて，その教員の教育の有効性を詳しく検討することができる。

　3つの観点からのデータを基礎とするティーチング・ポートフォリオは，筆者が知る限り，教育活動を評価する最も公正な方法である。昇格またはテニュア†の決定のために教員の教育活動を評価する人々は，ティーチング・ポートフォリオを利用することにより，学生による授業評価データに含まれがちな偏りを乗り越え，長期的な教育活動の改善を容易に把握し，教員が講義の内外で教師として何を行っているのかを全体的に知ることができる。教員にとっても，同じ科目に関して複数の視点からの見方を提供することによって，単一の情報源に頼るよりもはるかに完全かつ正確に教育の有効性を描き出すことができる。

　教員は自分の教育業績を最もよく反映する項目を選ぶ上で，無制限の自由を与

えられるべきだという主張もある。このアプローチは，ポートフォリオが教育活動の改善のために用いられるときにはかなりうまく機能するであろう。しかし，人事上の決定に用いられるときにはそれほど適切ではない。ポートフォリオは1つ1つが独自のものであるため，標準化がなされなければ，異なる背景を持つ教員を公平に比較評価することが非常に困難になるからである。

　テニュアや昇格の決定のためにポートフォリオを使用する多くの高等教育機関で解決策として採用されているのは，自由に選べる項目に加えて，いくつかの必須項目を設けることである。必須項目には，たとえば，総合的な質問に関する学生の授業評価の要約，代表的な講義シラバス，当該教員のその学科への貢献に関する学科長の評価，斬新な教材，自分の教育活動を改善する努力の根拠，自分の教育の理念，目的，方法論に関する省察などが含まれるであろう。その他の全ての項目はポートフォリオを作成する当の教員が自由に選ぶことができる。

　評価の目的で作成されるポートフォリオの典型的な目次は以下のようになるだろう。

ティーチング・ポートフォリオ
教員氏名
所属学科／学部
大学名
作成日

目　次
1) 教育の責任
2) 教育の理念
3) 教育の目的，戦略，方法論
4) 総括的な質問を用いた複数の科目に関する学生の授業評価
5) 他の教員または大学執行部による授業参観の講評
6) 大学の内部または外部の同僚による教材のレビュー
7) 代表的かつ詳細な講義シラバス
8) 学生の学習状況を示す根拠（認知的側面および意欲の両面）
9) 教育に関する表彰や報奨
10) 短期および長期の教育目標

11) 添付資料

　人事委員会はポートフォリオを用いて教員の教育活動を評価する際，ポートフォリオに何を求めるのだろうか。第1部の付属資料3にチェックリストが掲載されている。加えて，以下の全般的なガイドラインが役に立つであろう。
　第1に，ポートフォリオは読んで評価するにあたり過度の時間や労力を要するものであってはならない。これを確実にする1つの方法は，ポートフォリオのページ数に上限を設けることである。上限が何ページであっても——7ページか8ページ，ときには10ページということもあり，それに添付資料が加えられる——その数値が全ての教員と人事委員会のメンバーに明確に伝達されなければならない。
　第2に，ポートフォリオ・プログラムは，評価者および被評価者（ポートフォリオ作成者）から無条件に支持されていなければならない。これは，大学執行部および教員の代表がたてまえ上のみならず心からこのプログラムの支持を確立しなければならないということを意味する。
　第3に，ポートフォリオは1つの構築物としてまとめられるべきである。自分の考えを省察と論評を通して具現化するため添付される資料は，内省的な論評と結びついたものでなくてはならない。
　第4に，公正さと厳格さを保つために，ポートフォリオの評価に標準的な基準が用いられるべきである。従うべき原則としては，文書の完全性，構成の明確さ，複数の情報源からの幅広い根拠の選択，省察（教育の理念，目的，方法論を含む）と根拠の関連性が含まれるであろう。
　第5に，教育の有効性を構成する要素について，全般的な合意が必要である。同時に，Knapper and Wright(2001)が警告しているようにポートフォリオを量的なパラダイムに押し込めようとしてはならない。人によってまた学問領域によって，異なる豊かな質的データを提供できるのが，ポートフォリオの長所の1つなのである。
　第6に，評価者は教育の有効性を裏づける**根拠**に注意を集中し，しゃれた表紙，美しいコンピュータ・グラフィックス，魅力的なフォントなどを無視しなければならない。そうしたものが使われても学生のレポートの内容の貧弱さを隠すことができないのと同様に，ポートフォリオにおいても教育の質の低さを隠すことはできない。
　しかし，ポートフォリオはいつも人事上の決定のために使われるわけではない

ことを忘れないでいただきたい。ポートフォリオの主たる目的の1つは，教育の有効性を高めることである。

教育活動を改善する目的でのポートフォリオの使用

　ティーチング・ポートフォリオの作成は教員が教育活動の質を高めるのに役立つのだろうか。Seldin (2003) は，ポートフォリオを構成する文書や資料を作るプロセスそのものが，自分の教育活動についてじっくり考え，優先順位を整理し，教育の戦略を再考し，将来の計画を練るきっかけになると指摘している。ポートフォリオには教員に自分の授業のあり方と改善方法を考えさせる特別な力がある。

　学生が誤りを訂正するためにフィードバックを必要とするように，教員も自分の教育活動を改善するために事実データや理念的なデータを必要とする。幅広い情報源からのフィードバックはその教員に不協和や不満足を生じさせ，それが心理的な変化の段階を作り出す。

　ポートフォリオは，学問領域ごとの教育理念を基礎にすえているため授業の改善に特に有効な手段である。すなわち，特定の時点で特定の学生集団に特定の内容を教えることに焦点が絞られている。

　教育に関する構造化された省察の手段であるポートフォリオは，教室で自分がなぜこのことをするのか，何がうまくいって何がうまくいかないかを考えるチャンスになる。その結果，自分の授業について自己認識し，講義の状況を調べてみるよう促される。

　ポートフォリオが**改善**の目的で用いられるとき，ポートフォリオには必須項目はなく，メンター†との協力で作成者自身によって選ばれた項目のみが含まれる。

　ときとして，自分が担当する科目全体を対象としたポートフォリオではなく，1つの科目に絞ったポートフォリオが作成されることもある。目的はその科目の教育方法を改善することである。この**科目**ポートフォリオには以下の内容が含まれると思われる。

- 用いられる指導方法の要約
- 具体的な科目の目標，および学生によるその目標の達成度
- 診断的な質問に対する学生の評価
- 訓練を受けた複数のオブザーバーによる丸1コマの授業の観察

　科目ポートフォリオは紙の書類としてではなく**電子的**に作成される場合もあ

る。そのようなポートフォリオは，音声，ビデオ，グラフィック，文章など，多様な形態で内容を収集および構成することができる。Barrett(2001)が指摘しているように，電子的なポートフォリオは資料の構成にハイパーリンクが用いられ，それぞれの資料が適切な目標や基準とリンクしているのが一般的である（第2部参照）。

電子媒体であれ紙であれ，ポートフォリオの目的が教育活動を改善することであるとき，典型的な目次は次のようになるであろう。

ティーチング・ポートフォリオ
教員氏名
所属学科／学部
大学名
作成日

目　次
 1）教育の責任
 2）教育の理念
 3）教育の目的，戦略，方法論
 4）教育素材（シラバス，配布資料，課題）の説明
 5）授業を改善する努力
　　● 指導法の刷新
　　● カリキュラムの改訂
　　● 教育に関する学会／研究会への参加
 6）診断的な質問に対する学生の評価
 7）学生の学習状況を示す根拠
 8）短期および長期の教育目標
 9）添付資料

よりよいポートフォリオを作成するためのヒント

人事上の決定に使われるにしても授業の改善に使われるにしても，ポートフォリオの作成にあたり役立つヒントを以下に記しておこう。これらの要素は注目されないこともあるが，全てのポートフォリオ作成者にとって重要である。

ポートフォリオの作成日を記すこと

　ポートフォリオの作成日が記されていれば，授業活動の発展を測定する基準点を定めるのに役立つ。自分の教育の理念，目的，戦略，方法論を再検討することから生じる教育活動の改善がポートフォリオに示される程度によって，成長が測定される。

詳細な目次を含むこと

　ポートフォリオの読み手は，目次によって情報の幅と流れを知ることができる。また，作成者本人がポートフォリオの毎年の更新を忘れないようにするためにも役に立つ。

添付資料のリストを付けること

　リストは添付資料の目次となり，本文でなされた主張の具体的な根拠を読み手が見つけやすくなる。

担当科目の具体的な日付情報を記すこと

　ポートフォリオが人事上の決定のために作成されるのならば，過去5～6年間に担当した全ての科目について日付が記されるべきである。改善の目的であれば，もう少し短い期間——おそらく2年から4年——を振り返ればよい。

要点をわかりやすく示すため，一般論ではなく具体例を用いること

　単に「ファカルティ・ディベロップメントのセミナーに参加した」と書くのではなく，たとえば，次のように書くほうが望ましい。「2003年秋，ケースメソッドを用いた授業に関してハーバード大学で開かれたファカルティ・ディベロップメントのセミナーに参加した。そのセミナーに参加した結果として，現在，筆者は組織行動論の授業でケースメソッドを用いている。」

ポートフォリオの各セクションの一貫性を保つこと

　うまく作成されたポートフォリオは，自ら作成したもの，他者から提供されたもの，学生の学習成果に関する資料が一体化されている。そのようなポートフォリオは全ての部分が全体を支えており，一貫性を持って教育のプロフィールを描くことができる。たとえば，教育の理念のセクションにおいて能動型学習†に関

する自分の信念の記述があるとする。その信念については，方法論のセクションで教室でどのように実践されているかを説明することができるだろう。また，学生による授業評価にも，能動型学習の使用の有効性に関する学生の見方について1つか2つの質問を含め，その授業を観察した同僚がそれぞれの視点からその有効性について論評することができよう。

ポートフォリオに取り入れた根拠資料について説明すること

　説明がなされていない根拠資料は読み手にとって理解および解釈が難しい。たとえば，開講年の異なる2つの講義シラバスは時間の経過による指導法の変化の根拠を提供する。しかし，その変化の重要性，およびその変化が生じた理由はシラバスのみでは明確にされない。ゆえに，変更がなされた具体的理由，および学生の学習に対するこの変更の影響が説明されれば，授業を改善するためにその教員が行った努力をいっそう確実に示す根拠となる。

学生による評価のセクションを強化すること

　グラフや図は，学生による授業評価の結果を示す効果的かつ興味をひく方法である。必要な情報として学生数，科目の名称，学生の授業評価書に書かれた全ての核心的な質問を含めることを忘れてはいけない（人事委員会は核心的な質問を他の質問より詳細に検討する）。主要な質問については本文で強調し，学生による評価結果全体が記された添付資料と相互参照できるようにする。

学生のコメントの数を制限すること

　学生の好意的なコメントをたくさん含めば含むほどよいと考える教員もいるが，これは誤っている。実際には2つか3つのコメントで十分である。ただし，コメントが具体的で，その教員の方法論と結びついていることが重要である。たとえば，「スミス教授によって使用されたソクラテス式問答法は，この教材に取り組む上で非常に効果的であった」といったコメントが望ましい。

言及する人の氏名と地位を含むこと

　同僚による授業観察の報告や傑出した学生の学業成果に言及するならば，その人の氏名と地位を含むこと。たとえば，次のような表現が望ましい。「学科の同僚であり心理学教授であるハロルド・バブが，2003年10月10日，私の異常心理

学の授業を参観した。バブの報告書は添付資料Bに記されている」，または「2003年秋学期に私の調査研究法を受講したリサ・スタマテロスは，ジョージア州アトランタで開かれた2003年の経営学会総会において，ビジネス調査法の実践方法の変化に関するポスターセッションでプレゼンテーションを行った。」

ポートフォリオにページ番号をつけること

当然のことのように思われるかもしれないが，500人以上の大学教員のポートフォリオ・メンターを務めてきた筆者の経験から，これがしばしば看過されることがわかっている。ページに番号をつけるのは，学生の学期末レポートと同様にティーチング・ポートフォリオにおいても重要である。

かさばる項目は要求に応じて提出できるように準備しておくこと

ビデオテープ，大きな写真，彫刻，楽譜など，扱いにくかったり大きすぎたりするために添付資料にそのまま入れることができないものもある。また，紛失も起こりやすい。ゆえに，補足的な文書，フロッピーディスク，ビデオ／カセットテープなど，ポートフォリオのファイルに入りきれない印刷物以外の資料や項目が添付資料に含まれるときには，これらについて本文で簡単に論じ，要求に応じて提出できるように準備しておくとよい。

3リングバインダーを使い，添付資料にタブを付けること

バインダーは資料を保管する有用で安価な方法であり，容易に項目を付け加えたり削除したりすることができる。タブは，添付資料のセクションを本文と分けてわかりやすく整理するのに役立つ。

ポートフォリオ・アプローチが受け入れられるようにすること

ポートフォリオ・アプローチに抵抗感を示す教員もいる。彼らは自分を売り込むのは心地よくない，あるいは自分の授業について考えたり教室での成果の記録を保管したりする時間も意思もないと言う。そうした意見に対しては，今は説明責任の時代であり，大学教員も自分の教育の貢献についてよりよい根拠を提出しなければならないと指摘することによって立ち向かうことができる。また，教育の状況につて第三者の評価に委ねるためにも，教育の成果を明確かつ説得力のある形で伝える必要がある。

ポートフォリオを最終的に取り入れようとするならば，まずそれを受け入れる雰囲気が大学内に作られなければならない。では，そのためにはどうすればよいのだろうか。

- ポートフォリオ・アプローチが，全ての教員と大学執行部の教務担当者に対して，率直，完全かつ明確な形で提示されなければならない。
- ポートフォリオ・プログラムを計画・実行する上で教員が重要な役割を果たさなければならない。教員は，適正な根拠に基づき，そのプログラムが「自分たちのものである」と感じる必要がある。
- ポートフォリオ・プログラムの主な目的が教育の改善であるべきである。
- ポートフォリオがテニュアや昇格の決定のために用いられるならば，全ての教員が，ポートフォリオの評価基準を知っていなければならない。ポートフォリオを評価する人々もこの基準を知っていなければならず，またそれに従わなければならない。
- ポートフォリオの作成における個人差を許容するのが賢明である。教員によって学問領域が異なり，授業のスタイルも異なる。
- ポートフォリオ・アプローチは誰にも強制されるべきではない。教員が自発的に用いるのが望ましい。
- 教務担当の上層部がポートフォリオの考え方を積極的に支持しなければならない。上層部がこのプログラムに正式に取り組む姿勢を示し，プログラムの効率的な実行に必要なリソースを提供することが重要である。
- 受入れと実行に十分な時間――1年あるいは場合によっては2年――をかけるべきである。時間をかけて手法や基準を修正しよう。ただし，前進をストップさせないように。

5

ティーチング・ポートフォリオに関するよくある質問とその答え

ピーター・セルディン

　筆者はティーチング・ポートフォリオの問題に取り組む中で，さまざまな規模，さまざまな使命を持つ何百もの大学を訪れ，ポートフォリオについて，また教育活動の評価と改善におけるその位置づけについて，教員や大学執行部と話し合ってきた。そうした話し合いの中で繰り返し質問された事項がある。以下に，それらの質問とそれに対する筆者の答えを記しておく。

ポートフォリオは年度末に教員が大学執行部に提出する通常の報告書とどう違うのか

　第1に，ポートフォリオは，大学執行部によって義務づけられた項目に限定されず，教員が教室での自分の教育活動を最もよく反映すると考える文書や資料を含むことができる。第2に，ポートフォリオは教員が1人で作成するのではなく，共同作業と助言を基にして作成される。第3に，ポートフォリオの目的がその内容と構成を決定する。第4に，ポートフォリオを作成するという作業そのものが，自分が教室で**何を**，**なぜ**行っているかを教員が省察するよい機会になる。多くの教員にとって——ほとんど副産物として——この省察が教育活動を改善する。

ポートフォリオは教室での伝統的な教育活動に限られるのか

　けっしてそうではない。「教育活動」は，学生の学習を直接的に支援する全ての専門的な活動を指す。これは教室や実験室での従来型の指導に加え，コンピュータ室や少人数のグループでの指導，教師と学生の1対1の相互作用，学生への助言，教育に関する学問的研究とその結果の伝達も含む。

全てのポートフォリオは似たようなものになるのではないか

　絶対にそんなことはない。ポートフォリオは高度に個人的な産物である。内容も構成も一人一人の教員によって大きく異なる。人によって重視する項目が異なり，その程度もさまざまである（第5部の実例をご覧いただきたい）。科目や学問領域によっても文書のタイプが異なる。学科や機関が認める限り，ポートフォ

リオの内容と構成の個人差が奨励されるべきである。

典型的なポートフォリオはどの程度の長さか
　7ページから10ページの本文と，本文の主張を裏づける一連の添付資料で構成される。2リングバインダーにまとめられ，添付資料ごとにタブがつけられることが多い。本文の情報が精選されたものであるのと同様に，添付資料も慎重に選ばれた根拠で構成されるべきである。

ポートフォリオの作成にはどのくらいの時間がかかるのか
　ほとんどの教員は，数日間にわたる合計12時間から15時間でポートフォリオを作成する。その大部分は，考え，計画を立て，添付資料の文書を集めることに費やされる。

ポートフォリオは誰のものか
　ポートフォリオはそれを作成する教員のものである。ポートフォリオの中に何を取り入れるかは一般にメンター†と作成者が協力しながら決定するが，含まれる内容，最終的な用途，完成したポートフォリオの保管に関する最終決定は作成者自身が行う。

どうしてポートフォリオのメンターがそんなに重要なのか
　ほとんどの教員はポートフォリオの概念について知らないままその作成プロセスに取りかかる。したがって，訓練を受けたメンターの存在が非常に重要である。メンター——学位論文の指導者に匹敵する——は，助言をし，リソースを提供し，ポートフォリオの作成のあいだ恒常的にサポートする。

メンターはポートフォリオを作成する教員と同じ学問領域の者であるべきか
　この共同作業のプロセスは特定の学問領域に限定されるものではない。実際，教える内容の詳細をメンターが知らないほうが都合のよいこともしばしばある。そのような場合，メンターは特定のテーマをどのように教えるかではなく，教育の有効性をどのように文書化するかに集中することができるからである。しかも，異なる学問領域の同僚と一緒に活動することにより，これまで知らなかった学問分野についてメンターが何かを学ぶというすばらしい副産物も生まれる。

5 よくある質問とその答え

訓練を受けたメンターがいない場合には自分自身でメンターの代わりを務めることができるか

　ポートフォリオは共同作業を通して作成することを強く勧めるが，意欲と能力のあるメンターが存在しないこともある。そのような場合，共同作業を行うというポートフォリオ作成の重要な側面が失われるものの，ポートフォリオを作成すること自体は可能である。Eison(1996) および Seldin(2003) が挙げた以下のような自己評価に関する問いが役に立つであろう。

- 本文でなされた全ての主張が添付資料の確かな根拠によって裏づけられているか。
- 十分に内省的なものになっているか。自ら作成したもの，他者から提供されたもの，学生の学習成果がバランスよく含まれているか。
- 自分が何を教えているか，どのように教えているか，およびどうしてそのように教えているかが明確に記されているか。
- 完全な目次と添付資料が含まれているか。
- 省察が含まれているか。
- 成長と改善の努力が記されているか。
- 数年間に担当した複数の科目に関して，学生による授業評価の数値結果が含まれているか。
- 所属する学科や機関の何らかの要因が教育の有効性に影響を及ぼしているか。
- 図，表，グラフを含むことがポートフォリオを強化しているか。

シラバスは実際にポートフォリオに含まれるべきか　学生による授業評価や同僚による観察の講評はどうか

　シラバスは通常添付資料に含まれ，シラバスへの具体的な参照がポートフォリオ本文に含まれる。たとえば，「担当した全ての科目のシラバスの写しが添付資料 A に掲載されている」という形で本文に記される。学生による授業評価と同僚による講評には，少々異なるアプローチ，すなわち，実際の資料は添付資料に含み，本文にその資料の重要な点を書くというアプローチが勧められる。図 5.1 に例を示す。

図 5.1　ポートフォリオの本文に示される学生の授業評価の要点

学生による私の授業の評価は一貫して歴史学科の平均を上回っている。2003 年秋学期には，私が担当した南北戦争の歴史（歴史322）を 22 名の学生が受講し，その授業に対する評価は以下のとおりであった。

質問	学科の平均	私の得点
説明が明確だったか	4.10	4.35
学生の関心を刺激したか	3.98	4.10
興味深い課題があったか	3.99	4.22
学生の意欲を引き出したか	4.23	4.28
この科目の総合的な質	4.21	4.34
担当教員の総合的な質	4.33	4.41

評価尺度：1 － 低い　5 － 高い

ポートフォリオの主観性が，人事上の決定や教育活動の改善に用いる上での障害になるのではないか

意外かもしれないがそうはならない。ポートフォリオは，評価や改善の必要性に合うようにポートフォリオの方向づけを手助けするメンターと作成者本人の共同作業だからである。この共同作業によって，ポートフォリオの本文と添付資料の一体化を促す新鮮で生き生きとした批判的な視点が確保される。メンターの仕事は，客観的なデータを具体化し，均衡と制御を与え，根拠を補強することである。だからこそ，ポートフォリオを作成しようとする教員は，メンターの創造的で協力的な支援を求めることが強く勧められるのである。

うわべを飾ったポートフォリオが教育活動の不十分さを隠してしまうのではないか

ポートフォリオは根拠に基づく文書であるため，けっしてそんなことはない。全ての主張について裏づけ資料が含まれなければならない。教育活動に問題があれば，優れた教育を示す根拠が手に入らない。たとえば，学生の授業評価によって自分の授業準備が「たいへん優れている」と評価されたと主張するならば，これを実証する数値データが提出されなければならない。あるいは，自分の教育活動が「模範的である」と学科長に評価されたと主張するならば，それを裏づける実質的な根拠が提出されなければならない。しゃれた表紙や魅力的なフォントは，学生のレポートの場合と同様に，教員の授業活動の質の低さを隠すことはできない。

ポートフォリオの使用を始めるにあたって提案されるガイドラインがあるか

まず，ポートフォリオを受け入れる雰囲気が大学に作られなければならない。

そのために役に立つのは以下のガイドラインである。

- 小さく始める。
- 教員の自発的な意思を大事にし，参加を強制しない。
- 最初から，学内で最も尊敬される教員を活動に取り込む。
- ポートフォリオ・アプローチについて大学執行部の支援を取りつけ，必要な資源が大学レベルで提供されるようにする。
- ポートフォリオ導入の進行状況を逐次教員全員に知らせる。
- ポートフォリオに個人差の余地を認める。授業のスタイルは人によって異なる。学問領域も異なる。
- 受入れと実行のために十分な時間——1年，場合によっては2年——をかける。

ポートフォリオの作成のために割く時間と労力には，本当にそれに見合う価値があるのだろうか

　筆者，および筆者がポートフォリオ作成のメンターとなった500人の教員のほとんど全員がイエスと考えている。ポートフォリオの作成には通常2〜3日程度しかかからず，その利益は非常に大きい。ティーチング・ポートフォリオにより大学教員は，自分の教育活動の長所や成果を記録として記述することができる。評価委員会が昇格やテニュア†の決定をするにあたってポートフォリオを評価対象とすれば，これは明らかな利益である。しかし，ポートフォリオの利益はそれにとどまらない。自分の教育活動を反映する文書作成や資料を収集・分類するというポートフォリオの作成プロセスそのものが，自己改善のきっかけになることに多くの教員が気づいている。また，教育を大学の優先事項として強調する上でポートフォリオが役に立つことに多くの大学が気づいているというのも重要な点である。

　現在，米国のおよそ2,000のカレッジや大学が，ポートフォリオを利用あるいは試験的導入を行っていると推定される。上述の効用を考えると，ティーチング・ポートフォリオがこの数年間で最も評判のよい成功したアプローチの1つになっているのは驚くべきことではない。

　ティーチング・ポートフォリオ・プログラムをうまく発展させる鍵は，ゆっくり，慎重に，オープンに進め，一歩ずつ基礎を固めていくということである。成功は自動的に得られるものではないが，確実に手にすることができる。全国で成功しているたくさんのプログラムがそれを証明している。

第1部の付属資料

　以下の情報は，ポートフォリオの実行可能性が実際に試みられ，そして調整されたものである。これらはティーチング・ポートフォリオを作成，維持，評価する上での実際的な支援を提供することを目的としている。

　付属資料1：アイオワ大学作成。ポートフォリオの基本要素を1ページにまとめた図である。
　付属資料2：テキサスA&M大学作成。ポートフォリオで取り上げられるトピックを一覧にしたものである。文書化の案，ならびに省察の手がかりとなる一連の問いも含まれている。
　付属資料3：コロンビア・カレッジ作成ティーチング・ポートフォリオの評価に用いられる一般的な項目のチェックリスト。このリストは，大学執行部の教務担当者およびテニュアや昇格を評価する委員会のメンバーに対し，ポートフォリオを使って教育活動を評価するための具体的なガイドラインを示すものである。

5 よくある質問とその答え

付属資料1
ティーチング・ポートフォリオの要素

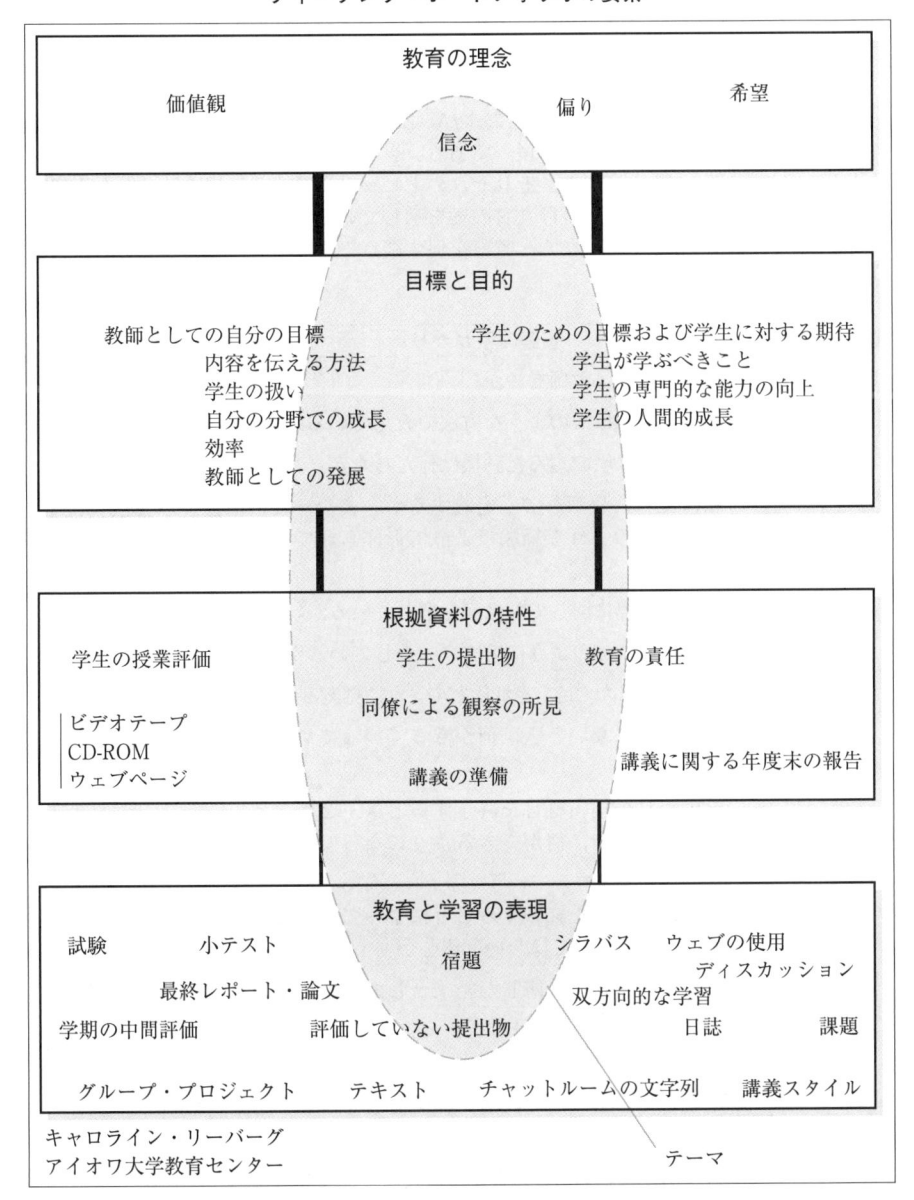

教育の理念

価値観　　　　　　　　偏り　　　　　　希望

信念

目標と目的

教師としての自分の目標　　　　　学生のための目標および学生に対する期待
　内容を伝える方法　　　　　　　学生が学ぶべきこと
　学生の扱い　　　　　　　　　　学生の専門的な能力の向上
　自分の分野での成長　　　　　　学生の人間的成長
　効率
　教師としての発展

根拠資料の特性

学生の授業評価　　　　学生の提出物　　　教育の責任

　　　　　　　　　同僚による観察の所見

ビデオテープ
CD-ROM
ウェブページ　　　　　講義の準備　　　　講義に関する年度末の報告

教育と学習の表現

試験　　　小テスト　　　　　　　シラバス　　ウェブの使用
　　　　　　　　　宿題　　　　　　　　　　ディスカッション
　　最終レポート・論文　　　　　　双方向的な学習
学期の中間評価　　　評価していない提出物　　日誌　　　　課題

グループ・プロジェクト　　テキスト　　チャットルームの文字列　　講義スタイル

キャロライン・リーバーグ
アイオワ大学教育センター　　　　　　　　テーマ

付属資料 2
ティーチング・ポートフォリオの省察プロセスの手引き

ティーチング・ポートフォリオは2つの要素で構成される。(1) ダブルスペースで8～10ページの教育活動に関する記述，および (2) 記述部分でなされた主張を裏づける情報を含む添付資料（教育活動の所産）である。以下の表は，ティーチング・ポートフォリオで取り上げられるトピック，それぞれのトピックに関する考察の助けとなる省察の手がかりのリスト，および裏づけ文書の案を示している。この表は，ポートフォリオ作成のサンプル書式としてではなく，省察を促す観点やプロセスの枠組みとしての利用が意図されている。

省察のトピック	省察の手がかり	文書化プロセス
自分の教育活動を支える学習と指導に関する理念	どうして私は教師なのか。 どうして私はこのような方法で教えているのか。 教育を行う職を選んだ動機は何だったか。 私は優れた教師をどう定義するか。また，この定義はどのような経験によって形作られているのか。 学習と指導に関して私は何を信じているか。 私は学習にどのようにアプローチしているか。 学習が生じたとき，それはどのように見えるのか。 学習が生じないとき，何がうまくいっていないのか。 学生が私の担当科目を終了するとき，どのような知識を持ち，何ができるようになっていてほしいと望むか。 私の担当科目を経験することによって学生にどのように変わってほしいと望むか。 私の担当科目を受講した結果として，学生に何に好奇心を持ってほしいか。 どうしてこの教育戦略／方法を選択しているのか。 どうして学生にこの課題／経験をさせることを選んでいるのか。 「教師」に代わるどのような類義語で，学生にとっての現在の自分自身の姿，または学生にとって私がこうありたいと望む姿を正確に表せるか。	教育と学習に関する自分の信念を形成するのに役立ったことの記述 教育と学習に関する自分の考え方の成長と変化を示す内容

5 よくある質問とその答え

省察のトピック	省察の手がかり	文書化プロセス
科目の背景と説明	何を教えているか。 どれだけの期間これを教えているか。 教えている科目の学習目的は何か。 学生はどのレベル（学部生／大学院生）か。 学生数は何人か。 必修科目か選択科目か。 専攻科目かそれ以外の科目か。 TAの監督をしているか。 卒業委員会の議長または委員を務めているか。	科目の名称，数，単位数，学生数のリスト 成績優秀者の評価または大学院課程の指導の記録 科目の目標と目的 科目のカリキュラム 他の科目との関連
学習と教育の方法論／戦略の選択	どのように教えているか。 教室の内外で何を行っているか。 教室の内外で何をするよう学生に求めているか。 学生にどのようなガイダンスを与えているか。 学生にどのようなフィードバックを与えているか。 学生の学習状況をどのように評価するか。 学生に何を読むよう求めているか。 読んだもので何をするよう学生に求めているか。 学生に何を書くよう求めているか。 書いたもので何をするよう学生に求めているか。 どのような教材を準備しているか。 どのような試験を行うか。	科目の計画書と講義資料 学生向けに作成した科目の資料 学生の課題やプロジェクトなどの例 試験の例 学生へのフィードバックの例
学習と教育を支援する，またはそれに情報を提供するその他の活動	教室での実際の授業のほかに，教育に関連して何を行っているか。 助言を行っているか。 教科書の編集／相談を行っているか。 カリキュラム委員会の委員を務めているか。 教育に関するワークショップなどの発表者／世話役を務めているか。 メンターの役割を果たしているか。 継続的に教育活動を行っているか。	教室外での学生指導活動の有効性の根拠 教育に関連したその他の活動の根拠

省察のトピック	省察の手がかり	文書化プロセス
学習と教育の有効性を評価および改善する努力	自分の教育の有効性について何を知っているのか。また，それはどのようにして知ることができるのか。	学生による授業評価の結果
	学生の学習状況について何を知っているのか。また，それはどのようにして知ることができるのか。	同僚による観察／評価の報告書
	私の指導は全ての学生に行き届いているか，それとも私が行う方法で学んでいる学生だけか。	学期の中間評価の結果
	教室での学習に影響を持ちうるさまざまな差異（能力，文化，民族，性別，学習スタイル，人種など）に敏感であるか。	定期的な1分間評価の結果
	学習に関する最新の研究を反映して，担当科目の内容を更新する必要があるか。	科目の目標／目的と学生の達成状況
	学生たちが私の授業について話しているのを耳にはさむとしたら，どのようなことを言っていてほしいか。	評価結果への対応
	実際に学生たちは私の授業についてどのように言うだろうか。	教育改善活動への参加
	具体的にいって，自分の教育活動のどのような点を改善したいか。	複数の教育方法や戦略を用いている根拠
	教育活動の改善に関して，短期および長期のどのような目標を持っているか。	教育活動の成長と変化の根拠
	自分の教育活動を改善するためにどのような手段をとっているか（またはとったか）。	受講前と受講後の試験／態度の調査
	これからどのような方向に進むのか。	自分の教育に関して任意に送られた手紙
		教育に関連する委員会への選出／指名
		教育に関する表彰または賞
		教育に関する終了時面接または卒業生の証言

作成：Jean E. L. Layne, Nancy J. Simpson, Liz Miller。テキサスA&M大学 Center for Teaching Excellence。
本書の趣旨に該当する項目のみ再録。

5 よくある質問とその答え

付属資料 3
ティーチング・ポートフォリオの評価のチェックリスト

- ✓ このポートフォリオには最新の情報が含まれているか。
- ✓ 自ら作成する情報，他者から提供される情報，および学生の学習の成果が，バランスよく含まれているか。
- ✓ ポートフォリオの各要素が一体化しているか。実際の有効性と理念の結びつきが示されているか。
- ✓ 学科および大学の戦略的な優先事項と使命に合致した教育活動を行っていることが示されているか。
- ✓ 根拠のある文書記録と根拠を構成しているのは何か。
- ✓ 精選された複数の情報が含まれ，教育活動に関する一面的ではない客観的な評価がなされているか。
- ✓ 本文の記述，分析，目標が，添付資料の実証的な根拠で適切に補完されているか。
- ✓ 教育という仕事にとっての専門能力の発展，研究，学識の重要性が，どの程度明確かつ具体的に示されているか。
- ✓ あらかじめ決められた将来に関する陳述の核心的な要素が根拠を伴って含まれているか。ポートフォリオの中心的な要素は，その学問領域，学科，大学の基準にもとづいているか。
- ✓ 学生の創作物や学習効果は，教育が成功していることを示しているか。
- ✓ 教育活動を改善する努力の根拠が提示されているか。方法，教材，評価，目標が改善された根拠があるか。
- ✓ このポートフォリオは教育の有効性に関する唯一の情報源なのか。それとも，その教員の複雑で多様な役割に関する付加的な資料や補強情報で補足されるのか。
- ✓ 個人のスタイル，達成事項，学問領域の特徴が，どのように描き出されているか。1人の教員が特定の学問領域で特定の学生集団に教えるための努力の複雑性と個別性が，本文と添付資料の両方において確実にとらえられているか。
- ✓ 作成したポートフォリオは，規定された長さの要件を満たしているか。
- ✓ 評価者は，ポートフォリオがどのように，なぜ使用されるかを理解し，それを尊重しているか。ポートフォリオの長所と限界について知っているか。

ジョン・ズビザレタ
コロンビア・カレッジ

第 2 部

電子的ティーチング・ポートフォリオ

6　電子的ティーチング・ポートフォリオによる優れた教育活動の共有

6

電子的ティーチング・ポートフォリオによる優れた教育活動の共有

スーザン・カーン

　ウェブベースのティーチング・ポートフォリオは，ティーチング・ポートフォリオの発展における１つの論理的なステップである。電子媒体は，大学での教育と学習を有意義な形で表現するティーチング・ポートフォリオの能力を高めるのに加え，他のいくつかの重要な目的を達することができる。

- ティーチング・ポートフォリオの目的の１つが教育を公開すること——教室のドアを開くこと——であるならば，それをネット上において閲覧可能とすることによって，紙媒体のポートフォリオよりも他の教員やその他の人々によるアクセスを容易にすることができる。
- ティーチング・ポートフォリオが教育活動の複雑性をとらえ，信頼できる教育成果の事例の提示により透明性を高めることを目指しているならば，コンピュータ・テクノロジーは，ポートフォリオに組み込む信頼できる教育成果の範囲を劇的に拡大する。たとえば，紙媒体のポートフォリオに典型的に含まれる教育成果は文字で書かれたものであるが，それが音声，ビデオ，グラフィックを用いた資料によって補足されると，教育と学習をさらにはっきりと提示することができる。加えて，オンラインでの教育と学習もポートフォリオに取り込むことができる。
- インターネットの構造と能力は，ティーチング・ポートフォリオの形成的な側面を支援する可能性を秘めている。ポートフォリオの作成者がハイパーリンク，メニュー，その他のナビゲーションツールを作り，情報や資料を階層的に整理するとき，直線的なプロセスである紙媒体のポートフォリオ作成とは全く異なるこのプロセスが，新しい思考や視点，洞察を促進する可能性がある。また，マルチメディア——たとえば，教室での授業を撮影したビデオクリップなど——が利用できることから，省察の基礎となる豊かな資料が提供される。

　電子的なティーチング・ポートフォリオの利点——および落とし穴——とその

6 電子的ティーチング・ポートフォリオ

作成の戦略について論じる前に，高等教育機関におけるポートフォリオというこの比較的新しい分野に関する筆者の考えを簡単にまとめておきたい。

ピアレビューと集団的学習のために教育を公開する

インターネットや CD-ROM などの電子媒体を通して保管・アクセスされるティーチング・ポートフォリオは，電子的ティーチング・ポートフォリオということができる。多くの電子的ポートフォリオは，紙媒体のポートフォリオに含まれるものとほとんど同じ1セットの文書で構成され，ウェブサイトに掲載され，目次を中心に編成され，その各項目が関連する情報や資料にハイパーリンクされるという特徴がある。そのようなポートフォリオはコンピュータ・テクノロジーの能力を十分に活用できているとは言えないが，作成が比較的容易であり，最新のハードウェアやソフトウェアを持たない読み手もアクセスすることができる。

最も重要なのは，ティーチング・ポートフォリオをウェブサイトで閲覧可能とすることが，大学教員が自分の仕事を公開し，他の人々がそれについて論評したりそれから学んだりできるようにするという方向に向けた，決定的な第一歩だという点である。Lee Shulman(1993) は早くから，教育活動を日常的に公開すること——教育界の財産とし，ピアレビューを受け入れること——が，教育活動の地位を高めることと，学究活動の一形態としての教育活動が広く受け入れられることのために重要であると主張してきた。Thomas Hatch(2000) は，オンライン科目ポートフォリオに関する最近の論文で，より多くの大学教員が自分の教育活動の報告を，インターネットを通して公開すれば以下のようになると述べている。

> 多くの異なる学問領域や背景で仕事をしている多くの教員の経験を見て，それらの経験を一般化し，教育と学習に関する新しい考えや理論を発展させ，模索し，それらに挑戦するチャンスが増える。(p. 10)

Shulman と Hatch の意見は，教員の能力向上の特性とプロセスに関する考え方のパラダイムシフトである。Dan Tompkins(2001) は，このシフトを「教員同士の共同作業と知識の共有を強調する…新しいモデル」に向けた動きと表現している (p. 94)。Tompkins にとって，電子的ティーチング・ポートフォリオはこのシフトを支えるものである。そのアクセス可能性，双方向性，透明性が対話と共同学習†を可能にし，最終的に教育の改善を導くからである。「ウェブベースの作業により，我々は『とらえて文書化すること』から『共有し，協力し，利益を

得ること』へ，見ることから参加することへと移行できる。」(p. 104)

　実際，ポートフォリオの作成者の中には，自分のポートフォリオを公開し，他の教員がそれから学べるようにすることを明確に意図している人もいる。ノートルダム大学の化学の教授であるデニス・ジェイコブスは，自分の授業で使用している集合学習†アプローチの導入に関心を持つ他の教員を支援することを1つの目的として，オンライン科目ポートフォリオを作成した（Hatch, 2000）。彼のポートフォリオは，http://kml2.carnegiefoundation.org/gallery/djacobs/で見ることができる。

　ネブラスカ大学リンカーン校のダン・バーンスタインを中心に進められている全国的なプロジェクト，「教育活動ピアレビュー」(peer review of teaching) は，教育のピアレビューを行い他者の経験から学ぶ手段として，オンライン・ティーチング・ポートフォリオを使用することの普及を目指している。プロジェクトの参加者は，オンライン科目ポートフォリオを作成し，ピアレビューが可能となるように公開している。彼らは，より広い意味で「自らの教育活動にかかわる知的な作業について書き，関心を持つ他の教員とそれを共有するコミュニティ」を育てたいと考えているのである。このプロジェクトの全体的な目標は，「教員が科目ポートフォリオを書くスキルと読むスキルを身につけるよう手助けをし，ポートフォリオがそれを作成する人にとっても，それを読んで自分の授業に取り入れる人にとっても有益なものとなるようにする」ことである。「教育活動ピアレビュー」プロジェクトに関する詳しい情報については http://www.unl.edu/peerrev/ をご覧いただきたい。

　「教育活動ピアレビュー」プロジェクトで生み出されたポートフォリオの多くは技術的にはシンプルであり，文字情報による教育成果と省察で構成されている。特徴的なのは**成績評価の済んだ**学生の提出物の例が多数取り入れられ一定期間にわたる反復を通して学習と指導が改善された根拠が示されているという点である。たとえば，バーンスタインのポートフォリオ（http://www.courseportfolio.org/peer/portfolioFiles/anonF/bernstein-d-2001-1/）では，優れたフィードバック・ループの実例を見ることができる。彼は，自分の心理学の授業について，望まれる学習結果を記し，それに照らし合わせた評価を行い，評価の結果に基づいて変更をし，学生の学習に対するこれらの変更の影響を基にして評価と改善を続けている。図6.1，6.2および6.3は，ダン・バーンスタインのオンライン科目ポートフォリオの一部である。これは，文字媒体と，論旨をはっきりさせるための明

6 電子的ティーチング・ポートフォリオ

図 6.1

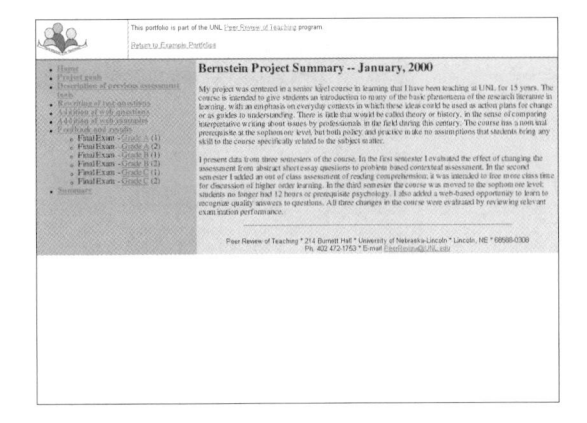

図 6.2

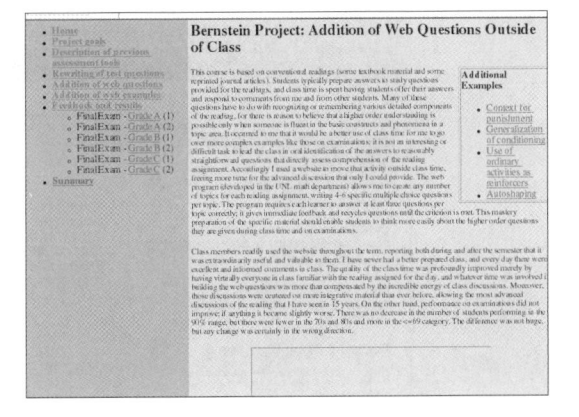

図 6.3

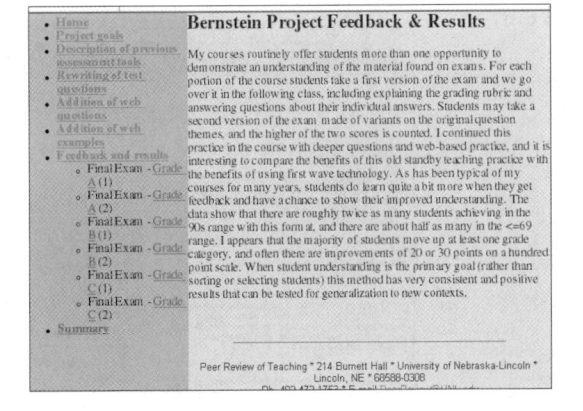

41

図 6.4

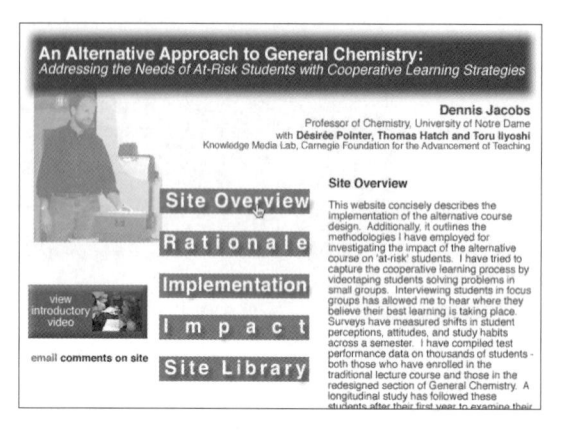

図 6.5

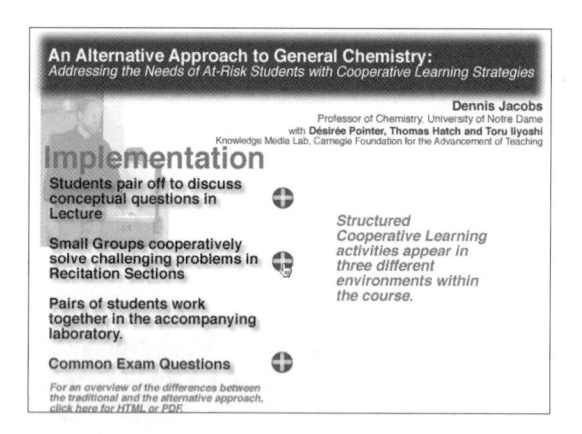

図 6.6

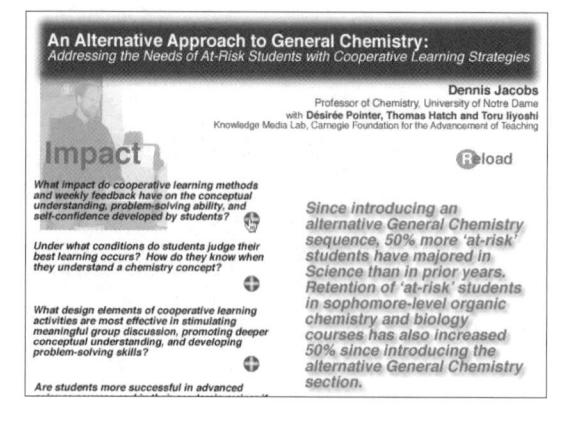

6 電子的ティーチング・ポートフォリオ

確な構成を用いた，技術的にはシンプルなポートフォリオである。

教育の透明度を高めるためにインターネットを利用する

　コンピュータ環境のマルチメディア機能とリンク機能を利用したポートフォリオは，教育と学習を信頼できる形で全面的に提示することができ，ポートフォリオの作成者と読み手の双方が教育について学ぶ新たな機会を生み出す。映像，音声，グラフィックス，その他のツールを使うことによって，教室で行われていることをポートフォリオの評価者が明確に知るための窓を提供することができる。たとえば，一定期間にわたる授業実践の変化を追跡するビデオクリップは，その教員の教え方の発展を直接的に示し，改善の強力な根拠を提供する。特に，シラバス，課題，学生の提出物などの信頼できる例，集計データ，省察と組み合わせれば，強い説得力を持つ。オンライン科目ポートフォリオの作成の先駆者であるウィリアム・サービンは次のように表現している。「複雑な活動や実績を人に理解してもらいたければ，常識的に考えて，それを実際に見てもらうのが一番である」（私信，2003年3月21日）。

　カーネギー財団の知識メディア研究所[*1]との共同で作成されたデニス・ジェイコブスの科目ポートフォリオ（http://kml2.carnegiefoundation.org/gallery/djacobs/）は，学生の学習状況の改善を示すために効果的にマルチメディアを利用しているポートフォリオの例である。ジェイコブスの担当するノートルダム大学の一般化学の授業では，学生の成績が思わしくなく，成績不振者を中心に途中で脱落する学生が多かった。そこで，ジェイコブスは自分の担当セクションで集合学習を試みることにした。彼のポートフォリオには，授業再編の根拠，再編の実行状況，学生の習熟度の向上と科目受講学生の減少率の改善に対するその影響，サイトライブラリーが含まれており，それぞれのセクションに課題の例，集合学習に取り組む学生を撮影したビデオクリップ，学生の成績と脱落率の改善を示す集計データが示されている。図6.4，6.5および6.6は，デニス・ジェイコブスの科目ポートフォリオの見本である。学習成果に関する集計データに加えて，学生の学習状況の具体的な例（ビデオクリップ）が提示されていることに注目していただきたい。これらのビデオクリップは，それによって何を例示したいのかが説明された上で用いられている。

　ビデオを用いたこのサイトの導入部においてジェイコブスは授業の再編につい

[*1] Carnegie Foundation's Knowledge Media Laboratory

て説明および省察するのに加えて，自分の主な論点を支持するデータを示している。文章による省察では，ポートフォリオの作成，特に学習中の学生のビデオ撮影によって，「どのような課題提示や問いかけをすれば意味のあるグループディスカッションが促進されるのかについて，貴重なフィードバックが得られた」と指摘している。ジェイコブスの実験およびそれによる学生の理解度の向上がポートフォリオとして記録されたことから，現在，ノートルダム大学の化学科は一般化学コースの全てのセクションに協調学習モデルを取り入れている。

電子的ティーチング・ポートフォリオのもう1つの長所は，オンライン型教育および学習の状況を提示できるという点である。実際，Dan Tompkins(2001) が指摘しているように，オンライン化された教材は，電子科目ポートフォリオや電子的ティーチング・ポートフォリオの端緒となりうる。同様に，オンラインで提出された学生のさまざまな形式の学習成果は，それによって何を例示しようとしているのかが，ポートフォリオの読み手に明確に伝わるように構成・提示されるならば，学生の学習状況を示す根拠としてそのまま使うことができる。ジョージタウン大学の「目に見える知識プロジェクト」(Visible Knowledge Project：VKP)のウェブサイト（http://crossroads.georgetown.edu/vkp/index.htm）には，テクノロジーに関する基礎講座や発展的講座の科目ポートフォリオ（またはバーチャル・ポスター）が集められている。ジョージタウン大学のランディ・バスとラガーディア・コミュニティカレッジのブレット・アイノンを中心に進められているこのプロジェクトの目的は，テクノロジーと教育・学習を一体化させる効果的な方法を探ることである。VKPの科目ポートフォリオには，全国の大学教員の教育の経験，テクノロジー，および関連する省察が集められている。これらのポートフォリオの集合は，オンライン教育にかかわる他の教員にとって優れた考え方を学べる知識の泉になっている。

教育と学習に関する新しい視点を促進するためにインターネットを利用する

直線的ではなくハイパーリンクされたインターネットの構造自体がオンライン科目ポートフォリオの作成者に新しい視点や洞察をもたらすかという問いを考察するのは，たいへん興味深い。そのようなポートフォリオを作成した教員たちの意見によると，自分の教育活動と学生の学習状況をネットで公開することは，確かに新しい思考方法を促すと言えそうである。たとえば，フットヒル・カレッジの音楽の教授であるElizabeth Barkley(2001) は，ネット用のポートフォリオを

6 電子的ティーチング・ポートフォリオ

作成するのは、「印刷媒体の直線的な思考様式に慣れている」者にとって、骨は折れるが有意義な作業であると考えている (p. 112)。ウェブベースのポートフォリオを作成する利点として彼女が挙げているのは、そのプロセスの中で「デジタルに、また視覚的に物を考えることが余儀なくされる点」である。「学生の多くが主にこうした形で物を見たり理解したりしているのだと思う。教師と学生の思考様式の差を縮めることは、コミュニケーションを明確化し、学生の学習を豊かにするに違いない」(p. 122) と Barkley は指摘する。

ジョージ・メイソン大学の歴史学教授であり少々異なる方針をとる Mills Kelly (2001) は、ネット上でポートフォリオを作成することによって教育に関する自分の考え方が深まったと主張している。

> 私は、ページの見た目や操作感、ナビゲーションの仕方、それぞれの情報を含むか除外するか、ある主張をするのにどの媒体を用いるかなど、多くの決定をしなければならなかった。そうした点の1つ1つに答えてゆく過程で、自分の学問領域はどのようなものか、教育と学習の学究活動とは何か、それはどう変化しつつあるか、誰がこのポートフォリオを読み、そうした人々の中にどのような反響を引き起こすかについて、これまでよりずっと深く考えざるをえなかった。(p. 127)

しかし、ネット上にティーチング・ポートフォリオを作成している全ての教員が、インターネットを使うという事実自体が教育と学習に関する自分の考え方に影響を及ぼしたと考えているわけではない。私たちはまだ、Barkley や Kelly が報告しているような新しい視点を得るほどには、電子的ティーチング・ポートフォリオのツールやテンプレート、あるいは技術的能力を十分に発展させていないのかもしれない。この問題については後にもう一度触れることにして、ここで電子的ティーチング・ポートフォリオの作成の課題とガイドラインを記しておこう。

電子的ティーチング・ポートフォリオを作成する上での課題

本章ではこれまで、教育を改善し、実際あるいはバーチャルな教室で起こっていることを他者が理解するのを手助けする上で、電子的ティーチング・ポートフォリオがいかに優れ、可能性を秘めているかについて多くを語ってきた。しかし、電子的ティーチング・ポートフォリオには陥りやすい落とし穴や、作成者が直面することになる重大な課題もある。ここでは、電子的ティーチング・ポートフォリオの作成者にとっての3つの大きな課題、すなわち情報過多、テクノロジー、および著作権とプライバシーの問題について論じる。

情報過多

　おそらく電子的ティーチング・ポートフォリオの作成者にとって最も大きな落とし穴は，構成が不適切であったり解釈が付されていなかったりする過剰な情報で読み手を閉口させてしまうことであろう。Seldin(1997)，Edgerton, Hutchings and Quinlan(1991)，およびティーチング・ポートフォリオに関するその他の著者は，ポートフォリオに含む資料の慎重な選択と編集の重要性を早くから強調している。あまりにも多くの人々が，そのポートフォリオにとって，あるいは教育と学習にとっての重要性が説明されない，ばらばらで繰り返しの多い資料が詰め込まれたティーチング・ポートフォリオを評価するという仕事と格闘している。

　コンピュータ環境は，大量の情報を保管する能力とリンク能力のために，以前から指摘されてきたこの問題をいっそう増幅させている。そのうえ，コンピュータ環境には，十分に考えられていないナビゲーションによって読み手を混乱させてしまうという危険がある。Dan Tompkins(2001) は，「紙であれデジタルであれ，ポートフォリオにはそれぞれの問題ごとに情報を山積みにしたくなる誘惑がある」(p. 103) と指摘し，「電子的ポートフォリオの情報を慎重に編集し…リンクを慎重に作り上げることによって，情報を読み手にとって意味のあるものにすべきである」(pp. 103-104) と作成者に助言している。情報の慎重な編集と電子的な経路の慎重な構築は，ポートフォリオの作成者にとってもプラスになるということができよう。資料を注意深く選択し，それらの関係や関連を示すことは，電子ティーチング・ポートフォリオの作成を強力な学習経験にする要素の1つである。ときには考え方が一変してしまうような学習経験になることもあるのである。

　Elizabeth Barkley(2001) も，電子的ティーチング・ポートフォリオを簡潔にすることの重要性に同意しているが，「『サウンドバイト』（短い言葉を抜粋して繰り返し使うニュースメディアの手法）と言ってもいいほどに常に情報を簡素化してしまっていては，深みや正確さ，ニュアンスが犠牲になってしまう」のではないかと述べている (p. 121)。最終的に，ポートフォリオの作成者自身が自分の目的にあった適切なバランスを見いださなければならない。電子的ティーチング・ポートフォリオを公開する前に，または作成者にとって重要な結果をもたらす評価者にそれを送信する前に，優れたウェブデザインの原則を知り，率直に意見を言ってくれる人に試しに読んでもらうのが賢明である。本章の末尾に，ウェブデザインに関するリソースが少々リストされている。また，後述の「作成してみよう」のセクションに，資料と情報の選択に関するアドバイスがある。

6 電子的ティーチング・ポートフォリオ

テクノロジー

多くの――おそらくほとんどの――大学教員は，電子的フォーマットで資料を作成した経験がないであろう。幸いなことに，ますます多くの大学が教育に関連するウェブページを作成しようとする教員に支援を提供するようになっており，ウェブページ作成ソフトウェアも操作が簡単になってきた。教員や学生が使えるように大学独自のウェブプラットフォームを作っている大学や，Blackboard，WebCTといった商業的なプラットフォームをカスタマイズしている大学もある。そのような場合には，電子的ポートフォリオのウェブページを立ち上げるのにウェブプログラミングの知識はほとんど必要とされない。インターネット上で何かを作るのが初めての人は，キャンパス内に準備されている支援を活用しよう。そして，いずれ自分の知識や利用できるツールが発展したら多様な媒体を取り入れることができるようなプラットフォームで，まずは技術的に単純なポートフォリオから作成してみよう。

著作権とプライバシーの問題

ポートフォリオに適切に位置づけられた本物の学習成果の例は，学習状況と効果的な教育を示す最も強力な根拠となる。実際，そうした例はティーチング・ポートフォリオに不可欠の要素だと主張する専門家もいる（たとえば，Cambridge, 2001；Tompkins, 2001など）。しかし，学生の学習成果をネット上で公開するには，著作権とプライバシーに関連した法的な問題が生じる。中には，学生の学習成果をポートフォリオ・ウェブページに取り入れるには全学審査委員会の審査を受けなければならない，と規定している大学さえある。

公開されるポートフォリオ・ウェブページに学生の学習成果を掲載する前に，研究のコンプライアンス（法令遵守）を担当する学内の管理部門とその法務スタッフに確認しよう。大学によっては，ネットへの掲載を承認する単純な許可書への署名を学生に求めることが必要な場合もあるだろう。インディアナ大学―パデュー大学インディアナポリス校，ポートランド州立大学など，そのような書式が準備されている大学もある。こうした書式は，容易に他のキャンパスのニーズに合わせて利用できるはずである。

作成してみよう

対処すべき諸々の問題や電子的ティーチング・ポートフォリオに含まれる資料

のタイプを考えると，いざ作成にとりかかろうとしても怖気づいてしまうかもしれない。電子的ティーチング・ポートフォリオの計画を開始するとき，紙のポートフォリオの場合と同じ形で資料や戦略の選択を考えるのがよいだろう。たとえば，Tompkins (2001) が指摘しているように，電子的ティーチング・ポートフォリオには一般に，紙のポートフォリオと同じく，自ら作成する資料，他者から提供される資料，教育の成果が含まれる。プロセスと戦略にも，紙のポートフォリオと同じく，収集，選択，省察が含まれる。言うまでもなく，両者の違いは，電子的ポートフォリオのほうが含まれる資料の選択の幅がずっと広いということである。特に，マルチメディアを利用して自分の教育活動と学生の学習状況を描き出そうとする場合には多様な資料を選択することができる。また，収集，選択，省察のプロセスには，ビデオ／オーディオテープの作成や，書類以外の媒体での資料収集などが含まれることがある。

電子的ティーチング・ポートフォリオのプランニングは，次のような基本的な問いを考えることから始まる。

- このポートフォリオの目的は何か。受け手は誰か。
- この目的と受け手から考えて，どのようなメインテーマまたは情報カテゴリーを中心とすべきか。
- この目的に従ってテーマを受け手に伝えるにはどのような内容が最も適しているか。その内容はどのように構成されるべきか。

受け手と目的

紙のティーチング・ポートフォリオの場合と同じく，ポートフォリオの受け手と目的がテーマ，内容および構成に影響を及ぼす。テニュア†や昇格のため，または教育に関する賞を受けるために自分の教育活動を文書化しようとするときと，教育と学習のジレンマを解決するため，または教育実践について他の教員に情報を提供するためにポートフォリオを作成しようとするときとでは，構成も提示される資料も異なるであろう。最初に目的と受け手を簡潔に定義しておくことが，テーマ，内容，構成に関するその後の全ての決定を導く枠組みを提供する。

テーマ

ポートフォリオのテーマは目的から導かれる。選択されたテーマは，ポートフ

6 電子的ティーチング・ポートフォリオ

ォリオの内容を決定するばかりでなく，ポートフォリオ・ウェブページを体系づける枠組みを提供し，それぞれのテーマがウェブページの各セクションになる。

　紙のポートフォリオと同様に，テーマはいろいろな形で概念化することができる。この章で論じた科目ポートフォリオの一部は，ごく大雑把に言うならば，教育や学習の問題の定義，そうした問題へのアプローチ方法の説明と提示，そしてそのアプローチの結果または影響の説明と提示，さらにこれらの結果の省察または解釈を中心として構成されている。別の方法として，教育の目標や目的を中心にしてポートフォリオを構成することもできる。これはしばしば学生のポートフォリオにも用いられる方法であり，その場合は自分の学習の目標と目的が中心に位置づけられる。Helen Barrett (2001) は，学習成果に基づくポートフォリオを「基準ベースの」ポートフォリオとよび，そのようなポートフォリオは「資料を整理するためハイパーリンクを用い，成果として生み出されたものを適切な目標や基準と連結させる」と述べている (p. 110)。

　インターネット・アクセスさえできれば誰でも利用できるウェブベースのティーチング・ポートフォリオの数が増えていることから，自分のテーマの構成方法についてアイディアを得るためにそうしたポートフォリオを参考にするとよいだろう。本章の末尾に，電子的ティーチング・ポートフォリオが集められたウェブサイトのリストが記されている。図 6.7, 6.8, 6.9 は，いくつかのオンライン・ポートフォリオの表紙ページの例である。これらのページがポートフォリオ全体の組織と内容を視覚的に表していることに注目していただきたい。

内容と構成

　上述したように，電子的ティーチング・ポートフォリオの内容は，紙のポートフォリオと同じカテゴリーで構成される。すなわち，自ら作成するもの，他者から提供されるもの，そして，教育の成果である。電子的ポートフォリオの場合，これらのどのカテゴリーにも，読み手に実際の教育と学習の状況を知らせるのに役立つマルチメディアの資料が含まれる可能性がある。また，ネット上の電子的ポートフォリオは，当然ながら，関連する他のウェブページ——科目のウェブページやそのポートフォリオ作成者が管理している別のウェブページ，ポートフォリオに含まれる情報の有益な背景となる学科や大学のウェブページ，またはその学問領域やポートフォリオ内で取り上げられた教育の問題に関連するウェブページ——にリンクすることができる。

図 6.7

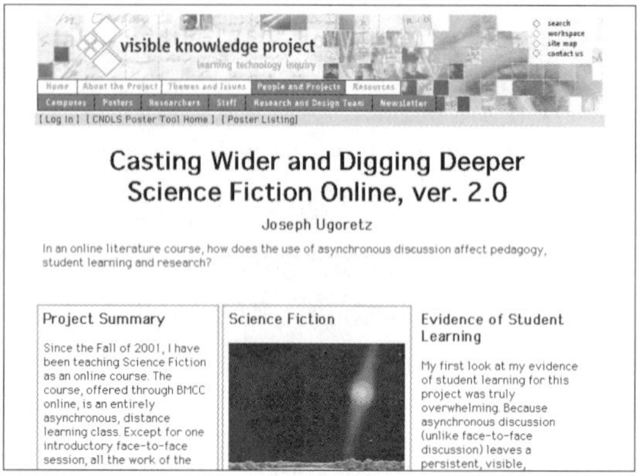

図 6.8

図 6.9

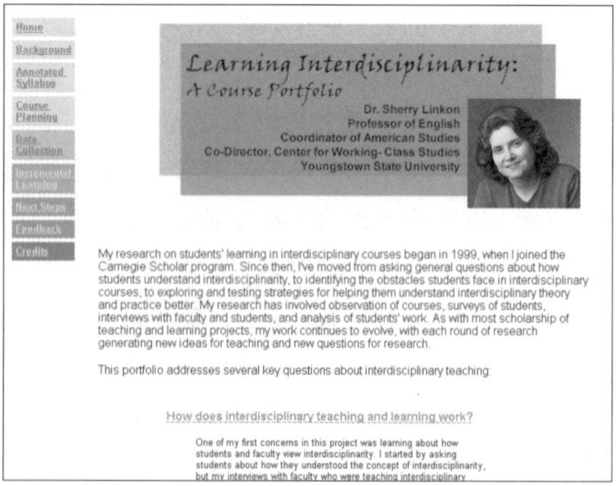

6 電子的ティーチング・ポートフォリオ

　以下に，電子的ティーチング・ポートフォリオの資料の選択と構成に関する注意点をあげておこう。

- ポートフォリオに含む資料を厳選し，適切な媒体を用いること。たとえば，ビデオクリップは，他の媒体では表現できない洞察をそれによって提示できる場合にのみ用いるべきである。
- ポートフォリオ外のウェブページへのリンクは，真に関連性のある啓発的な情報へ直接読み手を導くものであること。
- 学生の学習状況を示す本物の事例と根拠を含むこと。結局のところ，学生の学習に与えた影響を通じてしか，教育の有効性を明示したり，判断することはできないのである。複数の事例を含むことによって多様な学習成果を信頼できる形で示すことができ，一連の活動を見せることによって読み手に一定の期間にわたる成果を伝えることができるというインターネット環境の能力を生かすこと（Cambridge, 2001）。
- 提示される本物の学習成果のそれぞれについて重要性を説明し，なぜそこに提示されているのか，それによって何を伝えたり実証したりしようとしているのかを読み手が理解できるようにすること。ポートフォリオの各項目についてそうした背景を提供することは，教育の成果とそれに関する説明，およびその後の教育アプローチの変化の理由を読み手が理解するのに役立つ（Cambridge, 2001）。
- 期待した成果と，用いたアプローチ，評価の説明や基準，関連する例，省察をつなぐためにハイパーリンクを使用すること。
- ポートフォリオ作成プロセスの早い段階で，目次，サイトマップ，その他ポートフォリオの構造を視覚的に示すものを作ること。構造が明確であるということは，電子的ポートフォリオの作成者にとっても読み手にとってもたいへん有益である。Mills Kelly（2001）は次のように所感を述べている。「私はプロジェクトのはじめに，ポートフォリオをどのようなものにするつもりなのか十分に時間をかけて考えたため，作り始めてみると作業は思ったよりも簡単であった。」(p. 128)

電子的ティーチング・ポートフォリオの将来

　インターネットがどこでも使えるようになり，電子的ティーチング・ポートフ

ォリオを使用した全国的なプロジェクトの認知度が高まり，高等教育における新しいタイプの電子的ポートフォリオ——学生，プログラムおよび高等教育機関の電子的ポートフォリオなど——が急増しているということは，いつか電子的ティーチング・ポートフォリオが身近なものとなることを示している。私たちが取り組まなければならないのは，ポートフォリオの潜在的能力，すなわち作成者にとっても読み手にとっても，また高等教育全般にとっても改善を促す力になるという潜在的能力を実現させることである。

　電子的ティーチング・ポートフォリオの専門家の中には，そのようなポートフォリオおよびその作成に用いられる電子的なツールがどのようにして教育と学習の改善を広めるかについて論じる人もいる。たとえば，ウィリアム・サービンは，マルチメディア，特にビデオが「教育と学習の関係を探る大きな可能性」を提供すると考えている。とりわけ，サービンは，「教室で学生がどのように学ぶのか——教師が何をするかだけではなく，学生がその経験から何を得るか——を描き出すためのビデオの使用」に着目している（私信，2003年3月21日）。

　カーネギー財団の Thomas Hatch (2000) は，オンラインの電子的ティーチング・ポートフォリオの普及が持つ意味について考察し，もしそのようなポートフォリオが一般的になったならば「カレッジ，学部，学科のウェブサイトを見て，そこで行われている教育と学習についての多様な見解を知ることができるようになるだろう」(p. 4) と述べている。また，学科，プログラムまたは高等教育機関が，各教員の電子的ティーチング・ポートフォリオから情報を取り出し，教育と学習を改善する教授団の集団的な努力とその成果を示すために，それぞれの組織の電子的ポートフォリオに取り入れることも考えられる。そのような組織全体のポートフォリオは，効果的な教育と学習の利害関係者に説得力のある根拠を提供することができ，組織的な学習と改善の強力なツールとなりうる。

　しかし，こうしたビジョンを実現するのは簡単ではない。自分のティーチング・ポートフォリオをオンライン化して一般に公開するのは大学教員にとって勇気のいることである。Mills Kelly (2001) は，そのような行動は「〔自らの〕教育活動を世界中の人の判断に曝すようなものであり」(p. 126)，このようなレベルの開示は「誰にでもできるわけではない」(p. 126) と述べている。また，改善のための試行錯誤さえ公開する教員が報われるように，学問界の文化が変わることも必要だと思われる。

　おそらく，私たちは，優れた教育活動とは何かという概念を拡大し，新しいア

6 電子的ティーチング・ポートフォリオ

プローチを試みる意欲，そうしたアプローチが学生の学習や成功に与える影響を率直に評価する姿勢，それに従って変更や改善を加える努力をその概念に含めなければならない。電子的ティーチング・ポートフォリオが広く受け入れられ始めているということは，教育に関する考え方の中にすでにそうした変化が起こり始めていることを示している。この変化が広まるにつれて，オンラインの電子的ティーチング・ポートフォリオを通して他の教員の成功と失敗から学ぶチャンスが増大することと期待できる。

謝辞

　ダニエル・バーンスタイン，デニス・ジェイコブス，T. ミルズ・ケリー（西洋文明の講座），シェリー・リー・リンコンのポートフォリオの抜粋は，それぞれの作成者，およびカーネギー教育推進財団[1]の知識メディア研究所（http://www.carnegiefoundation.org/KML/）の許可を得て掲載されている。

　ジョセフ・ウゴレッツのポートフォリオ（オンライン SF 講座）の抜粋は，作成者，カーネギー財団知識メディア研究所，および（http://crossroads.Georgetown.edu/vkp の「目に見える知識プロジェクト」と共同で活動している）ジョージタウン大学学習・学究活動新設計センター[2]の許可を得て掲載されている。

ポートフォリオとウェブページの作成に関するリソース（印刷物）

Batson, T. (2002, December). The electronic portfolio boom: What's it all about? *Syllabus, 16*(5), 14–18.

Gathercoal, P., Love, D., Bryde, B., & McKean, G. (2002). On implementing web-based electronic portfolios: A webfolio program lets instructors and students use the web to improve teaching and learning. *Educause Quarterly, 25*(2), 29–37.

Hutchings, P.(Ed.). (1998). *The course portfolio: How faculty can examine their teaching to advance practice and improve student learning.* Washington, DC: American Assosiation for Higher Education.

Weinberger, D. (2002). *Small pieces loosely joined: A unified theory of the web.* Cambridge, MA: Perseus.

---

[1] Carnegie Foundation for the Advancement of Teaching
[2] Georgetown University's Center for New Designs in Learning and Scholarship

ポートフォリオとウェブページの作成に関するリソース（インターネット）

American Association for Higher Education Portfolio Clearinghouse:
　　http://ctl.du.edu/portfolioclearninghouse

Educause:
　　http://www.educause.edu/

The Alertbox: Current Issues in Web Usability by Jakob Nielsen:
　　http://www.useit.com/alertbox/

第 3 部

7つの高等教育機関におけるポートフォリオの使用事例

- 7　ドレクセル大学のティーチング・ポートフォリオ・プログラム
- 8　複数の方略によるポートフォリオの発展促進──オハイオ州立マイアミ大学
- 9　エモリー大学オックスフォード・カレッジにおけるティーチング・ポートフォリオの導入と実施
- 10　ペース大学のティーチング・ポートフォリオ──移行期の1つの文化
- 11　ラトガース大学のティーチング・ポートフォリオ
- 12　テキサスA&M大学のティーチング・ポートフォリオ──10年の実践をふり返って
- 13　エヴァンズヴィル大学におけるティーチング・ポートフォリオ

　第3部では，7つの高等教育機関──公立と私立，大規模校と小規模校──においてティーチング・ポートフォリオがどのように使用されているかを詳しく論じる。
　以下の報告は機関のアルファベット順に並べられている。それぞれの大学が特徴的な存在であるため，報告にある目的も実情もそれぞれ多様である。ポートフォリオを人事上の決定のために用いている大学もあれば，教育の改善のために用いている大学もある。また，両者を組み合わせている大学もある。これら7機関全ての報告を読むことによって，ポートフォリオの目的と実践方法の全容をよりよく理解し，その価値を認識していただけるであろう。

7 ドレクセル大学のティーチング・ポートフォリオ・プログラム

テク゠カー・リム

はじめに

　ドレクセル大学では，1999年春以来，80名以上の教員がティーチング・ポートフォリオ作成のワークショップに参加している。本学がなぜこのような状況に至ったのか，何が発端となってティーチング・ポートフォリオ・プログラムが始まったのかを十分に理解するには，それ以前の10年間にこの都会の技術系大学に生じた一連の苦難について説明しなければならない。

　本学は，1891年，ドレクセル芸術・科学・産業インスティテュートとして創立された。1980年代初期，最も長くその任を果たした学長が退職する頃，ドレクセルでは，カーネギー分類Iの研究大学になるという望みを抱いて一法人から本格的な大学へと脱皮する動きが断続的ながら進展しつつあった。しかし，残念なことに，新執行部が取った手段は高校生の人口が減少しているという困難な時期にふさわしくなかった。その混乱は学長のめまぐるしい交代をもたらした。12年間に6人の学長が誕生したのである。学長職をめぐる一連の騒動に加えて一同を動揺させたのは，入学者数の急激な減少であった。教員の雇用は凍結され，学生の在籍率はかつてない急降下を見せた。

　幸いなことに，こうしたつまずきのあと現在の学長——カリスマ的で行動力のある元工学部長——がその職についてから，混乱が収まった。1997年には大学の財政が安定し，学部の入学者数が以前のレベルに戻ったことが明らかになった。取り組むべき課題は，生き残りのための苦闘から一流大学への仲間入りに向けた歩みの再開への構想を練ることへと変わった。

　すぐに明らかになったのは，多くの教授たちの高齢化という事実であり，再び増加し始めた学生の教育を担うために教員の再活性化を図る必要がある，ということであった。もともと拡張路線を取っていた1970年代に研究の専門能力を買われて採用された教員の多くは，この頃には研究活動をそれほど活発に行わなくなっており，教えるスキルも十分に発展させてこなかった。そこで1998年今なお「授業料によって経営が成り立つ」機関であるドレクセル大学は，学生数減少

の歴史を繰り返さないために，教授陣の刷新という緊急課題に正面から取り組むことにした。まず，形成的かつ発展的なプロセスとして，テニュア†を得た後の審査（post-tenure review：PTR）を開始した。また，研究志向ではない教員が積極的に授業の責任を増やし，優れた教育を行った場合に，納得のいく評価と大きな昇給のチャンスが得られるように，全ての教員を対象とした新しい職務体系の方針を発表した。

大学は，全米高等教育協会（AAHE）[*1]の補助金を財源の一部とするPTR試験プロジェクトの参加志願者を募った。大学のニーズ評価の結果，最初の参加者群は主に，仕事の重点を研究から教育に移したいと考える年長の教員ということになった。彼らは，学生の学習スタイルや多様な指導方法について積極的に学ぼうとしていた。

早い段階で，PTRプロジェクトチームが大学教員の役割と報酬に関するAAHEの学会やセミナーに参加して他大学の教員たちと交流することが決定された。このプロジェクトにおいて義務づけられた活動の要となったのは，プロボスト†室によって組織されたキャンパス内のワークショップと研修の経験であった。PTRプロジェクトにかかわっている人々が「能力不足」の汚名を着せられることがないように，こうしたワークショップや研修は全ての教員に開かれた。また，それは新しく雇用された教員にとっても役に立つと認識されたため，プロボスト補佐兼学部長は，本学の報酬体系において教育が重視されていることを強調することにより，年長の教員と新人教員の両方にワークショップへの参加を促すことにした。

最初の年，ティーチング・ポートフォリオを実際に作成するワークショップが開かれた。ポートフォリオは，米国では主に教育を中心とする大学で以前から使われてきたが，ドレクセル大学ではそれまで考慮されたことがなかった。しかし，大学の現状および教員に教育の重要性を認識させ，教育活動の質を高める上でのポートフォリオの力が実証されていることに照らして，これを導入するのは時宜を得ていると思われた。ピーター・セルディン氏と彼の「Aチーム」を相談役に迎えて進められたこの活動は大成功を収めた。あとは周知のとおりである。

目的と原則

どうしてこのワークショップがそれほど成功したのか。とびきりのメンター†

[*1] the American Association for Higher Education

陣に恵まれたという事実に加えて，自己省察というティーチング・ポートフォリオの基本的な特徴が，本学の教員の心に共鳴したように思われる。参加した人々に共通の反応は次のコメントに表れている。「ティーチング・ポートフォリオは自分の教育活動の改善のために考えるべきことについて洞察を与えてくれましたし，自分が教えるときになぜこの行動を取っているのかを理解するのに役立ちました。ポートフォリオは考えつく限り他のどんなものよりも，教育活動をうまく文書化できます。」本学においてティーチング・ポートフォリオに将来があるかと聞かれれば，全員が声をそろえてイエスと言うだろう。

このワークショップでも，また同じ形で行われたその後のワークショップでも，本学におけるティーチング・ポートフォリオは教師としての個人の仕事の記録であり，その形式は最終的にいろいろな形に変化させることができる可変書式——「ストック・ポートフォリオ」——であるべきことが参加者に説明された。大学執行部の姿勢から，すぐにこのストック・ポートフォリオは私的／形成的なティーチング・ポートフォリオであり，作成者以外は見ないものだ，ということが参加した人々に理解された。これは自分の教育活動について折にふれ参照されることになる書類としてまとめた告白的，内省的な概要であり，後世に残す記録として計画されたのでない限り，おそらく全く公のものとされることのない文書である。また，大学執行部や委員会と話し合うための材料ではなく，自分との対話のための材料であり，教師と学生の間の約束事項を思い出させてくれるものである。

しかし，私的なポートフォリオにちょっと手を加えれば，テニュア，昇格，賞などの審査といった目的にも使用することができる。そうすると，公的／総括的なティーチング・ポートフォリオ，すなわち教師としての業績を体系的に示し，自分の最も優れた業績を注意深く選別して「自分を売り込む」ことができる便利な情報源となる。公的なポートフォリオは，専門職業の経歴書と似ている。経歴書ほど客観的ではなく，容易に文脈において把握することができず，個人のキャリアの長さを考慮する仕組みを備えているわけではないが，経歴書と同じく，問題点をほとんど明らかにしない。インターネットの検索や書物を通してポートフォリオの実例を見ると，「欠点」が1つもない公的なスタイルが浮かび上がる。これは，「こんなもの」を作り出すことは自分には「絶対にできない」と感じた本学のワークショップの参加者たちを大いに当惑させた。「私はそんなに高慢になれないと思います。欠点のある人はいないみたいですね。けれども私だって，自分を評価するために使われる文書に，自分の本当の欠点を書く気にはなれない

でしょうね」というある教員の言葉が参加者の気持ちを端的に表している。

　ワークショップによって公的ポートフォリオではなく私的ポートフォリオが受け入れられたということが，ポートフォリオ導入プロセスの間，本学の教員を力づけ，意欲を維持させた。この考え方は今でも本学の原則になっている。これは大学執行部の真意への不信を緩和し，おそらく本学のポートフォリオ・ワークショップが高い人気を得ている最も大きな理由なのであろう。

　常に強調されているのは，私的ティーチング・ポートフォリオは，教室での病気を治す魔法や万能薬ではなく，それを作成したからといって作成者が自動的に優れた教師になるわけではない，という根本原則である。ポートフォリオを作成するという行為とその産物は，まじめな教員が優れた教師になるためのロードマップを描くことを可能にするにすぎない。

　また，大学執行部は，全てのティーチング・ポートフォリオが持つ主観的／内省的特性から考えて，少なくとも最初は自分１人で——つまり台本に則って——これを作成するのは難しいことを認識している。ほとんどの教員は，教育について話し合うことがめったになく，考えをぶつけあう相手が必要である。ワークショップの参加者の１人は，「私のメンターは私が自分の教育理念を理解するのを助けてくれました」と語っている。加えて，教員は，強制されない限りこのプロセスのために多くの時間を割く覚悟ができていない。相談役であれメンターであれ，専門家の助けによってその活動が促されるのであり，望ましい結果を得るためにはこれが不可欠であるように思われる。

　では，どのような人々が専門家の組織を構成すべきなのだろうか。外部のメンターにも利点がある。外部のメンターを招くことはポートフォリオの推進活動が公認されていることを示し，独りよがりではない全国的な基準が持ちこまれる。一方，学内のメンターはその大学の特殊な状況や文化を十分に認識しているため，外部の人より共感を持って作成者の話を聞くことができる。また，学内のメンターが，キャンパスで利用できる多様なリソースを利用したことがある教員，またはそれらを利用することに前向きな教員であるならば，その大学内でうまく機能する教育と学習の手法を提案することができるはずである。さらに，メンターが尊敬される人々——「全てに成功している人」——であるならば，同僚間の協力関係を強め，ときにはつかの間の師匠と弟子の関係さえ作り，一般に受け止められているような深みのない研究の虫という見られ方を超えて成長するよう，同僚たちの意欲を奮い立たせることができるだろう。いずれにしても最良の方法は，

可能な限り外部の助言者と内部の助言者を組み合わせることであるように思われる。本学では，予算が許す範囲でこの原則を維持する予定である。

　もう1つの原則は，ポートフォリオの作成はできる限りワークショップという環境の中で行われるべきだということである。本学では，教員に対し，ワークショップのようなリソースや厳格なスケジュールや支援構造がない状況で，マンツーマンで他の教員の指導をするよう求めることがある。しかし，そのようなケースはいつも，メンターにとっても助言を受ける側にとっても不満足なものに終わる。両者の通常のスケジュールの間にポートフォリオの活動を詰め込もうとしても，難しいのである。

　ティーチング・ポートフォリオを作成するという作業は，物わかりのよい監督者と共感してくれるメンターのチームのいる組織だった集まりの中で行われるべきである。自分の意思に任されている場合，優れたポートフォリオを作成するために時間を費やす教員はあまりいないからである。他の活動から遮断されたスケジュールの中で他の人々と行動を共にすること，そしてこの集まりを支援するために大学執行部がリソースをつぎ込んでいると認識することが，参加者の動機づけに役立つ。また，ポートフォリオ・ワークショップは，ふだん顔を合わせることのない人々が学習や改善や評価について話し合い，大学の特別な使命や役割や実績について理解を深める機会にもなる。

戦略

　それでは，本学は実際にどのようにこの活動を進めているのだろうか。毎年，春学期の早い時期に，その年のティーチング・ポートフォリオ・ワークショップの参加者募集が行われる。最初の年には，PTRプログラムの参加者全員が自動的にワークショップの参加メンバーに選ばれ，残り20人の枠が大学の教育・学習委員会のメンバーと数人の古参教員に割り振られた。参加を強制された人はいなかったが，プロボスト補佐は尊敬される教授たちの参加を促すためにプロボスト室の影響力を使った。実際，会に顔を出さない人も毎回いたが，公式の姿勢は常に欠席者は価値のあるチャンスを逃して残念だったというものであり，懲罰的な行為は一切取られなかった。

　その後，参加者は多様になり，新たに本学の教員になった人々，テニュアを得ようとしている人々，自分は優れた教師であると考え教育に関する賞に応募しようとしている人々も含まれるようになった。学期半ばのテニュアの審査や教育の

賞の出願者はその調査書類にティーチング・ポートフォリオを含まなければならないとプロボスト補佐が発表したことが，こうした人々の関心をかきたてた。ワークショップの参加メンバーを選ぶ際には常に，新採用者，および仕事時間の半分以上を学部生の教育に充てている古参の教員が優先された。選に漏れた申し込み者，および関心はあるがスケジュール的にワークショップへの参加が難しい教員には，プロボスト室の学内専門家パネルが紹介された。

　ワークショップは無料であり，外部の専門家によって運営されることが強調された。2年目以降には，最初のワークショップを終了した人々の一部がメンターチームに含まれた。経費が節減されるのに加えて，助言者の中に学内のメンバーを含むことには上述したような利点があるからである。

　教育活動がおろそかにされることがないよう，ワークショップは春学期と夏学期の間に当たる6月の休暇中に実施される。これまでのワークショップでは，開始に先立ち，セルディン氏の *The Teaching Portfolio*(1997) と質問票を含む資料が全ての出席予定者に配付された。各自で記入して第1日目に持ってくる質問票は，参加者がこのワークショップについて考え始める助けになり，自分の教育理念に関する記述の出発点になる。ワークショップに専念しなければならない最低の期間は3日半であると参加者に説明される。それはポートフォリオを作成するのに十分な期間だと考えられているが，関心が維持できる期間といったほうがいいかもしれない。ワークショップに関する通知事項，およびこのプロジェクトに関する教員との連絡は全て控えめで協力的であり，プロボスト室がこのプロジェクトを全面的にバックアップしているということを絶えず思い出させる。それは教員が全力を尽くすための絶対的な前提条件である。参加者それぞれについて，グループミーティング2回，指定されたメンターとの個人面談3回がスケジュールされ，ワークショップの終わりにはポートフォリオの完成を祝う会が開かれる。ワークショップは1回で完結するよう考えられており，今のところ1度参加した人が再び参加することはできない。ただし，参加者の急増が一段落すれば，この規則は緩和されるかもしれない。

実行

　最初の集団セッションは朝食をとりながらのオリエンテーションである。ここで，ワークショップの開始が告げられ，参加者とメンターが紹介される。スケジュールが説明され，約束事が確認されてから，メンターがそれぞれの場所に散り，

自分の担当する教員と 30 分単位で面談する。面談が静かで落ち着いた場所で行われるように，ワークショップのために複数の部屋が確保される。最初のグループミーティングは，すわり心地の良い椅子とサービングテーブルのある部屋で行われる。この部屋はグループの談話室になり，参加者がわが家のようにリラックスして利用できるように，いつも飲み物や軽食が準備されている。また，快適な環境は，作業セッションの合間に参加者が言葉を交わす社交的な雰囲気を作り出す。奨励はされないが，参加者はたいてい，セッションが終わるとその日の課題を行うために自分のオフィスに戻る。2 回目の集団セッションは，3 日目，参加者がそれぞれ 3 回の面談を終えたあとに開かれる昼食会である。ここでチーム全体が集まり，優れたポートフォリオとは何かを分析し，経験を共有する。それから各自があと 1 日かけて自分のポートフォリオを手直しし，研修「修了」となる。完成したポートフォリオが展示され，修了した参加者に認定証が与えられる。教育関連の賞の受賞者を含め，特に優れたポートフォリオは「教育賞の日」（Teaching Awards Day）に展示される。

成功している点，していない点

ドレクセル大学のこのプログラムが全体としてどの程度成功しているのかを正確に測定するのは難しい。しかし，例証的なデータはこのプログラムが間違いなく成功していることを示している。評価を 3 つのカテゴリー，すなわち教員がティーチング・ポートフォリオにどのように反応したか，ワークショップをどのように受け入れたか，および大学全体として教育が改善されているかという大きな問題に分けるとすると，最初の 2 つについては調査の根拠を，最後の問題については間接的なデータを示すことができる。

これまでワークショップの終了後，非公式に教員の意見の聞き取り調査が行われてきた。これによると，厳しいワークショップそのものには多少の不満もあるものの，ティーチング・ポートフォリオにはほとんど全ての人が満足していることがわかる。回答した人の全員がポートフォリオを書くことは時間の無駄ではないと答え，ほとんどがティーチング・ポートフォリオは「洞察を与えてくれ，それが自分の教育活動に役立っている」と答えている。ある教員は，ティーチング・ポートフォリオを書くことが「終わりに近づきつつある自分のキャンパスでの生活」に張りを与えてくれた，研究者としてではなくても自分は人の役に立つとわかり，自分が無用のものだと感じなくてすむようになったと語った。ある

7 ドレクセル大学

いは，このワークショップを運営するために大学執行部が力を注いでいることに強い印象を受け，「教育に関する学究活動が重んじられていること」，そしてそれは専門分野の研究にも代わりうるものであることを「発見した」と述べた人もいる。この教員は，教室での取り組みにいっそう力を入れようと決心した。ほとんどの人は，メンターとの1対1の話し合いによって教授法の改善に関して助言が得られたことに感謝した。また，教育の世界にインパクトを与えている新しい技術について学んだことを評価する人も多かった。全ての人が，ワークショップの集団セッションは教育およびファカルティ・ディベロップメントセンターのリソースについての話し合いを促進し，本学の使命のよりよい理解と団結心の形成に貢献したと答えた。さらに，自分の担当科目を大幅に手直しするだけではなく，他の教員と協力して教材の作成や科目の見直しに取り組む意欲を得たと答えた人もかなりの数にのぼった。

　否定的なコメントは，ティーチング・ポートフォリオそのものに関するものではなく，ワークショップの構成に関するものであった。一部の参加者から，ワークショップの間に大急ぎで満足できる文書を作り上げるよう追い立てられているように感じた，という意見が聞かれた。実際，そのような短い時間で深い省察をするのは難しいように思われる。多くの参加者にとって難しかったのは，第一稿を書くこと，とりわけ教育の理念の部分を書くことであった。特に，ワークショップに参加する前に根拠となる資料を集めていない場合，またはスケジュールを調整することができず，ポートフォリオの作成に専念することができない場合に，難しいと感じられたようである。

　それでは，ティーチング・ポートフォリオ・プログラムの実行はドレクセル大学の教育の質の向上を導いているのだろうか。例証的なデータによれば，ワークショップの参加者は教室での自分の行動が改善されたと感じていることがわかる。また，まさしくポートフォリオを使って教育の賞を受けた人がいるのも確かである。学生による授業評価の得点が上がったと報告している人も多く，大学も，学生の在籍率が安定し，現在では上昇に転じていることに気づいている。さらに，ドレクセル大学での勉学に関する学生の満足度が上がっていることは，プロボスト室への苦情件数が減少し，同窓会の寄付が増加していることに反映されている。言うまでもなく，こうした輝かしい成功には他の要因も寄与しているだろう。実のところ，入学事務局や同窓会局のほうがこの喜ばしい変化に大きく貢献しているのかもしれない。

教員が常に自分のポートフォリオを更新し，自分の専門知識とポートフォリオを他の教員と共有し，さらには他の教員に広めるという状況を継続させるにはどうすればよいのか。ドレクセル大学では，メンターのグループを設け，ワークショップから離れてポートフォリオの作成や手直しに関心を持つ人の相談や指導にあたっている。メンターとその助言を受ける人を引き合わせる正式な仕組みはないが，1996年12月に，テニュアの獲得を目指す候補者は全員，試用期間5年目が始まる前に昇格とテニュアに関する少なくとも1つのワークショップに出席しなければならないと発表されたのを機に，プロボスト室はティーチング・ポートフォリオおよび調査書類の作成を指導するメンター制度についての，情報の普及に努めている。

　テニュア審査委員会のメンバーは，標準化された書式に従った公的／総括的ティーチング・ポートフォリオが，評価のプロセスをこれまでよりずっと容易にしている，という感想を述べている。彼らが指摘する唯一の問題点は，一部のポートフォリオに時として検証不能な根拠資料が顔を出すことである。学生からの手紙は頼んで書いてもらったものではないのか，その内容はどの程度教員と学生の真の関係を表しているのか。どれだけの教員がこのシステムを駆け引きに使っているのか。──それでも，ポートフォリオが使用される前に比べて，よりよい評価が行われるようになっている。

将来の計画

　ドレクセル大学の教授会ハンドブックや教員の契約書にはまだ，業績審査やテニュアと昇格の審査において総括的なポートフォリオを必要とするとは書かれていないが，ポートフォリオ・ワークショップの修了者はそれを調査書類に含むようになっており，評価にとっての有用性に気づいた一部の学科も教員にそれを求めるようになってきている。教員の受容の状況から見て，ティーチング・ポートフォリオが本学に根づいていることは明白である。ティーチング・ポートフォリオは，教育活動をより学識に基づいたものとして，その地位を高めるのに役立っており，本学の教育と学習の文化を変化させるだろうと期待されている。今後，本学が学生を中心に据えた模範的な研究大学になろうと努力する中で，ティーチング・ポートフォリオ・プログラムとその目的および戦略が見直され，修正が加えられるのには，疑問の余地がないだろう。ポートフォリオが人事上の決定における必須事項となるならば──あらゆる兆候がその方向を示しているように思わ

れる——大学執行部は，すでにそれを作成している教員と密接に協力しながら，その主な目的は教育活動の改善と優れた教育活動に報いることであり，この方針が焦って実行に移されることはなく，全ての人がワークショップに参加するかメンターのカウンセリングを受けた上ではじめて実行されるということを広く伝達しなければならない。教員たちには，直ちに，かつ継続的に，優れた教育活動の根拠を収集するよう助言されるべきである。そして，大学執行部と教員は以下のような問題に取り組まなければならない。

- ポートフォリオを最新に保つ負担は教員が引き受けるべきなのか，それとも，そのための時間の確保とリソースを大学が保証する，構造的な必須「再承認」プログラムが設けられるべきなのか。
- ポートフォリオ・プログラムはワークショップを中心とするべきか，それともセミナー方式で行うことができるのか。
- 誰に参加の優先権が与えられるべきか。
- セッション開始前のワークショップやセミナーを設けるべきか。
- 1対1のカウンセリングを伴うべきか。
- 全てのポートフォリオが持たなければならない様式と内容とはどのようなものか。
- どのような書式を標準とするか。異なる目的や異なる学問領域ごとに異なる要求事項があってもよいのか，それともある程度の統一性が求められるべきなのか。
- ポートフォリオに含まれる根拠資料をもっと検証可能にすること，または情報源について規定することは可能か。
- ポートフォリオはどのように判断・評価されるべきか。どのような基準が用いられるべきか。
- ティーチング・ポートフォリオは，ドレクセルのような研究大学における教育と学習の質をどの程度本当に改善できるのか。

ティーチング・ポートフォリオを批判する人がいないわけではない。しかし，どのような欠点があろうと，ティーチング・ポートフォリオは全ての大学において教育と学習という活動の中で重要な役割を果たすことができる。ポートフォリオの影響についてはいろいろな評価があるだろうが，公平に見るならば，ドレクセル大学の場合，これを導入することが教えるという仕事に取り組む教員の姿勢

に大なり小なりプラスの効果をもたらしているのは間違いない。実際，あらゆるデータを考慮に入れると，ティーチング・ポートフォリオ・プログラムが教育活動の改善という息の長いプロセスをスタートさせた，と考えることができよう。

8

複数の方略によるポートフォリオの発展促進──オハイオ州立マイアミ大学

ミルトン・D. コックス

　オハイオ州立マイアミ大学では，ティーチング・ポートフォリオの作成と使用を促進するために複数の方略を用いている。これらの方略には，ファカルティ・ラーニング・コミュニティを学科が重視すること，ファカルティ・ラーニング・コミュニティ内の科目ミニポートフォリオ，教育関連の賞の受賞者を決定するための根拠としてのポートフォリオの使用，キャンパス全体を対象に大学執行部が開催する3日間のポートフォリオ作成ワークショップ，教育と学習に関する学究活動の注目すべきものとしてポートフォリオを位置づけることが含まれている。

　1809年に設立されたマイアミ大学は，州の支援を受ける研究集中型の高等教育機関であり，オックスフォード・キャンパスに学部生およそ21,500人，大学院生1,500人，常勤の教員980人を擁するのに加え，2つの都市型通学者向け2年制キャンパスを持っている。44の学科と6つの学術部門を有するマイアミ大学には，学部生の教育を重視する歴史と伝統があり，現在それが教育と研究の間の意識の高い関係を作り出している。

ファカルティ・ラーニング・コミュニティ（FLC）アプローチ

　マイアミ大学でティーチング・ポートフォリオを進展させる1つの手段がファカルティ・ラーニング・コミュニティ（FLC）プログラムである。FLCとは，学習の強化と評価を中心とする1年間の集中共同カリキュラムに取り組む，多様な学問領域の8人から10人の教員の共同体であり，ファカルティ・ディベロップメント（FD），教育の学究活動，コミュニティを促進する活動を行っている。マイアミ大学では，FLCプログラムの成果として，教員の留保率，知的な発展，協力活動，能動型学習†，世間に対する責任，学習に対する関心が強化されている（Cox, 2001）。これまでにマイアミ大学の教員の3分の1がFLCに参加しており，2002～03年の11のFLCに参加した教員は100人以上（10％以上）にのぼる。一部のFLCの教育・学習に関する学究活動の中心となっているのが科目ポートフォリオである（Cox, 2003）。たとえば，ティーチング・スカラーFLCに参加し

ている若手教員はそれぞれ，自分の中心的な科目について科目ポートフォリオを作成する。これらのポートフォリオは，3-リングバインダーを必要とするようなものではなく，レポート用紙の表紙に収まる簡潔な情報だということを強調するために，科目ミニポートフォリオとよばれている。付属資料8.1は本学で推奨している科目ミニポートフォリオの書式と項目である。FLC のメンバーは，FLC プログラム第2期に1ヶ月ごとに間隔をあけて行われる2回または3回のポートフォリオ・セミナーに参加し，科目ミニポートフォリオの下書きを作成する。

FLC を取り込んだ学科アプローチ

　学科を基礎とするマイアミ大学のティーチング・ポートフォリオ・プロジェクトは，1993～97 年に行われた教員の草の根活動に端を発し，それは20 の学科と組織を取り込んだものであった。プロボスト†直属の2名の教員からなるファカルティ・ディベロップメント事務局による「教育有効性プログラム」，および大学評議会の委員会の1つであり教員と学生が参加する「教育改善委員会」によって計画された。全国的にみると，1990 年代半ばに採用されたポートフォリオ作成のアプローチのほとんどは，全国的な専門家の訪問によって開始され，大学の教育センターやファカルティ・ディベロップメント担当部局による全学的な活動であった。しかし，マイアミ大学では学科を中心とするアプローチを選択した。なぜなら「それぞれの学科や学問領域ごとに文化が異なり，また，教員のアカデミックな生活が営まれ教員の報酬が決定されるのは学科だからである」(Cox, 1995, p. 118)。

　ポートフォリオ・プロジェクトの組織構造は，2層の FLC の構成を伴っていた。第1の層は学科内 FLC である。その中のそれぞれのチームがポートフォリオについて研究し，実際に作成する。第2層は，学科内 FLC のファシリテーター†によって構成される全学的 FLC である。ファシリテーターたちは月に1回食事会を開き，各学科のポートフォリオの計画と進捗状況について話し合い，成功と失敗を共有し，支援しあい，ポートフォリオの下書きを検討し，キャンパス全体で結果を共有するためのセミナーを企画した。全学的 FLC は，毎学期新しいメンバーが加わるものの，3年間で徐々に発展した。1年目は，ポートフォリオの疑問点について答えを求め，進捗状況を報告し合うのが主な活動であった。2年目には，1年目の参加者によって作成されたポートフォリオを読み討議した。3年目には，学科の枠を超えたポートフォリオのパターンを見い出し，ポートフォリ

8 オハイオ州立マイアミ大学

オの評価について研究し，高等教育におけるその他の教育の問題について論じた。このFLCの組織的側面，学問領域別の視点，プロジェクトの成果に関する詳細については，Cox（1995, 1996）を参照していただきたい。

1996年にマイアミ大学のFLCは最終報告書を提出した。それに基づき学科を基礎とするティーチング・ポートフォリオ作成アプローチを考えるキャンパスに対して，以下の提言を行った。

- このイニシアチブは，大学本部と学科のレベルで大学執行部の支持を得て教授会がとるもの——草の根活動——とする。
- 教育活動の評価システムを変更しようとする中央の大学執行部によって参加が義務づけられる場合の学科の反発や抵抗を避けるため，学科の自発性による参加体制を保つこと。
- 参加する学科に報奨を与える（当大学では参加する学科に5,000ドルが支給された）。
- 孤立した教員が学科において「選ばれた専門家」または「専門領域の預言者」など特別な存在とみなされないよう，大学全体のプロジェクト・ディレクターと学科FLCチーム・アプローチの両方を用いる。
- 学科または学問領域ごとのポートフォリオ作成アプローチを促進し，学問領域を超えた一般的な活動は，オプションまたは例として提供する。
- 学科が自分たちのアプローチを計画できる十分な柔軟性と時間を与える。たとえば，外部のコンサルタントを利用するか否か，形成的なアプローチを取るのか総括的なアプローチを取るのか，科目ポートフォリオから開始するのか総合的なポートフォリオから開始するのか，などについて調べ，選択できるようにする。
- 学科内FLCのファシリテーターに，自分自身または学科のスタイルにあった指示的または非指示的ポートフォリオ作成プロセスについて研究・選択させる。
- 学科の中で尊敬され，教育に熱心で，キャンパス全体のティーチング・プログラムに以前に参加したことのある者を学科内FLCのファシリテーターとして選ぶ。
- 学科長の強い支持を得る。ただし，ポートフォリオ・プロジェクトにおける学科長の役割に関しては，その学科の文化と慣習に従って柔軟性を持たせる。

- 2つのレベルで，すなわちそれぞれの学科内FLCとキャンパス全体のFLCのレベルで，支援を行う。
- 毎月，キャンパス全体のポートフォリオFLCの会合を開いて，経験を共有し，学科を横断するネットワークを作り，グループが関心を持つ各種の問題に対処する。
- 学科ベースのポートフォリオ・アプローチの時間的な非効率性を受け入れる。無駄に時間を費やすようにみえる学科もあろうが，ほとんどの場合，自分たちの学科や学問領域の文化にあった革新的なアプローチが作り出されるはずである。また，教員は文献を調べた上で，発見，応用，教育の学究活動の組み合わせに関与できるとき，熱意を持って本気で取り組むものである。
- 学科ベースのアプローチの経済的な非効率性を受け入れる。たとえば，ある学科が全国的な専門家を招いたが，その専門家には他の学科やキャンパス全体の相談を引き受ける時間がないという場合もあろう。学科がその専門家を招くのは，この特別なコンサルティングや注目，特に自分たちの文化や学問領域に合った質問や助言が得られることに価値をおいているのである。特定の学科の関心事項が提示される場に全てのFLCファシリテーターが出席できるようにする。
- 学科を基礎としたプロジェクトの完了または拡大のために少なくとも3年の時間を認める。
- 毎年，参加継続のためのインセンティブを与える。たとえば，このプロジェクトで前進している学科の中には，1年目と2年目で補助金を使ってしまい，追加予算が必要になったところもある。
- 一部の学科で，学科長の選定が進められている，あるいは建物の改修のために臨時の場所に移動しているなどの理由で，活動が1年間「休止」するような状況に備える。そのような場合には，翌年，ポートフォリオ作成の活動を再開するよう奨励する。
- プロジェクトが完了する前に学科内FLCのファシリテーターがその職を退かなければならなくなったときには，リーダーシップの質と学科の参加に変化が起こるかもしれないことに注意する。新しいファシリテーター，学科長，学科を基礎としたポートフォリオ・プロジェクトの監督をしている中央のファカルティ・ディベロップメント担当者の間で，プロジェクトに期待される事項について率直かつオープンに話し合う必要がある。

8 オハイオ州立マイアミ大学

- FLC のファシリテーターによって行われるセミナー，および毎月の広報で，ポートフォリオの進捗状況をキャンパス全体に報告する。
- キャンパスに広範な影響を及ぼし，学科を基礎とした他のプロジェクトのリーダーとなる教員を育てるために，長期的な教育活動の発展の努力を続ける。
- 学科のアプローチに加え，大学全体での多面的なティーチング・ポートフォリオ推進活動を進める。学科によっては学科単位のプロジェクトに参加しないところもあり，また，自分の懸念事項を学科の同僚に話すのは心穏やかでないと感じる教員がいる場合，あるいは一部の教育手法が最初はその学科に知られていなかったり関心を持たれなかったりする場合もあるからである。しかし，専門家以外の人（その学問領域外の人）と教育について話し合うことから，学問領域の内容の問題によって妨げられていた洞察が得られることもある。

教育関連の賞の根拠資料としてのポートフォリオ

　マイアミ大学の学科別ティーチング・ポートフォリオ・プロジェクトから生じた産物の1つは，大学の最も名声ある教育の表彰である E. フィリップス・ノックス教育賞の受賞者を決定するためにポートフォリオが使われるようになったということである。この機会が生じたのは，1995年に同窓会がこの賞への寄付（3,000ドル；一部の高等教育機関の賞に比べるとかなり控えめなものである）を決めたときであった。大学執行部は毎年の受賞者を決定する組織として教育改善委員会を選んだ。この委員会のメンバーである学科ポートフォリオ・プロジェクトのファシリテーターたちは，2ラウンドで構成されるアプローチを定めた。第1ラウンドで，賞の候補者となった教員が4ページの教育学習活動の要約書を作成し，その中から選ばれた最大5人の最終候補者が第2ラウンド用のティーチング・ポートフォリオを作成するというものである。

　1995年にノックス賞が開始して以来，8人の優れた教員がポートフォリオを使って受賞者に選ばれている。この手続きは効果的に機能したが，効率的とはいえない。問題点の1つは，受賞者を含む全ての応募者がポートフォリオの作成に多くの時間を費やし，巨大な3-リングバインダーに資料を詰め込んでいるということである。そのため，委員会は，他の資金の一部を使用して，受賞はしなかったもののポートフォリオを通して教育活動の優秀性を示した最終候補者にそれぞれ1,000ドルの賞金を授与することにした。結果として優れた教育の認識と受賞範

囲が拡大したのは望ましいことであった。もう1つの問題点は，そのような長大なポートフォリオを丁寧に読むためには委員会のメンバーが非常に多くの時間を費やさなければならなかったということであった。7年後，委員会は省察を記したページの上限を10ページから6ページに減らし，添付資料の数も10点から6点に減らした。しかし，新しいガイドラインに従って作成されたポートフォリオは相変わらず大部であった。応募者たちが添付資料のそれぞれのカテゴリーを拡張し，結局同じ量（300～400ページ）の資料を含めたからである。そのために翌年，ポートフォリオをもっと扱いやすいものにするため添付資料が100ページまでに制限された。

　ノックス賞の審査に用いるポートフォリオ作成の要件の1つでありながらいつも看過されているのは，添付資料の各項目が省察のどの主張の根拠なのかを明確かつ簡潔に説明し，その根拠を見つけるには添付資料のどこを見ればよいのか読者にわかるようにするために，項目ごとに表紙を付けなければならないということである。たとえば，シラバスを含む添付資料に表紙が付けられていなければ，読み手はシラバスを漫然と読むことになってしまう。それに対して適切な表紙があれば，たとえば，ある課題が批判的思考を身につける手段として学生に提示されたという根拠を提供するものである，と読み手に理解させることができる。しかし，多くの応募者がこのような指示の意味と適用を理解していないように思われる。ポートフォリオの作成に関する相談を利用している人は，この情報を記した添付資料の表紙を付けることもあるが，首尾一貫した付け方をしている人は皆無に等しい。そのため，ポートフォリオを効率的にかつ焦点を絞って読んでもらえるチャンスを逃している。

ポートフォリオの作成と学究活動としての教育の連結

　ポートフォリオ自体が学究活動とみなされるべき所産なのか，それとも教育評価の一部にすぎないのかという議論がある。一部の人々は，ポートフォリオがピアレビューされ，共同体に公表されるのならば学究活動であると主張する。一方，個々のポートフォリオは学究活動というには局所的で漠然としており，ポートフォリオに含まれる創意工夫および根拠資料が査読付き論文として専門誌に発表されなければ学究活動とは言えない，と主張する人もいる。マイアミ大学は後者の考え方を取っている。

　マイアミ大学の「教育有効性プログラム」事務局は，ポートフォリオを含めた

教育の学究活動をマイアミ大学の教員，さらに言えば全ての高等教育機関の教員が利用できるものにしようと努めている。マイアミ大学で毎年開かれる全国的会議「カレッジ教育に関するリリー会議*1」は，ティーチング・ポートフォリオに関するセッションに参加する機会を大学教員に提供している。たとえば，学科ティーチング・ポートフォリオ・プロジェクトがマイアミ大学で始まった1993年，11人の全国的なポートフォリオの専門家が，自分の意見を示すパネル・ディスカッションを含め各種のセッションを開いた。ポートフォリオを使用しているマイアミ大学FLCはこれらに参加し，自分たちのポートフォリオのアプローチに磨きをかけた。この機会を利用してポートフォリオ専門家との面談を行い，自分たちの学科に協力してくれるコンサルタントを選んだFLCもあった。1994年のリリー会議では，同様のパネル・ディスカッションやプレゼンテーションに加えて，マイアミ大学の学科FLCのファシリテーター13人が学科を基礎とする本学のアプローチに関してパネル・ワークショップを開き，教育の学究活動に貢献した。リリー会議は当初，カレッジの教育・学習の幅広い分野を扱っていたが，やがて多くのセッションからテーマ（少なくとも5つのセッションで取り上げられるトピック）が浮かび上がってきた。1993年と1994年の会議の後，ティーチング・ポートフォリオがリリー会議のテーマとなることはなくなった。おそらく，ポートフォリオはもはや創意工夫や好奇心の的ではなくなったか，あるいは困難なもの，実際的ではなく役に立たないものとして拒否されたのであろう。しかし，2001年と2002年，ポートフォリオは再びリリー会議のテーマとなり，参加者たちは，使用が始まって10年近くたったポートフォリオの最新の動向を知ることができた。

　また，マイアミ大学は，最新の教育に関する学究活動を教員に伝達するため，論文審査のある雑誌を発行している。1990年に創刊された *Journal on Excellence in College Teaching* は，今では全国的な出版物に成長している。マイアミ大学の学科ポートフォリオ・プロジェクトの活動が最高潮に達していた1995年には，ティーチング・ポートフォリオのみに絞った特集号も発行された。

■ ポートフォリオ推進の有効性と影響の根拠

　過去10年，ポートフォリオを推進するマイアミ大学の活動には，学科ティーチング・ポートフォリオ・プロジェクトとFLCアプローチを中心とする複数の

---

*1　Lilly Conference on College Teaching

方略が含まれてきた。このプロジェクトの所産の1つは，教育の評価に関して拡大方針がとられたことである。1995年より前には，それぞれの学科や学術部門は，教員の教育活動の総合的な有効性を報告する上で学生による授業評価の数値の要約に主に依存し，各学科にしか通用しない独自の方針を取っていた。そこで，ティーチング・ポートフォリオ・プロジェクトのファシリテーターが中心となった教育改善委員会は，教育の評価を大幅に広げる新しい大学全体での方針を提案した。その結果，1995年，大学評議会は，各学科が以下のような教育評価計画を作成することを求める決議を採択した。

 量的および質的な評価方法を含む多様な評価データを取り入れることによって，教育／学習プロセスの複雑さを反映する教育評価計画を作成する。……学期末の学生による授業評価に加えて，総括的および形成的な活動としては，継続的な授業の評価，同僚による評価……ティーチング（教員）・ポートフォリオ，〔および〕教材などを含むことができる。……

 この方針は単に美辞麗句を並べたものではない。マイアミ大学の現プロボスト†はこれらの学科の方針を監視している。また，プロボストの要請により，2002～03年，以前の学科ポートフォリオ・プロジェクトのファシリテーター3名をメンバーに含む教育改善委員会は，マイアミ大学の44の学科の2002年学科教育評価計画の点検を行い，それぞれの学科に対して，優れた点と問題点の両方を指摘する文書を発行した。この点検の結果，9学科を除く全ての学科がティーチング・ポートフォリオを使用しており，使用していない9学科のうちの2学科もポートフォリオに相当する文書を使用していることが明らかになった。この9学科のうち，もともとティーチング・ポートフォリオ・プロジェクトに参加していたのは1学科だけであった。つまり，ポートフォリオ・プロジェクトが開始して10年が経過した今，このプロジェクトに当初から参加した20学科のうちの19学科が何らかの形で教育評価にポートフォリオを利用しているのである。ポートフォリオの利用の程度とタイプを表8.1に示す。

 教員と協力しながらポートフォリオを作成する伝統的なアプローチとして用いられているのは，キャンパス全体で行われる3日間のワークショップである。参加者はこのワークショップの間に自分の最初のポートフォリオを作成する。以下のデータは，マイアミ大学においてこれが有効なアプローチであることを示している。2002年1月，40人の教員がそのようなワークショップに参加した。ワー

8 オハイオ州立マイアミ大学

表 8.1
マイアミ大学の 44 学科の 2002 年学科内教育評価における
ティーチング・ポートフォリオの使用

数	ポートフォリオの使用方法
7	言及されていない（ポートフォリオに相当するモデルもない）。
6	毎年，総括的評価プロセスで必要とされる。
4	昇格とテニュア[†]獲得のための総括的評価プロセスで必要とされるが，毎年は必要とされない。
4	テニュア獲得のための総括的評価プロセスで必要とされるが，昇格については必要とされない。
14	昇格とテニュア獲得の両方の総括的審査でオプションとして使用される。
4	テニュア獲得のための総括的審査でオプションとして使用されるが，昇格についてはオプションとしても義務づけられたものとしても使用されない。
2	常に，テニュアを持つ教員の総括的評価の根拠のオプションとして使用されるが，昇格とテニュア獲得のためには必要とされない。
3	形成的な評価として使用されるが，総括的評価プロセスには含まれない。

クショップの効果を調べるために 1 年後に行われた調査には 16 人が回答した。回答者たちは，ワークショップとポートフォリオのおかげで，自分の教育に関する理解がある程度高まり，それより程度は低いものの，教育の有効性が高まったと報告した。3 分の 1 以上が，学科の教育評価においてポートフォリオが使用されるようになったのはこのワークショップに起因すると述べた。また，3 分の 2 以上は，学科の教育評価において自分がポートフォリオを使っているのはこのワークショップに参加したからであると述べ，半数以上が総括的評価の目的でポートフォリオを使用していると答えた。80％以上は，少なくとも 1 年に 1 回，自分のポートフォリオを更新していると答えた。

　結論として言えることは，マイアミ大学におけるティーチング・ポートフォリオは，ファカルティ・ディベロップメント，教育の学究活動，教育評価の改革，および優秀な教育手腕の認識手段となっている。十分に考えられた革新的なティーチング・ポートフォリオの使用は，マイアミ大学が FIPSE 補助金，および学生の学習を強化するファカルティ・ディベロップメントに関する 2 つのヘスバーグ表彰[*1]を獲得する上で，重要な役割を果たしているのである。

---

*1　Hesburgh recognitions

付属資料 8.1
科目ミニポートフォリオのガイドラインと FAQ

ティーチング・ポートフォリオとは何か
　ティーチング・ポートフォリオとは，教員の教育活動と学生の学習の重要な側面および両者の関連について，記述し，分析し，根拠を提示するために，学術的な形で組織された本文と添付資料を含む文書である。詳しくはCerbin(1994)を参照のこと。

どのような書式を用いるか
目次，本文（概要，省察，分析），および添付資料（根拠）。
表紙をつけ，ページには番号をふること。

どのような内容を含むのか
1) 目次。ページ番号を記す。
2) この科目に関する教育活動／省察。添付資料への参照を明記する。
   - 背景（科目の概要，学生，その科目のカリキュラムの中での位置づけ）
   - 科目の学習目的
   - 目的の達成度：その科目における指導の方法／プロセス
   - 科目で試みた創意工夫
   - 発見した問題点，およびそれへの対応
   - 学生の学習状況の分析
   - 学生のフィードバックの分析
   - 要約
3) 添付資料：作品・産物。創意工夫したこと，目的を達成したこと，学生が学んだことなどを説明する根拠。それぞれに表紙ページを付ける。たとえば，
   - シラバス
   - 学生の提出物の抜粋
   - 小集団の指導診断（Small Group Instructional Diagnosis：SGIDの結果），教育目標質問紙調査票（Teaching Goals Inventory：TGI），授業評価（Classroom Assessment Techniques：CATs）の結果
   - 授業の前と後の調査／アンケートとその結果
   - 学生による授業評価：数値データ，および自由記述の内容の分析

長さ
　長くしないように。読み手のことを考えること。全てがレポート表紙の中に収まらなければならない。

誰が読むのか
　形成的なものか，総括的なものか，作成にあたって，自分のティーチング・ポートフォリオをFLCの同僚と共有すること。

Cerbin, W. (1994). The course portfolio as a tool for continuous improvement of teaching and learning. *Journal on Excellence in College Teaching*, 5(1), 95-105.

9

エモリー大学オックスフォード・カレッジにおける
ティーチング・ポートフォリオの導入と実施

マイラ・フレイディ

　オックスフォード・カレッジにやってきた人が最初に目にするのは、創立者の1人アティクス・G. ヘイグッドの「長所を守り、可能ならばそれをいっそう向上させよう」という言葉である。オックスフォード・カレッジはこのモットーをさらに深く、幅広いレベルで実行することに取り組んできた。生活と勉学の小規模な共同体である当カレッジは、優れたものはよりよくできるということを理解しているのである。

　オックスフォード・カレッジは教育を重視することを特色としていることから、当カレッジの教員たちは以前から教室において有効なこととそうでないことについて話題にしてきた。教員たちは教育は常に改善することができ、創意工夫の影響は狭い場所ではきわめて強力なものになりうるという事実を学び、それを賢く利用してきている。

ティーチング・ポートフォリオ・プロジェクト——簡単な歴史

　新しい考えが生まれたとき、それがどこに至るのかを知るのは不可能である。当カレッジでティーチング・ポートフォリオが検討され始めたとき、その真の方向性は決められておらず、ただ教育に真剣に取り組もうとしただけであった。オックスフォード・カレッジは常に、学生の学習のニーズに対応することに力を注いでいる。しかし、それは時とともに変化することがある。

　1993年、フィードバックと情報の共有のために教員が定期的に集まって教育や学習に関するトピック——問題点やうまくいったこと——について話し合う一連の昼食会（これは現在まで続いている）が開かれることになり、教育に関する意見交換がこれまでより構造化されたものになった。当カレッジで初めてティーチング・ポートフォリオが話題にのぼったのはこの昼食会でのことである。ティーチング・ポートフォリオは、自分たちが利用し討論している各種の教育手法を評価する上で役立つ可能性のあるツールの1つとして取り上げられた。

　オックスフォード・カレッジの教員諮問委員会は、当カレッジの教育の質の高

さをはっきりと認識していたが，優れた教育が本当に存在することを示す実体的な根拠を集めるにはどうしたらよいのかと考えていた。教員が自分の仕事の状況を文書化するためにはどのようなガイドラインやカテゴリーが使えるのか。教育の結果としての学習が持続していることを示す適切な根拠がないならば，当カレッジはいかにして教育の優秀性を主張することができるのか。教員たちは，優れた教育活動を文書に記す方法，学生の学習状況を評価するためのものさしの開発を望んでいた。そこで，1998年9月に教員諮問委員会が最初のティーチング・ポートフォリオ・ワークショップを主催した。

このワークショップには教員の45％が関与し，当カレッジの教員はどのような教育活動を行うべきかについて思慮に富む討議が行われた。この話し合いは実りの多いものであり，次のような新しい考え方が生み出された。

- 教育の場の概念を広げ，研究室——伝統的なものとフィールド——，スタジオ，大学コミュニティ，そして地域社会全体を教育の場に含む必要がある。
- 学生の個人指導と助言，仲間同士の教育，同僚との共同作業は，教員にとっても学生にとっても豊かな教育・学習の機会を提供する。

しかし，最大の関心を集めたのはティーチング・ポートフォリオであった。現在では，ポートフォリオに何を含めるべきかに注目点が移っている。全てのポートフォリオが教育に関するメッセージや理念から始まるべきなのか。その他のカテゴリーには，学生，他の教員，大学執行部からの教育評価，科目の教材，教育に関する研究，教育に関連したサービス活動，教室での教育と学習を改善する活動が含まれるべきか。これらのカテゴリーは，義務づけられたものではなく，この最初のワークショップおよびオックスフォード・カレッジにおける教育とは何かという問いを中心とするその後の討議から組織的に生じてきたものである。

ワークショップは出席した人々にとって価値のあるものであったが，この時点ではまだ，教員全体としてティーチング・ポートフォリオの作成を考えるよう促す正式なプロセスや大学執行部からの後押しはなかった。残念ながらこのワークショップの結果として作成されたポートフォリオはわずか1点であった。

1997年9月，エモリー大学のティーチング委員会は，「教員は全員……形成的な目的と評価の目的の両方で，教師としての自分の前進を文書に記すこと」を勧告した。この勧告，および優れた教育の根拠を収集したいという教員たちの望みが契機となり，ティーチング・ポートフォリオの概念がオックスフォード・カレ

9 エモリー大学オックスフォード・カレッジ

ッジで探究されることになった。

　大学のこの方針に応じて，エモリー・カレッジの教授会は，1999年夏，エモリー大学アトランタキャンパスで，ピーター・セルディン氏が指導する4日間のティーチング・ポートフォリオ・ワークショップを開催した。このワークショップに参加したオックスフォード・カレッジの教員4人は，ティーチング・ポートフォリオの熱心な支持者になった。彼らは他の教員のメンターとなったばかりではなく，同僚の下書きを読んで意見を述べ，優れた教育を文書化するツールとしてのポートフォリオの価値を伝道した。この取り組みの唯一の弱点は，オックスフォード・カレッジの教員のオフィスとポートフォリオ活動の場所が物理的に離れていたということである。この活動が図書館で行われたため，教員たちは毎日ポートフォリオの下書きを作成し，メンター†と話し合うときに，自分のファイル，評価，教材などにすぐにアクセスできなかった。しかし，このワークショップの結果として4点のティーチング・ポートフォリオが作成された。

　1999年，オックスフォード・カレッジの学部長であるケント・リンヴィルが，ファカルティ・ディベロップメントとスタッフ・ディベロップメント，そして，教員−職員−学生の相互作用を促進することによって当カレッジの教育プログラムを強化する活動を創出するために，教育・学習・専門能力開発に関する諮問会議（Advisory Council on Teaching, Learning, and Professional Development：ACT）を発足させた。同時に，プロボスト†と学長諮問委員会がエモリー大学ティーチング委員会の勧告を実行した。リンヴィル学部長は，この諮問会議を，全ての実質的な主張は根拠資料で裏づけられなければならないという指示に教員が対応するのを支援する手段とみなした。また，ACTの下で，「教育・学習の学究活動に関するタスクフォース」が活動を開始し，教育の優秀性と学究活動の継続的なプログラムを生み出すことになった。

　2001年秋，当カレッジは，1年間の「教育の優秀性と学究活動」シリーズを開始した。毎月，全国的によく知られた教育・学習活動のリーダーたちが，これまでより意識的に行動するという当カレッジの目標に役立つトピックについてプレゼンテーションを行った。このシリーズの一部がティーチング・ポートフォリオを焦点としており，ピーター・セルディン氏を招いてティーチング・ポートフォリオの作成プロセスの概括を行ってもらった。そのときポートフォリオを作成していた数学の准教授マイケル・ロジャーズは，「特に貴重だったのは，使用できる各種の根拠の例について話し合ったことだった」と振り返っている。このセッ

ションは教員の興奮と関心を引き出し，その結果2002年5月，オックスフォード・キャンパスで4日間のティーチング・ポートフォリオ・ワークショップが開催されることになった。このワークショップでポートフォリオを作成した地質学の准教授ステファン・W.ヘンダーソンは,「ポートフォリオを書くことによって，自分の教育活動について洞察を得ることができ，改善のアイディアをつかんだ。私はその一部をすでに実行している」と述べた（ヘンダーソンのポートフォリオは第5部に掲載されている）。同じくこのワークショップに参加した生物学の准教授スティーブ・ベイカーは，次のように述べている。

> いったん取りかかると，〔ティーチング・ポートフォリオを作成することは〕本当に楽しく，創造的な仕事だった。このワークショップは，「ハウツー」を教えてくれ，実行の期限を決め，意欲を引き出すとともにその場で助言を与えてくれる忍耐強いメンターを与えてくれたという意味で，有用であった。

心理学の教授であるパッティ・オーウェン・スミスは，ティーチング・ポートフォリオ・ワークショップに参加することはできなかったが，最近，内部のメンターによる最小限の指導を受けながら，昇格のためのポートフォリオを作成した。彼女は次のように報告している。

> ポートフォリオを作成するプロセスは，専門家としての私のキャリアの中で最も興味深く生産的な活動の1つであった。このプロセスにより，私は自分の教育のあり方と教育理念について意識的に省察することを余儀なくされた。このプロセスを終えたとき（それはおよそ6ヶ月かかった），私はこのプロセスを開始したときに比べて観念の明確性が大きく変化していることに気づいた。

現状

オックスフォード・カレッジにおけるこれまでのティーチング・ポートフォリオ作成の経験は非常にポジティブなものである。期待される内容は明確であり，含まれるカテゴリーがはっきりと定義され，ポートフォリオが昇格とテニュアの決定にどのように使われるかが明確になりつつある。この前進においてはワークショップが非常に重要な役割を果たしている。これまでにティーチング・ポートフォリオを作成したのは当カレッジの常勤教員の48%にのぼる。教員諮問委員会の関与は継続しており，ティーチング・ポートフォリオに関して当カレッジで期待されることがらを新しい教員に知らせている。また，ポートフォリオを作成した教員のグループがメンターとして他の教員のポートフォリオ作成プロセスを

9 エモリー大学オックスフォード・カレッジ

支援している。この教員同士の協力の副産物として教員間の関係が深まっていることにも言及しておくべきであろう。

運営管理の視点から，オックスフォード・カレッジのダナ・グリーン学部長は次のように述べている。

> 今後，ティーチング・ポートフォリオは全ての形の教員の評価に必要とされる。また，テニュアと昇格の決定プロセスにおいて受け入れられる学究活動の1つの形態として教育の学究活動が加えられている。優れたティーチング・ポートフォリオとは，非常に内省的であり，統合されており，一貫性のあるものである。そのような質の高いポートフォリオは，教員のスキルのレベルと経験の程度を示す根拠となる。ゆえに，ティーチング・ポートフォリオは，教育の有効性を評価する上で有益であり，プラスマイナス両方の人事上の決定を導く。

テニュア†と昇格の決定プロセスにおけるティーチング・ポートフォリオの重要性に鑑み，当カレッジは，現在の教員と新しい教員がポートフォリオを更新または作成する上で適切な支援と励ましが得られるようにしなければならない。パッティ・オーウェン・スミスは，「これまで多くの資料を保管してきたこと，また……たいていの年に，学部長に提出するために十分に考えた報告書を作成してきたことが役に立ったと思う。これらがポートフォリオを作り上げるための枠組みになった」と述べている。スティーブ・ベイカーもこれに賛同し，「私がこれまで何年もいろいろなものを保管してきたのはラッキーだった。……これは新しい教員に伝えるべき重要な情報だ」と感想を述べている。

「教育の優秀性と学究活動」プログラムを支援する大学教育基金からの補助金を別にすれば，このプロセスの資金は全面的に内部で供給された。確かに，カレッジの管理運営の視点から言うと，ティーチング・ポートフォリオ・ワークショップに必要な資金を捻出するために他の財源から資金を回すというのは困難な決定であった。しかし，教員たちがこのプロジェクトに熱心に取り組み，大学もティーチング・ポートフォリオに力を注いでいることを考えると，ティーチング・ポートフォリオの作成に適切な支援を行うのは不可欠である。また，残りの常勤教員と新しい教員にティーチング・ポートフォリオを作成または更新する適切なチャンスとリソースを提供するよう配慮するのも，同じく重要なことである。

残された課題

オックスフォード・カレッジの教員たちには，ティーチング・ポートフォリオ

の作成方法について指導を受ける各種の機会が設けられている。しかし，実際にティーチング・ポートフォリオの審査を行っている教員の多くは，それを評価する方法について指導を受けていない。今のところ，ポートフォリオを作成したことのある教員とそれを審査する教員はほとんど重なっていない。いずれこの溝はいつか埋まるであろう。しかし，現在は問題点の1つになっている。これに関連して，生物学教授のエロイーズ・カーターは，「いかにしてポートフォリオの核心に迫ればよいのか」と悩んでいる。優れた教育を示す根拠が本当に存在しなければ，それを提出するのは不可能である。しかし，評価者は，教育活動の記述と関連していない，あるいは教育の根拠とはいえない根拠資料に圧倒され，事実が見えなくなってしまうことがある。

次のステップ

オックスフォード・カレッジでは，今後，ティーチング・ポートフォリオを機関全体としての文化に完全に統合していかなければならない。優れたティーチング・ポートフォリオとは何かということをカレッジ全体で討議することにより，ポートフォリオを通して優れた教育がどのように評価されるべきかという問題が解決され始めるであろう。そのためには，これまで以上に教員の間でティーチング・ポートフォリオが共有されるべきである。当カレッジは，ティーチング・ポートフォリオが体系的に更新されるようにするための計画を策定する必要がある。ティーチング・ポートフォリオが昇格やテニュアの決定のために作成されたのならば，継続的に省察を行い自分の仕事の一貫性を理解するための手段としてのポートフォリオに価値をおく必要がある。また，ポートフォリオは大学内の多様なグループの共同作業を文書化するという大学全体の動きを支援するためにも，利用することができるであろう。

個人のポートフォリオを基礎にした学科ポートフォリオの作成は，以下に役立つものとなりうる。

- 学科としての焦点の絞り込み
- 新しい教員への支援とガイダンス
- 大学全体のレベルで進められている教育と共同作業の改善の支援

グリーン学部長は，以下のように結論している。

9 エモリー大学オックスフォード・カレッジ

　ティーチング・ポートフォリオは教育を公開されたものにし，個人指導，協力活動，評価の基礎になる。どのような用途であっても，ティーチング・ポートフォリオを作成し，共有することは，教育のプロセスに重点をおいたコミュニティを作り出すのに役立つ。実際，高等教育機関そのものが内省する組織になる。教員は自分たちの共同活動の中にコミュニティを見出し，高等教育機関の主たる資産，すなわち教員の教育活動の有効性を継続的に発展させるために必要な構造とリソースを分析し始める。

　オックスフォード・カレッジは教育機関であるから，今後もティーチング・ポートフォリオを学内の文化に取り込む活動を続けていくつもりである。引き続き，内省と評価のためにティーチング・ポートフォリオを使用し，現在の評価プロセスに見られる問題点に注意を払っていく。また，特に新しい教員のニーズに配慮しながら，これまで以上に意識的に全ての教員を支援していく。今後，ティーチング・ポートフォリオの作成，評価，組織全体としての関与が積み重ねられるに従い，個々のティーチング・ポートフォリオが集合的に，当機関の中心的な活動を文書化するようになるであろう。それは，「これまでより意識的に行動する」というオックスフォード・カレッジの改革をいっそう推進するはずである。

10

ペース大学のティーチング・ポートフォリオ――移行期の1つの文化

リンダ・アンステンディグ　コンスタンス・A.クナップ

はじめに

　ペース大学では，1999年6月にプフォルツハイム・ファカルティ・ディベロプメントセンター[1]が，初めてのティーチング・ポートフォリオ・ワークショップを開いて以来，毎年，ワークショップを行っている。これまで5回のワークショップに130名以上が参加し，自分自身の成長のため，および昇格とテニュアの評価のためにポートフォリオを作成してきた。全体として見ると，これらのワークショップは，本学のファカルティ・ディベロップメント活動の中心に位置づけられるようになっており，我々はこのプロセスにかかわることによって教育と学習について多くを学んでいる。

ペース大学

　ペース大学は，1906年にホーマー・ペースとロバート・ペースの兄弟によってペース・インスティテュートとして設立された，複数のキャンパスを持つ私立大学である。1969年に，ダイソン教養学部カレッジ，ルービン経営学部，コンピュータ科学・情報システム学部，リーンハード看護学部，教育学部，法律学部の6学部を持つ大学になった。ニューヨーク市のキャンパスのほかにウェストチェスター郡に2つのキャンパスがある。

　どのキャンパスも学生は多様である。経済的，民族的背景も年齢もさまざまであり，それまでの学習レベルや人生経験，学習スタイルにも幅がある。定時制学生の多くが昼間は働き，夜間に学んでいる。大学を卒業するのは家族の中で初めてだという学生も多い。米国の学校に通うのは家族の中で初めてという学生もいる。このような特徴を持つ学生を教えるのは，手ごたえのあるエキサイティングな仕事である。

　本学の教員の出身地や学問領域もまた多岐にわたる。優れた教育に力を注ぐという姿勢はどの学部にも共通しているが，異なる学部の教員が教育学上の問題点や成功を共有するのは必ずしも容易なことではない。また，他の多くの高等教育

機関と同様に，ペース大学は優秀な教育活動をどのように文書として記録すべきかわからなかった。我々は，何が優れた教育かをどのように知ればよいのかと自問していた。

ペース大学におけるティーチング・ポートフォリオ

1999年6月，当時のプフォルツハイム・ファカルティ・ディベロップメントセンター*の共同所長であったサンドラ・フランクとジェイムズ・ホールが最初のティーチング・ポートフォリオ・ワークショップを開いた。2人は，同センターがそれまでやってきたような1対1の活動よりも大きな影響力を持つ，教員のファカルティ・ディベロップメント活動を求めていた。ホールの言葉を借りると，ペース大学のファカルティ・ディベロップメント活動として「効果を生み出せるもの」を探していたのである。2人の所長およびプロボスト†のマリリン・ジャフ＝ルイスとともに「教育を向上させるこれまでとは異なるアプローチ」を模索していた同センターの諮問委員会は，ポートフォリオの展開は「教育に関する内省的な方法として私たちが望んでいたことに一致する」と考えた。プロボストは，教員が自分のポートフォリオを作成することは1つのワークショップに参加するよりも「ずっと有機的で発展的である」と確信した。また，サンドラ・フランクによると2人の所長は「内省的に行える」何かを求めていた。そこで，必ずしも昇格やテニュア獲得を目的とせず，ファカルティ・ディベロップメント活動としてポートフォリオを作成することが考えられた。

ジェイムズ・ホールは，ルービン経営学部の同僚として，またティーチング・ポートフォリオ運動の全国的なリーダーとして，ピーター・セルディンのことを知っていた。一方，教育学の教授であるサンドラ・フランクはポートフォリオ作成の概念になじみがあった。しかし，センターの2人の所長は6つの学部の学部長の支援がなければ，ポートフォリオ作成の活動は望ましい影響力を持たないだろうと認識していた。そこで，2人はポートフォリオを作成する教員を学部長が支援するようにするため，学部長会議でプレゼンテーションを行い，ティーチング・ポートフォリオは，自分の教育活動を振り返り，目標を定め，その目標が達成されたかどうかを評価する機会を教員に与える重要なファカルティ・ディベロップメントの手段の1つである，と主張した。同時に，教員のリーダーたちと大学執行部は，ポートフォリオが評価に使えることに気づいた。自己発展の手段で

＊1 Pforzheimer Center for Faculty Development

あると同時に評価の手段でもあるポートフォリオに学部長が違和感を持たないならば，教員は積極的に参加するだろうと思われた。学部長たちはこの活動を受け入れ，支援を与えた。プロボストは，この構想は「うまくいく」と確信し，特にポートフォリオを作成する責任が「ふさわしいところに与えられる」，すなわち教員自身に委ねられることを好ましく感じた。

最初の4日間のワークショップには各学部から26名の教員が参加した。ピーター・セルディンが4人の外部のメンターとともにワークショップの進行役を務めた。参加者には The Teaching Portfolio (Seldin, 1997) が1冊ずつ渡されたのに加え，ポートフォリオの作成を開始するためのその他の資料と4日間のスケジュールが配布された。その時点では認識していなかったが，我々は教育活動の提示のしかたに関する教員の考え方の変化に向かって歩み始めたのである。ペース大学は，教員がしっかりと根拠に基づいて自分の教育活動を記述する教育機関になりつつあった。

最初のセッションでは学長が歓迎の辞を述べ，「修了」時にはプロボストが演壇に立った。これは，この取り組みがこの大学にとって重要なのだということを示した。真剣味と興奮がはっきりと感じられたこの最初の試みでは，参加者の99％が修了した。修了式にはシャンパンやチョコレートをかけたイチゴがふるまわれ，修了証が授与された。

参加者の少なくとも1人が，このワークショップへの参加に基づいて，正教授への昇格の申請を行うことにした。その学年度のテニュア／昇格の調査書類を作成するためにティーチング・ポートフォリオを使った人もいた。自らの教育活動について省察する機会を得るためにワークショップに参加した正教授，自らの教育方法やアプローチの文書化を改善したいと考える若い教員，自らの市場性を強化するためにティーチング・ポートフォリオを作成したいと考える非常勤講師もいた。

外部の進行役を招き，外部と内部のメンターを組み合わせる形の2回目のワークショップが2000年1月に開かれた。これには23名の教員が参加した。メンター†は，すでに自分のティーチング・ポートフォリオを作成した教員の中から選ばれた。2人の共同所長が求めたのは，ティーチング・ポートフォリオの作成に熱心であり，同僚と良い関係を保ち，尊敬されており，ペース大学を構成する2つ以上の学部を代表できる教員であった。「訓練中のメンター」は経験を積んだメンターより少数の教員を担当した。内部のメンターはそれぞれ経験豊かな外部

のメンターとペアを組み，ワークショップの間この外部のメンターに助言を求めることができた。内部のメンターは，この仕事が困難だがやりがいのあるものであることに気づいた。2000年8月に3回目のワークショップが開催されたときには，内部のメンター全員がその任務に当たる準備を整えていた。新人メンター2名とベテランのメンター2名が一緒に数時間にわたる実地研修を行い，コンサルタントや経験を積んだ外部のメンターから学んだことを復習し，参加者としての自分たちの経験を共有した。

我々は全員，以下のガイドラインに賛同した。

- 教育と学習を話し合う中で同僚として行動すること
- 参加者が書いたものを読むとき，「もう1組の目」となること
- ポートフォリオ作成の主眼点についてガイドラインを示すこと
- 参加者が教育に関する記述部分を文書で証明するための根拠資料の収集に集中するよう支援すること

最も役に立ったガイドラインの1つは「2のルール」に従うということであった。すなわち，メンターは提案や何かを促すことを「軽いプッシュ」を2回行い，そして，相手がそれに応じなければその案は取り下げるというルールである。

また我々は，「スタートアップ」ワークシートをポートフォリオの目次に合わせて変更した。このワークシートの7つの質問に基づき，教育活動の各側面，すなわち，責任，方法，科目内容，評価について各人に記述してもらった。

このときも，学長とプロボストが22名の参加者を歓迎した。それまでにこのワークショップはある程度正式な地位を得ていた。学部長たちは，テニュアの獲得や昇格を目指す教員にワークショップへの参加を勧めていたからである。他の教員も同僚たちから肯定的なフィードバックを得ていた。最後の昼食会で我々は参加者に感想を求め，良かった点と改善案を尋ねた。以下のコメントが代表的なものである。

> 試験やレポートだけではなく，学生の学習の成果を知ることにもっと時間を費やす必要があることがわかった。

> 教育を集中的に考える機会を持つことができ，私が困難を感じている点は自分だけの問題ではない，多くの教員に共通する点がたくさんあると知ることができたのが有意義だった。

> このワークショップは，私が行ってきた教育アプローチの「前進」について考える

チャンスになった。私は講義形式から実践的な経験アプローチへと移行し，その中でよりよくものごとを進める方法について学んできた。

改善点としては，もっと組織的なグループワークやポートフォリオのサンプルを増やす，教育学に関する参考文献リストを提示する，より柔軟なワークショップのスケジュールを組む，などの有益な提案がなされた。

第4回のワークショップは同じ形式に従ったが，2002年夏に行われた第5回のワークショップではそれまでと異なる形式を採用した。それまでのワークショップの後に得られた感想から，もっと柔軟なスケジュールと，授業を強化するために使われているテクノロジーの利用を求める声が強いことがわかっていた。また，我々はできるだけ多くの教員がワークショップにアクセスできるようにしたいと考えていた。そこで，ワークショップの期間を長くし，テクノロジーを使って参加できるようにすることにしたのである。ペース大学では講座運営システムとしてBlackboardシステムを採用しており，多くの教員が自分の担当科目にそれを使っていることから，ポートフォリオ・ワークショップにもBlackboardシステムを利用することにした。

センターでは，基調講演とワークショップを伴う3日間の集中合宿研修のプログラムにおいて，その最終日にティーチング・ポートフォリオの最初のセッションを行うことに決めた。ポートフォリオを作成するためにもっと時間がほしいという教員の要望に応えて，対面方式の個人指導とオンラインでのメンター制度を組み合わせることにした。ワークショップ用の資料をオンラインに掲載し，オンラインの討論フォーラムを設けた。ワークショップの最初のセッションでは，参加者とメンターが大きな集団として会ったあと，個別に，または少人数の集団として面談した。そして，次に参加者とメンターが顔を合わせるのは4週間後とし，そのときに最終昼食会を開き，ディスカッションを行い，ポートフォリオを提示し，認定証を授与することにした。それまでに，参加者は，メンターと電子メールでやりとりをするか，個別にメンターに会うか，またはその組み合わせを利用しながら，自分のポートフォリオを書き，根拠資料を集めることになった。

この形式は非常に柔軟であったが，4週間のワークショップ期間中にポートフォリオを仕上げた人の割合が大幅に下がるという結果に終わった。過去4回のワークショップでは，書き上げたポートフォリオを持って最終昼食会に出席した人が参加者の90%を超えていたのに対し，今回は35〜40%にとどまった。ただし，昼食会以降にポートフォリオを仕上げた参加者も数人いた。

新しい方式では期限までに時間の余裕があったため，ポートフォリオを他の仕事に優先させることが難しくなったと考えられる。またスケジュールの詰まった4日間のプログラムに見られた教員間の協力関係が失われた。そうしたプログラムではみんなが一緒に活動しており，軽食をつまみながら偶然出会った人と話をする中で新しい考えが浮かぶこともあった。

ファカルティ・ディベロップメントセンターは，ワークショップを開催し，メンターを養成するのに加え，教育理念をまとめたものを発表した。最初のティーチング・ポートフォリオ・ワークショップの参加者14名によって編纂されたこの教育理念集は，新しい参加者にとってのモデルとなっている。これは，教育理念の記述のしかた，ティーチング・ポートフォリオのまとめ方，教育学上の問題へのアプローチのしかたには多くの「正しい」方法があるのだということを改めて強調している。

ポートフォリオの制度化──文化の変容

ペース大学での昇格とテニュア獲得のための調査書類は，他の多くの高等教育機関と同じく，公表されたガイドラインと規準に従わなければならない。毎年プロボストが調査書類の詳細な内容を発表するが，最近では候補者のティーチング・ポートフォリオへの明確な言及が含まれている。プロボストは，全ての教員がティーチング・ポートフォリオとは何かを知っており，6つの学部全ての多くの教員が自分自身のポートフォリオを作成しているか，それを作成した同僚を知っていると仮定することができる。教員は，自分の努力の成果を提示することに熱心であり，どのようなものが教育活動を示す根拠資料となるのかを例示するために，少なくとも1つの学部でポートフォリオが配布されている。

本学ではまだティーチング・ポートフォリオの作成を全学的なものとして制度化してはいないが，プロボストのマリリン・ジャフ＝ルイスは，ティーチング・ポートフォリオが「共通の専門用語の1つ」になっていると確信している。

ティーチング・ポートフォリオの利用から生じた予期せぬ結果の1つは，テニュアや昇格に関する議論にポートフォリオが影響を及ぼしているということである。テニュアや昇格の候補者は全員，「テニュア・昇格に関する学部長・教授会議」に調査書類を提出する。その際，優れたティーチング・ポートフォリオの作成に時間を注ぎ込んだ候補者の調査書類は他と比べて格段に力強いものになり，自分が効果的な教育活動を行う教師であるということを根拠資料とともに提示し

ている。学部長の1人は，ワークショップで作成されたティーチング・ポートフォリオを含む調査書類はその質と緻密さで「抜きん出ている」と評している。プロボストも，そうした調査書類が以前よりはるかに改良されていることに同意する。このような意見は，テニュアや昇格を望む教員のティーチング・ポートフォリオ・ワークショップへの参加を促している。

終わりに

　ティーチング・ポートフォリオ・ワークショップに参加した人々や以前の参加者に助言を求めた人々にとって，今やティーチング・ポートフォリオは調査書類の教育部分の標準となっている。

　学部を基礎とするテニュアや昇格の審査委員会は，調査書類にポートフォリオの一部が含まれることを当然と考えている。多くの委員会が，以前には本人が書いたものだけで十分だった部分に，教育の成果や他の人々から得られた資料という形での根拠が提示されることを期待する。研究の根拠が含まれるのと同様に，教育についての根拠が含まれることが期待されるのである。これは，プロボストの表現を借りるならば，調査書類の「水準の引き上げ」になっている。総合大学である我々は，ティーチング・ポートフォリオの基礎にある理念が文化の一部となる時代に移行しつつあり，より多くの教員が教育に関する記述を共有するよう奨励されている。ファカルティ・ディベロップメントのリーダーたちとプロボストは，ワークショップに参加した教員がその経験を高く評価しているという点で意見が一致している。プロボストは，「アカデミックな優秀性の実現に取り組むということは，質の高い教育の実現に力を注ぐということである」と述べているが，ポートフォリオを作成するという内省的な作業はこれを促進している。同時にプロボストはティーチング・ポートフォリオを評価の重要な手段の1つととらえている。「ティーチング・ポートフォリオは，それを作成するプロセスが形成的であり，そして，その産物が総括的なものである」と考えているのである。サンドラ・フランクは，ペース大学におけるこの活動は，「教員の中から生まれ，大学執行部によって支援されている」からこそ力があるのだと指摘している。プフォルツハイム・ファカルティ・ディベロップメントセンターの現ディレクターである筆者らは，今後もペース大学に大きな変革をもたらすティーチング・ポートフォリオの活動を継続するつもりである。

11 ラトガース大学のティーチング・ポートフォリオ

モニカ・A. ディヴァナス

ティーチング・エクセレンス・センターとティーチング・ポートフォリオ

　ラトガース大学のティーチング・エクセレンス・センターは，教授会と大学執行部による長年の話し合いを経て，1992年7月に設立された。その最初の仕事は優れた教育活動の促進と支援を行うことであり，また同時に大学全体の学生による授業評価プロセスにも責任を負うことになった。支援と評価というこの二重の役割は，当センターに独特の課題をもたらした。すぐに，この役割を果たすために欠くことのできない手段の1つがティーチング・ポートフォリオであることが明らかになった。

　学生による授業評価の開始に伴い，教員はきわめて標準化された形のアンケートを学生に実施することが求められた。それはほとんどの伝統的な講義科目には役に立つものであったが，ゼミや学生を中心とした体験型の科目などでは科目独自の性質や指導者の影響力をとらえることが難しかった。そのような中で，ティーチング・ポートフォリオが，標準化された評価手段の限界への教員の懸念を和らげることになった。ポートフォリオを使えば，総括的な調査による統計的なデータを超えて，自分の教育活動の貢献を示すことができるからである。

　ティーチング・ポートフォリオを作成する利点は，省察の実践，教育の改善，カリキュラムの設計，形成的および総括的な評価，および人事上の決定の資料と多方面にわたる。しかし同時に大きな欠点もある。ティーチング・ポートフォリオを作成するプロセスは時間がかかるのである。大学教員というのは非常に忙しい人々である。彼らは効果のある有益な結果が見えない限り，いかなる活動にも時間を割こうとはしない。けれども一方で，大学教員は非常に合理的な人々でもある。大学人としての自分たちの生活の質を改善できるプロセスであれば，その利点をすばやく見抜くことができる。

　当センターでは，ティーチング・ポートフォリオを使用すること自体を目的として教員を「追い込んでも」意味がないと判断し，人事上の決定，教育に関する多様な賞やフェローシップ，および補助金の申請にこれを利用することにした。

我々は，ティーチング・ポートフォリオは多元的な評価手段としての真価を発揮するだろう，そして教員はその作成が実りのあるものだということに気づくだろうと考えた。そこで我々は，昇格とテニュア†に関する大学の手引きの構造に沿って，ティーチング・ポートフォリオの基本的な構造を説明する簡単な手引きを作成することにした。はじめはそのアウトラインが広報に掲載されただけだったが，現在では，ティーチング・エクセレンス・センターのホームページでいつでも誰でも見ることができる（http://TeachX.rutgers.edu）。

リサーチ・ファカルティと教員の姿勢

研究に全力を投じるリサーチ・ファカルティの生活は，それぞれの学問分野の拡大と発展を中心として営まれている。彼らは，教育活動によって自分の専門分野に対する情熱と知識を学生に伝えることができる。教育活動はそれ自体が目的ではなくとも，明晰で意欲のある学生たちとの刺激に満ちた発見の旅である。それを妨げる活動のための仕事は，迷惑なものとしか感じられない。そうした教員がティーチング・ポートフォリオの作成に熱心に参加するのは，この経験が自分を変革させるのに加え，そこから得られるものに永続性があるからである。教員たちは自分の教育活動についてじっくりと考え，内省し，自分自身のアカデミックな生活と学生の生活に対する教育の重要性を考察するようになる。つまり，ティーチング・ポートフォリオを作成することによって，教員たちは日々の研究やそれぞれの専門分野における価値に対応するのと同じ形で，教育活動とその重要性に対応することになるのである。ティーチング・ポートフォリオを作成したことのある人々は，昨年のノートを使うというような安易な方法や，口先だけの対応を避けるようになる。

ラトガース大学においても，ティーチング・ポートフォリオの作成は具体的な成果をもたらしている。本学の3つの地域キャンパスの中で最大であるニュー・ブランズウィック校の場合，ポートフォリオの導入がもたらした成果は，教員による若手教員のメンタリング†，教育の学究活動に対する教員と大学執行部の姿勢の変化，人事上の決定の変化に見ることができる。

教員による若手教員のメンタリング

1994年にピーター・セルディン氏とそのティーチング・ポートフォリオ・コンサルタントのチームとともに活動するよう選ばれた最初の教員グループの一部

は，その後，テニュアを獲得し，昇格し，あるいは学部長，学科長，各種センターの所長，大学評議会の議長などの管理職についている。こうした人々が成功モデルとなり，後に続く人々のティーチング・ポートフォリオの作成を後押ししている。責任者がこのプロセスを奨励している部門もあれば，教員の運営組織が人事上の決定全てにティーチング・ポートフォリオの利用を求めている部門もある。

こうした中で，古参の教員が若手教員の支援における中心的役割を果たしている。彼らは常に，テニュアと昇格のために大学によって要求される構造に沿って，ポートフォリオの作成を指導している。全ての教員，特に若い教員にとって時間というのが重大な問題であるため，この戦略を利用することは不可避である。

教育の学究活動に対する教員の姿勢

一度ティーチング・ポートフォリオを作成すると，教員にとって教育活動はもはや教室に出向くだけのものではなくなり，それぞれの学問領域について学生に伝える知識の集合になる。ティーチング・ポートフォリオを作成することの価値を知ると，教育とは学究活動なのだと認識し，研究の発見事項に関して行うのと同じ形で，同じ熱意を持って，このモデルを広めたいと考えるようになる。そのため，ティーチング・ポートフォリオの作成を全員に義務づけることにした教員組織もある。たとえば，ラトガース大学のクックカレッジでは，アカデミック・フォーラムという組織が，全ての人事上の決定，再任，テニュア，昇格，能力給，教育に関する賞にティーチング・ポートフォリオの提出を義務づけることを勧告した。過剰な仕事と過剰な責任を抱える教員たちが自分たちの管理上の負担をさらに増やしたことに驚く向きもあるかもしれないが，ティーチング・ポートフォリオは教員にとって，自分の創意工夫や率先的活動，教育を通して費やした知的エネルギーを記録する機会になるのである。教員たちは，教師としての自分の思考，努力，達成事項を示す文書が作られることを誇りに感じている。

教育の学究活動に対する大学執行部の姿勢

大学の執行部は常に，昇格，テニュアの決定，テニュア獲得後の審査のために大量の書類を扱っている。ティーチング・ポートフォリオは，候補者の教師人生の深さと幅を執行部に明確に伝えることができる。ティーチング・ポートフォリオは，教育活動の質と学究活動に関して無視できない根拠を執行部に提供する。これは，各教員の教育活動に関して，また大学における教育の位置づけと価値に

関して，執行部の姿勢に影響を及ぼす。

　ティーチング・ポートフォリオが大いに力を発揮している分野の1つが，新しい教育テクノロジーの実践の効果を記録することである。執行部は，ティーチング・ポートフォリオに示された革新の成功と失敗を総合的に見ることによって，どのプロジェクトが成功しているのか，どのプロジェクトに投資をすべきであり，どのプロジェクトに投資をすべきではないのか，確かな判断材料を得ることができる。

人事上の決定

　一般に，昇格とテニュアを決定する委員会は，何箱もの根拠資料を扱っている。読むべきものが多すぎるため，ティーチング・ポートフォリオは学科内でのレビューのレベルでしか役に立たないかもしれない。上層部の委員会は大量の資料に追われているため，実際のティーチング・ポートフォリオは，教育活動に関して問題となるような特別な点がある場合にしか検討されないことも考えられる。したがって，教員は，自分で報告する所見以外の無視できない根拠を伴う，簡潔で，構成のしっかりしたティーチング・ポートフォリオを作成することが勧められる。長々とした要約，何度も反復されるシラバスや試験，大量の自己報告は，成功した効果的な教育活動を証明する上でほとんど無力である。昇格とテニュアを決定する委員会にとって最も役に立つのは，伝統的な教育姿勢の表明とともに2ページから4ページにまとめられた簡潔な要約である。こうした資料は上層部の審査委員会まで達するからである。

　以前，ラトガースでは，学生による授業評価が教育に関する信頼できる有効で有益な情報を提供していた。その後，再任とテニュアの決定プロセスは，教育活動に関する総合的な記述を含むように変更された。ティーチング・ポートフォリオの基本的な形式は，教員一人一人の教育活動に関する補足的な情報を示す構造の1つとして認識され，受け入れられた。ティーチング・ポートフォリオの構造は，再任，テニュア，昇格の決定に必要な教育姿勢の表明部分を書くための手引きとして用いられるようになった。情報に基づく教育活動の記述，すなわちティーチング・ポートフォリオの利用が増加するにつれて，大学執行部は教育に関して質的な情報を求めるようになってきた。そのため，現在では，昇格とテニュアに関する資料には，教員のファカルティ・ディベロップメント活動，ワークショップへの参加，カリキュラムの刷新，教育の学究活動の根拠など，ティーチン

グ・ポートフォリオに典型的に取り上げられる内容が含まれるようになっている。

テニュア獲得後の審査プロセスがラトガースで開始されたのは1993年である。この審査では，過去5年間のその教員のアカデミックな貢献が合議される。ティーチング・ポートフォリオは，こうした討議において非常に実践的かつ有益な形で，教育の学究活動を明確に位置づける役割を果たしている。

ラトガースにおけるポートフォリオの概念の拡張
管理職の審査

ラトガース大学では教育の評価に関心が高まったことから，教員が管理職の審査プロセスを求めるようになった。大学評議会の教員・人事委員会が，全てのユニットの学部長は5年に1度それぞれの教授会による審査を受けるべきだという勧告を出し，学長がこれを実行している。ティーチング・エクセレンス・センターは，このプロセスの支援に責任を負っている。このプロセスでも，ティーチング・ポートフォリオの原則（何を，なぜ行うか，それはいかに効果的か）が非常に有益であることが明らかになっている。センターは，学部長がそれぞれの管理職ポートフォリオを作成するのを支援している。このポートフォリオはそれを審査する教授会の委員会に提出される。ニュー・ブランズウィック校では，12名の学部長のうち6名がすでに学部長審査プロセスのために管理職ポートフォリオを作成した。

臨床ティーチング・ポートフォリオ

近年，ラトガース大学の姉妹校であるニュージャージー医科歯科大学の学部長らは，教員と臨床医師を含む全てのスタッフに対し，自分の教育の有効性を文書化するよう求めている。そして，ラトガース大学ティーチング・エクセレンス・センターはこれを支援するよう要請された。学科長や学部長の協力を得て，ティーチング・ポートフォリオの考え方が医学部と臨床教職員に合わせて修正された。その結果，合理化された定型アウトラインを持つ臨床ティーチング・ポートフォリオが手引きとして作成された（付属資料11.1参照）。ラトガースの教員が忙しいのと同様に，医学部の教員や臨床スタッフは研究者としても臨床家としても多忙である。しかし，彼らはポートフォリオを作成し各種の資料や有効性の根拠資料を収集するというプロセスは，時間はかかるものの有意義であるということに気づいた。人事審査委員会からの報告書によると，この新しい臨床ティーチ

ング・ポートフォリオは非常に肯定的に受け止められている。

特殊な教育環境

　ティーチング・ポートフォリオは，伝統的な教育の場，すなわち教室での教育の役割が限られているリサーチ・ファカルティにも使えるツールだと考えられている。ラトガースには，各種のセンターや機関の長を務める学者——研究アソシエート，ポスドク研究員，大学院生，技師の教育が主な役割である教員——がたくさん存在する。こうした教員の教育活動は把握し文書化するのが一般の教員の場合以上に難しい。ティーチング・ポートフォリオは，自己報告の限界を超えて有効性を文書化する何らかの方法をとることで，通常の教育状況ではない状況に合わせて調整することが十分可能である。

ティーチング・ポートフォリオの制度化およびその他の応用

　ティーチング・ポートフォリオは間違いなく高等教育の変化の1プロセスである。しかし，高等教育機関の中でしっかりと確立された構造としてそれを永続させるには，いくつかの要件が満たされなければならない。

　第1に，無理強いされることなく教員がこのプロセスに賛同しなければならない。ラトガース大学では，大学評議会の教員・人事委員会が1年をかけて教育の査定と評価の問題を調査した。その調査結果および多くの教員の証言に従い，2002年春に同委員会は，「教育活動の評価のベストプラクティス」として7つの提言を出した。このリストのトップに位置づけられたのが，全ての教員がティーチング・ポートフォリオを作成するということであった。その他の提言には，若手教員のメンタリング，体系的なピアレビュー，および学生による授業評価のデータを注意深く扱うこととともに，学科内で特別な分析をすることが含まれていた。ティーチング・ポートフォリオの考え方はその価値が証明されており，現在では大学の制度の一部になっている。

　第2に，各種の情報の利用という面でティーチング・ポートフォリオのプロセスを大学執行部が支援しなければならない。教員も各学科も，教育に関する情報，教員の教育活動の記録，科目のリスト，履修登録，学生の特性，学生の授業評価のデータにアクセスできることが必要である。ティーチング・エクセレンス・センターは，オンラインのリソースやデータへのアクセスを通して，またティーチング・ポートフォリオの作成において教員を支援する個人ガイダンスを通して，

11 ラトガース大学

学科と教員にこれらのデータの一部を提供するよう努めている。

第3に，教育の学究活動が学科の文化の一部となる環境の育成に各学科が貢献しなければならない。そのためには，学科の幹部や年長の教員のリーダーシップが必要である。学究活動，教育，教育の学究活動についてこのレベルの責任を達成しているラトガースの各学科は，ラトガース大学においても高等教育全体においても指導的地位にある。

第4に，テニュアや昇格を決定するプロセスにおいて，大学執行部が教育に関する情報の使用に取り組む必要がある。研究，教育，サービス活動の三本柱を研究大学の使命の中心に位置づけようとするならば，それらの均衡が口先だけのものではなく，真に実現されなければならない。

こうした条件が整ってはじめて，ティーチング・ポートフォリオによって文書化される教育の学究活動が，昇進のプロセスや個々の教員にとって意味があるばかりでなく，高等教育機関全体として，また高等教育全体として，意味のあるものになるのである。

付属資料11.1
ニュージャージー医科歯科大学
ロバート・ウッド・ジョンソン医学部
ティーチング・ポートフォリオの定型書式

ティーチング・ポートフォリオとは，教育者としてのスタッフの活動の要点を整理したものである。一般に，4～5ページの記述と添付資料としてまとめられた根拠資料で構成される。ティーチング・ポートフォリオは内容が精選された簡潔なものでなければならないが，教育活動の記録，自分の教育姿勢や教育理念の表明，および教育の有効性の根拠を提供するのに十分な記述と文書が必要である。

第1部 教育の責任
教育に関連する全ての活動をリストアップし，できるだけ完全な背景情報とともに説明する。すなわち，科目やプレゼンテーションの名称，関与のレベルと頻度，学生の数とタイプ，作成された教材，教育に関連した他の活動における役割（スーパーバイザー，アドバイザー，メンター†など）を記す。該当する項目だけでよい。
1）教育活動
　　A）教育
　　　　a）学部生
　　　　　　・基礎科学
　　　　　　・臨床
　　　　b）大学院生
　　　　c）病棟医および研究員
　　B）プレゼンテーション／講義

        C）グランドラウンド†
        D）1対1の指導
        E）実験室での指導
        F）ゼミの指導
    2）カリキュラム開発
        A）科目
        B）病院実習
        C）研修医プログラム
        D）研究員プログラム
    3）メンタリング／助言
    4）継続的医学教育プログラム
    5）市民教育プログラム
    6）教育に関する管理職の経験（科目またはプログラムのディレクター）

第2部　教育の有効性の根拠
　ここでは教育の有効性を示す根拠資料のタイプを簡単に説明し，実際の文書，評価，手紙などは添付資料にまとめる．各分野の根拠がここで取り上げられるため，添付資料のどこにそれぞれの項目が記されているかがわかるように説明することが非常に重要である．
1）科目の教材
2）学生および研修医による評価
3）ピアレビュー
4）専門団体による表彰
5）専門的能力を高めるプログラムなどへの参加

第3部　教育理念（オプション）
　教育理念とは，自分は教育において何を重要と考えるか，それをどのように適用し，実践しているかなど，個人の意見を表明するものである．これには以下の議論が含まれる．
1）多様な教育状況で用いている戦略と方法の説明
2）これらの方法や戦略を用いる理由
3）医学生，大学院生，ポスドク，研修医，スタッフの訓練にとってこれらの理由が重要だと思うのはなぜか．

添付資料
　ここには，第2部に説明されたとおり，教育のために使用または作成された代表的な資料が提示される．

12 テキサス A&M 大学のティーチング・ポートフォリオ——10 年の実践をふり返って

ナンシー・J. シンプソン　ジーン・E. L. レイン

　テキサス A&M 大学（TAMU）では，1992 年春，ティーチング・エクセレンス・センター（CTE）によってティーチング・ポートフォリオが導入された。CTE の客員教員プログラムにより，ペース大学のピーター・セルディン博士，およびその協力者であるボール州立大学のレイ・シャックルフォード博士とリンダ・アニス博士，がキャンパスに招かれたのである。この 3 人のコンサルタントは，TAMU の教員 10 名と大学執行部幹部 1 名のティーチング・ポートフォリオ作成を指導した。1 年後の 1993 年春，CTE の副所長リズ・ミラーが，教育の質の改善と評価の手段としてのティーチング・ポートフォリオに焦点をおいた全国的なシンポジウムの議長を務めた。このシンポジウムには，大学教育の質の改善と評価に関するティーチング・ポートフォリオの可能性を探求したいと考える教員や大学執行部メンバーが全国から集まった。TAMU では，キャンパスにティーチング・ポートフォリオが導入されて以来，これまでに 500 名を超える教員が，その作成を通して自分の教育活動のあり方をふり返り，実績を文書にまとめている。

　教員のティーチング・ポートフォリオ作成を支援するために CTE が用いているプロセスは，過去 10 年の間に徐々に発展してきた。最初の 1 週間で我々が学び，ティーチング・ポートフォリオに関する各種の文献によって支持されている主な原則は，今もこの活動の礎になっている。第 1 にティーチング・ポートフォリオはプロセスとしても（Edgerton, Hutchings & Quinlan, 1991），生み出されるプロダクトとしても（Seldin, 1993）価値があるということ，第 2 にティーチング・ポートフォリオの作成から最善の結果を得るには教員同士の相互作用を伴うべきだということ（Seldin, 1997），第 3 にティーチング・ポートフォリオは根拠として多様な情報源を利用するということ（Edgerton, Hutchings & Quinlan, 1991），第 4 にティーチング・ポートフォリオは義務ではなく選択枝であるとき最も教員の役に立つということである（Seldin, 1993）。本章ではまずこれらの原則について考察する。

主な原則

プロセスおよびプロダクトとしてのティーチング・ポートフォリオ

　ティーチング・ポートフォリオは自分の教育のあり方を省察し改善するための**プロセス**としても，教育の業績を文書に記録する**プロダクト**としても，価値がある。CTE では教員に対し，プロセスは自己考察，自己発見，自己開示にかかわり，プロダクトは自分が書く本文と自分が選択・編集する資料で構成されると説明している。CTE は，そのどちらか一方を他方より重視することはなく，ポートフォリオを作成する目的とその受け手を考えるよう教員に求めている。経験的にいうと，ティーチング・ポートフォリオを作成するほとんどの教員は，自分の教育活動を改善することと，昇格やテニュア†の決定，就職活動，教育に関する賞の獲得などに用いられる文書を作成することの両方を目的としている。中には，プロダクトを主な目的としていたが，そのプロセス自体が教育の改善に役に立つと気づいたという嬉しい驚きが報告されることもある。逆に，主に教育活動の改善やコースのプランニングのためにティーチング・ポートフォリオの作成を始め，後に総括的評価の目的に合わせてポートフォリオを活用する教員もいる。

ティーチング・ポートフォリオと相互作用

　CTE は，ティーチング・ポートフォリオのプロセスもプロダクトも，他の教員や教育コンサルタントとの相互作用を通して強化される，ということを早いうちに学んだ。教員が1人でティーチング・ポートフォリオを作成するのも確かに可能であるが，我々はそれを推奨していない。教員が学習と教育について話し合う——ときには議論さえしあう——とき，自分の思考が深まり，自分の実践を推進する信念を明確化することができる。自分の教育の方法論を相手に説明しあうと，自分の学生に試してみたい新しい戦略のアイディアや，自分の授業のある要素が意図される成果をあげていない理由についての洞察を得る。また，教師としての有効性の根拠とするにはどのような資料が最も適しているかを判断する上で，互いに助け合うこともできる。CTE の教育コンサルタントがティーチング・ポートフォリオの作成者に協力するときには，彼らのティーチング・ポートフォリオにおいて取り上げられていない疑問を提起し，自分は**なぜ**教室でその行動をとっているのか深く考えるよう教員を促し，自分の教育戦略が教育と学習に関する諸研究によってどのように支持されているか（またはされていないか）を認識するよう手助けし，ポートフォリオに書かれた教育の理念と実践の一貫性や

矛盾を指摘するようにしている。

ティーチング・ポートフォリオと多様な情報源

　ティーチング・ポートフォリオのプロダクトもプロセスも，根拠として多様な情報源を検討・提示してはじめて強化される。さまざまな疑問――「教育と学習について私は何を信じているか」から，「学生，同僚，学科長，教育コンサルタントは私の教育活動についてどう考えているか」，「私の学生たちは何をどのくらい学んでいるか」まで――に答えるための根拠資料を誠実に求めることによって，自分の教育活動を改善および文書化できる豊かな情報を集めることができる。それは教員にとっても教員の評価を行う人々にとっても負担を大きくすることになるが，教育の改善と評価のための情報源としてのティーチング・ポートフォリオは，ほとんどの教員にとって，学生による授業評価のデータを自分で利用するだけの場合よりもはるかに満足のゆくものになる。

教員自らの選択としてのティーチング・ポートフォリオ

　このプロセスの早い段階でなされた重要な決定は，本学では大学レベルでティーチング・ポートフォリオを義務づけないということであった。これは，大学執行部がティーチング・ポートフォリオを支持しないということでも，テニュアや昇格の決定プロセスにとってティーチング・ポートフォリオが無益であるということでもない。それどころか，テニュアと昇格の決定に用いられる教育実績の根拠に関する大学全体でのガイドラインには，ティーチング・ポートフォリオに典型的に見られる項目の多くが含まれている。つまり，通例，完全なティーチング・ポートフォリオが学科レベルでの昇格・テニュア審査委員会において取り上げられることはないが，ポートフォリオの要素はしばしば昇格とテニュアの調査書類にも見られるのである。また，ティーチング・ポートフォリオがあれば，学科長は，候補者の教育活動に関してずっと中身のある推薦書を書くことができる。繰り返しになるが教員はティーチング・ポートフォリオの作成を義務づけられることはなく，奨励されている。すなわち，ティーチング・ポートフォリオは「ためになること」という強力なメッセージが伝えられているのである。しかし，ティーチング・ポートフォリオの作成に時間を投資するかどうかの決定については教員自身に委ねることにより，プロセスとしてのポートフォリオの価値が守られてきた。それは，最近のティーチング・ポートフォリオ合宿研修に参加した教員

の1人による次のコメントに端的に表されている。「この週末の最も良かったことの1つは，ここに集まった全員が自らここに来ることを選び，この活動に取り組む意欲を持っているということだった。」

テキサス A&M 大学におけるティーチング・ポートフォリオ・プロジェクトの発展

前述したように，本学では1992年にティーチング・ポートフォリオを導入した。その際，1週間のワークショップという形が用いられ，賞を取った10名の教員とプロボスト†補佐が参加を勧められた。ワークショップは，まずグループ全体での導入セッションが行われたあと，メンター†との個別面談が行われ，最後には修了を祝うとともに11名の参加者のティーチング・ポートフォリオを「披露する」会で締めくくられた。この活動を今後も継続させるCTEの態勢を整えるため，CTEの副所長と2名の指導コンサルタントが，ポートフォリオの下書きに関して外部のコンサルタントが参加者にフィードバックを行う個別面談セッションを参観した。最初のワークショップに参加したこれらの人々が一様にティーチング・ポートフォリオの価値を高く評価したことに力を得て，CTEはこの機会を他の教員にも広げることにした。

ティーチング・ポートフォリオ・ワークショップは，学期に1回ないし2回ずつ実施され始めた。我々は，当初，コンサルタントたちが使用していた1週間のモデルを維持したが，その後，教員たちがポートフォリオの下書きにかけられる時間をもっと多く確保するとともにCTEのスタッフの仕事の集中を緩和するために，ワークショップを1ヶ月に延長してみた。しかし，1ヶ月間エネルギーと熱意を保ち続けるのは難しいことがわかったため，2週間のモデルを採用することにした。その結果，これが適切な長さであることが明らかになった。どのモデルでも，グループ全体が集合する機会を3回設けた。導入のための開始セッション，洞察，課題，疑問点を共有するための中間セッション，ポートフォリオの完成を祝う最終セッションである。また，CTEのスタッフがプロセスの途中で2回から3回参加者と個別に会い，フィードバックとメンタリング†を行った。

ティーチング・ポートフォリオ作成作業の手引きとするためにCTEが教員に提供する資料も，時とともに進化してきた。最初は，セルディン博士，シャックルフォード博士，アニス博士の3人によって用いられた資料に手を加え，セルディン博士の *The Teaching Portfolio: A Practical Guide to Improved Performance and Promotion/Tenure Decisions*（第1版，1991年）を配付した。また，1993年

にセルディン博士らの *Successful Use of Teaching Portfolio* が出版された後は，これを利用した。本学で完成されたティーチング・ポートフォリオが増えてくると，いろいろな学問領域のティーチング・ポートフォリオの実例を教員に提供できるようになった。この歩みにおいて最も画期的だったのは，1996 年，当時 CTE の指導コンサルタントであったジーン・レインが，ティーチング・ポートフォリオに関する我々全体の考え方と経験を「ティーチング・ポートフォリオの省察プロセスの手引き」としてまとめたことである。これは本書の第 1 部に掲載されている（P. 32）。その後何回か改訂されたこの表は，ポートフォリオを作成する教員に対する CTE のガイダンスの中心に位置づけられている。

　数年にわたり，年に 3 回ないし 4 回のティーチング・ポートフォリオ・ワークショップを開催したあと，我々は新たなティーチング・ポートフォリオ支援モデルを知った。ティーチング・ポートフォリオ合宿研修である。専門的・組織的能力開発（Professional and Organizational Development：POD）の学会において，ミズーリ大学コロンビア校の優れた教育プログラムのジム・グロッシア博士とその同僚たちが，このアプローチに関する経験を伝えてくれた。我々はこれに関心を持ち，そのような合宿研修が本学でうまくいくかどうか試してみることにした。1998 年，最初のティーチング・ポートフォリオ・ウィークエンドが開催された。以下に詳しく記すこの研修はたいへん好評だったため，以後毎年 1 回，2003 年からは年 2 回開催されている。

ティーチング・ポートフォリオ・ウィークエンド

　ティーチング・ポートフォリオ・ウィークエンドは，ティーチング・ポートフォリオだけに集中する 1 日半の研修である。我々は，ノートパソコンを持参した参加者たちをキャンパスの外に連れ出し，電話，電子メール，その他一切の仕事や雑事から遮断する。彼らは，自分の教育活動について考え，文章にまとめる心構えを整えてやってくる。我々は，この週末が終わるときには参加者がそれぞれ自分の教育理念についてのしっかりとした下書き，教育戦略の概要，教育の成果を文書化するための根拠の収集プランを持って帰ることができるように，スケジュールを組む。スケジュールは，CTE スタッフによる短いプレゼンテーション，グループ全体でのブレインストーミングと討議，各自がポートフォリオを書く時間，および仲間からのフィードバックを得る時間で構成されている。その間に参加者たちが参照できるリソースとして，教育と学習に関する多様な書籍とポート

フォリオの実例も準備する。参加者たちは，教育と学習に関する対話によって活気づき，意欲をかきたてられ，与えられた時間内で集中して執筆にあたる。付属資料12.1に，典型的な合宿研修の内容と，議論を促す触媒として用いられる資料が示されている。

ティーチング・ポートフォリオは，1992年に導入されて以来，本学のファカルティ・ディベロップメント活動の中心的な役割を果たしてきた。ティーチング・ポートフォリオの作成は教員たちがCTEのプログラムに参加するきっかけになることも多い。ティーチング・ポートフォリオの作成に取り組んだ教員たちは，合宿研修で紹介された教育戦略についてもっと学ぶために他のワークショップに参加することもある。あるいは，教育と学習に関する他の教員との話し合いを続けるために，CTEの教育に関する研究会や教員学習コミュニティに参加することもある。さらに，合宿研修の際に教員が立てる教育評価計画にはしばしば，教育活動の評価においてCTE教育コンサルタントの助言を得ることが含まれる。ティーチング・ポートフォリオの活動はCTEのスタッフにとっても有益である。我々は，ティーチング・ポートフォリオに関して教員と協力する中で，教員たちが教室で直面している問題や，それに対応するために彼らが発展させてきた多くの創造的な戦略について聞くことができる。このように深いレベルで教員たちと触れ合うことにより，教室での教育と学習に関するCTEの理解の幅と奥行きが広がり，CTEの活動が豊かに，そして強力になっているのである。

将来に向けて

ティーチング・ポートフォリオに関する文献は，学究活動と大学教授職に関するBoyer（1990）の影響力のある著作が発表される少し前に登場し始めた。その後，ティーチング・ポートフォリオが広く利用されるようになるにつれて，教育の学究活動という概念が洗練されてきた。このティーチング・ポートフォリオと教育の学究活動という概念の継続的な関連は，ピュー財団の資金による教育活動ピアレビュー・プロジェクト（TAMUも参加）の主な要素として科目ポートフォリオが採用されたこと，およびファカルティ・ディベロップメントの専門家によってポートフォリオ作成のモデルが修正されていることに見ることができる。

学究活動の評価に関してBoyerの業績を拡張した論考（Glassick, Huber, and Maeroff, 1997）を詳しく検討すると，ティーチング・ポートフォリオは本学のキャンパスでこれからも重要な役割を果たし続けるだろうと思われる。これは，大

12 テキサス A&M 大学

学教員がその専門的な能力を高め，効果的な教育を行う一教師から，教育の学究活動という新たな分野の貢献者へと成長するための計画とモニタリングを行う上で，理想的な手段なのである。

付属資料12.1

I．ティーチング・ポートフォリオ合宿研修のスケジュールの実例

金曜日
- 11：00　導入
- 12：00　昼食
- 1：00　教育理念——焦点を絞ったフリーライティング＃1, 2, 3, 4
- 2：00　各自の執筆時間
- 4：30　多様な学生の教育
- 6：00　夕食
- 7：00　執筆，省察，共同作業

土曜日
- 8：15　朝食
- 9：00　教育戦略の概要——ワークシート＃1
- 10：00　各自の執筆時間と参加者同士でのフィードバック
- 12：00　昼食
- 1：00　教育評価の方法とリソース——ワークシート＃2
- 2：00　2人1組での教育評価の計画立案
- 3：00　最終質問：次のステップ

II．焦点を絞ったフリーライティング

これらは「てこ入れを図る」ため，すなわち参加者が学習と教育について考え，話し合い，教育理念の下書きの準備をするのを手助けするために用いられる。

焦点を絞ったフリーライティング＃1
最良／最悪の教師の特性と実情
　あなたが受けた教育の経験全てをふり返ってみてください。あなたを指導してくれた先生の中で誰が最も優れた教師でしたか。なぜその先生が最も優れていたのですか。
　また，あなたを指導してくれた先生の中で誰が最も良くない教師でしたか。なぜその先生が最も良くなかったのですか。

焦点を絞ったフリーライティング＃2
学習（learning）
　学習とは何でしょうか。それはどのようにして起こり，どのように見え，どのように感じられるのでしょうか。
　学習をどのような比喩で表現すれば学習に関するあなたの信念を表すことができるでしょうか。以下の文を完成させてください。
　　学習とは…
　または

学習とは…のようなものである。

　学習に関するあなたの信念を示す図を描いてみてください。

　優れた学習者の特性とはどのようなものでしょうか。

焦点を絞ったフリーライティング＃3
教育（teaching）
　教育とは何でしょうか。それはどのようにして起こり，どのように見え，どのように感じられるのでしょうか。

　教育をどのような比喩で表現すれば教育に関するあなたの信念を表すことができるでしょうか。以下の文を完成させてください。

　　　教育とは…
　　　または
　　　教育とは…のようなものである。

　教育に関するあなたの信念を示す図を描いてみてください。

焦点を絞ったフリーライティング＃4
教育と学習（teaching and learning）
　学習と教育に関してあなたが用いたイメージと比喩について考えてください。それらは両立できますか。それらはどのように整合するのでしょうか。

　できるだけ多くの方法で以下の譬えを完成させてください。

　　　教育と学習の関係は，＿＿＿＿＿＿と＿＿＿＿＿＿の関係のようなものである。

　学習プロセスにおける学習者の役割は何でしょうか。学習プロセスにおける教師としてのあなたの役割は何でしょうか。

Ⅲ．ワークシート

　これらは，教育の戦略と教育評価に関して考えるための手引きとして用いられる。

ワークシート＃1
教育の戦略
　あなたの担当科目ごとに，どのようにして学生に新しい情報やスキルを与えるか，学生は新しい情報をどのように扱い，新しいスキルをどのように実践するか，および新しい情報やスキルの習熟度をあなたはどのように評価し，フィードバックを与えるのか，選択してください。ティーチング・ポートフォリオの教育戦略の部分は，自分の教育理念，学生にとっての学習目標，あなたの教育戦略の選択の間の関係を明確に伝えるものであることが重要です。このワークシートはそれを促進することを目的としています。

1．**学習目標**
　あなたの担当科目の修了時に，学生に
　　● どのような知識を身につけてほしいですか。
　　● 知識を使って何ができるようになってほしいですか。
　　● 知的，社会的，文化的，国際的，意識的，倫理的，その他の面で，どのように成長してほしいですか。

2．評価の戦略
　これらの学習目標が達成されたことをあなたはどのようにして知るのでしょうか。

3．これらの学習目標の達成を促進する方法
　あなたはどのような形で学生に新しい情報，考え方，概念，スキルを与えますか。

　学生が新しい情報，考え方，概念をすでに知っていることと統合することを学ぶ上で，あなたはどのように手助けしますか。
- 学生が新しい情報，考え方，概念をさまざまな状況や問題に適用することを学ぶ上で，どのように手助けしますか。
- 新しいスキルを実践するためにどのような機会を提供しますか。
- 学生の学習状況をどのように評価し，「主たる」評価の間にどのようにフィードバックを与えますか。

4．多様な学習者の学習に貢献する環境を作るためにあなたは何をしますか。学生の学習意欲を引き出すために何をしますか。

ワークシート＃2
教育の評価
　あなたは自分の教育のあり方についての省察と改善に役立てるためにティーチング・ポートフォリオを作成しているのかもしれません。あるいは，自分の教育の有効性と業績の根拠を提供することが目的かもしれません。いずれにしても，自分の教育活動を評価するためのプランが必要です。このワークシートは，あなたのプラン作成の手助けを目的としています。

1．教師としての自分に関する学生からの情報／根拠
　　あなたの教育活動のどの側面に関して，学生は適切な情報源でしょうか。
　　あなたはこの情報をどのようにして集めますか。

2．教師としての自分に関する同僚からの情報／根拠
　　あなたの教育活動のどの側面に関して，同僚は適切な情報源となるでしょうか。
　　あなたはこの情報をどのようにして集めますか。

3．その他の人々（大学執行部，ファカルティ・ディベロップメントコンサルタントなど）からの情報／根拠
　　あなたの教育活動のどの側面に関して，その他の人々は適切な情報源でしょうか。
　　あなたはこの情報をどのようにして集めますか。

4．自分自身からの情報／根拠
　　あなたはどのような情報を提供する必要があるでしょうか。
　　あなたの仕事のどのような実例が含まれるべきでしょうか。

5．学生の学習状況の根拠
　　学生の学習状況を示すどのような根拠を提供できますか。
　　この根拠をどのような形で提示するのが最善でしょうか。

13 エヴァンズヴィル大学におけるティーチング・ポートフォリオ

タマラ・L. ワンデル

　ティーチング・ポートフォリオは，大学が基本に戻る必要があること，大学教員には高度な説明責任が期待されているということ，また学部長や副学長らは教師としての教員の有効性を決定する公平で一貫したアプローチを常に必要としているということを，改めて強調するものと見ることができる。エヴァンズヴィル大学コミュニティの各メンバーがティーチング・ポートフォリオを受け入れている理由はそれぞれであるが，ポートフォリオが急に注目されるようになってきたのは，高等教育が正しい方向に動いている証だという点では，関係者全員の意見が一致している。ティーチング・ポートフォリオのプロセスは，長期にわたる教員の有効性を明示し文書で記録するという「流れ」[*1]である。

　American Heritage Dictionary によると，詩に関する「流れ」とは，詩の構成のリズムや韻律の構造と定義されている。文学における「流れ」とは，筋書きの発展における事象の進行である。それでは教育における「流れ」とは何だろうか。それは，教師がリード役となる繊細なダンス——学期のはじめには学生の手を取りながら，ときに基本的，ときに複雑なステップを教えていくもの——と考えることができるかもしれない。それは教師と学生のデュエットだが，最終的には学生が一人前のスターとしてソロを踊れるようになるのが理想である。効果的な教育とは，学生が微妙な差異を表現し，必要な資質を身につけ，それぞれの学問領域の正しい動きをはっきりと示し，学生一人一人が**批判的**に物事を考えることができるようになるのを手助けするものである。

　ただし，それは容易なことではない。学生は何度も教師の足を踏むだろう。また，認めるのは愉快ではないが，教師の側も妙なる調べに合わせていつも正しい動きを選ぶとは限らない。大学教員はそれぞれの学問領域の専門家となるように教育を受けてきており，その専門的内容を効果的に**教える**方法については限定的な情報しか持っていない。学生が型どおり授業の前と後で大変身を遂げることもめったにない。そうした稀な場合でさえ，教員がどれだけの影響を個人に与えたのかを判断するのは——その影響が肯定的なものであると仮定しても——きわめ

13　エヴァンズヴィル大学

て困難である。

　1997年に初めてティーチング・ポートフォリオがエヴァンズヴィル大学に持ち込まれたのは，我々がこのような困難にぶつかっていたからであった。1997年，秋季教員会議の基調講演者としてピーター・セルディン氏が招かれた。学者とは，本質的には自ら学徒であり，何らかの課題を習得するという挑戦を強く望んでいる。読者諸氏は初めて小学校の教室に座った日にどんなにわくわくしたか覚えておられることだろう。ほとんどの学者たちはその日の興奮を今も失っていない。黒板がきれいに消され，誰もが完璧な生徒になろうと思った日——ティーチング・ポートフォリオが導入された日とはそんな日であり，完璧な教授になろうと思った日でもあるのだ。それはまた，教育の有効性を判断する体系的なアプローチ，新しい第一歩への動きを導入するのに絶好の時間であった。

　教員たちは，有効性を文書で示すこの構造化された体系的なアプローチを高く評価すると同時に，ポートフォリオのプロセスが自由を重んじていることに強い印象を受けた。ポートフォリオのプロセスは，学問の自由が尊ばれるのとよく似た形で，どのような教育理念や教育スタイルを持ち，何を成功と考えるかという面での教員の自由を損なうことがないのである。おそらく最も重要だったのは，もう1つの自由が存在すること，すなわちキャリアのどの段階でティーチング・ポートフォリオをまとめるかを自由に決定できるのが明白だったことであろう。厳しい教育評価に適応しようと努力する比較的経験の浅い教員も，長年のあいだに古びてきた担当科目を大幅に手直ししたいと考えるベテランの教員も，それぞれの段階でのティーチング・ポートフォリオを作成することができる。

　最前線の人々の間でティーチング・ポートフォリオの目標とプロセスが評価されたということが決定的な一歩であった。ティーチング・ポートフォリオの「教祖的存在」にプレゼンテーションを行ってもらったことが大きな効果を生んだ。大学執行部の上層部がこのプロセスを売り込んだわけではなく，その分野の専門知識を持つ1人の大学教員がその利点を説明したのである。秋期教員会議でティーチング・ポートフォリオについて討議された結果，1998年1月にワークショップを開催すること，およびその参加者の数に上限を設け，先着順で受け入れることが決定された。

　以来これまでに，179名の教員のうち75名がティーチング・ポートフォリオ・ワークショップに参加している。つまり，5年間にエヴァンズヴィル大学の常勤

＊1　movement

教員の42％がポートフォリオを作成したということである。それは教員の40％以上が自分の教育活動を向上させるために協調的かつ集中的な努力をしているということを意味する。ティーチング・ポートフォリオの成功要因は高等教育機関によって異なるだろう。幸いなことに，「中西部の私立大学でティーチング・ポートフォリオを成功させる要因は何か」という問いには，「ワシントンD.C.の通りには全てアルファベットで名前が付けられているのに，どうして『J』ストリートがないのか」という問いよりも明確な答えがある。エヴァンズヴィル大学の場合，ティーチング・ポートフォリオを成功させているのはまさしく「教員」である。

教員主導

　外部のティーチング・ポートフォリオ・コンサルタントに最初のワークショップの進行役を務めてもらったのは理想的であった。1年目にはそれが必然であり，2年目にはきわめて有益であったが，それ以降はぜいたくになった。ほとんどの大学にとって，毎年コンサルタント料と交通費を支払うのは財政的に不可能である。したがって，最初の数年の間に基礎を築き，学内で何人かのティーチング・ポートフォリオ・メンター†を育てることが重要である。本学では，最初のワークショップに参加した4名が2年目のメンターとなった。この成功を後押ししたのは，以前の外部相談役がオブザーバーとしてセッションの多くに参加してくれたことであった。そうしたセッションのあと，建設的なフィードバックを得るために内部のメンターと外部の相談役が話し合い，メンターがいっそう効果的にその役割を果たすために利用できる手法について討議した。起こりうる問題を緩和する安全策を備えながら，このプロジェクトが本学の教員たち自身のものになるよう前進を続けていたのである。3年目には教員たちが力をつけた。本学のポートフォリオ・プロセスは，完全に教員主導のものになった。

　数年にわたってメンターを務めてきた生物学科長のマイケル・カレン教授は，次のように語っている。

> 私はメンターとして，教育の評価，教育のプランニング，正式な文書化が自分のキャリアの発展にとって利益があると教員たちが認識するようになるのを喜ばしく思いながら見てきた。私自身も，他の学問領域の教員たちと協力することから非常に多くのものを得ている。そうした協力によって，それぞれの領域に特有または顕著な問題について知ることができる。また，異なる教育の戦略について話し合い，互いに学び合うのもわくわくする経験だ。

13 エヴァンズヴィル大学

事務管理コーディネーター

　本学では，参加者の募集から予算の問題までティーチング・ポートフォリオにかかわるさまざまな業務を処理するため，ポートフォリオの事務管理コーディネーター1名が任命された。メンターと参加者の1対1の面談時間を決め，ワークショップの参加者のために書籍や消耗品を注文し，会合の部屋を手配することに責任を負う担当者がいなければ，このプログラムは最初の年を乗り切ることができなかったであろう。たとえば，メンターと参加者が面談する部屋を指定するのは，些細で不必要なステップのように思われるかもしれない。代わりにメンターのオフィスなどで面談を行うという方法もあるだろう。しかし，メンターのオフィスでは次々と邪魔が入る。参加者とメンターは45分間面談に集中することが必要である。電話のベルや，突然の来客，新しい電子メールの着信音が響くような部屋では混乱が起きるだけである。

　また，コーディネーターには参加者に宿題を出すという，ときに不評を買う役目も担っている。コーディネーターはワークショップの8週間前に，各参加者に9つの質問事項を送付する。参加者は，それに答えを記入してワークショップの初日に持ってくるよう求められる。これによってワークショップが順調にスタートをきり，すばやく効果的に核心に入ることができる。参加者に質問される9つの項目とは以下のとおりである。

1）あなたの仕事の内容はどのようなものですか。各種の教育についての責任をリストアップし，それぞれの項目に費やしていると思われる時間の比率を記してください。配分された時間は適切だと思われますか。適切だと思われないときには，どのように変更したいと思いますか。

2）自分の教育方法を説明し，どうしてそのように行っているかを説明してください。具体的な例を挙げてください。どのようなときに教えることが最も快く感じられますか。自分が本領を発揮していると感じられるのはどのようなときですか。自分の学生に最も有益だとあなたが考えて使用しているのはどんな方法ですか。

3）自分が教えるトピックと学生の実社会における経験を一体化する上で，どのようなプロジェクト，教室での課題，その他の活動が役に立っていますか。あなたは学生が現実の世界と教室で学んでいることの間隙を埋める手助けをしていますか。手助けしているならば，それはどのような方法によってですか。

4）学生に自信を与え，意欲を引き出すために，どのような方法を使っていますか。
5）自分の教育の有効性を高めるためにどのような努力をしているか説明してください。

- 教育関連のワークショップへの出席
- 自分の教育のあり方に関する非公式の調査
- 教育に関するセミナー，プレゼンテーション，出版物
- 他の教員による観察

6）あなたは自分の専門領域の中で時流についていくために，どのような努力をしていますか。その知識をどういう形で学生に伝えていますか。流れに取り残されないようにするために，もっと努力できることは何でしょうか。
7）教師としての自分の最大の長所は何ですか。なぜそれがわかるのですか。
8）教師としての自分の最大の弱点は何ですか。ティーチング・ポートフォリオ・ワークショップに参加しようとしていること以外に，これを改善するために何を行っていますか。
9）自分の教育活動の有効性を評価するためにどのような方法を使っていますか。

　最後に，事務管理コーディネーターは，最初の朝食会での座談会の手配とポートフォリオ・プロセスの評価の実施にも責任を負っている。評価に関しては後述するが，座談会は，参加者同士を紹介し，成功と失敗の共有が奨励される環境を作り出し，多くの学問領域に見られる共通の教育・学習の問題やパターンに注目するよう促す手段として用いられている。大切なのは，後方支援の細部を処理し，ポートフォリオの問題の窓口となる個人が存在するということである。

学問領域間のコミュニケーション

　ワークショップというしかけの望ましい副産物の1つは学際性である。教員たちからは，他の学問領域や学科の人々と話すこと（顔を合わせることさえ初めてのこともある！）がいかに楽しいかが繰り返し語られる。専門領域の異なる人々と交流し，共同作業をすることは，助力を求め，弱点を認め，ときに恐ろしく感じられる教育評価を共有し，2年間学科長を務めるはめになったときには同僚たちのティーチング・ポートフォリオを論評しなければならないという不安を緩和するのに役立つ。

13 エヴァンズヴィル大学

ティーチング・ポートフォリオ・ワークショップに多様な領域の教員が集まることがもたらすもう1つの予期せぬ利益は、研究分野の細部や各クラスの細かい独自性に目を奪われたり、一部の学問領域のみに見られる問題にこだわったりすることなく、教えることそのものに焦点をおかざるをえなくなるということである。逆にいうと、コミュニケーション論の教授（または生物学の教授、工学の教授、その他どんな分野でも）が2人集まると、効果的な教育に目を向けるよりコミュニケーション論の技術的または専門的な問題に目を向けてしまいがちなのである。ワークショップにいろいろな領域の教員が参加することにより、こうした障害の多くが自然に取り除かれる。さらに、こうしたワークショップは、知的な活力に満ちた環境で重要なテーマについて話し合うために明晰な頭脳が集まる格好の理由としても意味がある。

トップダウンの明確な支援

教員にとって、自分がワークショップに参加し教育の改善に時間を使っているということを大学執行部が知っていると感じられるのは、間違いなく望ましいことである。そして、これがくつろいだ雰囲気の中で適切に行われるならば、いっそう楽しく、有益である。エヴァンズヴィル大学は、2つの形でこれを支援している。第1に、ワークショップのはじめに4人の学部長が出席する最初の朝食会が開かれるということである。この朝食会で、学部長はそれぞれ、ポートフォリオ・プロセスの重要性について語り、優れた教育に尽力している具体的な教員を称えるチャンスを与えられる。これは小さいけれども重要な第1ステップである。

ワークショップを締めくくる終了ディナーも同じ流れに沿ったものである。学長が出席し、参加者と交流し、ワークショップを修了した参加者に修了証（コーディネーターがデザイン・印刷したもの）を渡す。これは厳粛で堅苦しい儀式ではない。修了を祝い、おいしい食事を囲み、互いのポートフォリオを精読する時間である。このディナーには過去のワークショップの参加者も招待される。過去の参加者たちは、自分のポートフォリオを持参し、ポートフォリオの更新や利用のしかたについて論じる。これによって前向きな精鋭集団として結束が生まれ、それが自分のポートフォリオの更新と優れた教育の実践という目標追求を続ける励みになる。

最初の朝食会にせよ修了祝賀会にせよ、大学執行部の幹部と学部長の積極的な関与を明確にすることが、このようなタイプのファカルティ・ディベロップメ

ト活動には適切である。多くの参加者は昇格やテニュア†獲得の目的でワークショップに参加している。ポートフォリオを作成したことやワークショップにエネルギーを注いだことが、昇格やテニュアの決定に関わる人々に注目されている、と感じることは、大きな動機づけ要因になる。

限定的な参加とスケジュール

　ティーチング・ポートフォリオのプロセスはフィットネスのようなものである。誰もその時間がないと思っているが、やってみると、長期的には自分の時間を節約することができるものだ（ポートフォリオとフィットネスを両方やれば、何年分もの時間が節約可能だ！）。エヴァンズヴィル大学のワークショップは、休暇中に4日間にわたって開催される。休暇中に行うことによって参加者やメンターの通常の大学における活動の中断が最小限ですむ。教員たちは、休暇の予定がある、春学期の準備もあると不平を述べないのだろうか。いや、実のところ不満の声はある。しかし、別の時期（夏、春休み、秋休みなど）に開催してみても、常に1月の授業開始前の週に断然人気が集まる。それでは、教員たちは、ワークショップの間スケジュールがぎっしり詰まっていることに不平を述べないのか。これにもやはり不平を言う人はいる。しかし、それぞれ別の調査で得られた次の2つのコメントが示しているように、多くの人はこの経験を貴重なものだったと考えている。

> このプロセスは非常に構造化されていて、期限や課題がたくさんあった。私が自分の意思に任されていたならば、こんなふうにはできなかっただろう。また、このプロセスはきわめて生産的で、思考を大いに刺激するものだった。そして最後には、ポートフォリオを完成させ、資料を追跡管理して最新の状態に保つためのシステムを作り上げることができた。それほど構造化されていない状況でポートフォリオの作成に取り組んだ経験のある人々と話したことがあるが、彼らは結局ほとんど誰もポートフォリオを完成させられていない。日々の授業の圧力の中で、独力でそれに取り組む時間や意欲はなかなか持ち得ないのである。

> すごく中身が詰まっていました！　教育に関する自分の考えをまとめるのに役に立ちました。このワークショップは、教育に関して自分が重要だと考えていることについて、および教育の目標をどのようにして達成するのかについて、手引きに従いながら内省する機会を与えてくれました。

　加えて、参加者を限定しているのもワークショップをうまく機能させる要因に

13 エヴァンズヴィル大学

なっている。このおかげで，ポートフォリオの利点を聞く気がない人々にポートフォリオの概念を売り込むという時間の浪費がなくてすむ。重心がおかれているのはあくまでも，ポートフォリオを作成することによって教師として成長できると感じている人々である。さらに，参加者を限定するという方針の最も重要な点は，過去の参加者に提供されてきたとおりのカスタマイズされたアプローチを保つということである。メンターと参加者が1対1で向き合い，多様な学問領域から集まった少人数のグループで刺激的な討論や作業をすることが，このプログラムの成功と独自性の鍵である。多くの教員に参加してもらうためにこの方針を曲げると，短期的にはプラスになっても長期的にはマイナスであろう。

追跡調査

ティーチング・ポートフォリオの核心は，教育の有効性を，あるいは非有効性さえも，文書で記録するということである。それを考えると，当然ながら，ポートフォリオ・ワークショップそのものが定期的に評価されるべきである。本学では，毎回ワークショップが終わるたびに，事務管理コーディネーターが作成した簡単な無記名アンケートによって参加者からフィードバックを得ている。

このアンケートからのフィードバックは，翌年のワークショップに必要な変更を加えるために利用されている。たとえば，何回かの調査で，「ワークショップの間に教員同士が交流する時間を増やしてほしい」という意見が出された。このことから，学問領域を超えた話し合いの機会を増やすよう変更が加えられた。現在では，午後に2時間，プログラムとして軽い討議セッションが組まれている。軽食や飲み物が出されるこのセッションは，集中的なワークショップの目玉の1つになっている。

以下に，アンケート調査の例を示す。

ティーチング・ポートフォリオ・ワークショップ

少々お時間をとって，以下の質問にお答えください。エヴァンズヴィル大学でティーチング・ポートフォリオの概念を利用する価値と実用性を評価する上で，皆さんのフィードバックが不可欠です。返信用封筒が準備されていますのでお使いください。ご協力ありがとうございます。
1．ティーチング・ポートフォリオ・ワークショップへの参加はあなたにとってどの程度有意義でしたか。
2．このワークショップにおいて改善したほうがよいと思うのはどのような点ですか。
3．他の教員にティーチング・ポートフォリオの作成を勧めますか。

　　　　□勧める　　□勧めない　　□わからない
　4．このワークショップに関するあなたの総合的な満足度について，次のいずれかに丸をつけてください．
　　　とても満足している　　満足している　　どちらでもない　　やや満足している　　満足していない
　5．ワークショップについてその他のご意見があればお聞かせください．
　6．あなたのメンターの名前に丸をつけてください．
　　　メンターA　　メンターB　　メンターC　　メンターD
　7．メンターに関するあなたの総合的な満足度について，次のいずれかに丸をつけてください．
　　　とても満足している　　満足している　　どちらでもない　　やや満足している　　満足していない
　メンターとのかかわりの中でうまくいったこと，改善できる点などをご自由にお書きください．

　このアンケート調査の結果に基づくもう1つの変更点として，教育理念に関する討議と文書作成に充てる時間を増やすことが予定されている．教員たちは，これがティーチング・ポートフォリオ・プロセスの中で最も有益な点の1つであると述べている．以下に，このアンケートの答えの一部を記す．

　　ワークショップの最も有益だった点は，自分の教育理念について深く考えざるをえなかったということである．それは私が何年もしていないことだった．思い出せる限りずっと以前から，私は自動操縦のような形で授業を行っていた．

　　ワークショップは私が担当する2つの科目で私が行っていることについて見直すのに役立った．自分の教育理念を記述し，学生たちに理解してもらうために自分が最良の方法を使っているかどうか考えるのはきわめて有意義だった．私はこの経験から大きな利益を得た．それは学生にとっても大きな利益である．

　　私は自分の教育スタイルとプロセスの中で確かに弱みであると言える点について詳しく考察した．私は，自分の教育のしかたが必ずしも自分の教育理念に合っていないことに気がついた．おかげで，自分の教育活動をどのように改善すればよいのか具体的な考えを持つことができた．

　この調査は，参加者がこのワークショップに4日間費やす価値があると考えていること，メンターが参加者の求める役割を果たしていること，および必要に応じて改善していくことが可能であることを確認している．この5年間のアンケート調査で，ティーチング・ポートフォリオの作成を他の教員に勧めるかという質問に対して全員が「勧める」と答えている．また，ワークショップの満足度につ

いては「とても満足している」が95％，「満足している」が5％である。

教員一人一人のために

　本学のティーチング・ポートフォリオには独自性がある。自発的である。本学に合わせて調整されている。教員一人一人のニーズに対応している。肝心なのは，それぞれのティーチング・ポートフォリオの核心は作成者本人だということである。ティーチング・ポートフォリオは，それぞれの教員が適当だと考えるときに使うことができる1つの要素である。いつそれを他者と共有するか，いつ共有しないか，何に焦点をおくか，どのような情報や要素を使うかは，各人が決定する。ワークショップおよびポートフォリオ・プロセス全体を参加者の個別のニーズに合わせるために常に努力がなされている。

　多くの人にとって，テニュア獲得プロセスに役立つ可能性があるということは，ポートフォリオを作成する十分な理由である。2003年にテニュアを得た歴史学科教員のアネット・パークスは，次のように述べている。

> ポートフォリオはテニュアのプロセスを進める上できわめて有益だった。ポートフォリオは各種の資料の組織的な枠組みとなったのに加え，ポートフォリオの記述部分はテニュア申請書の記述部分を形づくるのに役立った。また，ティーチング・ポートフォリオそのものが，これを作成しなければ保存していなかったであろうさまざまな課題や資料などを保存する手段となっていたおかげで，テニュア申請用のポートフォリオに必要な資料を集めることができた。さらに，ポートフォリオの内容を評価するという定期的なプロセスによって，テニュア申請書類の記述部分のための自己評価プロセスをじっくり考えることができた。「自分を売り込む」プロセスになじめない者にとって，ポートフォリオは成功と失敗に関する客観的な情報源であり，よりよい教師になるためにそうした成功と失敗をどのように活かすか（または活かしたいか）を語る手段を私に与えてくれた。

　別の参加者も，ワークショップに参加した本来の目的は昇格とテニュアの決定に使われる文書を作成するためだったが，ふり返ってみると，ワークショップは教育活動を改善するために自分が取った最も重要なステップの1つだったと述べている。

> ポートフォリオを作成するにあたり，私は，自分が教室で何をなぜ行っているのか，および自分の教育のあり方がどの程度効果的かについてきわめて注意深く考えなければならなかった。教師としての自分の有効性を評価し，どこをどのように改善す

ればいいのかを学ぶ手段としてこれ以上のものを私は知らない。昇格とテニュアの決定にかかわる場合，ポートフォリオは学生による授業評価よりはるかに，教師としての自分の全体像を描くのに役立つ。単純にいうならば，いかなる大学教員もティーチング・ポートフォリオを作成することなく教育活動を行うべきではない。

　私個人について触れておくと，私は組織的なコミュニケーションに関する授業について特殊化したティーチング・ポートフォリオを作成している。しかし，最近では，これを拡張し，広報活動の要素，およびサザンインディアナ大学で教えている戦略的ライティングの講座の要素も含む必要があると考えるようになっている。それらの科目のサービス・ラーニング†の面に関する情報，サザンインディアナ大学アメリカ広報学生協会支部のアドバイザーとしての役割の有効性に関する情報，ならびに私の学生たちが作成した実際の文書やデザインの例をティーチング・ポートフォリオに取り入れようと計画している。先ほども述べたように，学者とは本質的に自らが学徒である。私が成長し，効果的な教育について知識を深め，学生の学習を最大限に実現させるにはどうすればよいのかをより多く学ぶにつれて，私のポートフォリオも姿を変えている。ティーチング・ポートフォリオの「流れ」は続いているのである。

第 4 部

ポートフォリオの更新

14　ティーチング・ポートフォリオの更新と改善の戦略
15　ティーチング・ポートフォリオの改訂と更新のキーポイント

14

ティーチング・ポートフォリオの更新と改善の戦略

ジョン・ズビザレタ

　ティーチング・ポートフォリオは教育業績を改善，査定，評価する最も強力な手段の1つであるが，しかし，教育のあり方およびそれが学生の勉学と人間的な成長に及ぼす影響の複雑さを捉える他の全ての方法と同じく，継続的な省察の記録，誠実なメンター†との共同作業および思慮深く選ばれた根拠の慎重な文書化を伴う，生き生きとした現在進行中のプロセスでなければならない。また，ポートフォリオの特性を生かして，教師としての自分の仕事を強化し学生の学習に自分が及ぼした影響を文書化したいと考えるならば，ポートフォリオを定期的に改訂・更新しなければならない。教育活動を分析または評価する際に各種のアプローチや複数の情報源を用いることの重要性は十分認知されている。したがって，ポートフォリオは教育の有効性を決定する唯一の情報源であるべきではない。しかし，強力なファカルティ・ディベロップメント・プログラムの一部として，あるいは評価の総合的なシステムの一部として用いられるとき，ポートフォリオは十分な根拠で裏づけられた最新のものでなければならず，メンターとの協力によって内省的に幅広く教育活動の特徴が描き出されたものでなければならない。ポートフォリオとは生きたプロセスなのである。

　ティーチング・ポートフォリオの作成は，困難ではあるが満足を味わえる仕事である。Schön(1983)によって明確化されたとおり，内省の実行という概念に根ざしたポートフォリオは，優れた教育活動は常に変化していることをはっきりと示し，「何を」，「どのように」教えるか，そしてより重要である「なぜ」教えるかを見直すことを教員に求める。ポートフォリオは，自分の教育活動が学生の学習に及ぼす影響の程度を継続的に検証するために，教育に関する想定，方法，教材，目標に疑問を投げかける手段を提供する。優れた教師は，自分の技術が持つプロセスとしての特性を認識し，教室での自分の行動に関する細部まで行き届いた計画的な調査を行うことにより，学習に対する自分の教育の影響力を強めようと常に努力する。Boyer(1990)はそれを教育に関する学究活動とよんでいる。そのような優れた教師は，省察，他の教員との共同作業，記録された行動，文書化

14 更新と改善の戦略

されたアウトカムを通して，教育の実践を改善するという要求に真剣に向き合うのである。

　ティーチング・ポートフォリオは，誠実かつ定期的に改訂されるならば，教育活動の継続的な改善を促すプロセス文書になる。ポートフォリオは，業績の根拠を記録する手段，そしてさらに重要なことだが，分析と詳細な目標設定——教育活動を強化するプロセスにおいて不可欠のステップ——のための手段を提供する。ポートフォリオの改訂は，ファイルフォルダーの根拠資料を定期的に置き換えるだけではない。そのような単純な行動では，ポートフォリオは複雑で時間のかかるファイリングシステムとさして変わらないものになってしまう。**ポートフォリオの改訂の際に重視しなければならないのは，長期的に測定・記録された教育と学習の関係の最新状況を簡潔な文章でふり返ることである。**そのような作業は，特に同僚がメンターとなり点検を行うときには，教育に関する学究活動と言えるものになる。それは意義深い有効なポートフォリオ・プロジェクトを維持し，最新化するための基礎である。

成功のための2つの前提条件
メンターの支援

　ポートフォリオの改訂プロセスを簡潔かつ有効に行うための鍵となるのは，豊富な知識を持ち，ポートフォリオ作成者を支えてくれるメンターの存在である。メンターは，総括的な評価を行う立場をとることなく，有益で創造的な改訂戦略を促す形成的な指導者であり，ピアレビューをする者である。メンターとの共同作業は，教育の本質に関する率直な話し合いに教員を引き込み，教育を公開された活動かつピアレビューされた活動にすることによって，教育と学習の質を高める大きなチャンスをもたらす。共同作業が他の学問領域の教員や他の高等教育機関の教員とともに行われる場合には，注意深く客観的な根拠の検査を通した教育活動の強化に焦点を保ちやすい。

大学の支援

　ポートフォリオの作成・更新プロセスでは大学の支援も重要である。教員は，教育改善のための活動が重視され報われるということがわかっていれば，生きた文書記録として，改善の手段としてポートフォリオを使用する意欲を維持することができる。教員は，大学全体が指導力の向上に正式に取り組むことによる奨励

と支援を必要とし，またポートフォリオの厳格な改訂によって例証される教育の学究活動を大学執行部が認識してくれると確信できる必要がある。ポートフォリオの初稿を完成させるには4日か5日の集中的な執筆作業とメンターとの共同作業を行うことが望ましい。大学は，教員がこのプロセスを継続し，定期的な人事上の決定のためだけではなく不断の向上のためにポートフォリオを改訂できるように，必要なリソースを提供すべきである。

筆者自身のポートフォリオの発展――更新の事例

本章の以前のバージョン（Zubizarreta, 1997）において，筆者は，教育活動の改善を手助けするメンターの指導を受けながらいかに自分のポートフォリオを更新したのか，2つの例を挙げて詳しく説明した。今回，その一部を見直し，再使用し，修正する過程において，筆者は自分のポートフォリオが時の経過とともにいかに変化したかに驚くとともに，ポートフォリオの作成と改訂の主原則がいかに変わっていないかにも驚いている。筆者のポートフォリオは，ファカルティ・ディベロップメント活動として始めた段階から，教育活動の査定と評価のため，教育活動を学究活動やサービス活動と関連づけるため，名誉ある賞を受けるため，業績審査のため，そしてプログラムディレクター兼学部長としての管理業務の改善と評価のために使用する段階へと変化してきたが，その中で筆者は前稿に主張した原則が誤りではないことを確認してきた。

次の章に筆者の更新されたポートフォリオを掲載する。これは，教育活動だけではなく，学究活動とサービス活動への関与も明示するためにポートフォリオの戦略を利用し，内省的な記述と精選された根拠資料を通して，大学人としてのその年の仕事の範囲と成果を全面的に記録しようとしたものである。ポートフォリオの更新は，本学における業績審査と能力給の導入によって促された。この年1回のプロセスにおいて教員は，カレッジ全体で事前に決められた書式と付加的な記述および根拠資料を用い，教育活動，学究活動，サービス活動における成果を文書化することが要求される。筆者は，ポートフォリオを利用しているため，仕事において自分は何を重視しているのか，しばしば本質的に異なる大学教授職の各側面を自分はどのように，なぜ，統合しているかについて，踏み込んで記録することが可能になっている。次章のポートフォリオは，総合的な業績審査と評価を目的として，教師および学者としての私の仕事の改善と明確な評価を目指してどのようにポートフォリオを改訂・更新したかを説明するため，記号をつけて表

14 更新と改善の戦略

示している。

しかし，最終的な分析をしてみると，ポートフォリオの改訂に常に注意を払う中で得られた最も強力な教訓は，ポートフォリオの作成において何より価値があるのは，できあがったポートフォリオそのものよりも内省と共同作業のプロセスだ，ということである。それが私たちの仕事を改善あるいは再確認するのに最も役立ち，努力に報いてくれる。筆者は最初，メンターであるセルディン氏との共同作業により，Seldin（1993）のモデルに従ったティーチング・ポートフォリオを作成した。その後，筆者はCerbin（1994）および後にHutchings（1998）とともに，科目ポートフォリオを考案した（Zubizarreta, 1995）。これは個々の科目を改善するためにポートフォリオという手段の力を明確化する考え方である。次いで，筆者は，業績審査においてもポートフォリオが有用であることに気づいた。まもなく管理上の役割や責任をいくつか引き受ける立場になったとき，ポートフォリオの戦略は管理業務の理念，義務，方法，成果，目標を強化・文書化する上でも有益であることを知った（Seldin and Higgerson, 2002, pp. 110-120参照）。そして，アカデミックプログラムのリーダーとして教育，学究活動およびサービス活動を行う立場に戻った今，省察，文書化，将来計画の立案の手段としてポートフォリオを利用し続けている。これまでに順次作成してきた筆者のポートフォリオ全ての基礎にあるのは，このプロセスが私をよりよい教師，よりよい学者，よりよいアカデミックリーダーにしてくれるという認識である。それこそが，慎重かつ思慮深く更新されたポートフォリオを維持しようとする意思の源なのである。

ポートフォリオの改訂を持続するためのヒント

ポートフォリオの作成から始まった改善の勢いを維持するのは見かけほど簡単ではない。特に，エネルギーを要する学期中の責務に追われているときにはうやむやになってしまいがちである。しかし，良心的な教師は，模範的な教育に向けた取り組みと学生の学習への責任の一部として，必要とされるファカルティ・ディベロップメント活動のために時間を作ることができるし，実際にそのために時間を費やす。ここに，ポートフォリオの定期的でタイムリーな改訂の重要なステップを扱いやすく生産的なものにするためのヒントを記しておく。

- 紙媒体の情報や文書を保存する便利なファイリングシステムとして添付資料を使おう。たとえば，ポートフォリオには試験やプリントなどの資料をまと

める項目があるだろう。学生の学習を向上させるために新しい教材を作成したときには，将来の評価に備えて，適切な添付資料項目の中にそれを入れておこう。学期の半ばまたは終わりの評価の時期にそれらを対応する添付資料に保管すれば，後に改善のパターンや留意すべき分野などを分析することができる。

- 同じ作業を一から繰り返さず，再利用できるものは再利用しよう。年度末の自己報告書が教育システムの評価の一部であるならば，ポートフォリオの記述部分の改訂と添付資料の量的情報の評価を必要とされる報告書と組み合わせるとよい。求められる評価活動をポートフォリオの改訂の一部として取り込む方法を見つけよう。ポートフォリオの改訂は，他のほとんどの書式やデータ中心の報告書と異なり，内省的な執筆と厳格な文書記録の利点が組み合わされることから，本物の成長や知的な取り組みを促す。

- 強化すべき分野をいくつか選び，それに焦点を絞ろう。改善の努力の範囲，および改訂で分析される情報の量を限定するとよい。たとえば，1つの科目における特定の課題を取り上げてみる。能力レベルの異なる3人の学生が提出した課題に対して教師が文章によって定期的に行うフィードバックをすることの役割に着目するなどの方法を使う。

- 改訂を詳細で具体的なものにしよう。改訂とはポートフォリオの基本的な要素全てを完全に書き換えるものだと考えると，圧倒されてしまうし，それは必要ではない。ポートフォリオ全体を書き換えなければならないほど教育の理念や実践方法が劇的に変わることはめったにない。ポートフォリオは継続的な分析と改善のプロセスであることを忘れないように。安定した体系的な刷新の明確な根拠を提示できるよう，意識的に一歩ずつ改訂を行おう。

- 改善すべき分野を明らかにし，ポートフォリオの各部の具体的な改訂についての意見を聞くために，ファカルティ・ディベロップメント部門のスタッフの力を借りよう。授業のビデオ録画，ピアレビューのシステム，さまざまな教育と学習のスタイル，教室での評価の手法，その他の改善の戦略について学んでいるファカルティ・ディベロップメントのスタッフは，教育活動のいっそうの改訂のアイディアを促す新しい探究方法を教えてくれるかもしれない。

- 幾度もの改訂を経ながらポートフォリオを発展させる上で，メンターの支援を得よう。ポートフォリオの最初の執筆段階では経験を積んだ学外の教員と協力することが多くの場合最良であるが，自分の学科内や他学科の同僚，ま

たは学科長との共同作業もまた、ポートフォリオに有益な視点をもたらし、やりがいのある改訂を導いてくれる。そのような共同作業は自分にとってもメンターにとっても有益である。継続的な改善への真剣な取り組みが融合することにより、学問領域の枠を超えて教育の価値が高まり始めるからである。

　この最後のヒントは、ティーチング・ポートフォリオの内容、形式、根拠を評価する際に考えるべきいくつかの重要な問題について、実際的で有益な共同作業の考え方を示している。つまり、メンターとポートフォリオ作成者は、ポートフォリオの執筆と改訂のプロセス全体を通してそのような問題を話し合うべきだということである。

　今、高等教育界に求められていること、すなわち説明責任・評価・改善をもっと重視するという要求を真剣にとらえるならば、ティーチング・ポートフォリオによって示される内省的な実践のモデルは、学界における教育と学習の水準を高めるという大学教員に求められた課題の有力な解決策として浮かび上がる。言うまでもなく、教育と学習の関連を強める他の方法も存在し、それらもポートフォリオ戦略と同様に慎重かつ賢明に実行されるべきである。

　繰り返しになるが、ポートフォリオの定期的な改訂は、学生の学習に対する教員の活動の影響を改善することを目的として、**何を、どのように教えるのか、なぜ教えるのか**を常に見直すことを私たちに求める。このようなポートフォリオを作成・更新するという作業にはそれに見合った価値があるのだろうか。筆者の考えでは、この答えは間違いなくイエスである。

15

ティーチング・ポートフォリオの改訂と更新のキーポイント

ジョン・ズビザレタ

　全てのティーチング・ポートフォリオは生きたプロセス文書であり，教育および学生の学習に対するその影響の真の改善を描き出すために定期的に改訂および更新されなければならない。本章では，筆者自身のポートフォリオの最新版を提示する。これは，自分の教育活動を改善するために個人的に作成したものであるが，総合的な業績評価のために実際に使用したものでもある。このポートフォリオには，十分な自己省察と同僚のメンター†との共同作業による以下の変更点に対応して，番号を付した項目が含まれている。

　このポートフォリオは，業績審査の目的で，教育活動，学究活動，サービス活動における筆者の仕事をまとめたものである。読者は，現在のバージョンとSeldin(1997)に収められた初期のバージョンを比較し，業績評価に合わせるために，そして教育活動，学究活動，サービス活動を関連づける必要性に応じるために，筆者がティーチング・ポートフォリオをどのように変更したかをご覧いただきたい。

　以下の番号は，重要な所見と改訂の説明に付けたものであり，ポートフォリオの余白の番号と対応している。

1）**改訂**。より包括的で総合的な年次業績審査のアプローチを反映して，ポートフォリオのタイトルを変更した。
2）氏名，所属学科，大学名，日付。日付は，作成日を明確に示し，改善の基準とするために記している。
3）大学全体での業績審査の優先事項に強調点をおいた，詳細な目次。
4）**改訂**。冒頭にポートフォリオの目的，内容および形式の根拠を加えた。これは，評価者がポートフォリオをどのように読み，理解すべきかを明確化する重要なステップである。
5）**改訂**。評価の際に重要な情報が見逃されないように，ポートフォリオと添付資料の中で特に重要な項目を簡潔に特定した。また，これによって，読者が

15 改訂と更新のキーポイント

主要な項目に注目し，指示に従ってすぐに必要なときに関連する根拠資料を見つけるのが容易になる。

6) 年次報告書に関して，大学全体ですでに確立された要件をポートフォリオが補足する内容となっていることから，ポートフォリオは単なる追加的な作業ではなく，総合的な審査から切り離せない部分になっていることに注意していただきたい。

7) **改訂**。教育と学習結果への影響の関係について業績評価の根拠を強化するために，学生の学習の成果物をまとめた添付資料項目を付け加えた。教育と学習の関係を示すことは，教育の改善と学習成果の向上を認め，それに報いる形で教員評価の決定を方向づける上で重要である。

8) 各種助言，委員会での活動，専門学問領域での活動をポートフォリオに含むことが，大学教員としての多面的な責任を提示するのに役立っている。

9) **改訂**。業績審査に用いるこのポートフォリオには，教育活動だけではなく，学究活動とサービス活動を含めた。大学教員としての多様な役割の統合について省察し，多面的な情報源を提示するために，ポートフォリオの戦略を利用したのである。また，このアプローチによって，ポートフォリオを業績評価の要件に合わせ，大学のニーズに応えることにもなっている。

10) **改訂**。教育業績が適切に評価されるよう，教育に関する要素を主なカテゴリー，すなわち理念，方法，学習成果，根拠の多様な情報源に簡潔に分割した。

11) 実践の一端を見てもらうため，教育の方法論の具体的かつ詳細な例を示している。関連する文書を添付資料に含んでいる。

12) ポートフォリオの全体を通して，本文の1つの例または主張を裏づけるために複数の添付資料への参照が提示され，評価への対策としてきめ細かく強力な根拠資料の網の目が作られていることの一例を示している。

13) **改訂**。元のティーチング・ポートフォリオから業績審査のための詳しく，かつ統合されたプロフィールに移行する上での大きな変更点は，ティーチング・ポートフォリオの本文部分を業績審査文書の添付資料に入れたことである。これによって，最新バージョンを過大なものにすることなく，ティーチング・ポートフォリオの情報と価値を保っている。

14) **改訂**。根拠資料の豊富さを重視しながら，業績審査用の文書を簡潔で扱いやすいものにするために，元のティーチング・ポートフォリオの厚い添付資料を，要請に応じて使いやすいフォーマットで提出できるようにした。

15) **改訂**。現在継続中の業績に強調点をおくことにより，業績審査において最新の情報源を中心としていることを明確にした。一般的な情報を扱うティーチング・ポートフォリオと異なり，業績審査のための文書は，全てとは言わないまでもほとんど，直近の情報を基礎にしている。
16) **改訂**。業績審査のために，学究活動のセクションを含めた。いろいろな形の学究活動を重視し，多様な学究活動を正当に審査できる枠組みを設けている。ポートフォリオにより，審査の背景を整理することができる。
17) 1つの項目を裏づけるために複数の根拠資料を引用するもう1つの例。評価の目的で用いられるポートフォリオの有効性と信頼性を強化している。
18) ポートフォリオと教員評価に必要な要素とを継ぎ目なく重複が少ない形で連結するために，**履歴書**をポートフォリオに組み込んでいることに注意していただきたい。
19) **改訂**。業績審査のために，サービス活動に関するセクションを含めた。
20) **改訂**。総括的な審査の目的で，教育評価の重要な要素である学生の授業評価をわかりやすく意味ある形で提示するため，その要約と分析を行った。特定の科目に関する一定期間の数値データと，選択された記述式のコメントの組み合わせにより，学生による授業評価の情報の簡潔なスナップショットを提供している。
21) 評価に使われる尺度を明確に示している。
22) 明示された理念，方法，および科目の目標を示すため，量的な評価項目と質的な評価項目が選択的に用いられている。授業評価の全記録は添付資料に含まれている。
23) **改訂**。業績審査の規定要件を満たすために，改善の必要な分野に関する省察と改善の努力に関する説明を加えた。これは，教育活動における成長と活力の記録を評価する上で有益である。
24) ピアレビューおよびフィードバックは，総括的な審査の目的で，他者から得られる情報を多角化するのに役立っている。
25) 目標は具体的で詳細であり，評価のために明確な時間スケジュールが定められている。今後の更新の際には，達成された目標が削除され，新しい目標が追加される。
26) 添付資料は，根拠資料の**量**，**タイプ**，**情報源**を明らかにしている。これは総括的な評価に用いられるポートフォリオの重要な点の1つである。将来の人

15 改訂と更新のキーポイント

事上の決定のためにポートフォリオを更新する際には，根拠資料が即座にわかるようにするため，詳細な添付資料を目次に移すことも選択枝として考えられるであろう。

このポートフォリオ全体は3-リングバインダーに綴じられ，添付資料にタブが付けられている。ビデオテープやポスターといったかさばる根拠資料は，添付資料の中で一覧表にし，注釈を付けた上で要請に応じて提出できるように準備されている。一部の情報はオンライン化されており，インターネットのアドレスが示されている。そこには，内容と関連性の詳しい記述および分析が記されている。ポートフォリオの本文を簡潔でまとまりのあるものに保つため，内省的な情報であれ具体的な根拠であれ，付加的な情報は添付資料に入れることができる。特に総括的な審査においては，そのような扱いをするのが現実的である。

ポートフォリオの作成と更新は動的な性質を持っていることから，作成者はそのサイズをどんどん膨らませることなく，ポートフォリオを維持することができる。改訂の焦点はあくまでも継続的な改善に関する説得力のある質的な分析であるべきだが，そこから派生する有益な結果として，ポートフォリオは強力で有効な評価のプロセスになり，また評価用の提出文書になるのである。

2002〜03年教員業績審査ポートフォリオ
ジョン・ズビザレタ
英語学教授
成績優秀者プログラムディレクター兼ファカルティ・
　　ディベロップメントディレクター
コロンビア・カレッジ
2003年　春学期

目次 ………………………………………………………………

1）ポートフォリオの序論と原理的説明
2）責任
3）大学人としての仕事の理念──教育活動，学究活動，サービス活動の統合
　　A）教育活動
　　　　・理念
　　　　・方法論と学生の学習成果
　　　　・多様な根拠資料
　　　　・賞
　　B）学究活動
　　C）サービス活動
4）教育活動の評価
5）ピアレビューとフィードバック
6）目標
7）添付資料

1）ポートフォリオの序論と原理的説明

　10年以上前に最初のティーチング・ポートフォリオを作成して以来，私は，自分の個人的および職業的なエネルギーの多くを内省に費やしてきた。私が行ってきたのは，教師や学者が自分の仕事の性質と有効性をはっきりと確認するための中心的な原理や実践方法を不断に吟味することによって，学生と学問に及ぼす影響を改善しようとする努力である。共同作業と形成的なピアレビューの中で継続的に行われるそのような自己分析と，多様な情報源への留意によって，改善でき信頼できる査定および理に適った評価が可能になる。
　このポートフォリオは，教育活動，学究活動，サービス活動，およびアカデミ

***15** 改訂と更新のキーポイント*

ックなリーダーシップにおける私の多面的な責任に関して，改善と年次業績評価の両方に使用するためのものである。これは，教師，学者，プログラムディレクター，学識ある市民としての私の役割を強化する継続的かつ最新のツールであると同時に，学生，同僚，専門領域，カレッジとの関係において自分の仕事を内省的に分析するための枠組みでもある。私が特に重点をおいているのは，教師でもある学者として私が学習し続け，また改善し続ける上で，内省と自分の活動の体系的な文書化がいかに役立っているかということである。

効率的な年次業績評価のためという副次的な，しかし実際的な目的に即していうならば，このポートフォリオの本文と添付資料のうち，次の5つの要素が重要な点である。

1）多面的な責任　　　　　　　　　　　p. 1　（添付資料 A, D, G）
2）教育と学習を改善する継続的な活動　　p. 3　（添付資料 B, J）
3）学習の強調点　　　　　　　　　　　p. 3　（添付資料 J）
4）途切れることのない受賞と同僚からの認知　p. 4　（添付資料 E, K）
5）広範かつ最新の学究活動　　　　　　p. 4　（添付資料 G, H, I）

2）責任

本学では1学期に4科目担当するのが標準的であるが，私は成績優秀者プログラムとファカルティ・ディベロップメント部門の責任者としての管理運営責任を担っていることから，私の契約上の担当科目数は1学期に1科目である。ただし，厳密に言うと，両責任者としての立場から，指定しなおされた2科目分の担当時間を持っている（**添付資料 A** の年次教員報告書を参照）。最近でも，2科目または3科目教える学期もある。今年の私の教育活動は次のとおりである。2002年秋学期は「英語350——現代短編小説」を教えた。これは私が設計し，しばしば担当する成績優秀者向けの科目であり，20名以上の学生が受講した。また，新しく作られたフレッシュマンセミナー科目「一般教養100」のうち，成績優秀者向けの2つの組み合わせられたセクションを教えた。受講者はほぼ30名であった。2003年春学期は「英語102（H）——文学と英雄神話」を教えた（受講者12名）。部分的にオンラインでコースワークができるよう，ウェブベースの枠組みを用いた。この授業におけるオンライン利用の柱は，刺激的で生産的なスレッド・ディスカッションである。学生たちは，この科目で学んだことをふり返るよう求められたとき，このディスカッションを非常に高く評価した。（この評価と調査票の

詳しい情報については添付資料Bを参照)。また，添付資料Jに，学生がオンラインで行った作業の実例が含まれている。これは，学生たちが大きく進歩し，批判的思考の能力とライティング技術を高めたことを示す強力な記録である。

2002～03年度，私はいくつかの成績優秀者プロジェクトのアドバイザーを務め，7名の英語専攻学生に対して助言を行った。過去4年間，学部長を務めるかたわら，14名の専攻学生の助言をし，いろいろな学問領域の28名の新入生成績優秀者アドバイザーも務めた。昨年およびそれ以前に私が個人指導を行った学生・卒業生からの電子メールやその他の文書を含め，勉学の問題と個人的な問題の両方について英語専攻学生および新入生成績優秀者に対して私が行った相談活動への謝辞の抜粋が添付資料Cに記されている。

現在，私は，成績優秀者プログラムとファカルティ・ディベロップメントプログラムのディレクターとしての職務に加え，大学組織の委員会と教授会の委員会の合計4委員会の委員を務めている。そのうちの2つでは議長である。そのほか，折々に，補助金の選考，教務や管理面での調査，研究出張，新人教員メンタリング†プログラムに関する時限的な専門委員会の委員も務めている。教授会活動・管理運営活動のリストについては添付資料Dを，ならびに2003年春の優秀教員賞の候補者になったことなど，教授会活動・管理運営活動の受賞関連については添付資料Eを参照していただきたい。

学外では，専門家としての立場で，現在，南部アメリカ文化／大衆文化協会の前会長＊1，南部地域成績優秀者会議（SRHC）＊2の副会長兼次期会長候補，SRHC2003の学会プログラム議長，全国大学成績優秀者会議＊3の執行委員会の教員代表を務めているほか，いくつかの専門的な団体や委員会のメンバーになっている（添付資料G参照）。

3) 大学人としての仕事の理念——教育活動，学究活動，サービス活動の統合
A) 教育活動
理念

私は，価値観や思考を変化させるような教育と学習にとっては誠実なメンタリングが不可欠だということを学生とのかかわりの中で学んできた。情報の伝達は，有能な教師が実行できる教育の機能の1つである。しかし，優れた教員は，学生がもっと意義のある学習を達成するのを手助けするために，個人のレベルで根気よく学生に働きかけることの価値を知っている。ある意味で，教員は学問の内容

15 改訂と更新のキーポイント

以上のものを教える。つまり，思考の習慣，生き方の習慣を教えるのである。学生は勉学に取り組み，積極的に学ぶプロセスにおいて，制御された探求から得られるもの，論理に基づいた対話の価値，知的好奇心の喜びを発見する。そして，知識に疑問を投げかけるプロセス，および分析，理解，統合，応用，評価——全て内省によって支えられる——にかかわる一連の学習要素の間を自由に行き来するプロセスを尊重するようになる。

方法論と学生の学習成果

11 　教室の内外でそのようなプロセス重視の教育・学習アプローチを重んじている例の1つとして，私は自分の担当クラスで，自ら編み出したRLM（Reflective Learning Moments）を用いている。RLMとは，何らかの学習活動——教室での会話，オンラインでのスレッド・ディスカッション，試験，グループプロジェクト，ライティング前の課題，図書館での調査，フィールド体験——が進行しているときに立ち止まり，何を，どのように，いつ，どこで，なぜ学んでいるのか，または学んでいないのかについて，方向づけされた問いを発する機会である。こ

12 のような記録された内省は学習を深め，永続的なものにする。学習ポートフォリオの使用と組み合わされたRLMの効果は強力である。**添付資料BおよびJは**，この手法に関する学生の形成的および総括的な評価，ならびに学習ポートフォリオに含まれる学生の学習成果の例を示している。どちらも，そのような内省の実行が学習にプラスの効果をもたらしていることを物語っている。

13 　内省，批判的思考，創造性，能動型学習†，およびそれぞれの学問領域の基本的スキルの強化を促進するために私が授業の中で探求・使用している多様な方法論の詳細については，私の『ティーチング・ポートフォリオ』の中で展開されている。そのような戦略には，ロールプレイ，シミュレーション，ケーススタディ，学際的交流，オンラインでのスレッド・ディスカッション，メーリングリスト，講義，教室でのディスカッション，グループワーク，フィールド体験，日誌，フィッシュボール形式の観察，お互いの作品を見合うギャラリーウォーク，ゲスト講演者，他の教員による授業などが含まれる。また，このポートフォリオは，学生の進行中の作業のさまざまな例について説明と内省的な分析を加え，私の教育

＊1　the American Culture/Popular Culture Association in the South
＊2　Southern Regional Honors Council：SRHC
＊3　National Collegiate Honors Council

と学生の学習の関係を示すことにより，私の仕事の成果を文書としてまとめている（添付資料 F 参照）。

多様な根拠資料

上述のような価値を重んじる私は，カレッジでの契約上の義務にとどまらない教育活動を行っている。教育と学習は私の情熱の核心であり，やりがいのある課題であり，何より大きな満足感をもたらしてくれる仕事だからである。教育に関する私の理念の全体と，効果的な実践の詳細な根拠，および教育の実践が不本意な結果に終わったときの内省的な分析とそれを改善するための行動が，私の完全版の『ティーチング・ポートフォリオ』に記されている。このポートフォリオは，本文が本文書の**添付資料 F** に含まれているのに加え，要請があれば，添付資料を伴う完全版を紙媒体または電子媒体で提出することができる。完全版には，学生による授業評価と質的な評価，ピアレビュー，教育に関する賞，教材（シラバス，課題，配布資料，試験，電子メディア），改善の努力，同僚や学生からの手紙および同僚や学生への手紙，ならびに教育の目標に関する精選された情報と根拠資料が含まれている。業績評価を簡潔にするため，ここではその主要部分のみを強調している。

賞

改訂を重ねてきた私のティーチング・ポートフォリオの中で私が誇りとしているのは，これまで数々の表彰や賞を受けているということである。**添付資料 E** に，カーネギー財団／CASE，全米高等教育協会[1]，南大西洋英語学科協会[2]，サウスカロライナ高等教育委員会[3]，キリスト教と文学に関する会議[4]，および本学などの組織から私が受けた多くの幸運な賞やノミネート歴がリストされ，説明が付されている。私は幸運なことに，教員優秀賞と学生が選ぶ教師賞の候補者にいつも選ばれている。私の実績が継続的に学生や同僚から注目され，再確認されていることが私にとって大きな励みになっている。

B）学究活動

大学教員は，出版，プレゼンテーション，および創造的活動を専門的かつ公の場において積極的に行うことによって，その能力と社会的通用性を示さなければならない。また，**教育と学習の学究活動**（Scholarship of Teaching and Learning：

15 改訂と更新のキーポイント

SOTL)は，伝統的な学問分野の学究活動を補完し，学者社会における専門能力を正当化する専門的な仕事であり，学界の刺激的な変化であると考えている。私は，実践方法を改善し，高等教育におけるこのダイナミックな課題に貢献するために，継続的にSOTLに取り組んでいる（教員プロジェクトの例については**添付資料H**を，ならびに各種のSOTLの形を実証するために補助金を得て行われている学部生共同研究プロジェクトについては**添付資料I**を参照）。このような活動は，テニュア†を持つ教員の責任を全うするものであり，他の教員にとっての肯定的なモデルとなり，高等教育における教員の役割と報酬が変化する中で最新の各種のイニシアチブと連動する。

17　**添付資料G，H および I**に含まれているのは，教員，学生，ならびに大学執行部の内省と協力の気風を育てる最新の学究活動の根拠資料である。たとえば，添付資料に含まれる業績は，今年，本学および世界の他の高等教育機関の学生，他の教員，学部長，教務担当副学長とともに共同出版や会議でのプレゼンテーション，専門的なワークショップを行ったことを示している。このような活動，ならびに学部生の研究に関する個人指導から，私が教育活動，学究活動およびサービス活動をどのように統合しようとしているかが明らかとなる。

伝統的な学究活動として，私はこの春，『学習ポートフォリオ——学生の学習を改善する内省的な実践方法』と題する著書，ティーチング・ポートフォリオに関する書物の1章，学生が司会役を務める学期中間の形成的評価に関する論文1本，学習を強化する非同期テクノロジーの使用に関する学生との共著による雑誌論文1本を執筆した。また，2002〜03年，全国大学成績優秀者会議，高等教育専門的・組織的能力開発ネットワーク[5]，国際シグマ・タウ・デルタ[6]，南部地域成績優秀者会議[7]，南部大衆文化協会[8]，学部生の研究に関する全国会議[9]，国際大学教育改善機構[10]などの専門的な会議で，多数の論文発表，研究会，セ

---

[1]　American Association for Higher Education
[2]　South Atlantic Association of Departments of English
[3]　SC Commission on Higher Education
[4]　Conference on Christianity and Literature
[5]　Professional and Organizational Development Network in Higher Education
[6]　International Sigma Tau Delta
[7]　Southern Regional Honors Council
[8]　Popular Culture Association in the South
[9]　National Conference on Undergraduate Research
[10]　International Improving University Teaching

ッションでの研究発表を行った。さらに，国内外のいくつかの高等教育機関で，多様なアカデミックな分野において発展しつつある私の学究的な専門知識を用いて，教育と学習，アカデミックプログラムの見直しなどに関するコンサルティングを行った。**添付資料G**の履歴書にはその完全なリストが含まれている。

C）サービス活動

教員／アカデミックなリーダーは，高等教育機関の優先事項と目標に意味のある形で従事するために，**学識ある市民**としての義務を果たす責任も負っている。**添付資料D**は，本学のプログラムの見直しに対する多様な貢献，現地視察，ファカルティ・ディベロップメントに関するコンサルティング，会議の招集と基調講演，委員会の仕事など，学内でのサービス活動，専門的サービス活動，およびコミュニティでのサービス活動のリストである。また，私の『ティーチング・ポートフォリオ』（**添付資料F**）は，大学人としての全ての活動分野とそのサービスの責務において，私がいかにして自分の価値観と業績水準に沿って行動してきたかを文書化している。今回，この包括的ながら簡潔な業績審査用のポートフォリオを作成することにより，専門家としての成長についての省察のレベルを高め，教育活動，学究活動，サービス活動における多面的な役割と成果の相互作用についてじっくりと考えることができた。

4）教育活動の評価

年次業績評価では学生と同僚からの形成的および総括的なフィードバックが重要であるため，業績審査にあたり，私の『ティーチング・ポートフォリオ』から抜粋した以下の情報を強調する。

学生による私の授業の評価は引き続き優れたものであった。ただし，改善すべき分野があることは認識している。ここに，私の教育の理念と科目の目標に関連した一部の評価項目に関して，数値的な結果の要約を記す。契約上指定しなおされた担当授業時間から十分意味のある数値を引き出すため，私がいつも教えている「英語102（H）」の過去2年分の情報をまとめている。ここで取り上げた項目は，授業実績を評価するのに学生による評価の内容を調べることが最も適している分野である。より効果的な総括的審査を可能にするため，関連する評価項目を5つの簡素化したカテゴリーに分類した。

15 改訂と更新のキーポイント

尺度（評価点の平均が**低い**ほど**良好な**評価である）
1 非常にそう思う　2 そう思う　3 そう思わない　4 全くそう思わない　5 無回答

項目	平均評価点
1）詳細で系統立った明確なシラバス，教材，目標	1.64
2）公平で，タイムリーで，適切なフィードバックと成績評価	1.68
3）熱意，高められた関心，動機づけされ奨励された学習	1.08
4）利用しやすい，反応がよい，柔軟性がある	1.08
5）手ごたえがある，厳格	1.08

学生評価における質的なコメントとして、『ティーチング・ポートフォリオ』で明確化した教育理念の要素に関連する以下の記述があった（**添付資料 F**）。

- 「先生は個人的な情熱を持って教材を提示してくれたので，教室で学んでいることが全て重要であり，私たちの日常生活に関連があると感じられた。」
- 「クラスの全体的な雰囲気がとても温かかった。」
- 「私は厳しい勉強……関心……科目の柔軟性を楽しんだ。それは，自分の考えを掘り下げ，さらに発展させる余地を与えてくれた。」
- 「私は以前に比べて，より批判的に考えるようになり……より成熟した人間になった。」
- 「教室でのディスカッションとスレッド・ディスカッションによって，概念を……日常生活にあてはめるプロセスが促進された。ビデオは，異なる媒体による共通のテーマを探求するのに役立った。学期中間評価も有益だった。」
- 「私は他の授業よりこの授業で一生懸命勉強した。困難ながら手ごたえがあり，面白かったからである。」

　一方，一部の学生のフィードバックから，改善の余地のある分野を知ることができた。たとえば，省察の価値，能動型学習，教室とオンラインでの非同期ディスカッションが，批判的思考と問題解決スキルを高めるのにいかに役立つかを強調したあと，客観的な試験——特に他の認知機能や学習のレベルよりも知識について問う傾向のある試験——を用いたことが，私が教室で語った理念や目標と矛盾するように思われることに，あるクラスでのフィードバックによって気がついた。幸いこのフィードバックは中間試験のときに得られたため，私は戦略を変えることができ，学期末の学生の評価では私が学生の学習を真剣にとらえていることが高く評価された。また，学生たちは，自分の成功に積極的な役割を果たす参加型の学習者として自分を見直すようになった。（学期中間評価と学期末評価における学生のコメントの記録は**添付資料 B**に記されている。）

加えて，本学の成績優秀者プログラムで考案された学生主導の「批判的反応」（critical response）法を用いて学期中間の形成的評価を行っているが，その結果のまとめは，前の表とリストに引用された学生の評価およびコメントの文書とともに，**添付資料 B** に示されている。

5) ピアレビューとフィードバック

添付資料 K に，授業の観察によるピアレビューの情報，教材と教育方法に関するフィードバック，教育と学習に関するワークショップや研究発表に対する他の教員の意見の記録の例が含まれている。ここに，昨年他の教員たちから得られたいくつかのメッセージを抜粋する。

- 「非常に有益である……自分の科目に使える優れたアイディアを得た。」
  ——教育改善に関する専門的プレゼンテーションで，他の教員から。
- 「多くの分野で，特に学生——および教員——の成長の機会を広げるという面で，あなたのリーダーシップに感謝しています。」
  ——同じ学科の教員から。
- 「私の『理念』を思慮深く読んでいただいてありがとうございます。あなたの熱意は啓発的です。……あなたに大いに助けていただきました。こうした問題に関するあなたの専門知識は，私の書いたものに対する反応の中にはっきりと現れています。」
  ——教育改善の共同作業に関して，他の高等教育機関の教員から。
- 「ジョンは，この大学に来て以来，魅力ある授業と学生やそのニーズへの個別の配慮によって学生も教員たちも魅了している。」
  ——年次審査の中で，学科長から。
- 「本学にすばらしいリーダーシップをもたらしてくれた。……ファカルティ・ディベロップメントに関する貴兄の考え方は，全国的にもたいへん優れたものとして知られている。」
  ——年次審査で，プロボスト†から。
- 「私がボタンを留めていたら，プライドではじけ飛んでいたことだろう。これらの学生に関してあなたが行ったすばらしい仕事に……非常に感謝している。」
  ——成績優秀者向けの授業とメンタリングに関して，学長から。

15 改訂と更新のキーポイント

6）目標

1）2003年夏　自分の担当科目，特に多様な大人を教える秋学期の夜間クラス——自分にとって新しい挑戦である——に，より多くの文化的多様性を取り入れる方法を探る。

2）2003年秋　より最近の関心と専門的な方向性を持つ新しい英語の成績優秀者コースを開発する。そのテーマは，5月の旅行／学習プロジェクトを頂点とする春学期の成績優秀者上級セミナーと関連づける。

3）2003年秋　共同ディレクターとともに，新たに本学の教員となった人々を奨励・支援するために補助金を得て行われる新しいリリー・メンタリングプログラムの準備を行う。これは読書会，実践的なティーチングのワークショップ，授業参観，ディスカッションフォーラム，ポートフォリオの作成，その他本学でのキャリアを開始するために有用な活動を伴う。

4）2003年秋　学生課との共同作業により，教員の確実な参加と寄宿生アカデミックアドバイザーの協力を得て，成績優秀者向けの活気ある寄宿舎アカデミック経験プログラムを実行する。目的は，勉学と寄宿舎の生活を連動させ，このプログラムに参加する学生の中に強固な学習コミュニティを作り出すことである。

5）2004年春　本学でのファカルティ・ディベロップメントプログラムの拡張計画を進める。その際，キャンパス全体で進行中の活動においてリーダーシップを発揮できるフェローの構造を築くために，他の主要なアカデミックな活動やプログラムと連携する可能性を探る。

6）2004年夏　成績優秀者の教育における授業・学習の諸問題と戦略について，新たな書籍の計画を開始する。ある出版社がすでにこの考えに関心を示しているため，私は夏の間に提案書を提出するつもりである。

7）添付資料

A：年次教員報告書
B：学生による授業評価，学期中間評価，フィードバック
C：助言に関する情報と謝辞
D：教授会および管理運営に関するサービス活動

E：表彰，賞，認定
F：『ティーチング・ポートフォリオ』
G：履歴書
H：SOTL：教員プロジェクト
I：SOTL：学部生研究
J：学生の学習成果
K：ピアレビューとフィードバック

第5部

各学問領域のポートフォリオの実例

　　〈会計学〉
16　ジョセフ・G. ドネラン　　ウェストフロリダ大学

　　〈生物科学・生命工学〉
17　シヴァンティ・アナンダン　　ドレクセル大学

　　〈コミュニケーション研究／コミュニケーション科学・聴覚言語障害学〉
18　アビー・L. バーグ　　ペース大学
19　キャスリーン・A. マクダナー　　ニューヨーク州立大学フレドニア校

　　〈古典言語・文学〉
20　ブリジット・トーマス　　トルーマン州立大学

　　〈デザイン・マーチャンダイジング・繊維〉
21　サリー・L. フォルテンベリー　　テキサスクリスチャン大学

　　〈教育〉
22　エイミー・E. セルディン　　ウェストフィールド州立大学
23　クレメント・A. セルディン　　マサチューセッツ大学アマースト校

　　〈英語〉
24　メアリー・バロウズ　　バートン郡コミュニティカレッジ
25　ジェーン・コリンズ　　ペース大学
26　ソーンドラ・K. リギンス　　ニューヨーク州立大学フレドニア校
27　アラン・シェパード　　ゲルフ大学

　　〈地質学〉
28　ステファン・W. ヘンダーソン　　エモリー大学オックスフォード・カレッジ

　　〈教育工学〉
29　カレン・L. ラズマッセン　　ウェストフロリダ大学

〈数学〉
30 ウィリアム・J. ロビンソン　　バートン郡コミュニティカレッジ
31 ジャネット・リウ＝マーク　　ニューヨーク・シティ工科カレッジ
〈音楽〉
32 ケイ・L. エドワーズ　　マイアミ大学（オハイオ州）
〈看護学〉
33 キャスリン・A. バロー　　ミズーリ大学カンザス・シティ校
〈物理学〉
34 カーチス・C. ブラッドレイ　　テキサスクリスチャン大学
〈宗教学〉
35 バーバラ・A. B. パターソン　　エモリー大学
〈社会学〉
36 アーサー・B. ショスタック　　ドレクセル大学
〈舞台芸術〉
37 マーガレット・ミッチェル　　インカーネート・ワード大学

　第5部は多様な学問領域にわたる22のティーチング・ポートフォリオの実例で構成されている。それぞれのポートフォリオに取り上げられた添付資料は実際のポートフォリオの一部であるが，量が多くて扱いが困難であるため，ここでは省かれている。22の実例は学問領域のアルファベット順に並べられている。ポートフォリオは個人が作成する独自の文書であり，作成者ごとに各項目の重視の度合が異なる。あるポートフォリオで詳しく説明される項目が，別のポートフォリオでは数行で終わったり，全く言及されなかったりする。覚えておいていただきたいのは，他の学問領域のポートフォリオの実例がしばしば自分の領域に適用できる有益な情報や洞察を与えてくれるということである。

16

ティーチング・ポートフォリオ

ジョセフ・G. ドネラン（Joseph G. Donelan）
会計・金融学科（Department of Accounting and Finance）
ウェストフロリダ大学（University of West Florida）
2003年春

目次

1) 要旨
2) 教育の責任
3) 教育の理念
4) 教育の理念を実行するための戦略
5) 授業に対する評価
6) 目標
7) 添付資料

1) 要旨

私のポートフォリオの最も重要な要素は以下の点である。

- 私の教育理念が明確に表明され（p. 3-4），その実行の戦略（p. 4-7）と根拠資料（添付資料 A～M）によって裏づけられている。
- 私の担当科目に関する学生の授業評価の要約によると，5を最高とする5段階のスケールで，75％の学生が私の全般的な指導方法について4または5と評価している。
- 2000年に，フォートウォルトンビーチ経営学カレッジの今年の教師賞を受賞した（添付資料 B）。
- 私の教育理念を支持し，研究活動を教室における経験に取り入れる教育的かつ教育学的な教材を出版した（添付資料 C および D）。
- 現実の世界での経験や事例の統合は，関連する分野で最近行った1,400時間に及ぶ仕事の経験によって裏づけられ，強化されている（p. 7 の「大学教員インターンシップ」および添付資料 E 参照）。

- 450時間を超える継続専門教育コース（添付資料F参照）。
- 私の教育理念は，多様な教育学的アプローチ（添付資料G），シラバスと各章のアウトライン（添付資料H），試験の例（添付資料I）で裏づけられている。
- 私が担当する全ての科目でウェブベースのコースワークを使用しているのをはじめ，全ての授業にテクノロジーを取り入れている。
- 学生による評価，同僚による評価，査読された出版物の記録によって示されているとおり，自分の専門分野での知識が十分である。
- 実務についている公認会計士に教材を評価してもらっている（添付資料M）。
- 大学の他の教員に教材を評価してもらっている（添付資料M）。
- 学生の参加，およびコンピュータ室で行われる実践的な学習経験を含め，能動型学習†の環境を作っている。
- 学生からのフィードバックのプロセス（重要な成功要因の分析，添付資料L）が，私の教育活動の継続的な変化と改善の手段になっている。
- 公認会計の実践，および公認会計士試験に向けた効果的な勉強に関して，研究を発表した。これらの研究プロジェクトは，学業および職業に関連した私の助言に関するスキルの礎となっている。

2) 教育の責任

　私の主な教育の責任は，学部生および大学院生向けの会計学である。1999年にウェストフロリダ大学に着任してから，学部生向けの6講座と大学院生向けの会計学の3講座を教えてきた。私の担当時間数は1学期ごとに3セクションであり，通常，学期ごとに異なる3つの授業準備を行っている。

　私は会計とはコミュニケーションの技術の1つであると考えており，担当する全ての科目で会計情報のコミュニケーションの面を強調している。私が教えている中心的な分野は，プランニング・管理・意思決定を目的とした経営上の情報利用である。

3) 教育の理念

　教育と学習は切り離せない関係にある。私は，私の教室の仲間たちが私から学ぶのと同様に，私も彼らから学びたいと考えている。また，私は，全ての学期，全ての授業において，学生より勤勉に努力しようとしている。

16 会計学

私には3つの主な責任があると考えている。

1） 私の第1の責任は，次の生涯学習スキルを発展させることである。

- **技術的スキル**──どう行うかを知ること
- **知識**──何を行うかを知ること
- **姿勢**──行いたいという意欲を持つこと
- **コミュニケーション**──自分が行ったことを説明する能力

　私は，教育に携わる者として，これら全てを養成する責任がある。また，当大学の卒業生を雇用する企業に奉仕する者として，これら全てにおける学生の成績を評価する責任がある。さらに，学ぶ者として，これらを継続的に向上させる責任がある（4つの生涯学習スキルの詳しい説明については添付資料Kを参照）。

2） 第2の責任は，学生が私の担当科目のトピックを習得しながら，同時に生涯学習スキルを身につけ実践する学習環境を提供することである。

3） 第3の責任は，手本およびメンター[†]として行動することである。私はこれが重要であると考えている。学生たちが私に敬意を払ってくれるならば──すなわち私を手本あるいはメンターとして見てくれるならば──姿勢面での学習スキルの発展を促す学習環境を作り出すことができるからである。また，そのように見てもらえれば，職業上および学業上の助言も効果的に行うことができる。

4） 教育の理念を実行するための戦略

技術的スキルの養成

　技術的スキルとは，物事をどう行うかということにかかわっている。これには，読み，書き，話し，聞くことが必要とされる。学生がこれらのスキルを発展させるのを手助けするため，私は多様な教授法を利用している。たとえば，ACG3311は会計学の知識の経営への応用に関する講座である。したがって，会計結果を読み，計算し，分析し，経営陣に説明できることが重要である。添付資料Gに，私が教えるそれぞれのセクションごとに平均して5つの事例，報告書，集計表のプロジェクトを含むことによって，こうした能力の育成を行っていることが記されている。また，私が担当する全ての科目で，計算，分析，文章による結果の説明などの幅広いスキルの習熟度を見る試験を行っている（例として添付資料Iを参

照)。

　学生が技術的な面で何を要求されているのかを認識し，私の厳格な試験に備えて十分勉強するように，私は科目教材の一部として，自分が出題した過去の試験を公表している。これによって，学生は学期の初めから必要なスキルを身につけ始める。さらに，私の試験の準備方法に関する小論も公表している（添付資料K）。以下に示したその抜粋には，私がコミュニケーションスキルを重視していることが示されている。

> 経営学を学ぶ学生は基本事項を完全に理解していなければならないと私は考えている。私は詳細を省くことがしばしばあるが，基本事項が確実に理解されることを期待している。学生は，明確で洞察力に富んだ方法で，一般の人に基本的な概念を説明できなければならない。口頭と書面で明確に説明できない限り，ある概念を十分に理解しているとは言えないというのが私の考えである。

知識の養成

　上述したように，技術的なスキルはものごとをどう行うかということである。それに対して，知識とは何を行うべきかを知っていることである。私が担当する全ての科目では，授業も試験も単なる計算のレベルにとどまらず，これらの計算を現実の社会に応用することを学生に求めている。たとえば，私の応用経営会計学（ACG3311）の試験（添付資料I）の場合，得点の大部分が割り当てられているのは，特定の状況においてどのような比率を計算するかという知識である。また，大学院コースでは，試験の得点の半分以上が結果の説明の問題に割り当てられている（添付資料I）。

勉学態度の養成

　学ぶ意欲というのは，生涯学習のスキルの中で他者に教えるのが最も難しいものである。しかし，望ましい姿勢を奨励するために教師にできることがある。

- 学生を学習プロセスに取り込む参加型の環境を作ること
- 焦点を絞り，課題に集中すること
- 手ごたえのある学究的な環境を作ること
- 自分の教材を楽しみ，それを他者に教えることを楽しむこと
- 公平であること

16 会計学

　学生を学習プロセスに取り込む参加型の環境を作る1つの方法は，科目の目標に学生たちの決定事項を取り入れることである。私は，重要な成功要因の分析（前述）を使ってこれを実行している。

学習環境作り

　私は，学生が科目のトピックを学ぶのと同時に生涯学習のスキルを身につけるのを手助けできるように，プロセスを設計・管理することを目指している。学習環境には，効果的で最新の現実世界の教材が含まれるべきである。ゆえに，私の教材には，多くの可能な解決策がある事例課題，データが混乱または不足していたり事実が不明確であったりする事例課題が含まれている。

　また，仮定を明確に提示し，解決プロセスを文書に記録し，手近な問題に対応する明確で簡潔な解決策を組み立てるという学生の能力に基づいた事例の解決策の評価なども含まれている。次に説明する教材の出版は，私のケースメソッドの使用にさらに洞察をもたらしている。

教材の出版

　私は自分の担当科目において，実社会の事例を使った教材を作成・使用している。この分野での私の技量は，2001年に論文審査のある雑誌に3つの事例を発表したことによってはっきりと示されている（事例教材の詳細については添付資料C参照）。

　私が最近発表した事例は，この分野の第一人者の1人であるハーバード大学ビジネススクールのロバート・カプラン博士に認められた。博士は次のように書いている。

> 　私は，CD-ROMのシミュレーションソフト「Balancing the Corporate Scorecard」に基づく貴殿の優れた「事例」と指導上の注意書きに偶然出会いました。これはすばらしいものだと思います。貴殿はこのシミュレーションに関する配慮の行き届いた教育アプローチを開発するために，多くの時間を費やされたにちがいありません。〔ロバート・カプラン博士，ハーバード大学ビジネススクール，2001年，添付資料Dにこの手紙が含まれている。〕

大学教員インターンシップ

　授業で用いる事例教材を作成し，授業に用いることができる実社会での例を改

善し，興味深い戦いの体験記で授業を活気づけるために，私は過去6年間に3回にわたって無給の大学教員インターンシップに参加した。フォーチュン100社に含まれる1企業，および南東部で最大の地域公認会計士事務所の1つで受けた実務研修は，合計およそ1,400時間にのぼっている（例については添付資料Eを参照）。発表された3つの事例教材は，これらのインターンシップから生まれたものである。

　大学教員インターンシップは，別の形でも——すなわちプロの会計士として重んぜられることによって——私の授業と助言活動を向上させることになった。学生はそのような尊敬の念から私を手本やメンターと見ることになる。そうすれば，私は，学生が試験の点を取るためだけではなく，人生に役立つものとして私の知識を求めてくれる環境を作り出すことができる。

5) 授業に対する評価
指導のしかたに関する学生の総合的な評価

　学部と大学院の両方におけるいろいろな授業で，私の指導のしかたに対する評価が得られた。これには，学生による授業評価の数値データと自由記述が含まれる。そのほか，学科長およびMBAディレクターからの所見も得ている。

　学生による評価はきわめて好意的である。下記の図は，1999年から2002年までに回答した合計1,054人の学生の「指導のしかたの総合評価」に対する答えである。これによると，回答した全学生の85％が4以上と評価したことがわかる（学生の全評価データは添付資料Aに記されている）。さらに，この図は，私の

図16.1　学生による評価の主な指標の要約
1999年秋学期から2002年春学期までに回答した全学生
n＝1,054人

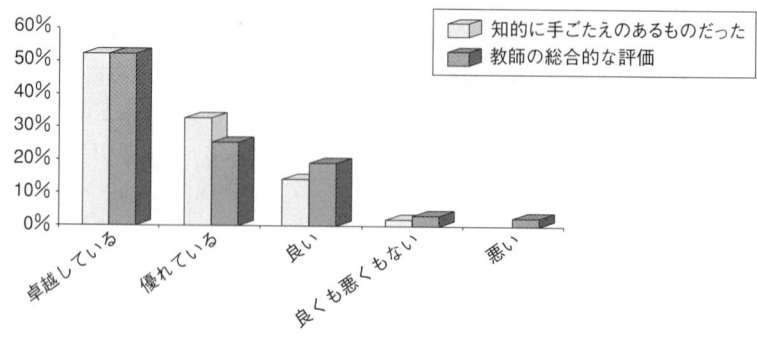

講座が困難だが手ごたえのあるものだと評価されていることを示している。それはつまり，易しい内容や簡単に取れる単位で良い評価を「手に入れて」いるのではないということである。

しかも，これらの好意的な評価は，以下の事実にもかかわらずに獲得された。

- 成績のインフレを起こしていない（添付資料 G に報告された GPA を参照）。
- 授業内容が厳しい（ある学生は，「ペースが速く，手ごたえがあった」と記述部分に書いている）。
- 回答した学生の 70％は専攻外の学生であり，履修前には多くの学生が抵抗感や恐怖感を持つ必修科目として会計学を履修している。

数値結果に加え，学生の自由記述も非常に好意的である。たとえば，何人かの学生は私が教室に持ちこんだ実社会の経験の質について意見を述べている。

- 「私は消費者金融と商業金融の仕事をしている。この授業は非常に有益であり，〔授業で用いられた〕手法の多くは融資の現場で使われている。」
- 「課題が役に立った。プロの仕事に対応するものであることが感じられた。」
- 「先生は状況を説明するために『実生活』を用いた。」
- 「先生はこの分野のプロだと思った。」

テクノロジーの取り入れに関する学生の評価

私は全ての授業にテクノロジーを取り入れている。これには以下が含まれる。

- 教室での実習やデモンストレーションにハードウェアを使用している。
- 課題の提出，成績評価，返却を電子メールで行っている。
- 文書処理，表計算，プレゼンテーションのソフトウェアを取り入れている。
- 全ての授業で，ウェブを利用して教材の配布，スレッド・ディスカッション，成績の掲示を行っている。

以下に取り上げた学生のコメントは，これに対する好意的な反応を示している。

- 「電子メールを使ったコミュニケーションは非常に効果的で有益だった。」（ACG3401、2001 年秋学期）
- 「クイックブックス，エクセル，アクセスおよび電子メールの使用は非常に生産的だった。」（ACG3401、2001 年秋学期）
- 「授業で用いられたテクノロジーのおかげで型にとらわれずに考えることが

でき、授業が興味深いものになった。」（ACG3311, 2001 年秋学期）

教師の熱意に関する学生の評価

学生のコメントは私の熱意を証言している。

- 「ドネラン先生はこの講座に熱心に取り組んでいる。とても綿密で組織立っている。」（ACG3401, 2001 年秋学期）
- 「ドネラン先生は非常にエネルギッシュで、このクラスで教えることを楽しんでいた。」（ACG3401, 2001 年秋学期）
- 「私のお気に入りの先生。MBA プログラムの中で最高です。」（FIN6406, 2002 年春学期）
- 「素晴らしい教授。授業を愛していた。」（ACG3401, 2002 年春学期）

科目の目的設定への学生の参加

学期の中間で講座の見直しを行うため、私は重要な成功要因の分析プロセスを用いている（使用した手段と基準については添付資料 L を参照）。このプロセスでは、まず学期のはじめに、学生にその授業の成功の最も重要な要因 10 項目を決定させる。その後、学期の半ばに、それらの要因に関する自分たちの実績を学生に評価させる。その結果をわかりやすく表示するために、私たちは四象限分析の手法を利用している。その上で、学期の残りの期間に関して、よりよい授業となるよう修正を取り入れた行動計画を私が策定する。

他の教員による教材の評価

私の教材の質の高さは、以下の専門家の人々の評価によって支持されている。

- エドワード・カプラン氏　オハイオ州クリーブランドのハイライト・インダストリーズ（Hilite Industries）のグループコントローラー（添付資料 M）
- ティモシー・オケーフェ博士　ウェストフロリダ大学 MBA プログラムの教授兼ディレクター（添付資料 M）

6）目標

私は自分の教育活動を改善するためにいくつかの目標を設定している。以下は、その簡単な説明とそれらを達成するスケジュールをまとめたものである。

16 会計学

目　　標	達成期限
大学人1名に，私の担当科目の教材と試験の点検，私の長所と短所の評価，および改善の提案をしてもらう。	2003年3月1日
同僚の1人（オケーフェ博士またはフランク博士）に私の授業を参観してもらう。	2003年3月1日
実務についている専門家1名（カプラン氏）に，私の担当科目の教材と試験の点検，私の長所と短所の評価，および改善点の提案をしてもらう。	2003年6月1日
私のコメントを付した学生の学習事例の記録をまとめる。 ●コメント付きの試験の成績 ●以前の学生からの任意の反応 ●卒業生のキャリアに私がポジティブな影響を及ぼした例 ●私のクラスでの良い経験がきっかけになって会計学に専攻を変えた学生の証言	2003年12月1日

7）添付資料

添付資料A：学生による授業評価

添付資料B：フォートウォルトンビーチの傑出した教師賞

添付資料C：出版された教材

添付資料D：教材を支持するロバート・カプラン博士の手紙

添付資料E：最近の関連実務経験を通して実現された授業の充実について

添付資料F：継続的な専門教育を通して実現された授業の充実について

添付資料G：教授法および評価の手法

添付資料H：代表的なシラバスと各章のアウトライン

添付資料I：試験の例

添付資料J：生涯学習スキル

添付資料K：小論「ドネランクラスの試験で良い成績を取るには」

添付資料L：重要な成功要因の分析

添付資料M：指導教材に関する他の教員の評価および学生からの任意のコメント

17

ティーチング・ポートフォリオ

シヴァンティ・アナンダン (Shivanthi Anandan)
生物科学・生命工学科（Department of Bioscience and Biotechnology）
ドレクセル大学（Drexel University）

目次

1) 教育の責任
2) 教育の理念
3) 教育の方法／戦略
4) その他の教育活動
5) 教育活動の改善
6) 他者から提供された情報
7) 学生の学習成果
8) まとめ
9) 添付資料一覧

1) 教育の責任

　私は，生物科学科の教員として，学部のレベルと大学院のレベルのいくつかの科目を担当している。学部レベルで担当しているのは，1年次必修科目の「遺伝学」(Bio117)，および選択科目の「微生物学」(Bio221)，「生命工学」(Bio480)，「微生物病因論の構造」(320)，「遺伝子組み換え食品」(Bio480) である。大学院レベルでは必修科目の「微生物遺伝学」(Bio530) と，選択科目の「医微生物学」(Bio670) を担当している。添付資料Aにこれらの科目のシラバスがまとめられている。

2) 教育の理念

　私の役割は，生物学という分野を学生の下に運び，学生がその基本原理について学び理解するのを助けることであると考えている。私は，生物学の基本概念が実世界でどのように利用・応用されているかをわかりやすく説明することを目指

17 生物科学・生命工学

している。また，批判的に物を学び考えるという学生たちの能力を育て，同時に問題解決スキルを身につけさせるように努めている。

この目標を達成するためには教師と学生の間の信頼関係が必要である。これには，講義室の中でも外でも学生にとって近づきやすい存在であるということが含まれる。また，信頼関係を築くには，近づきやすい態度であること，すなわち学生の質問，コメント，意見に真摯に耳を傾ける姿勢が必要である。私は，ディスカッションを促す環境を作り，講義でも実験でも質問を奨励している。

3）教育の方法／戦略
学生の学習意欲を高めるために生物学の概念の応用を用いる

「技術社会での生活と仕事において成功できる人材を育てる」というドレクセル大学の使命に沿って，私は生物学の概念と実世界へのその応用を関連づけるようにしている。この教育方法は，教室で学んでいる概念は日常の生活に応用できるものだということを学生に対して強く印象づける。

1年次向けの「分子・細胞遺伝学」（Bio117）は実験を中心とする科目である。学生たちは科学捜査で一般的に使われる手法であるDNA指紋法を使い，簡単な研究プロジェクトを行う。

このプロジェクトのガイドラインの写し，ポスター評価シートの実例，およびシラバスが添付資料Aに含まれている。

この科目の受講者には，多様な背景の学生，すなわち生物学専攻生，栄養学プログラムの学生，環境科学・工学・政策プログラムの学生が混在している。私は，実践的なスキルを教えながら学生の生物学への興味をかきたてるためにこの実験室プロジェクトを計画した。学生たちは，まずこの手法の実行を練習したあと，簡単な研究課題を解決するためにこれを利用する。それから，架空のケーススタディ，すなわちDNA指紋を用いて犯人を特定するというシナリオを書く。このプロジェクトに参加する学生たちは，技術的な側面を学ぶだけではなく，その応用を可能にする遺伝学の概念を理解しなければならない。技術を利用し，自分のデータを集めることによって，論理的な結論に至ることを求められる。正しくデータを分析するためには，世代から世代への形質の継承といった遺伝学の基本概念と，この手法の実行および限界とを統合する必要がある。さらに，実際的な意味で，将来共同実験室で使用することになる手法を実行する経験を得ることができる。

学生たちはこのプロジェクトがとても気に入っており，たとえばO. J. シンプソンの殺人容疑の裁判やスペースシャトル飛行士の特定など，現実の世界に容易に関連づけることができる。このような授業の工夫は，科学的な技術の応用に興味を持たせ，同時に分析や問題解決のスキルを向上させることができる。また，このプロジェクトの結果はグループごとにポスターの形で発表させるが，これは文章によるコミュニケーションを強化することによって学習内容の伝達を最適化するという教育の工夫の例にもなっている。

批判的思考スキルの向上とチームワークの構築

大学院レベルの微生物遺伝学の授業は，完全に講義中心に行うのが一般的である。しかし，私の微生物遺伝学の授業では，講義に加えて，学生が論文を読み，分析し，発表する時間を設けている。微生物遺伝学を受講する大学院生の大部分は，製薬会社やバイオテクノロジーの企業で働いている。そこで，私は，微生物遺伝学における初期の古典的な実験の重要性を示すために，こうした実験がどのようにして遺伝子クローン技術の戦略や方法の発展を導いたかを教えている。ほとんどの学生は職場で何らかの遺伝子クローン技術の利用経験を持っているため，それが世界にどのように影響を及ぼしているかを知ると，その情報をよりよく関連づけ，自分のものにすることができる。

これは応用志向の私の授業スタイルの例である。この方法によって学生は学習を自ら行うものとし，また共同学習の経験が得られる。さらに科学論文を分析することにより，学生は，自分たちの研究になくてはならないスキル，すなわち批判的思考のスキルを伸ばし，いっそう磨きをかけることになる。2人1組で行う論文の分析では共同作業を重視する。学生は，クラスの中の2人の他者（私と2人組の相手方）と相談することにより，小さな研究チームの1員となる。これは研究は1人で行われるものではないという考え方を強化するとともに，学生間のチームワークを育てる。

学習内容の伝達を刷新するポートフォリオの利用

私が微生物学の分野で担当している科目は，多様な微生物の世界への導入として設計されている。生物学の主たる驚異の1つは，生物の信じられないほどの豊富さと多様性である。この基本的な事実が微生物の世界では明確に描き出される。私は，微生物に対する学生の興味と興奮をかきたて，いくつか研究を行う機会を

17 生物科学・生命工学

提供するために，学生に対し自分が選んだテーマの下で現実の世界における微生物に関するポートフォリオを作成するよう求めている。私は，授業の内容と外界をつなぐためのポートフォリオ利用の信奉者である。

学生は，このポートフォリオを作成するにあたり，新聞，雑誌，学術誌の記事，それらを選んだ理由の説明文，およびそのトピックに関する自分の考えをまとめなければならない。ポートフォリオは授業で扱った内容が教科書や講義の中だけのものではなく，外の世界において重要性を持っているのだということを学生に理解させるための道具である。

学生は，新聞や雑誌にもインターネットにも微生物学に関連したトピックが取り上げられていることを知り，これらのトピックが教室外での自分たちの生活に影響を及ぼしていることに気づく。私の授業では，教室で扱う内容に関連した新聞や雑誌の記事を取り入れることによってこの関連づけを促している。

遺伝子組み換え食品の授業では，この分野の社会的，倫理的問題に関する国民的議論を学生に強調するためにこのアプローチを用いている。授業内容の伝達を改善する戦略により，学生の好奇心と学習意欲を高め，技術社会の一員となるための能力を身につけさせているのである。

学生の身近な存在となること

これは学生の学習意欲を引き出す重要な戦略の１つであると考えている。私は新入生の指導を通して，接近しやすい教師，学生の学習に快く参加してくれると感じられる教師を学生が歓迎することに気づいた。

そのため，私は，実験の際に必ず実験室に足を運び，実験室での課題について学生と話し合うようにしている。また，宿題について連絡したり提出期限が近づいていることを知らせたりするためにクラス全員に電子メールを送ると，学生が前向きに反応することにも気づいている。このことは，学生の授業評価におけるコメントで裏づけられている。

4) その他の教育活動

学部生の研究プロジェクト

私の研究室では，学部生が独立した研究プロジェクトを行っている。これは科学における各種のテーマと実際に発見が行われる世界とを結びつける優れた方法であると考えている。昨年，私の模範的な学生の１人が，この研究プロジェク

トから，全国的な学会のポスターセッションで結果を発表できるだけのデータを引き出した。この学生は，私の指導の下で4年間研究を行ってきた。私はこの間メンターとして指導し，実験スキルを教え，適切な科学論文を与え，それについて討議することによって彼女の分析能力を育ててきた。これは私が学生の学習意欲を高めるもう1つの方法である。この学生は現在，ジョンズ・ホプキンス大学の大学院1年生になっている。添付資料Bにこのポスター・プレゼンテーションの要旨の写しが含まれている。

大学総合コースへの参加

2003年冬，大学総合コース（Univ241）「偉大な業績シンポジウム——フランケンシュタインをめぐって」において「バイオテクノロジーの倫理的・道徳的問題」と題する講義を行った。この講義は学生たちにたいへん好評であり，このトピックに関して活発なディスカッションが行われた。添付資料Cにこの講義のシラバスが記されている。

生物学科ティーチングサークルのコーディネーター

今年，私は学科内のティーチングサークルを立ち上げる役割を果たした。これは，ティーチングに関する大小のあらゆる問題について若手教員のメンタリング†を行うことを目的としている。私たちは週に1回会合を開き，ティーチングの諸問題について話し合っている。また，私は学内のいろいろな人に学生のティーチングに関連した問題について話題提供をしてもらうよう手配した。これまでに，学習センター，学生生活課，留学支援課，障害者事務局，留学生事務局から講演者を招いてきた。その他，このサークルでは，宿題の利用，成績評価の方針，院生TAのメンタリングなど，日常の教育の問題についても話し合っている。

5）教育活動の改善
自分の専門領域における最新情報の維持

私は，主だった論文を読み，地方あるいは全国的な学会に参加することによって，自分の専門分野で時流に遅れないよう努力している。これは遺伝学，微生物学，微生物遺伝学に関する私の授業に影響を及ぼしている。というのも私は刺激的な新しい発見を講義に取り入れているからである。私は毎年学会に出席して研究を発表するとともに，この分野での研究について直に学んでいる。出席した全

17 生物科学・生命工学

ての学会のリストが添付資料Kとして示されている。全般的にいって，私はこのような会議への出席によって，新しい発見を学生に教えたり，これらの領域で長く考えられてきた理論を更新したりすることが可能になっている。例えば，最近では，微生物学の授業で放射線照射による新しい食品保存方法について話した。この情報源は，全米微生物学会で私が出席したあるコロキウムであった。

ティーチング・ポートフォリオ・ワークショップへの参加

私が本学のティーチング・ポートフォリオ・ワークショップに初めて参加したのは1999年の夏，本学での教員として2年目を終了したばかりのときであった。このワークショップは，ティーチングの能力の高さを文書に記録するには説明だけではなく根拠を伴うことが必要だということに気づかせてくれた。これは大学教員としての私にとって重要なステップであった。このときから，私は自分の教育の方法や戦略について分析するようになったからである。そして，それは創造的刺激を与えてくれるものであることがわかり，以来，私は自分の教育の方法を客観的に評価し，根拠とともに成果を文書に記録してきた。本ポートフォリオは，ドレクセル大学における教師としての私の成長を記録している。添付資料Eに，今回のポートフォリオとの比較を目的とした1999年のティーチング・ポートフォリオの写し，ならびに1999年と2003年のティーチング・ポートフォリオ・ワークショップ「修了」認定証の写しを掲載している。

6）他者から提供された情報

私の授業は，点数と自由記述の両方で学生の評価を受けている。「微生物遺伝学」の学生は，応用を重視するというこの科目の特徴の効果について次のように記している。

> 微生物遺伝学は，今学期に私が受講した科目の中で間違いなく最高だった。遺伝学の実験研究を行っている全ての人にとって興味深く重要性のある内容だった。アナンダン先生は，エネルギッシュな教育方法で，講義の勉強を楽しい生き生きとしたものにしてくれた。講義における質問や実験の「デザイン」，毎週のプレゼンテーション，折々に行われたグループワークによる学生の相互作用は，思考と集中力を維持するのに役立った。これは1回5時間の授業では大したことだと言えるだろう！

生物学の受講生による次のコメントも，私の教育理念のこの面を取り上げている。

このクラスはとても楽しかった。特に、『突然変異』という本と、遺伝子組み換え食品に関する議論が気に入った。

バイオテクノロジーの賛否双方に関するさまざまな問題について、考えさせてくれた。

1年次向けの遺伝学の受講生のコメントも、応用を重視した私の教育スタイルに言及している。

アナンダン先生は、私がこれまでに教わった中で最高の先生の1人です。先生は常に、授業で扱う題材に最新の応用例を取り入れるので、授業がいっそう面白くなります。

遺伝子組み換え食品の授業を受けた学生は、遺伝子組み換え食品に関するブックレットの作成について次のように書いている。

全体として素晴らしい授業だった。小テストは、講義中に提示された内容に関して私たちの力を試すのに適した方法だった。また、ブックレットの作成と、講義中に配られた記事を読むことから多くを学んだ。

私がこの1年に教えた全ての科目の学生のコメントの写しが添付資料Fに含まれている。また、要請があれば、私が1997年に本学に着任して以来の全ての学生授業評価を提出することができる。

「分子・細胞遺伝学」(1年次)に対する標準化された学生授業評価の得点

この得点は「講師の総合的な評価」、すなわち添付資料Gの学生授業評価書の質問項目12に関するものである。

学生授業評価の得点の要約

評価の尺度：5＝非常に良い、1＝悪い

年　度	総合評価点*
98年冬／99年	4.118
99年冬／00年	4.08
00年冬／01年	4.87

＊この数値は学生授業評価書の質問項目12の得点に基づいている。

17 生物科学・生命工学

これらの得点が示しているように，1年次向け遺伝学の授業に関する私の平均評価点は常に5段階の4以上である。これは，講師としての私の総合評価が一貫して非常に良好であることを示している。

Univ241「偉大な業績シンポジウム——フランケンシュタインをめぐって」のディレクターがこの科目への私の貢献を称賛した手紙の写しが，添付資料Cに含まれている。

また，生物学科ティーチングサークルの参加者から受け取った手紙の写しが添付資料Dに含まれている。これらは，初めての授業の準備をする上で教育サークルが有用だったことを示している。

7）学生の学習成果

このセクションでは私の授業で学生が学んだ成果の例を提示する。これらをここに含めるのは，私の教育戦略から生まれた目に見える結果を示すためである。

「微生物遺伝学」の受講前テストと受講後テスト

私は，この授業で学生が行ったプレゼンテーションの経験が学生の期待する結果と一致しているかどうかを知りたかった。私は，この学習方法が，研究方法に応用されうる問題解決スキルと分析スキルを高めるとともに，正式なプレゼンテーションとコミュニケーションのスキル向上にも役立つことを願っていた。添付資料Hに示したのは，論文プレゼンテーションという方法が問題解決スキルにもたらすと期待される効果と実際にもたらされた効果を調べるために微生物遺伝学の受講者を対象として行ったテストである。

「遺伝子組み換え食品」の受講者のポートフォリオ草案

遺伝子組み換え食品の授業で学生にポートフォリオを作成させるにあたり，まず，最終的なポートフォリオに含める予定のトピックの概要を提出するよう求めた。学生たちが論じようとするトピックがポートフォリオに適しているかどうかを確認し，彼らがどのような創造的な考えを持っているかを知りたかったからである。添付資料Iには，遺伝子組み換え食品の受講者のポートフォリオ草案概要の例が含まれている。

学生からの手紙

私の研究室では数人の学部生に研究を行わせている。添付資料Jに示したのは，これらの学生が研究における私の指導とメンタリングのスキルに関して書いた手紙である。

全米微生物学会での学生が行ったポスター・プレゼンテーションの摘要

私の最も優秀な学部生の1人が，私の研究室で独力で行った研究プロジェクトにおいて十分なデータを引き出し，全米微生物学会の全国学会でこのデータを発表した。添付資料Bに示したのは，査読を経て受理されたポスター発表の概要である。このポスター自体は，2002年5月，ユタ州ソルトレークシティで開かれた全米微生物学会のオープン・ポスターセッションで発表された。

8) まとめ

私の教育活動の目標は，学生にとってできる限り優れた教師・メンターであることである。

これを実現するために，私は次に挙げることを実行するつもりである。

- 1年次向け遺伝学実験のプロジェクトの各要素を改善・精密化する。
- 自分のティーチング戦略を向上させるために，ティーチングに関するワークショップに参加する。
- 学部生の研究の機会を作り出し，促進する。
- 自分の授業について他の教員に評価してもらう。
- 教育に関して若手教員のメンタリングを行う。
- テニュア†を得る。

9) 添付資料一覧

添付資料A：各科目のシラバス
添付資料B：ポスター・プレゼンテーションの摘要
添付資料C：Univ241「偉大な業績シンポジウム――フランケンシュタインをめぐって」のシラバスと，この科目のディレクターからの手紙
添付資料D：生物学科教育サークルの参加者からの手紙
添付資料E：1999年のティーチング・ポートフォリオの写し，および1999年

　　　　と2003年のティーチング・ポートフォリオ・ワークショップの
　　　　修了認定証
添付資料F：私の教育方法に関する学生のコメントの写し
添付資料G：学生による授業評価の質問項目12と集計された評価得点
添付資料H：「微生物遺伝学」の受講前テストと受講後テスト
添付資料I：「遺伝子組み換え食品」のポートフォリオ草案概要の写し
添付資料J：研究室で私がメンターとして指導した学生からの手紙
添付資料K：出席した学会のリスト

18

ティーチング・ポートフォリオ

アビー・L. バーグ（**Abbey L. Berg**）
ダイソン文理学カレッジ（**Dyson College of Arts and Sciences**）
コミュニケーション研究／コミュニケーション科学・聴覚言語障害学科（**Department of Communication Studies / Communication Sciences and Disorders**）
ペース大学（**Pace University**）

目次

1) 教育の責任
2) 教育の理念
3) 一般的な講義戦略
4) 科目のシラバス，プロジェクト，課題
5) 学生との共同研究
6) 教育の査定と評価
7) 将来の教育の目標
8) 添付資料

1）教育の責任

　私はコミュニケーション科学と聴覚・言語障害学に関して毎学期 12 単位教えている（研究のために授業解放時間を獲得していない場合）。また，現在 20 人の専攻学生のアドバイザーを務めている。私が授業とカリキュラム開発の責任を負っているのは以下の科目である。

1）言語聴覚メカニズムの解剖学と生理学（SPP253）
2）聴覚学入門（SPP270）
3）言語聴覚科学入門（SPP350）
4）聴覚リハビリテーション入門（SPP371）
5）コミュニケーション科学・聴覚言語障害学専攻の研究方法（COM480）

　クラスの規模はいずれも 19 人から 25 人である。これらは，コミュニケーショ

ン科学・聴覚言語障害学専攻の学部生全員の必須科目である。2年次で履修する「言語聴覚メカニズムの解剖学と生理学」(SPP253)を除き,残りは全て3年次と4年次の授業である。

　私のもう1つの責任は学部生の研究指導である。この専攻コースの全員が,指導の下での研究プロジェクトを実行するわけではないが,授業担当時間に加えてこのような研究の監督を行うことが期待されている。また,私はペース大学ライティング強化カリキュラムプログラムにも積極的に関与しており,仕事時間の多くをライティングに関する1対1の指導にあてている。

2) 教育の理念

　私が担当している科目は全て必修である。この専攻コースの学習を続けるには,最低平均成績評価点(GPA 2.7)を維持しなければならない。そのため,本学のコミュニケーション科学・聴覚言語障害学専攻の学生は学習意欲が高い。加えて,言語聴覚士の資格を取得するには大学院の学位が必要であるため,このコースの学生の大部分はそのまま大学院のプログラムに進む。

　私が担当する5科目のうち4科目は知識を中心とした科目である。学習内容は無味乾燥で圧倒されるような量であるため,私は学生たちに丸暗記をしないよう奨励している。私は,「筋の通っていること」,論理的なことを学生が学ぶのを手助けするという姿勢を重視している。私は,各授業において特に「言語聴覚メカニズムの解剖学と生理学」と「聴覚言語学Ⅰ」で,多くの視覚的な補助装置(オーバーヘッド,解剖模型,映画,ソフトウェアを介したアニメーションと,ウェブサイトへのリンク,コンピュータ技術)を利用している。身体の構造や機能は,視覚化すると記憶や理解が容易になる。加えて,2つの担当科目の「聴覚学入門」と「聴覚言語学Ⅰ」では,各種器械類を使用した講義を行っている。こうした講義形式が双方向的であるため,学生は自分のペースで勉強を進めることができ,また,より興味が持てるからである。学生の学習方法はさまざまであるため,この積極参加型のアプローチは身体の重要な構造や機能およびそれらの関係について学ぶのに役立つと私は考えている。

　私が全ての担当科目で使用しているもう1つの手法は,伝統的な講義形式と問題解決型の学習(problem-based learning:PBL)の組み合わせである。学生たちは,解決すべき現実の臨床／患者／専門的課題を与えられ,具体的な原因論を提示される。こうした問題に取り組むことにより,自律的な学習が行われる。さら

に，PBLは学生が構造や機能を評価方法や評価データ，障害，病理学と関連づけるのに役立つ。これは学生にとって面白いばかりでなく，実際的な重要性も持っている。論理を強調するこのアプローチにより，学生たちは，コミュニケーション科学・聴覚言語障害学を孤立した事象の連続ではなく統一的な構造としてとらえることができる。伝統的な講義とPBLの組み合わせは，分析的・批判的思考を強調し，単なる事実の暗記を回避するのである。

私は全ての担当科目でBlackboardやFrontPageを使っている。この技術によって学生は講義や教材をダウンロードし，ペース大学電子図書館の情報に直接アクセスし，インターネットサイトにハイパーリンクすることができる。

私が利用しているもう1つの教育手段が学部生の研究である。指導の下での研究を行うには，学生は構造化された教室で学んだ知識を具体的な科学的な問いに応用する力を必要とする。研究プロジェクトを計画・実行し，完成させることによって，学生は1つのことをやり抜くという経験をする。それは，自信と自分の学習に対する責任の意識を生み出し，研究に対する尊敬と熱意を育てる。私にとっては，学部生の研究指導という形によって教育と研究を一体化することができる。学問研究は効果的な教育を強化すると私は信じている。指導に基づく研究を指導し実行することによって，私は学生に優れた手本を提供している。各種のトピックや問題に関する好奇心は生涯にわたるものであり，胸を躍らせるようなものだということを知るのは学生にとって重要である。学びとは，学期の終了や卒業とともに終わるのではなく，連続したものだと見ることができるようになるのである。

私が担当する科目は全て，学生にレポート提出を課している。その一部は話し合いを伴う。学生には，成績上不利になることなく提出物を修正する機会が与えられる。これによって学生は，文章を書くというのは編集と修正を必要とする継続的なプロセスであり，フィードバックを与える手段でもあるということを理解する。

また，「A」「B」などの成績を取るには何が必要かを説明し，自分の提出物の質についての手引きとしてもらうために，優秀，平均的，および質の低いレポートの例を示す。加えて，私は，学生たちが語義や構文のよくある誤りを避けることができるように，「ライティングの要点」を作成している。この手引きには，接続語句，適切な語の選択，語彙，論文の正しい引用の仕方についても説明されている。また，レポートを個人やグループで発表することにより，オーラルコミ

ュニケーションのスキルが強化される。

　私が用いるもう1つの要素はサービス・ラーニング†である。学生たちは，コミュニケーション科学・聴覚言語障害学のコースワークからだけではなく，他の学問領域（心理学，教育学，コミュニケーション研究など）から収集した情報も応用して活動を行う。

　最後に，優れた教育にはフィードバックが必要である。教育活動，学習，実りある人間関係を改善する上では，他の教員や学生による評価がたいへん有益である。私は，学生にも同僚たちにも，公式・非公式に私と話し合いをするよう促している。

3) 一般的な講義戦略

　シラバスに加えて，講義のアウトライン，図表，数値が Blackboard または FrontPage を通してインターネット上で学生に提供されている。学生は，授業内容の詳細なアウトラインを見ることができるため，授業中は一語一語必死でノートに書き取るのではなく，内容を聞いて消化することができる。私にとっても，ノート筆記や構造の図示のために時間を無駄にすることなく，内容をより詳しく説明することができる。授業では，以前に提示された内容に繰り返し言及する。これによって学生は，構造，機能，病理の関係を知り，概念を強化することができる。講義のアウトラインの例が添付資料Aに記されている。

　推奨する補足的な参考資料も提示し，学生が利用できるように準備する。こうした参考資料は，学問と教育の関係を強固にし，学習とは一生続くものだということをはっきりと示す。意欲と関心のある学生はこうした資料を利用する。シラバスも，学生が学問的追求を深めるのを手助けすることを目的として，トピックごとに興味深い参考資料のホームページに直接リンクできるようになっている。

　指定の教科書に沿って講義することはめったにない。私の講義は，学生がアクセスできないであろう多様な情報源から成立している。私は，提示されるトピックに関して多様な情報源が使用されるとき，学生の学習が強化されると考えている。書物だけでは講義ほど明確ではないこともあり，また逆の場合もある。

　学生の習熟はいろいろな形で評価する。試験という方法を選ぶときには，試験への不安を和らげるために学習の手引きを学生に渡し，その中の一部を試験に出題することを説明する。学生はどの問題が出るかわからないため，全てを学習しなければならない。復習の手引きと試験の例が添付資料Bに示されている。成績

をつける課題には様々な形式が用いられる。これには，Blackboard のディスカッションボードに適切な関連コメントを掲示すること，器具類の使用を必要とする課題，研究とレポートおよびその修正，比較／対照，1学期間にわたるグループプロジェクトなどが含まれる。私は，学生の共同作業を奨励しており，それが協力関係とチームの力学を発展させると考えている。学生たちは将来，他の人々と協力しながら仕事をすることになるため，このスキルを身につけるのは重要なことである。また，私は，人に何かを教えるというのは自分がそれを学ぶ最良の方法の1つであるということを経験から学んでいる。グループで作業をすれば，ほぼ間違いなく，人に教えるという経験をすることができる。

4）科目のシラバス，プロジェクト，課題

シラバス（添付資料C）は，私の教育理念と戦略に則っており，自己評価および他の教員や学生による評価を通して発展してきたものである。また，シラバスは，私の教育の展開状況を示す記録文書でもある。以前に比べて，科目の目標と期待事項の記述が詳細になっている。参考書籍，目標，方法，および課題は，多様性と柔軟性――ダイナミックな教育には不可欠の特徴――を反映している。さらに，私が担当科目も自分自身も斬新で生き生きとした状態を保とうと努力しているため，これらのシラバスは私の教育の思慮深い記録になっている。

コミュニケーション科学・聴覚言語障害学専攻の研究方法（COM480）

この科目では，最終プロジェクトとして研究を計画することが求められる。1学期間にわたるこの研究プロジェクトは，学んだこと（文献研究の行い方，リサーチ・クェスチョンの形成，科学的根拠の提示，仮説の検証，方法論，データ分析，グラフ・数値・表の適切な使用，論考，結論）を集大成するものである。このプロセスを促進するための課題の例が添付資料Dとして提示されている。

言語聴覚メカニズムの解剖学と生理学（SPP253）

この科目において使用する教科書には優れた復習と課題のセクションがある。学生たちはこの課題を行うよう求められる。これは，教室で示された内容に対する補助的な学習の手引きとして有益である。呼吸器系，発声系，聴覚系を示す解剖模型が使用される。映画，アニメーション化されたインタラクティブなコンピュータ・プログラム，およびインターネットサイトも用いられる。

18 コミュニケーション学

聴覚学入門（SPP270）

　学生は，多様なオーディオグラム（聴覚を示すグラフ）を分析し，この授業の受講生以外に対して5つの聴覚評価を行うように求められる。はじめのうちはオーディオグラムの正しい表記法や記号の使用に重点がおかれるが，後にはより複雑な分析（適切な治療，専門医への紹介，リハビリのための検査結果の分析と総合）が必要とされる。その例が添付資料Dに示されている。

聴覚言語学Ⅰ（SPP350）

　この科目では，聴覚言語システムに関連するものとして，音の物理学，音響心理学，音量音響学の初歩を教える。臨床および研究の目的で器具類を使用する実習も行われる。学生たちは実習課題を通して，技術に関する多様な実践的経験を積むことができる。教室では研究論文の厳密な分析も行う。

聴覚リハビリテーション入門

　この科目では，人生のどこかで聴覚が損なわれた場合にコミュニケーションの可能性を高めるための各種の評価，技術，戦略の使用を探求する。言語聴覚士は，学校，病院，老人ホームなどに雇用されることも，個人で開業することもある。この科目では，子どもへの蝸牛インプラントの倫理的問題，聴覚障害者の文化，世界保健機関（WHO）による機能障害・能力障害・生活機能・社会的不利の分類といった議論になっているテーマが論じられる。さらに，この科目にはサービス・ラーニングの要素が含まれる。学生たちは，若年女子の居住型養護施設で聴覚検査を行う。このプロジェクトは学生の役に立つばかりではなく，養護施設にとっても利益がある。施設の少女たちと年齢の近い学生は，彼女たちの一種の手本になるからである。また，入居者たちが，支援される側ではなく私の学生たちの学習を支援する側になることによって，自分に価値があると感じることも重要である。

5）学生との共同研究

　学部レベルの学生が研究を行うのは非常に重要である。指導に基づいて研究を行う学生は，答えのわかっている調査を行うのではなく，自分が関心を持つ科学的問題の追求を始めることになる。私がペース大学に着任して以来，毎年，学生がニューヨーク州言語聴覚協会の年次会議で（審査を通過した）研究を発表して

いる。この経験は，教員としての私にとっても学生にとっても，非常に実り多いものである。私は学生たちと密接にかかわることができるだけではなく，彼らについてよりよく知ることができる。

ここ2年間，ペース大学の3人の学生が私と一緒にニューヨーク・プレスビテリアン小児病院で，正常に生まれた乳児と新生児集中治療を受けている乳児の難聴のスクリーニングを行っている。学生たちは，多様な専門領域の教員やスタッフ（新生児生理学者，発達小児科医，神経学者，外科医，看護師，作業療法士，理学療法士，ソーシャルワーカー，授乳専門家，言語聴覚士，聴覚学者）とともに教育施設で活動する経験を得ることになる。

6）教育の査定と評価

私の教育は学生の行動と成果に影響を及ぼしていると考えている。私の水準が高く，公正であると学生が感じたならば，学生の学習成果は彼らにとってずっと意味のあるものになるであろう。学生への支援を惜しまず，学生に敬意を持って接し，専門家として行動すれば，学生は自分たちをそれに値するものと感じるはずである。また，そのような私のふるまいを学生が見習ってくれることを期待している。私は，授業や個人指導を行うことが楽しく，またその責任をきわめて真剣にとらえている。学生や他の教員から尊敬されるということは，自分の仕事に成功しているということである。1から5（1＝良くない，5＝非常に優れている）の尺度を用いた学生の授業評価によると，2002年度の私の評点は平均4.65（レンジ：4.45 − 4.92）であった。

私の教育活動の改善は，同僚や学生の意見や評価を見直すこと，専門分野の時流に遅れないようにすること，およびファカルティ・ディベロップメントの研修に参加することを中心としている。私は，学生や同僚が質問をしやすいように，親しみやすく，支援を惜しまず，率直なスタイルを保つよう努力している。本学で義務づけられている学生の授業評価に加えて，私は課題の価値や有用性についてよりよい指標となる各種の評価を行っている。これはレポート課題と実験室での課題を改善する上で特に有効である。学生による授業評価，他の教員による評価，および学生と他の教員からの手紙が，添付資料G，H，Iに記されている。

各種の講座や会議への出席を含むファカルティ・ディベロップメント活動は，優れた教育活動にとって非常に重要である。私は，教育を改善するためのいくつかのワークショップに参加しており，今後も引き続き参加していくつもりである。

私が参加したワークショップには,「言語聴覚学の入門科目におけるコンピュータ・テクノロジー」,「ティーチング・ポートフォリオ・ワークショップ」,「Smart E-Classroom, Blackboard, FrontPage, PowerPoint 入門」などが含まれる。加えて,私の職は,3 年ごとに継続教育単位(Continuing Education Units)を最低 30 時間受けることが義務づけられている。

7) 将来の教育の目標

私は担当科目にもっとコンピュータ技術を取り入れ,うまく使いこなしたいと考えている。最近,私は解剖学,生理学,言語聴覚学の教育におけるコンピュータ技術の利用法の講座に出席した。私自身がコンピュータ技術をカリキュラムによりよく取り込み,もっと快適にそれを使用できるようになることは,言語聴覚専門家に必要とされる知的および技術的なスキルを学生が身につけるのに役立つであろう。

コンピュータ技術に習熟することは,学問界での競争を乗り切っていくために不可欠である。私が今考えている課題の 1 つは,質の高いインターネットサイトのみを使って参考文献や情報を探し,レポートを書くというものである。これによって,学生は,高度な情報技術の利用に慣れ,インターネットサイトの質を見分けられるようになり,文章を書くスキルが高まるであろう。そのほか,私は,ディスカッションへの Blackboard の利用を改善したいと考えている。現在,何人か同僚に助言を求め,その提案を検討しているところである。

目標や目的を明確に記述することは重要であり,またやりがいのあるものである。私が自分の教えたいことを明確化し,それをよりよく伝達する上で,示唆に富むハワード・ガードナーの著作およびハーバード大学の *Project Zero* が役に立っている。最後に,私は,「聴覚リハビリテーション入門」のサービス・ラーニングの要素を補足する評価尺度,特に内省を行う評価を発展させ,取り入れていきたいと考えている。

8) 添付資料

添付資料A:学生に配布したプリント
添付資料B:復習の手引きと試験
添付資料C:シラバス
添付資料D:課題

添付資料E：学習成果の例
添付資料F：学生の研究報告
添付資料G：学生による授業評価
添付資料H：他の教員による評価
添付資料 I ：学生および他の教員からの手紙

19 ティーチング・ポートフォリオ

キャスリーン・A. マクダナー (Kathleen A. McDonough)
コミュニケーション学科（Department of Communication）
ニューヨーク州立大学フレドニア校（State University of New York, College at Fredonia）
2003年春

目次

1) 教育の責任の説明
2) カリキュラムの開発
3) 教育の理念，方法，戦略
4) 共通のテーマと戦略
5) 教育活動の改善
6) 教育活動の評価
7) 学生の学習成果
8) 教育活動の目標
9) 添付資料

1) 教育の責任の説明

　私はコミュニケーション学科の3つの分野，すなわちビデオ制作，マルチメディア，メディア批判の科目を担当している。ビデオの分野では，2年次および3年次向けの中級科目であるCM354「ビデオの現場制作」を教えている。これはTV／デジタルフィルムの専攻学生の必修科目であり，受講者は18～20人である。また，2学期にわたる4年次の卒業制作科目CM452／462「ドキュメンタリー制作」も担当している。ビデオ／デジタルフィルム専攻学生は，卒業制作として「ドキュメンタリー制作」または「ビデオドラマ」を選択することになっている。この科目の受講生は通常12人から15人である。
　コンピュータメディアに関しては，CM312「マルチメディア・インテグレーション」とCM314「マルチメディア・スーパービジョン」を教えている。インテグレーションのほうは，オーディオ／ラジオ，メディアマネージメント，TV／デ

ジタルフィルム専攻の専門の選択科目である。学生がマルチメディアラボで1人1台ずつコンピュータを使えるようにするため，受講者は18人までに限定されている。スーパービジョンの科目は，ラボの監督者を養成するためのものである。通常，5人から10人の学生が受講する。

メディア研究ではCM155「視覚と音声の修辞学」を担当している。これは，コミュニケーションの全ての専攻のコア科目であり，カレッジ・コア・カリキュラムの芸術分野の要件を満たすものである。1年次と2年次向けのこの科目は通常，それぞれ35人ずつの2つのクラスに分けて開講される。

さらに，私は2つの独立研究制作科目の設計と監督を行った。「実験的ビデオ制作」と「インタラクティブゲームの設計」である。ニューヨーク州立大学（以下，SUNY）フレドニア校では，独立研究科目は担当授業時間に含まれない自発的な活動と考えられている。

私は通常，40人から45人の学生のアドバイザーを務めている。アドバイス週間には，学生が次の学期の履修科目を決めるのを手助けするため，1人30分の正式な面談を行っている。そのほか，各学期に少なくとも3回，仮及第の学生と正式な面談を行う。

2）カリキュラムの開発

教育活動の中で私にとって特に楽しいのは，新しい授業の企画である。SUNYフレドニア校での最初の学期に，私はCM312「マルチメディア・インテグレーション」を設計し，授業を行った。この科目では，学生たちはMacromedia Directorというアプリケーションを使っていろいろな電子媒体をインタラクティブなプロジェクトにまとめる。同じ学期，私はCM314「マルチメディア・スーパービジョン」も開発した。これはコンピュータラボの監督者にマッキントッシュOS，トラブルシューティングの技法，ラボで用いられる各種のアプリケーションについて教えるものである。この2つはカリキュラムの常設科目となっている（添付資料A参照）。

3）教育の理念，方法，戦略

私の教育の戦略と方法の多くは，メディア制作の科目なのかメディア研究の科目なのかによって異なる。その他のテーマや方法は担当する全ての科目に共通している。

ビデオとマルチメディアの制作

　メディア制作の教師としての私の目標は，学生たちがメディア制作者としての自分の声を見いだすのを手助けすることである。多方面にわたりバランスの取れたメディア制作者になるためには，基本的な技術を身につけ，多様なフィルム作品に触れ，いろいろなスタイルの要素を実験する機会を持ち，フィルムの理論，歴史，批評に精通することが必要である。現場制作の授業では，「視覚と音声の修辞学」で教える理論を取り入れ，それを土台とする。ドキュメンタリー制作の最初の学期では，メディア制作とメディア研究を密接に関連させる。ドキュメンタリーの多様な理論や要素に関する文献を読ませ，フィルムクリップを上映して細かく分析させる。その上で，学生たちはそれに対応した短いドキュメンタリーを制作する。その際，それらの作品が授業で上映されたドキュメンタリーとどのように関連しているかを文章で説明し，読んだ文献のモデルに従って互いの作品を批評する。

　特に重要なのは，基本技術と機材への配慮を身につけることである。それを確実にするために，私は，デモンストレーション，監督下で行う練習，ペーパーテスト，必要に応じて修正するチャンスをもった実地試験を行う。私は，技術やコンピュータの経験が少ない学生も実りある学習ができるように，教室にリラックスした協力的な雰囲気を作るよう働きかけている。また，技術的な分野にジェンダーギャップが生じないよう注意を払っている。グループプロジェクトでおとなしい学生が従属的な立場に追いやられるようであれば，私が役割を指定する。ドキュメンタリーの授業では，全員が制作の全ての面に精通できるように，3つのプロジェクトのうちの2つを個人制作としている。

　「マルチメディア・インテグレーション」の創造的なプロジェクトは全て個人制作である。この授業の主な目的の1つは，優れたインターフェース・デザインの方法を教え，オーサリング・ソフトウェアのスクリプト言語であるLingoに習熟させることである。評価は見た目ではなく機能性によって行われる。

　機能性を強調することによって，アート／グラフィックデザインの技術が高くない学生の負担を軽減することができる。この授業ではアーチストではない学生たちを萎縮させたくないからである。マルチメディア産業の世界でもこのような仕事の分担はなされており，デザインチームとオーサリングチームは異なるメンバーで構成されている。

　私が担当するメディア制作のどの授業でも，メディア制作者を育てるためには，

教師への個別の相談とクラス全体でのディスカッションという形での批評的なフィードバックが欠かせない。学生は，制作中の作品の見方と建設的な批評の行い方について指導を受ける必要がある。完成したプロジェクトの発表と批評により，学生は分析的に対応することが求められる。また，それは，制作者にとって自分の構想を擁護し，意図およびそれを特徴づける批評の枠組みという面で自分の作品について論じるチャンスになる。

　卒業するときには，学生はプロの世界に移行するのに必要なスキルを身につけていなければならない。私はプロとしての行動と業界の標準を強調する。また，独立した制作者に必要な生き残りのスキル，すなわち補助金申請書や提案書の書き方，プロジェクトの売り込み，資金計画，スケジューリング，配給契約／自主配給，プロモーションについても教える。上級の制作科目の課題は，自分の作品集やポートフォリオに取り入れる素材になる。理想的には，卒業制作の作品は学校の枠を超えるもの——各種のフェスティバルに出品されたり，放送・配信されるようなもの——であってほしいと願っている。

メディア研究

　メディア研究の科目で私が目標としているのは，内容の意味を形作り，受け手の知覚を操作するために制作の要素がどのように使われるかという問題を学生に考えさせることである。私が探究する主なテーマは，メディア制作者の意図，知覚に対する文化の影響，およびメディアの倫理である。特に，ヨーロッパと東南アジアで教えてきた私自身の経験に基づき，異なる文化における知覚を強調する。アメリカ人全般，特にニューヨーク州西部の学生はものの見方が非常に偏狭である。

　私は，メディアを理解する最良の方法は制作を試みることだと考えている。そこで，学生たちに，創造性に富んだ作品を制作し，どうしてそのような選択をしたのかを説明する短い作品分析を書くよう求める。文章を書くことは，講義，文献研究，フィルムの上映の統合を促進し，批判的思考を奨励する上でも効果的な手段である。私は，学期全体を通して，ディスカッションの対象とした概念に焦点を絞った各種のメディアの短い分析レポートを書くように求めている（添付資料A参照）。

　私は教室でのディスカッションで意見を交換し合うことを楽しんでいる。私が目指しているのは，全ての知識の源泉となるのではなく会話の交通整理係となる

ことである。私は自発性がクラスにおいて育つように，自分が教える時間を費やすのを歓迎する。ときとして最も刺激に富んだディスカッションはこうした脱線の中で起こる。私のどの授業でも，ディスカッションの際に教室外での経験を利用するよう学生を促している。私自身，しばしば概念をはっきりと示すために自分の人生経験を利用する。この目的の1つは，人生と学問的なテーマをどのように関連させるかについてモデルを示すことである。

4) 共通のテーマと戦略
社会的責任
　メディア制作でもメディア研究においても，重要なのは全ての学生がメディアの力を認識し，社会的責任を持つことである。学生は自分の作品がいかに支配的な文化イデオロギーを反映するか，あるいはそれから脱却するかを認識しなければならない。私は，「視覚と音声の修辞学」で，表現，知覚，固定観念化，文化的優越と多文化，人種差別，性差別について論じる。これは学科全体の必修科目であり，制作クラスに進むために履修が必要とされる科目であることから，他の授業でもこの考え方を基礎にすることができる。マルチメディア制作の授業では，新しい技術が社会に及ぼす影響のさまざまな側面について全員がプレゼンテーションを行う。そのトピックには，プライバシー，検閲，インターネット上での身元確認，商取引，著作権，世界的なデジタル・ディバイド，ガバナンスが含まれる（要請があれば学生の発表の例を提出することができる）。

学習意欲の向上
　私は，成績を上げるために課題やプロジェクトを再提出することを認めている。作品について具体的に批評をし，その課題や将来の課題を改善するために何が必要かを明確に伝える。この方針は，書き直しや再提出が行われる学術誌の慣例や，クライアントが修正を要求するメディア制作業界の慣例に沿っている。
　グループプロジェクトでは，全員が力を尽くすように後押しするため，そのプロジェクトに貢献するために自分が何を行ったかを報告し，グループがどのように機能したかを評価するようグループの全員に求めている。

教室外での学習
　私は頻繁に学生たちと非公式に会い，履歴書やカバーレターを書くのを助けた

り，その学期の学習状況や将来の計画について話したりしている。教室外での学習は，構造化された環境での学習と同じくらい重要である。私は学生たちのメンター†となり，非公式に学生たちと会い，彼らがメディアのプロとしても人間としても成長するよう手助けすることを楽しんでいる。授業評価では，多くの学生が，週末やオフィスアワー以外の時間でも私に相談ができたとコメントしている（添付資料B参照）。私は，コミュニケーション学科の電子メディア制作とビデオ編集のためのマッキントッシュ・ラボであるシェルドン・ラボに出入りし，自分のクラスや他の制作クラスの学生たちの活動を見るのが楽しみである。

5）教育活動の改善
視覚と音声の修辞学

　私はこの科目の手直しを続けている。2000年秋学期，この科目が芸術分野のカレッジ・コア・カリキュラムに含まれることになったため，そのガイドラインに合わせて全面的に編成し直した（添付資料D参照）。

　昨学期には，取り上げるメディアのタイプを増やした。映画に加えて，芸術，広告，インターネットサイト，テレビコマーシャルからも例を挙げるようにした。以前には，学生たちから，この科目は制作コースの学生向けに作られているように思われ，メディア研究の学生にはあまり適していないという不満の声があった。そこで，私は講義の中で，提示される概念とコミュニケーションのあらゆる分野への応用との関係を強調するとともに，学生にもディスカッションや創造的プロジェクトにおいて両者を関連づけるよう促している。また，私は刺激を与えてくれる手頃な価格の教科書を見つけるため，常にさまざまな教科書の検討を行っている。以前の教科書では全ての例が映画とテレビから引き出されていたが，現在は印刷メディアと電子メディアを多く取り入れた教科書を使っている。

　主要な研究レポートに関しては，カリキュラム横断的なライティング・ワークショップから学んだライティング・パートナーの考え方を試みた。学生たちは自分の書いた第1草稿をライティング・パートナーと交換し，相手の草稿に対して批評を書いた。成績評価の対象となるのは，草稿のほうではなく批評の質であった。しかし，この方法の結果は期待外れであった。研究レポートの批評の方法についてクラスで討議していたにもかかわらず，批評の多くは非常に質の低いものであった。結局，私は，学生がそれらのレポートを改善するのを手助けするため，自分で第1草稿の批評を行うことになった。70人のクラスの研究レポートを2度

読むのは大きな負担であった。ふり返ってみると，問題は最初のライティング課題にあったと思う。私は学生に自分のレポートのトピックを選ばせたが，ライティング・パートナーが共通の知識の基盤に立って批評をすることができるように，焦点と方法論をもっと絞っておくべきであった。

マルチメディア・インテグレーション

　学生による授業評価の中で要請を受けたことから，他の領域のスタジオ科目に合わせて，教室内での作業時間を週4時間に増やした。私はその結果にたいへん満足している。学生たちは監督を受けながら教室内でプロジェクトに取り組む時間が増え，プロジェクトの質は一様に高いものであった。また，プロジェクトを売り込み，クライアントと一緒に作業をする上では優れたオーラルコミュニケーションの能力が不可欠であるため，カレッジ・コア・カリキュラムのスピーキング集中科目の要件を満たすように，この科目の内容を修正した。その結果，その要件を満たす科目としてカレッジ・コア・カリキュラム委員会に受け入れられている（添付資料D参照）。

　私は，コンピュータ・スクリプト言語のプログラミングコードを実例で示すため，常にいろいろな教材を作成している。学生たちがいつでもコードを見ることができるように，私が作成したデモ用実例をラボのサーバーに保存している（要請があればデモ用の実例を提出することができる）。

成績評価の向上

　学生の成績評価は私が担当科目の全てで取り組んでいることの1つである。現在では，それぞれの提出物の長所と弱点が学生にすぐわかるように，コメントに加えてチェックシートを使用している。その結果，成績評価の公平さに関して学生から好意的なコメントを得ている（学生の授業評価に関しては添付資料Bを，課題評価チェックシートに関しては添付資料E参照）。

　また，私は2つのカリキュラム評価委員会の委員を務めている。キャンパス全体のカレッジ・コア・カリキュラム芸術・人文評価部門委員会と，学科のコア科目評価委員会である。どちらの委員会でも，私は評価の手段を発展させ，学生の学習達成状況に関する試験的評価の指揮をとってきた（添付資料F参照）。

6）教育活動の評価

ピアレビュー

　私が担当する3つの分野の授業で，他の教員による評価が行われている。リンダ・ブリガンス博士は，「視覚と音声の修辞学」に関する報告書に，「私はケイの素材の提示の確かさ，学生とのかかわり，および科目の内容に対する熱意に感銘を受けた」と書いている（添付資料G参照）。また，「マルチメディア・インテグレーション」を参観したテッド・シュワルブ博士は，次のように記している。

> ……彼女はいかに徹底的に系統だっていることか。ことに，内容（多様な音声手法のコーディング）の特性を考えると，それは重要（かつ困難）である。授業内容もよく整理されていた。彼女は新しいコードのそれぞれを実演するために例を作成していた。コーディングがどのように機能するかを示すために，プロジェクターと黒板の両方を使った。また，学生たちが授業時間以外にラボで作業をするときに使える例を準備していた（添付資料G参照）。

　ドキュメンタリー制作の照明の実演を参観した副学科長のジェーン・ジャクソンは次のように書いている。

> 彼女が提示した素材は明確で，配付資料によって強化された。……彼女は露出寛容度と照明の比率の難しい概念をわかりやすく説明し，実演した。この実践的な活動は，以前の授業内容を強化し，こうしたスキルを伸ばす機会を学生に与えた。彼女の学生たちは，この講義と活動の後には，さまざまな照明の状況に対処することができるであろう。彼女の知識と実践モデルは明らかにうまく機能している（添付資料G参照）。

科目の承認と採択

　私の担当科目の2つが本学の各種委員会に好意的に評価されている。CM155は芸術分野のカレッジ・コア・カリキュラムに採択された。その承認書の中で，教務担当副学長補佐のレン・フォーク博士は，この科目の申請は「すばらしい提案」だったと評している。また，CM312はカレッジ・コア・カリキュラムのスピーキング集中科目として承認された。「卓越した教員」の称号を持つカレッジ・コア・カリキュラム委員会の委員長レイ・ベリオッティは，この科目は「熱烈な支持を得て承認された」と書いている（添付資料D参照）。

19 コミュニケーション学

学生による授業評価

　コミュニケーション学科は，キャンパス評価委員会が作成した標準的な授業評価書を使用している。これには，5 を最高とする 5 段階の評価尺度が用いられている。次の表は，私が担当した科目の最新の学期の評価点である。

科目名	科目の総合評価点	講師の総合評価点
視覚と音声の修辞学（02 年秋）	4.33	4.55
マルチメディア・インテグレーション（02 年秋）	4.55	4.45
ドキュメンタリー制作（02 年秋）	4.36	4.45
ビデオ現場制作（02 年春）	4.38	4.59

　ある学生は次のようにコメントを書いた。

> 私はこの科目が大好きでした。とても面白く，この授業のおかげで，映画制作こそ私の望むものだと認識することができました。私はマクダナー先生のほかの授業も絶対取るつもりです。先生は扱うトピックについてとても熱心で，教えることが本当に好きなのだとわかりました。成績評価は公平でしたし，教室外でもいつも喜んで手助けしてくれました（添付資料 B 参照）。

7) 学生の学習成果

　メディア制作のクラスで大きな喜びが得られるのは，学期初めの課題と最終プロジェクトを比較するときである。マルチメディアの授業の場合，最初のプロジェクトが最小限の双方向性を用いたリニア・アニメーションだったのに対し，最終プロジェクトは全て，ユーザーから見えない複雑なインターフェース・デザインを持つものになった。私は学生たちに，最終プロジェクトでは教室の外でも使い道があるものを作るよう奨励した。何人かの学生はインタラクティブな履歴書を作った。自分たちのバンド用に機能が強化された CD を作った学生もいた（添付資料 C 参照）。ある学生は，インタラクティブな教育的ゲームを作った。この学生は，独立制作研究としてこのゲームを微調整し，見込まれる販売業者を調べ，マーケティング・パッケージを作成した（要請があればこのパッケージを提出することができる）。

　もう 1 つの喜びは，指導した学生や以前の学生から自発的な称賛を受けたことである。「視覚と音声の修辞学」の受講者で私がアドバイザーを務めた学生の 1 人は次のように書いている。

先生は教師とは何かという定義のとおりです。自分の学生に、また自分の担当ではない学生にさえも、いつも喜んで支援の手を差し伸べてくれます。……私が自分の人生で本当にしたいことを見つけるのを手伝っていただいてありがとうございました。それ以来、私の成績はどんどん上がっています。今学期は3.95でした！（添付資料H参照）

8）教育活動の目標

　私はシンガポールのニーアン・ポリテクニックで教えていたとき、表現、知覚、固定観念化、文化的優越と多文化、人種差別、性差別の問題を扱う1年次必修科目「社会の中の個人」の担当教員と密接に仕事をともにする機会があった。毎週、私の1年次向けの科目「映画の歴史」において、「社会の中の個人」で取り上げられた概念を強化することができた。学生が両者を関連づけ、水平的に思考するようになるのを見ているのは本当に嬉しく、満足をおぼえた。私はSUNYフレドニア校でもこのような形のチームティーチングを行いたいと切望している。当学科は自己評価プロセスを継続していることから、このタイプのチームティーチングを促進する方法を見出すことができるだろうと期待している。

　また、来年、映画研究の授業を担当している教員に向けて非公式の集まりかメーリングリストを始めたいと考えている。この分野を教える教員は、コミュニケーション学科、歴史学科、政治学科、英語学科、現代語学科に分散している。私たちは、話し合いの場になる会合やフォーラムがあれば、方法論やリソースを共有できるはずである。

9）添付資料

添付資料A：各科目のシラバス
添付資料B：学生による授業評価
添付資料C：学生のプロジェクト
添付資料D：科目の採択と提案に関する手紙
添付資料E：学生の成績評価チェックシート
添付資料F：評価委員会の業務
添付資料G：他の教員による評価の手紙
添付資料H：学生からの自発的な手紙

20

ティーチング・ポートフォリオ

ブリジット・トーマス（Bridget Thomas）
言語・文学部（Division of Language and Literature）
トルーマン州立大学（Truman State University）
2003年春

目次

1) 教育の責任
2) 教育の理念
3) 学生による授業評価
4) シラバスと試験
5) 教育活動を改善する努力
6) カリキュラムの追加と修正
7) 学生の学習成果
8) 教育活動の目標
9) 添付資料

1) 教育の責任

　私はこれまでにトルーマン州立大学で学部生を対象とした14の科目を教えてきた。全てのレベルのラテン語とギリシャ語および古典の3科目である。これらの科目はそれぞれ何らかの形で，一般教養プログラム，および／または古典の専攻科目，もしくは古典研究，ギリシャ語，ラテン語の副専攻科目にカウントされる。2科目（CLAS361と461）は，古典の専攻学生全員にとって必修である。

　これらの科目の多くが一般教養プログラムの単位となるため，私はほとんどの学期にあらゆるレベル，あらゆる専攻の学生たちと接している。多様な関心を持つ学生たちと触れ合えるのは楽しいことである。教える仕事の喜びの一部は，予期しないところからやってくる。たとえば，数学専攻の学生がラテン語の文章の明快な秩序に気づくのを目にするとき，あるいはギリシャ語の詩を朗読するアフリカ系アメリカ人の学生の声に歓喜の響きを聞くとき，教師としての手ごたえを感じる。私は学期ごとに新たな若い人々の集団に向き合い，彼らが一生にわたる

本物の価値と楽しみを見出せるように学習への真剣な取り組みを促すことを楽しみにしている。

以下に，私が担当してきた科目の完全なリストと，カリキュラムの中でのその科目の位置づけを示す。

科目番号	科目名	カリキュラムにおける位置づけ
CLAS361	ギリシャ・ローマ神話	専攻コースの必修科目；副専攻コースの選択科目
CLAS363	古代の女性とジェンダー	ライティング強化科目；異文化理解科目；専攻／副専攻コースの選択科目
CLAS461	古典科卒業演習	ライティング強化科目；専攻コースの必修科目
GREK100 および101	初級ギリシャ語ⅠおよびⅡ	BA, BSの言語必修科目
GREK200	中級ギリシャ語Ⅰ	BAの言語必修科目
GREK300	ギリシャ叙事詩	専攻／副専攻コースの選択科目
GREK301	ギリシャ演劇と叙情詩	専攻／副専攻コースの選択科目
LATN150 および151	初級ラテン語ⅠおよびⅡ	BA, SAの言語必修科目
LATN250 および251	中級ラテン語ⅠおよびⅡ	BAの言語必修科目
LATN351	古代ローマの歴史家	専攻／副専攻コースの選択科目
LATN353	ヴェルギリウスの『アエネイス』	専攻／副専攻コースの選択科目

2）教育の理念

私は，1998年に本学の教員になったときも良き教師であったが，ここでの教員生活を通していっそう良き教師になったと思う。この大学と本学で学ぶ学生たちについて知るようになるにつれて，私の教育のアプローチは明確になってきた。現在では，次の3点が私の古典教育の成功の要であると考えている。

注意深く批評的な目で主テキストに取り組むよう促すこと

古典という分野は，少数のエリートの占有物だと考えたとき，最もつまらないものになる。中流下層階級出身の女性である私自身，古典学者としてあまり典型的ではない。しかし，そのことから多くのエネルギーを得ている。私は，古代に関する一般的な誤解の陰に潜む仮説に疑問を投げかけるとき，学生にも一緒に考えるよう促す。ほとんどの科目で私はまず，学生たちがそれぞれのテーマについて背景知識を持たないと仮定し，――たとえ多少の背景知識を持っていても――

先入観を捨て，古代のテキストそのものに注意を集中することによって最も多くを学べると明言する。このように主テキストへの注目を強調することは，よくある解釈の落とし穴を避けるのに役立ち，同時に全ての学生がこの挑戦に等しく立ち向かう心構えを持つことができる。

快適で互いを尊重する教室の雰囲気を作る能力

　ラテン語やギリシャ語は難しい教科であり，学生たちはしばしば古典に怖気づいてしまう。それをやわらげるため，私は教室の中に明るく友好的な雰囲気を作るよう努めている。私はしばしば共同作業を強調する。それによって学生たちが共に勉強し，知識を共有し，互いに学びあうのを奨励することになると考えている。文章でコメントをつけるときには常に，肯定的なフィードバックと建設的な批評のバランスを取る。学生の努力を尊重し正しく評価する取り組みの一部として，私はなるべく多く学生の相談に応じられるように，通常のオフィスアワーに加え，ときどき復習時間を設けたり大きな試験の前にはオフィスアワーを増やしたりしている。また，（たとえ些細な文法的な疑問であっても）電子メールで質問するよう促し，すぐに返事をする。学生が自分の進歩の状況や理解のレベルに満足できないときには，私のところに相談に来るよう勧めている。教室の内外で学生に対応するとき，私は常に学生に敬意を払うようにしている。つまり，学生の意見を注意深く聞き，可能な限り，建設的，肯定的に対応する。そして，同様に学生にも，互いに相手への敬意を持って互いの意見を聞き，反応するよう奨励している。

多様性の認識と対応──目標，関心，背景知識，学習スタイル

　履修要件を満たすために私の授業を取っている学生も多いため，学生たちの多様なニーズに配慮することが重要である。私は，クラスの学生を理解することを目指している。第1日目の授業の際に学生たちの関心について尋ね，授業プランの一部をそれに直接的に対応させる。それによって，学生たちに，履修要件を満たすというだけではない学習テーマの重要性に気づかせる。私は，個々の学生が関心を持つ内容に言及すると，結局はクラス全体の関心のレベルを高めることになると気づいている。学生の多様な素質に対応するために，可能な限り，授業内容，情報提示のスタイル，教室での活動，小テストや試験の形式に多様性を取り入れるようにしている。また，担当する全ての授業で，学生たちがいろいろな形

で良い成績を取ることができるようにバラエティのある課題を出している。

3）学生による授業評価

　学生による授業評価は，私の能力，取り組み，教室での実践に関する満足度がかなり高いことを示している。私の本学での最初の9学期の平均評価点は常に学部の平均を上回っている。私はいつも，準備の十分さ，明確な言葉で目的を述べたシラバス，公平性，試験やレポートの返却にかかる時間の妥当さに関して高い得点を得ている。これらは比較的達成しやすいものであり，特にそれを誇りには思わない。私が誇りに思っているのは──そして私が努力しているのは──（上述したとおりの）効果的な教育に関する私のとらえ方に対応する次の5つの質問の回答である。

- 担当講師はそれぞれの専門分野での十分な能力を持っていると感じられたか。
- 担当講師は教える科目について熱意を持っていたか。
- 担当講師は学生の進歩に真剣に関心を持ち，それを積極的に支援したか。
- 担当講師は学生にとって相談しやすかったか。
- 全般的に，担当講師は効果的な教師であったか。

　あらかじめ，これらは先に論じた私の教育理念と完全に一致するわけではないことに言及しておきたい。私の学部では標準化された授業評価を使っているからである。将来はより正確な結果を得るためにこの評価書式にいくつか独自の質問を加えるつもりであるが，現在のところ，「注意深く批判的な目で主テキストに取り組むよう促すこと」は「熱意」と「能力」の組み合わせで，また「快適で互いを尊重する教室の雰囲気を作る能力」は「学生の進歩に真剣に関心を持ちそれを積極的に支援」と「相談しやすい」で測定することができるであろう。「多様性の認識と対応」を測定する基準はないため，ここに「効果的な教師」に対する回答を含めている（個々の科目のデータの要約と解釈については添付資料Aを参照）。

　評価は0から4の5段階であり，4が最高である。

20 古典言語・文学

	初級ギリシャ語	初級ラテン語	中級ラテン語	上級ラテン語	神話	古代の女性
学生数	50	160	56	22	66	37
十分な能力	3.86	3.84	3.86	3.64	3.74	3.89
熱意	3.90	3.83	3.93	3.91	3.83	3.89
積極的に支援	3.74	3.66	3.71	3.73	3.39	3.76
相談しやすい	3.78	3.63	3.71	3.86	3.55	3.81
効果的な教師	3.64	3.49	3.71	3.59	3.32	3.62

　私は，能力と熱意の数値がどの科目でもほぼ一定であるのを嬉しく思っている。私は範を示すことによって学生を奮起させようとしているため，能力と熱意の面で高い評価を保つのは重要なことである。授業で取り上げるテキストは読むに値する——再読にも値する——ものと私が考えていることを学生に知らせることによって，継続的な活動として学習への情熱を彼らに吹き込みたいと考えている。

　これらの数値を見ると，私は少人数の集団のほうが効果的な教育活動を行えるということがわかる。ギリシャ語の1年目（受講者は平均18人）および中級ラテン語（平均11人）の学生は，神話のクラス（平均35人）の学生よりも全体的な満足度が高いと回答している。私にとっては大規模なクラスよりも少人数のクラスのほうが快適で互いを尊重する教室の雰囲気を作るのが容易であるから，それは意外ではない。また，少人数のクラスの学生たちは，自分の学習に対してより大きな責任を持つ傾向がある。つまり，質問をし，自ら教師と接触を持とうとするのである。それでも私は，大きなクラスでの授業に改善の余地があることを認識している。

　以下に，無記名の学生授業評価に書かれたコメントの中で教室での私の教育実践に直接言及したものを示す（全文は添付資料Bに記されている）。

　　ここ2～3年で初めて，私のラテン語と文法の理解が実際に大きく進歩したと感じている。トーマス先生は授業時間以外にも積極的に私たちを手助けしてくれた。先生が学生たちの勉学の成功を本当に気にかけていることは明らかである。（LATN351「古代ローマの歴史家」）

　　テキストがとても面白かった。授業で扱われなかったら決して読まなかったであろう多くのものを読んだ。また，毎週の特集記事がとても気に入った。それは非常に興味深く挑発的な問題を提起するものだったからである。……読書課題のバラエティの豊かさが良いと思った。（CLAS363「古代の女性とジェンダー」）

トーマス先生の力量はいくら強調しても足りないくらいです。ギリシャ語に精通しているばかりでなく，学生が理解できていないときにそれに気づく才能があります。そのようなとき，私たちに理解できる形にして内容を伝え直すのが本当に上手です。(GREK101「初級ギリシャ語Ⅱ」)

ラテン語が面白くなった。私はすでに1年ラテン語を勉強していたが，この授業を受けるまではラテン語を面白いと思っていなかった。トーマス先生は，とても熱心で，学生に合わせた授業をしてくれるので，今は亡き哲学者たちについて学ぶのが楽しかった。(LATN250「中級ラテン語Ⅰ」)

4) シラバスと試験

　優れたシラバスには，学生と教師が互いに何を期待するのかわかるように，明確な言葉でその科目の目的と期待事項が書かれている。添付資料Cに，本学で私が担当してきた14科目のシラバスを示す。それぞれに科目の目的，要件，出席の方針，試験日程のリストが含まれている。添付資料Dにまとめた試験の実例は，学生の多様な学習スタイルに対応するために，私が各種の試験を用いていることを例示している。取り上げたのはLATN250の試験，GREK100の試験，およびCLAS361の試験である。

5) 教育活動を改善する努力

　私の授業はうまくいくことが多いが，後から熟考するのはうまくいかなかったケースについてである。私はできるだけ物事をうまくやりたいと考えるため，そうした失望を改善の機会ととらえる。また，学生の授業評価の中の最も低い点数に目を向ける。それは，私が学生に期待することがらをよりよく伝えること，学生が理解できていない点に気づくこと，および講義の仕方に改善の余地があることを示している。私はこうした点を改善するよう常に努力している。

　私は毎年，いくつかの専門的な会議に出席している。それは地域的な会議（中西部・南部古典学会）であることも全国的な会議（全米文献学会）であることもあり，また具体的なテーマを扱う会議（たとえば，古代のジェンダー，古代ギリシャの女性の服装など）であることもある。発表をするか否かにかかわらず，それらに出席すると必ず新しい洞察やアイディアが得られる。私は，学会から戻るとすぐに，担当授業に関連する内容を学生たちに伝えることにしている。こうした会議にまつわる話を聞くのは学生たちにとって益がある。それは，古典という

分野が今も発展中の生きた学問であること，そして私自身教えると同時に仲間から学んでいることを学生に気づかせるからである。

　こうした専門的な会議に出席する一方，私は教育の問題に関する委員会に定期的に出席している。最近出席した委員会は「Marcus の読解の支援——初級ラテン語から古代ローマの文献講読への橋渡しのアプローチ」と題するものであった（詳細は添付資料 E 参照）。この委員会では，本物のラテン語文献の講読への移行を容易にするには初級レベルを LATN251 の準備の機会として利用すべきであると強調された。私は今では，適切な語彙，文法の概念，その他の背景を早い時期に導入することを通して，目標とする著者の文献を徐々に導入するのが最善の策であると確信している。この委員会に誘発され，私は本学の他のラテン語教員たちに対して，学生の移行を容易にするために LATN251 で読むテキストを再考するよう促すことになった。

　「古代の女性に関する科目の教育」に関する委員会も，カリキュラムの手直しのきっかけとなった。この委員会は具体的な 2 つのテーマをとりあげた。それは (1) この科目を古典の素養を持たない学生たちにとっても意味のあるものにする取り組み，(2) 集団憂鬱症の回避と対策について，である。古代社会が女性の人生をいかに制限していたかにスポットを当てる科目では，クラス全体が落ち込んだ気分になるのはしばしば避けがたいものに思われる。この委員会に参加して以来，私はこの科目（CLAS363「古代の女性とジェンダー」）を大幅に改編し直している。初めて読む主テキストをじっくり考察する余裕を持たせるため，難しい副次的な文献の一部を省いた。また，この科目の目的の 1 つは自分たちの社会のジェンダーの構成を見つめることだと学生たちが認識できるように，過去と現在の類似点を強調している。

　そのほか，キャンパス内のいくつかのティーチング・ワークショップにも出席している。学生の成績評価に関するワークショップにおいて，トム・アンジェロ教授は，学生のライティング能力を向上させる有益な会話は下書きに対する学生の評価と教師の評価を比較することから始まると強調した。評価が分かれる部分は，期待されることや改善の戦略について話を始める格好の出発点である。

　私は，CLAS363「古代の女性とジェンダー」で，アンジェロ博士が配った評価書式の例を手直しして利用し，大いに成功している。また，CLAS461「古典科卒業演習」で，ピアレビュー用の評価書式を利用している（添付資料 E および G 参照）。そのような書式は，ライティングに関する会話を促進するばかりでなく

──期限までに十分に余裕のある時点で学生にそれを渡せば──学生はその課題に対する私の期待を明確に知ることができる。

最後に，私は，科目別ホームページを作成するための Course Info の利用に関するワークショップに参加して以来，担当するほとんどの科目のホームページを定期的にメンテナンスしている。私は，インタラクティブな練習問題，更新されたシラバス，追加的な復習教材，オンラインでの科目概要説明，現在の課題の一覧などを共有するためにこれらのホームページを利用している。

6) カリキュラムの追加と修正

私はトルーマン州立大学で2つの新しい科目を開発した。「古代の女性とジェンダー」(CLAS363) は，一般教養プログラムの異文化理解分野とライティング強化分野の要件を満たし，古典専攻コース，および古典研究副専攻，ギリシャ語副専攻，ラテン語副専攻，女性学副専攻コースの選択科目になっている。CLAS 363 のシラバスは，ライティング強化科目としてピア・リーディングとピア・レスポンスが用いられていることを示している。学生は，1学期の間に6回，古代のジェンダーに関する学問的なディスカッションを要約・分析し，それへの意見を書く短いレポートを交換し合う。もう1つの新しい科目「ラテン語の散文作文」(LATN450) は，主専攻と副専攻の各コースの選択科目である（これらについては添付資料 E 参照）。

私は，本学で初めて上級ラテン語を教えたとき，難しい文に出会うと自分のスキルや背景知識を使って困難を乗り越えようとせずにあきらめてしまう傾向が学生たちに見られることを残念に思った。そこで，2度目の上級ラテン語 (LATN 351「古代ローマの歴史家」) を担当することになったとき，「the Puzzle」という新しいタイプの課題を作った。翌週の勉強のための宿題を出すとき，翌週の「the Puzzle」も渡した。これには，特に難しい文章と，文法的な解説，および学生が問題の解決に至るのを手助けするように考えられたいくつかの質問が書かれている。学生は，次の授業でその文について話し合う前にその答えを書いてくることが求められる。その結果，ほとんどの学生はその得点が徐々に上がってきた。つまり，この課題は復習に役立つことが明らかになっているのである（「the Puzzle」の例は添付資料 E 参照）。

「中級ラテン語Ⅱ」(LATN251) は，本学でラテン語を学ぶ多くの学生にとって最後のラテン語科目になる。彼らの最後のラテン語体験を意義あるものにする

ため，同僚（アレックス・テトラック）と私は，教室で読むものと教室外の関心を結びつけるよう促す一連のプロジェクトを考案した（添付資料Fにプロジェクト課題の全文が含まれている）。その結果はとてもすばらしいものだった。この学期，ある学生はアプレイウスの「キューピッドとプシュケー」を基に弦楽とマリンバの音楽を作曲し，別の学生はオヴィディウスが語る「アポロンとダフネ」の「映画用サウンドトラック」を作った。カトゥルスの特に荒々しい詩をまね，気分の移り変わりの激しい曲をバンジョーで演奏した学生もいた（数人の学生のコメントが添付資料Fに記されている）。

7) 学生の学習成果

2000年10月，私は，中西部・南部古典学会南部支部の学部生パネルの一部として論文を発表する学生とともに，ジョージア州アセンズに赴いた。この論文は，CLAS363の成果であった。2000年3月，私がメンター†となったLATN351の学生3人が，トルーマン学部生研究シンポジウムで論文を発表した。これらの学生は全員，古典または関連分野の大学院に進んだ。

添付資料Gは学生の試験とレポートの実例である。LATN250とGREK101の特に優秀な学生の最終試験に加え，CLAS363の優秀なレポートの例——第1草稿と改訂後のレポート，および私のコメント——を取り上げた。草稿にも改訂後のレポートに評価書式が添付されている。

8) 教育活動の目標

第1に，私は自分の教育活動についてもっと洞察を得たいと考えている。そこで，自分の弱点と長所をよりよく知るため，いろいろな形式での私の教育を誰かに観察してもらいたいと考えている。私は今後12ヶ月の間に，ファカルティ・ディベロップメント・ディレクターの支援を得て，この参観を手配するつもりである。

第2に，学生たちがそれぞれの言語を学ぶ初期に原書を読むことができるように，教材の作成を続けるつもりである。特に，最も興味深い詩が含まれていない現在のテキストに代わるものとして，精選されたカトゥルスの詩を読むための注釈と語彙集を作成しようと計画している。これは持続的な企画になるが，次にLATN251を教えるとき（2005年春学期）までに草案を完成させる予定である。

第3に，神話学の授業に視聴覚的な補助を取り入れたいと考えている。そのた

め，私は，最近のギリシャ旅行の際に撮影した数百枚の写真をJPEGファイルとして保存している。昨学期，学生たちがこのコレクションの作成を手伝ってくれた。視覚的な要素を日常的かつ正式に授業に取り入れることにより，指導と学習の両方を大きく向上させることができるだろうと感じている。

9）添付資料

添付資料A：学生による授業評価の要約と解釈
添付資料B：無記名の学生授業評価に書かれたコメントの抜粋
添付資料C：各科目のシラバス
添付資料D：試験の例
添付資料E：カリキュラムの追加と修正
添付資料F：学生の学習成果——LATN251のプロジェクト
添付資料G：学生の学習成果——優秀な試験とレポート

21

ティーチング・ポートフォリオ

サリー・L. フォルテンベリー (Sally L. Fortenberry)
准教授兼学科長（Associate Professor and Department Chair）
デザイン・マーチャンダイジング・繊維学科（Design, Merchandising, and Textiles）
テキサスクリスチャン大学（Texas Christian University: TCU）
2003 年春

目次

1) 教育の責任
2) アドバイザーとしての活動
3) 私の教育の理念
4) 教育の方法，戦略，目標
5) シラバス，プリント，課題を含む独自の教材の説明
6) 教育活動を改善する努力
7) 学生による授業評価の評点
8) 学生の学習成果を示す根拠
9) 教育活動の認知
   ・専門領域の専門家からの認知
   ・現在および以前の学生からの認知
10) 教育活動の目標──短期的目標と長期的目標
11) 添付資料

1) 教育の責任

　学科長である私は，担当時間数が毎学期1科目削減されている。その結果，それぞれの学年度に5科目しか教えていない。この学科における私の専門分野はマーチャンダイジングと繊維の課程に含まれる。私が担当している全ての科目は，この課程を専攻するファッション・マーチャンダイジングの学部生の必修科目である。この課程を副専攻とする学生，または選択履修単位を望む学生も，これらの科目を履修することができる。また，数人のMBA学生がMBAプログラムの

選択履修単位として起業の科目を履修している。私はこれらのクラスを1学年度の各学期に1回しか教えていないため、平均受講者数は30人から60人とばらつきがある。秋学期、私は以下の科目を担当している。

DEMT40243　繊維製品とアパレルの国際貿易
　4年生が秋のうちにインターンシップを終えるよう計画されているため、この科目は学期前半に集中する形で開講される。典型的には、秋学期の最初の8週間、週5時間の授業が行われる。この科目の受講者は通常40人から60人である。

DEMT40286　ファッション・インターンシップ
　この科目は、秋学期の最初の8週間または夏学期の最初の週に、4年生がインターンシップの職場研修を開始する前に集中する形で開講される。教室での学習のセクションが終わったあと、私はインターン生一人一人の研修先に出向き、毎週の進捗報告書と評価を通して学生およびスーパーバイザーと連絡を保っている。学期の終わりには総括セッションの進行役を務める。夏学期の受講者は通常15人から20人、秋学期の受講者は30人から40人である。

　春学期、私は以下の科目を担当している。

DEMT30091　キャリアディベロップメント
　3年次向けのこの科目は、インターンシップのための必要単位となっている。これは、学生たちに就職活動に備えた準備をさせ、産業界に職を得るのに必要なリソースを与えるため、週1回開講される。受講者は通常40人から60人である。

DEMT40013　起業家精神
　この科目は主に、デザイン、マーチャンダイジング、繊維産業に関連した起業の難しさとやりがいについて考えるものである。これは大学カリキュラム要件である批判的探究の授業であり、最終プロジェクトとして経営計画を作成することが求められる。受講者は通常45人から60人である。

DEMT40263　商品買い付け
　この科目の中心は応用会計学であり、商品買い付けプロセスに用いられる数式

21 デザイン・マーチャンダイジング

に焦点をあてている。受講者は 45 人から 60 人である。

2) アドバイザーとしての活動

　私は，専攻学生，副専攻学生，新入生および転学者のアカデミックプログラムに関して助言を行う責任を負っている。過去 3 年間，毎学期 70 人以上の専攻学生の助言を行ってきた。私がアドバイザーを務める学生の数は増え続けている。私は，TCU 教務サービスセンターが主催する多数の助言ワークショップに参加し，学生に適切な助言をするために必要な戦略を学んできた。私が前回アドバイザーとしての活動について評価を受けたのは，1995 年，テニュア†を持つ教員の正式な審査のときであった。そのときに現在の学生から得られたコメントを**添付資料 K** として示している。これは，審査プロセスの一環として，私の助言スキルに関する一連の質問に答えるよう，学科長から学生に要請されたものであった。

3) 私の教育の理念

　私は，学生が提示された情報を学び，自分のものとして吸収し，現実の状況に応用できるようになるのを手助けしようと努めている。自分にも全ての学生にも高い期待を持ち続け，できる限り公平で客観的であるよう努力し，教師と学生の勢力争いを排除しようとしている。私は，教室の中に生産的な学習を導く環境を作り上げるのが必要だと考えており，質問を奨励し，誘い出し，多様な意見を称賛する（**添付資料 F** 参照）。また，私は大学の教員およびアドバイザーとしての第 1 の使命は，学生が自ら行動し，独立して考え，自分の能力と特質に自信を持つ人間になるよう手助けすることだと信じている。

　私は常に受け入れ歓迎の方針を貫いている。また，学生たちに，私が何らかの形で力になれるならば自宅でも職場でもかまわず相談するように奨励している。私は，授業が終わったときに自分の「仕事」が終わるとは考えていない。教室の中でも外でも学生の学習プロセスに力を貸すことが不可欠だと考えている。また，学生たちが学業を終え，自分の選んだキャリア分野での学習プロセスを開始したあとにも，学生と個人的に連絡を取り，相談に乗るようにしている（**添付資料 G** 参照）。

4) 教育の方法，戦略，目標

　私が担当する科目はそれぞれが大きく異なるため，各科目に必要とされる内容に従って多様な手法を取り入れている。

- 全体として，全ての学生に自分の学習の到達度を示すチャンスを与えるため，学生によって異なる評価をする課題を出す。学生は必ずしも試験が得意とは限らないからである。
- 買い付けを除く全ての科目で少なくとも1つのプロジェクトを行い，教室で学んだ知識をプロジェクトに応用するよう求めている。
- それぞれの科目が関連する業界の各側面に関して，頻繁にゲスト講演者を招いている。現場で働いている専門家はその分野で本当に学ぶべきことを補強することができるため，この方法は非常に有効である（添付資料H参照）。
- 自分が教室で話していることがらをわかりやすく示すために，視覚的なもの——ビデオ，オーバーヘッド，スライド，パワーポイント，実例——を用いている。この業界の多くは視覚的なスキルを必要とすることから，これは重要であると考えている。
- 大学で教鞭をとる前に繊維業界とアパレル業界の両方でいくつかの立場で働いていた経験を生かし，私自身の実例の利用に努めている。
- 講義，ディスカッション，教室内での共同作業，学生主導の発表といった形式を取り入れている。毎回の授業に多様な方法を用いるのは，学生がそれぞれ自分に最も適した学習スタイルで内容を把握できるようにし，また退屈な授業になるのを避けるためである。

　私の指導は心から学生たちのためを思ってのことであることを，学生たちに知ってほしいと考えている。私が厳しい課題を出し難問に挑ませるのは，彼らが社会に出てキャリアの出発点に立ったとき，それを求められることを知っているからである。何事も学び取る姿勢を持ち，学ぶことに喜びを感じるようになってほしい。キャリアをスタートしたときそれは価値あるものになる。私は，ただ試験に合格するために知識を暗記したり，与えられたプロジェクトを完成させたりするだけではない，生涯にわたる学習への情熱を学生に植えつけたいのである。そのため，私は，

- 情報を暗記するだけではなく，それを吸収して自分のものとするよう学生に促している。その情報がどのように応用されるのか，関連する例を示してい

21 デザイン・マーチャンダイジング

る。
- 主要な試験のために復習プリントを渡している。
- 学生に自分の習熟度を示すための多様な方法を与えている。試験，小テスト，プロジェクト，デモンストレーション，教室での参加など。
- 教室の外でも学生を指導している。特に買い付けの授業では，数学恐怖症の学生が多いため，こうした学生の指導が多い。
- 試験の前や大きなプロジェクトの期限の前をはじめ，学生たちが支援を必要とするときには私に電話することができるように，自宅の電話番号を教えている。
- 教室で学生を励ます言葉を使い，新しい概念に取り組む学生に忍耐強く接している。
- 何を中心に勉強していけばよいかが学生たちにわかるように，試験の答案を学生といっしょに見直し，正しい答えや用いるべきだったプロセスについて説明している。
- 毎回の授業で何を期待され，何が行われるかが学生たちにわかるように，非常に詳細なシラバスと授業スケジュールを渡している。

5）シラバス，プリント，課題を含む独自の教材の説明

国際貿易

この授業では，自由貿易または保護主義に賛成するかしないかについて独自のポジションペーパーを書くよう求める。学生たちは，両方の立場の賛成意見と反対意見を学んだ後，学期の終わりにこれを書く。私は，学生たちが学んだことを自分の価値体系に取り入れる上でこの課題が真に役に立つと考えている。これは多くの場合，学生たちにとって目を開かせられるような経験になる（シラバスと代表的な課題については添付資料Aを参照）。

起業家精神

この科目では最終的な経営計画を導く小規模ないくつかのプロジェクトを実行する。学生は，自分が立ち上げたい企業とその競争相手になるであろう実際の企業との比較分析を行う。また，税の許可証，基本定款，保健省の許可，労働安全衛生法の要件，FICAの情報など，会社設立に必要な書類を揃えるプロセスも経験しなければならない。自分の会社を設立するのがそれほど単純なことではない

と彼らが実感するのはこのときである。また，企業家にそれぞれの事業の内容や成功と失敗について聞くインタビューも行う（シラバスと代表的な課題については添付資料Bを参照）。

キャリアディベロップメント

　この科目は，8つ程度のプロジェクトで構成され，最後にインターンシップの受け入れ先が決定する。学生は，履歴書を作成し，添え状，礼状，受諾または断りの手紙を書き，働きたい企業に関するレポートを書き，少なくとも3つの会社で面接を受け，TCUのキャリアサービス課に登録しなければならない。このクラスで学ぶことは全て，そのプロジェクトに応用される。希望の会社にインターン生として受け入れてもらえるかどうかがこの授業の最終結果になる（シラバスと代表的な課題については添付資料Cを参照）。

商品買い付け

　この科目で学生が行う唯一のプロジェクトは，自宅で行う練習問題と各章の終わりのテストである。教室にバイヤーを招いて話をしてもらうほか，ときどきクラス全員で小規模な小売店を訪れ，買い付けのプロセスについて話し合う（シラバスとプリントについては添付資料Dを参照）。

インターンシップ

　インターンシップのうち10週間にわたるフルタイムの実務研修は，学生が大学でその時点までに学んだこと全てを応用する一大プロジェクトである。実務研修後には，最終レポートを書くのに加え，インターンシップで達成した全てのことがらを目に見える形でまとめるためのポートフォリオを作成することが要求される。これは就職活動に用いられる（シラバスと課題群については添付資料Eを参照）。

6) 教育活動を改善する努力

　繊維・アパレル業界は動的でグローバルな性格を持っている。したがって，用語，教材，授業で提示する情報は常に最新のものにしておく必要がある。私が担当する科目では，概して，教室で得られた知識の専門的な応用に重点をおいている。したがって，私は，ワークショップを通して公式に，または昼食会などを通

して非公式に，業界の専門家たちとのコミュニケーションを維持することが不可欠であると考えている。繊維・アパレル業界の専門家とのネットワークを積極的に維持することによって，キャリアのチャンスと業界の現実について学生たちによりよく指導することができる。

　専門領域で時流についていくために私が選んでいるさまざまな方法がある。TCUは繊維・アパレル産業の主要な市場である大都市圏に位置することから，私の教育分野に直接関わる地元でのセミナー，ワークショップ，会合の多くに参加することができる。

7) 学生による授業評価の評点

　学生による授業評価の結果が以下の表にまとめられている。学生による授業評価は，毎学期実施される。

DEMT40243　繊維製品とアパレルの国際貿易

評価尺度：1-5；　1＝良くない，5＝優秀である

学期	回答者数	全クラス平均 (1)　　(2)	学科の平均 (1)　　(2)
97年秋	23／28	4.70／4.70	4.23／4.17
98年秋	22／23	4.68／4.50	3.95／3.93
99年秋	授業が集中的に行われ，最初の8週間で終了するため，10月15日の最終授業日までに評価を実施することができなかった。		
00年秋	40／40	4.55／4.45	3.86／3.77

注：(1) 学科内の全ての講師との比較
　　(2) 学内の全ての講師との比較

学生のコメント

　　　フォルテンベリー先生の授業はとても面白くわかりやすかった。私たちが理解できなければ，理解できるまで何度でも教えるのを厭わなかった。復習のしかたを教え，学生が成績を上げるたくさんのチャンスをくれた。試験は公平で，教室で何度も取り上げた内容がカバーされていた。

　　　フォルテンベリー先生はいろいろな文化的背景を持つ学生の意見を取り入れるのがうまい。先生は，教えている内容と現実の世界を結びつけて，重要性を強調する。専門家としての立場を維持しながらも，学生のレベルに降りてきてくれ，引き換えに学生から受け取るものを尊重する。

DEMT40263　商品買い付け

学期	回答者数	全クラス平均 (1)　　(2)	学科の平均 (1)　　(2)
97 年春	25／25	3.54／3.50	4.25／4.22
98 年春	18／21	4.56／4.50	4.02／4.00
99 年春	34／38	3.76／3.74	4.17／4.10
00 年春	29／36	3.32／3.24	3.73／3.68
01 年春	41／59	3.93／4.02	3.83／3.77

注： (1) 学科内の全ての講師との比較
　　 (2) 学内の全ての講師との比較

学生のコメント

先生は内容をとてもよく説明してくれた（特に私は「数学」が得意ではないからである）。いつでも喜んで後に残り，私が理解できない問題について教えてくれた。

教科書の中では時としてわかりにくい内容を，私たちが理解・納得できるレベルで示してくれた。いつでも快く私たちを手助けしてくれ，私たちが概念を確実に理解できるようにしてくれた。私はこの授業で多くのことを学んだので，実際にキャリアの中でこれを使えると感じている。

DEMT40013　マーチャンダイジングと繊維の起業家精神

学期	回答者数	全クラス平均 (1)　　(2)	学科の平均 (1)　　(2)
97 年春	18／18	4.50／4.50	4.25／4.22
98 年春	学科長になり担当時間が1科目削減されたため，この科目は助手が教えた。		
99 年春	28／32	3.56／3.59	4.17／4.10
00 年春	23／35	3.57／3.55	3.73／3.68
01 年春	45／59	4.20／4.09	3.83／3.77

注： (1) 学科内の全ての講師との比較
　　 (2) 学内の全ての講師との比較

学生のコメント

フォルテンベリー先生は情報の宝庫だった！　業界のことをとてもよく知っていて，学生一人一人の学習を気にかけてくれる。

先生は学生に教えることに情熱を持っていた。また，外部の講演者をたくさん招いてくれた。それはとても面白く，有益で，間違いなく授業を中身の濃いものにした。

21 デザイン・マーチャンダイジング

　キャリアディベロップメント開発とインターシップでは，講義中心の科目に用いられる評価方法が当てはまらない部分が多いため，担当講師によって作成された独自の評価書式が用いられている。また，大学全体としてこれまでとは異なる「学生による授業評価」の新書式が採用されたことから，最新の評点はここに提示されていない。学生による評価の全ての数値とコメントは**添付資料 I** に記されている。

8）学生の学習成果を示す根拠

　私は過去 14 年間に TCU で教え助言した学生の大部分と連絡を保っている。これらの学生の多くは現在，フォートワース，ダラス，ニューヨーク，ロンドン，カリフォルニアの繊維・アパレル業界で管理職についている。また，こうした学生の中で，私の現在の学生のインターシップのスーパーバイザーを務めている人々も多数にのぼる。ここに，成功している元学生の例を示す。

- アジリ・アキ *DNR* ファッション部門副編集長，ニューヨーク
- ディーナ・ガイルス，NBA ストア総支配人，ニューヨーク
- ニコル・ダバート，ダラスのリリー・ドッドソン／エスカーダのマーケティングディレクター兼アシスタントマネージャー
- ドナ・R. ヘイル，フォートワースの Pier 1 Imports のビジュアル・マーチャンダイジングディレクター

　以前の学生の何人かは大学院に進み，繊維・アパレル分野の高等教育の一翼を担っている。キャロル・ブレイロック，Ph. D., エレン・マッキニー，M. A., ステファニー・ベイリー，M. A. およびニコル・ベッティンガー，M. S. は，TCU の教育課程の助手を務めてきた。ブレイロックは現在，テキサス州サンマルコスのサウスウェスト・テキサス州立大学の准教授である。また，エレン・マッキニーはダラス芸術大学で教えている。**添付資料 G** に以前の学生からの手紙，**添付資料 L** に学生の職業に関連する記事や作品がまとめられている。

9）教育活動の認知

専門領域の専門家からの認知

　私は各種の発表，レビュー，教科書の編集を依頼されているほか，私の教育活動に直接関連する論文が査読の上で受け入れられている。以下は，私の教育能力

に関して得られた認知の例である。

- ダラス国際アパレル市場バイヤーシンポジウムで，「店舗の利益計画」について講演するよう要請された。
- テキサス州教育連盟の年次総会で，中学・高校の家庭科教員向けに「グローバル経済の中での米国の繊維・アパレル業界」に関する2つの教育ワークショップを行うよう要請された。
- テキサス教育連盟から，テキサス州の公立中学・高校の家庭科教員が使用する「繊維・アパレルの生産・管理のテキストと参考書」の編集主幹を務めるよう要請された。
- 繊維・アパレル業界および技能と教育を身につけた労働力の必要性について，テキサス教育局のネットワークを通して州内の全ての学校に放映される教育ビデオに，専門家として登場するよう要請された。
- TCU学部長教育賞の社会科学部門の候補者にノミネートされた。
- College Board 出版の2003年レファレンスマニュアルのために繊維とアパレルに関する概要書を書くよう要請された。

また，繊維・アパレルの国際貿易と外国製品の消費者の受け入れに関する私の教育活動に関連して，テキサス州教員連盟の年次総会で2度目の発表を行った。これらの資料は**添付資料J**にまとめられている。

現在および以前の学生からの認知

TCUでは，自分の人生に影響を及ぼした教職員に敬意を表するために4年生が大学に金銭的寄付をする「4年生感謝プログラム」が1990年に創設された。以来，私は30人の4年生から感謝する教職員に選ばれている。これは特別な栄誉であり，教師・メンター†として自分が行っていることが間違っていないと確認させてくれるものだと考えている。私に対する感謝を示す手紙の1つが**添付資料J**に含まれている。

1999年秋および2002年春，私は以前の学生たちから，TCU同窓会におけるTCUワッセニッヒ・メンタリング†賞の候補者として推薦された。これは，卒業生に対して，個人的支援，勉学とキャリアに関する支援，学習への積極的な関与の奨励，役割モデルによって自分の人生に影響を及ぼした個人を指名するよう求めるものである。その評価の手紙が**添付資料J**に含まれている。

21 デザイン・マーチャンダイジング

10）教育活動の目標——短期的目標と長期的目標

短期的目標

- 毎学期，成果の評価を念頭におきながら，担当する多様な科目，特にDEMT 30091「キャリアディベロップメント」，DEMT40243「国際貿易」，DEMT 40263「商品買い付け」，DEMT40013「起業家精神」，DEMT40286「インターンシップ」に関して，内容と教育方法の評価を続ける。
- 受講者数が現在のレベルを維持するならば，大きなクラスを教える効率的な方法を探る。

長期的目標（学科長の任期終了後）

- サバティカル休暇を取り，担当する科目分野に関連した指導インターンシップを修了する。
- 国際貿易の授業を強化するためにTCUが行っている「国際研究プログラム」（Global Study Program）の1つに参加する。
- 私の現在の授業に関連したウェブベース指導の利用を探求し，TCU教育センターを通して提供される研修に参加する。

11）添付資料

添付資料A：DEMT40243「国際貿易」
添付資料B：DEMT40013「起業家精神」
添付資料C：DEMT30091「キャリアディベロップメント」
添付資料D：DEMT40263「商品買い付け」
添付資料E：DEMT40286「インターンシップ」
添付資料F：現在の学生からのコメントと手紙
添付資料G：以前の学生からの手紙
添付資料H：ゲスト講演者のお知らせ
添付資料I：学生による授業評価
添付資料J：教育活動の認知
添付資料K：アドバイザーとしての活動
添付資料L：学生の学習成果を示す根拠

22

ティーチング・ポートフォリオ

エイミー・E. セルディン（Amy E. Seldin）
教育学科（Department of Education）
ウェストフィールド州立大学（Westfield State College: WSC）
2003年春

目次

1) 教育の責任
2) 教育の理念
3) 教育の方法と目的
4) 学生の学習意欲
5) コミュニティ・アウトリーチ
6) 学会活動
7) 学生による授業評価
8) 教育活動を改善する努力
9) 学生の学習成果
10) 目標
11) 添付資料

今年は私にとって大学での教員生活の1年目である。私のポートフォリオにはウェストフィールド州立大学での今年のデータのみが含まれている。

1）教育の責任

教育学科における私の教育の責任は，リーディングとリテラシーに関する学士課程および大学院課程の科目を教えることである。リーディングの方法論を扱うEDUC303「初期のリテラシーとリーディング」は，初等教育・幼児教育専攻の3年生全員の必修科目である。平均的なクラスの規模は25〜39人である。

学士課程のEDUC335「リーディングの個別指導」，EDUC317「読字障害の分析と対応」，および大学院課程のEDUC662「リーディング指導の革新的実践」は，リーディング専攻コースの選択科目であり，平均的なクラスの規模は11人から

20 人である。

　教室での授業に加えて，私は，地元の学校区でリーディングに関するフルタイムの教育実習を行う大学院生のスーパーバイザーを務めている。スーパーバイザーとしての私の役割は，大学と小学校の連絡窓口，大学側のメンター†，院生および現場のリーディング教員の協力者となることである。私は各学校を訪れ，教員と教育実習生に会い，実習生が教えるリテラシーの授業を観察・討議し，実習生と小学校教員の両方を支援している。小学校を訪問するのは楽しく，毎回，学校・教師・生徒・校長との多様な関わりとリーディングプログラムの多彩さ，そして子どもたちにリーディングを教える上でのそれらの組み合わせの豊かさを実感している。

2）教育の理念

　全ての子どもが読みを学ぶことができるということ，そして全ての人が学ぶことができるということが私の信念である。教師の仕事とは，**全ての生徒が学ぶのを手助けすることである**，というのが長年抱いてきた私の信念である。他の生徒が学ぶような形で学べない生徒がいれば（たいていの場合そうである），その生徒が教材にアクセスし使えるように練習する他の方法を見つけ出すのが私の仕事である。これはリーディングに苦労している人々，大学生，大学生としての年齢をとうに過ぎた大人，それらの中間にいる人々全てに当てはまる。学生たちに全ての生徒に教えるのだという意識を持たせ，他の生徒と同じ形では学べない生徒に教える方法のレパートリーを広げさせることが，教員養成者としての私の仕事である。

　教員養成者である私にとって，あらゆるタイプの生徒に対するリーディングの教育と学習に関して，私自身の経験，関心，バイアスを認識することが重要である。また，学生たちにとって，生徒としての自分の経験をふり返り，教育と学習に関する自分の仮説を考察し，人種，民族的背景，第一言語，身体的能力，学習能力の異なる子どもたちに教えることに関する自分の信念とバイアスに気づくことが重要である。

　教える内容と指導プランを知ることは確かに重要である。しかし，観察し，耳を傾けることも重要である。学生が教室に持ち込むものを調べ，学生の生活をその学習に取り入れることが私の仕事である。教師である私たちは，魅力あるクラス，授業，ディスカッションを作り出すこと，また，関心と意欲を持つ学生たち

が参加し，聞き，反応し合う共同体を築く必要がある。

　教師にとって——日々，そしてある程度の期間ごとに——自分の仕事をふり返ることが重要であると私は固く信じている。自分がどうしてそのように考え，教えるのか，慎重に内省することから多くを学ぶことができる。自分の仕事に関する内省と他の教師との話し合いは，教師としての自分の成長の糧である。結局のところ，効果的な教師とは生涯にわたる学習者なのである。

　私は，全ての学生が，たとえ自分自身リーディングが大好きではなくとも，優れたリーディングの教師になれると認識することが重要だと考えている。また，他者に教えることを学ぶ中で自分のリーディング能力も向上すると私は考えている。学生たちは，仲間や私からのフィードバックを得ることで学ぶのである。

3）教育の方法と目的

　人は，聞く，話し合う，観察する，練習する，口頭または文章でふり返るという，多様な様式またはその組み合わせで学ぶ。異なる手段を使うことによって，学生はより完全に概念や指導法や戦略を理解することができる。学生は，教材について話し，書く（考える）ことによって学ぶ。教室の内外で，教材や教育方法の問題や疑問点について話し合う機会を持つことが重要である。私は，毎回の授業に，学生がリーディングについて以前に書いた問題について質問する時間，あるいは質問について書き，教室の中でそれを仲間たちと話し合い，会話の中で提起された考えや問題点をペアで共有する時間を設けている。自分の考えを形にし，表現しなければならないということが，自分に対しても他者に対してもそれを明確化するチャンスになる。

　私は多様な教育方法を用いており，毎回の授業に，講義，ディスカッション，小グループでの活動を取り入れている。講義／ディスカッションを利用するのは，リーディングに関する理解度と意見を確認し，学校で観察したことを発表させるためであり，少人数または大きなグループでの活動は，学生に理論，概念，戦略の理解を明確化する機会を与えるためである。

　どの科目でも，学生に1学期間ずっと探究ノートをつけさせている（添付資料A参照）。これにはリーディングに関する問いへの反応，要約，答えを書くほか，疑問点も書き留める。私はこのノートに書かれた学生の対応や疑問点を読み，学期に何回か，「会話的な」スタイルの文章でそれに対応する。また，私は，フォウンタスとピンネルの *Guided Reading*，リーディング研究センターの *The Reading／*

Writing Connection といったビデオ，Kid Phonics，A to ZAP などのコンピュータ・ソフトウェア，ブローダーバンドのトーキングブックなどを教材として使い，学生に詳細な検討と批判をさせている。課題を出すときには，明確な課題のガイドライン（添付資料 B 参照）を配布し，満点を取るための基準を伝える。また，しばしば授業中に，学生が課題について討議し，互いにフィードバックを得る時間を設けている。

　私は，授業が停滞しないようにするため，たいてい 1 回の授業の中で複数のことを行う。講義やディスカッションのほか，教員がモデルを務める授業への参加，授業案の作成，授業やアイディアの発表とフィードバック，質問と答えなど，少人数，個人またはクラス全体の活動を行っている。

　私の授業で，学生たちは，教室で生徒に対して行う各種のリテラシー評価方法について学ぶ。たとえば，ランニング・レコードと誤謬分析，リーディング・カンファレンス，リーディング・インタビュー，リテリング（retellings），逸話的注記（anecdotal notes）などである（添付資料 C 参照）。学生たちは教室内でいくつかの評価を練習した後，小学生 1 名を対象にそれを実行し，発見事項を分析し，わかったことやわからなかったことについて省察する。評価と分析／省察を実際に行うことは，学生がリーディングのプロセスとリーディングの教育について十分に理解するために不可欠である。

　私は，学生にリーディング指導の型や手法を教える際，それをモデル化し，学生に実践させる。たとえば，単純に文学作品のディスカッショングループについて話すだけではなく，学生たちに 1 つの小説を選んで自分で読み，そのテキストについて（小学校の授業で行うように）ディスカッションの準備をして講義を受けるよう求める。その後，大学生として実際に文学作品のディスカッショングループを行うことをどう感じたか，そして小学校の自分の教室でそれを準備し進行役を務めるのはどのようなことだと思われるかについて話し合う。

　可能な限り，私は具体的な例を提示する。たとえば，Basal リーディングシリーズの本，多様なリーディングの方法を説明するモデル授業，効果的な教材，アクティビティ，考え方をわかりやすく説明するために提示する教室での私の教育経験，教師としてまた学習者として学生が教室で経験したことがらなどである。

4) 学生の学習意欲

　私は，授業中，学生が何を知っているのか，どのような授業経験を持っている

のか，教室で何を観察してきたのかを見いだそうとする。学生たちに対し，彼らの経験や考えは重要であり，教室でそれをみんなに聞かせてほしいと伝える。また，私たちはみな一緒に学んでいるのだと述べ，学んでいる事項を学生たちが既になじんでいる事項と結びつける。

　私は学生に，私のオフィスに来てプロジェクト，コースワーク，関心，問題について話し合うように奨励している。また，私は情報源の1つであり，研究を行ったり発表のアイディアを整理したりするのを手助けできるということをわかってもらうため，それぞれの発表グループに対して私に相談に来るように求めている。フィードバックを与えた後には，提出した課題を改善する機会を与える。私は，学生が成功感を得ることができるよう，常に必要な支援を与えている（添付資料 E 参照）。

5) コミュニティ・アウトリーチ

　2003 年 2 月，私は地元のウェストフィールド小学校のある 1 年担任教師とともに 1 つのプロジェクトを開始した。これは，ウェストフィールド州立大学（WSC）教育学部のボランティアの学生が 1 年生の教室で生徒のリーディング評価を行うというものである。

　それは小学校の教師にとっては生徒の評価を行う上で役に立ち，WSC の学生にとっては最新のリーディング評価方法を実行する機会になる。WSC の学生は，私の EDUC303「初期のリテラシーとリーディング」でランニング・レコードと誤謬分析の理論と実践を学んだ上で，小学校 1 年生の教室でランニング・レコードを取り，その結果を教師と話し合いながら分析する。このプロジェクトは 1 クラスで始まったが，まもなく同じ学校の他の 1 年生のクラスにも広げる予定である。

6) 学会活動

　過去 7 年間，私はリーディング，リテラシーおよび教育研究に関する地方および全国の学会に参加してきた。毎年，個人またはチームの一員として，こうした会議の調査，執筆，発表に参加している。私はこれまでに，ニューイングランド教育研究機構[1]（2000～03 年），米国教育研究学会[2]（1999～2002 年），マサチューセッツ・リーディング学会[3]（1997～2000 年）に積極的に参加してきた。加えて，1997 年から 2000 年，ボストン公立学校教員グループに対して，リーディング・ワークショップ，ライティング・ワークショップ，リテラシー・テクノ

ロジーについていくつかのプレゼンテーションを行った（これらの発表の完全なリストは添付資料Fに記載されている）。

7）学生による授業評価

今年は私がWSCの教員になって1年目である。学生からの数値での評価はまだ得られていない。教師としての私に関して学生が自発的に書いた3通の手紙をここに示す。個人のニーズに対応して学生を援助する教師であると学生たちが感じてくれているのは喜ばしいことである。また，学生たちが私の授業から多くを学んだと考えていることを嬉しく思っている。

> セルディン先生──ランニング・レコードに関して手助けしてくれてありがとうございます。先生のオフィスを出たとき，それは私にとってずっと意味のあるものになっていました。何より，じっくりと話を聞いてもらえて嬉しく思いました。今学期，先生から多くを学びました。
> ──ジリアン，T．2002年12月

> 私たちのことを気にかけてくれてありがとうございます。来年も会いましょう！
> ──ミッシェル，H．2002年12月　最終試験の末尾のメモ

> 先生から多くのことを学びました。先生の他の授業も取りたいと思います。
> ──チャシティ，W．2002年12月　最終試験の末尾のメモ

8）教育活動を改善する努力

EDUC303について秋学期に学生から非公式に得られた意見から，春学期にいくつかの変更を考慮したほうがよいと思われた。そこで私は，教科書を教師になりたての人々にもアクセスしやすいものに変えたほか，科目の内容を編成し直し，扱うトピックの数を減らしてそれぞれにかける時間を増やした。また，学生のフィードバックに基づき，1学期間を通して課題に期待することがらを明確にした。さらに，口頭でのディスカッション，質問，「1分間」ペーパーを通して，トピックや手法に関する学生たちの理解度を日常的にチェックするようにした。

＊1　New England Educational Research Organization
＊2　American Educational Research Association
＊3　Massachusetts Reading Association

9）学生の学習成果

　学期の終わりに，このクラスで最も役に立った文献や活動を簡単に書くよう学生に要請した（添付資料D参照）。以下に，学生のコメントの例を示す。

　　生徒たち自らの学習活動について，また，ただ教えられるのではなく意味のある経験をすることが生徒にとっていかに大切かについて，よりよく理解することができた。フォニックスの授業案が楽しかった。これによって，多くの異なる角度から，フォニックスへの対応の考え方を学んだ。
　　　　　　　　　　　　　　　　　　　　　　　——カサンドラ，S. 2002年12月

　　教育学を学ぶ私にとって，多文化の問題に関するディスカッションが特に役に立った。文化について，また教室の中でそれにどのように対応するかについて，異なる視点を得ることができた。フォニックスの授業案を作成し，フォニックスの要素を学んだことが私にとって最も役に立った。
　　　　　　　　　　　　　　　　　　　　　　　——ケイト，M. 2002年12月

　　ランニング・レコードと誤謬分析の勉強がとても面白かった。実際，子どものそばに座り，音読させて評価するのは少々難しいと思った。どうやってその子の評価をすればよいのか，本当に一生懸命考えた。しかし，何度も修正をしたあと，文章で表したポートフォリオで100点を取った。これによって大いに自信を得ることができた。
　　　　　　　　　　　　　　　　　　　　　　　——アンジェラ，K. 2002年12月

　　「リーディング回復」プログラムを観察したことと，そのグループが教室でプログラムについて発表してくれたことが一番有益だった。私の学校にこのようなプログラムがなくても，その戦略やスキルの一部を自分の生徒に実行することができる。私はすでに，自分の息子に対して学んだことの一部を実行している。
　　　　　　　　　　　　　　　　　　　　　　　——クリスティン，L. 2002年12月

　　この授業には，Marie Clayのランニング・レコード，フォウンタスとピンネルのライティング・ワークショップ，Routmanの誘導リーディング（guided reading）に関する章など，この先利用できるものがたくさんある。生徒たちに語彙や歴史について考える意欲を持たせるためにどのようにテキストを利用したらよいかがわかった。
　　　　　　　　　　　　　　　　　　　　　　　——クリスティン，F. 2002年12月

　　フォニックスの授業案作成が役に立った。これまで私は本の読み方を知らず，教えられるような具体的なスキルを取り出すことができなかったからである。今ではフォニックスの各要素がわかったため，それを認識し，これまでより容易に授業を展

開することができる。バイリンガリズムに関する Brisk と Harrington の論文も役に立った。私たちの文章の書き方に文化がいかに大きな影響を及ぼしているか，私はこれまで認識していなかった。

———ジェイム, G. 2002 年 12 月

この授業は，フォニックス，スペリング，リーディングの教育に取り組むさまざまな方法を教えてくれた。……また，Knapsack の論文もとても面白かった。この論文により新たな物の見方を教わり，白人の特権について考えさせられた。

———レベッカ, W. 2002 年 12 月

私にとってランニング・レコードの情報とプロジェクトが最も有意義だった。私は，このスキルを身につけ，教室で評価ツールの 1 つとして利用している自分を想像することができる。子どもの本に関する話し合い／講読は，優れた文学とは何かを教えてくれた。私は質の高い本を選ぶことができるようになったし，この知識を授業に生かすことができるだろう。

———リンジー, K. 2002 年 12 月

本についてのディスカッション・グループを持ったことにより，どのようなことを進め，何に焦点を絞り，何について話すべきかを知ることができた。リーディング・プログラムに関する発表は，プログラムの情報をどのようにして集めるか，何が重要な要素か，何を求めるべきなのかを理解する助けになった。

———ジェシカ, M. 2002 年 12 月

10) 目標

私は将来に向けて以下の目標を持っている。

- 今後 6 ヶ月以内に，教室でのインターネットの利用を増やす。
- 今後 6 ヶ月以内に，教室でのテクノロジー———パワーポイントでのプレゼンテーションなど———の使用を増やす。
- 理解度を確認する「1 分間」ライティングをもっと学生の評価に取り入れる。
- 今後 4 ヶ月以内に，学科長による正式な授業観察を受ける。

11) 添付資料

添付資料A：各科目のシラバス

添付資料B：課題の例

添付資料C：リーディング／リテラシー評価の例

添付資料D：学生による授業評価
添付資料E：学生の授業案――一連の下書きと成績をつけた最終提出物
添付資料F：発表，および指導したワークショップのリスト

23

ティーチング・ポートフォリオ

クレメント・A. セルディン（Clement A. Seldin）
共同教員養成プログラム（Collaborative Teacher Education Program）
マサチューセッツ大学アマースト校（University of Massachusetts, Amherst）
2003年春

目次
1) 教育理念
2) 教育の責任と戦略
3) 課題，試験，補足的読書課題を含む代表的なシラバス
4) アドバイザーとしての活動
5) 学生による授業評価
6) 教育に関する賞
7) 教育を改善する活動
8) 省察
9) 添付資料

1) 教育理念

教師であり学習者である私にとって，次の8つが基本的な骨組みである。これらは，私が授業，助言と指導，執筆と研究，その他教員としての活動を行う上での戦略的なフィルターを支えているものであり，私のバランス感覚と専門家としての方向性を維持するのに役立っている。

- 成長とは徐々に発展していくものであり，時間と根気を要する。我々は自分自身の成長の道具である。
- 教師は長所に焦点をあてなければならず，学習者が学問的，社会的，人間的に成長するのを助けるためにフィードバックを行い，サポートしなくてはならない。

- 批判的思考は学生が学習を内面化するのに役立つ。
- 学習プロセスにとって，構造と共有された意思決定が重要である。
- 成功はさらなる成功を促す。
- 教師は全ての学習者のニーズに対応するよう努力しなければならず，学習プロセスに影響を及ぼす社会的，人間的，身体的な差異をはっきりと認識しなければならない。
- 教師と学習者は多様性を重んじなければならず，多文化国家における和合を模索しなければならない。
- 全ての教師が継続的な刷新と成長を求めなければならない。

2) 教育の責任と戦略

　私の教育の職務は，広義には教育基礎論を教えること，具体的にいうと5年間の初等・幼児教育修士／資格課程である共同教員養成プログラム（Collaborative Teacher Education Program：CTEP）の学生を指導することである。私の担当する科目は，活力に溢れた知識と研究を基礎として構成されており，講義，ディスカッション，問題解決型アプローチを用いている。学生はクラスでのディスカッションや学習活動に積極的に貢献するようシステマティックに促される。

　私の教室ではソクラテス式問答法，すなわち質問と答えを用いて主張と論証を行う方法を用いている。私は，討論と批判的思考を促進するために，教育基礎論の科目と論争中の問題に関する科目に合わせて，ケーススタディ用の事例集を練り上げている。

　こうした多面的なケーススタディは，学生たちが対応しやすい現代的な問題にスポットを当てている。学生たちは多様なバックグラウンドを持っていることから，教室にユニークな視点をもたらし，それがケーススタディに代表される多様な問題を探究する創造的な環境を作り出す。私は学生にあらゆる問題の複雑さを正しく認識してもらいたい。私の目標は，論争を呼ぶ問題について絶対主義者であることは子どもと教育を蝕むという結論に注目させることである。

　私は，動的なプレゼンテーションを通して教室での情報の提示力を強化し，総合的な質を高めるために，多様な教育テクノロジーを利用している。プレゼンテーション用のグラフィックス（パワーポイント），統合されたビデオクリップやオーディオクリップ，スライド，アニメーション・グラフィックスの体系的な使用は，毎週，ディスカッションや分析を刺激するのに役立っている。また，

SMART Board の日常的な使用は，私の授業における強力なインタラクティブ・ツールになっている。

私が教えているのは以下の科目である。

- Educ. 351「教育の社会的基礎」（毎学期2クラス）
- Educ. H01「教育における論争中の問題」
- Educ. 645「学校教育の探究」
- Educ. 282E「プレ実習Ⅰ現場経験」

以前には，「教育の基礎――都市の視点」，「発展的教育」，「社会科教育の原理と方法」を担当した。

Educ. 351「教育の社会的基礎」

この科目はアメリカの公立学校の文化に焦点をおいている。2クラス開講され，それぞれに25人から30人の学生が在籍している。この科目では，教育／学習のプロセス，公立学校教育の社会学と歴史，教師の役割，教育の哲学的・心理学的目標を探る。重要なことは，自分の関心や長所が，教職に必要とされることがらとどの程度一致するかを学生が見きわめるのに役立つようにこの科目が構成されているということである。学生たちは，この科目の履修中または履修後まもなく，CTEPへの進学を志願する。願書の作成と面接の準備を手助けするために多くの時間が充てられる。また，志望が叶わなかった学生が精神的な安定を取り戻し，勉学の方向を考え直すのを手助けするためにも，多くのエネルギーが注ぎ込まれる（添付資料Aの「社会的基礎」のシラバス，および添付資料Bの補足的読書課題を参照のこと）。

Educ. H01「教育における論争中の問題」

成績優秀者向けのこの科目では，教育に関する基本的なトピックを取り上げ，多様な解決策を探る。受講者は12人までに制限されており，学内のさまざまな分野の成績優秀者が集まる。この科目では，幅広い文献講読，ディスカッション，発表，ディベートが行われる（添付資料Aの成績優秀者コースのシラバスを参照のこと）。

Educ. 645「学校教育の探求」

修士／資格プログラムの5年生向けに開講される大学院課程必修のこの科目では，現代の教育のあり方を考察する。取り上げられる問題は，能力別学級編成，人格教育，教師の試験，バイリンガル教育，標準化カリキュラム，学校とテクノロジー，混合教育，チャータースクール，コミュニティサービスなどである（添付資料Aの「学校教育の探究」のシラバスを参照のこと）。

Educ. 282E「プレ実習Ⅰ現場経験」

この科目は，「社会的基礎」を履修した学生のためのものである。院生スーパーバイザーのチームとの協力により，私は，10週間にわたり週1日の午前中，学生を地元の小学校の教員の下で学ばせる包括的なシステムを作り上げている。毎週開かれるスーパーバイザーとの会合で，私は指導に基づく観察と教師／スーパーバイザー／協力教員の三者会合の調整を行っている（添付資料Cの「プレ実習のブックレット」を参照のこと）。

成績優秀者の研究と論文

私は学部生の教育に重点をおき，また国際教育学会であるカッパ・デルタ・パイ（Kappa Delta Pi）のアドバイザーでもあるとともに，多数の成績優秀者の論文指導主任を務めている。その職務として，成績優秀な学部生が論文の計画を立てるのに協力し，研究と執筆の方向性を与え，論文審査会でその論文を擁護している。

個人研究

毎学期，私が知識と関心を持つ分野で個人研究を行いたいと考える多くの学部生および大学院生と密接な協力をしている。これらの学生たちは，公立学校での教育と学習に関連した多様なテーマを追求している。

3) 課題，試験，補足的読書課題を含む代表的なシラバス

私の包括的なシラバスには，科目の説明，具体的な学習上の要求事項と科目の構成内容，試験，レポート，成績評価の説明が含まれる。また，必読書と推奨される書物，および週ごとのトピックと文献講読の詳しい内訳も書かれている（添付資料Aの科目のシラバスを参照のこと）。

包括的なシラバスは基本的な教育手段の1つであると私は考えている。学生にとっては，それによって授業の第1日目にその科目に関する基本的な情報と期待事項を知ることができる。教師にとっては，科目の概要，および学生の学習や学業成績に関する期待を伝える正式な手段になる。学科にとっては，各科目の包括的なシラバスの集合が全体としてその学科のカリキュラム，範囲と焦点，アカデミックな厳格さと基準を示すことになる。

4) アドバイザーとしての活動

　私は学生に，いつでも学生の訪問を歓迎すると伝えてある。これを授業のたびに学生に知らせ，通常のオフィスアワーのほかに毎日学生たちと会っている。私が目標としているのは，私が提示する解決策に頼らず自分で答えを見いだすための手段を学生に身につけさせることである。

　私は，長年にわたり学生から多くの感謝の手紙や電子メールを受け取っているのに加え，アドバイザーとしての役割に関する標準化された評価でも，きわめて肯定的な結果を得ている。特に，**学生への支援に個人的な関心を示しているか**という質問に対する学生の評価が常にたいへん高い。H01 と 351 の全クラスに関し，1（「ほとんど全く示していない」）から5（「ほとんどいつも示している」）の5段階で評価された過去5年間の平均点は，4.92（N=518）である（添付資料Dを参照のこと）。

　私は現在，26人の学部生と21人の大学院生の主アカデミックアドバイザーを務めている。私が責任を負っているのは学部レベルであるが，教育学部修士課程・博士課程の各種委員会，心理学科（臨床心理プログラム）博士課程の各種委員会にも貢献している。また，多くの成績優秀学部生の論文指導主任を務めている。

5) 学生による授業評価

　学生による授業評価は科目を改善する上で非常に重要である。私は，学生の受け止め方を知るために，二方向からのアプローチを用いている。25年前に初めてパートタイムの教員の職を得たとき以来，学生による授業評価を定期的に実施しているのに加えて，科目の終了時にいつも無記名で学生の意見を書いてもらっている。したがって，授業の行い方と授業内容の両方に関して，長期にわたる統計データと記述データがある。評価結果は，全てのカテゴリーにおいていつも最高レベルである（添付資料D参照）。過去5年間の各科目（H01 と 351 の2クラス）

に関する合計518人の学部生による評価は，非常に肯定的である。1（「ほとんど全く当てはまらない」）から5（「ほとんどいつも当てはまる」）の5段階による学生の評価の平均は以下のとおりである。

> 4.94　担当講師は授業の準備が十分であった。
> 4.91　担当講師は授業時間をうまく利用した。
> 4.92　担当講師は授業内容を明確に説明した。
> 4.95　担当講師は取り上げるテーマについて学生の関心を刺激した。
> 4.89　担当講師は有益なフィードバックを与えてくれた。
> 4.93　担当講師は有益な参加を促した。
> 4.96　担当講師の総合的な評価。
> 4.94　科目の総合的な評価。

　無記名での学生の記述式評価は，私の科目と指導の長所を示している（添付資料E参照）。過去5年間の各授業で得られた記述の代表的な例は以下のとおりである。

> 素晴らしいこの学期の全期間にわたって，先生は何度も私の勉学上の長所を指摘し，私の提出物に対して優れた批評をし，私が知識と自信を身につけるのを手助けしてくれた。教育に対する，そして学生に対する先生の熱意と献身に感謝したい。

> 先生の成績評価システムにとても感銘を受けた。多様な質問のタイプ——多項選択，組み合わせ，○×，短文記述，長い論述など，いろいろなアプローチが使われた。

> 大きなグループでも少人数のグループでも，私たちのグループワークを慎重に評価してくれました。また，プロジェクトの作業や授業への参加の質も成績の対象にしてくれました。それは先生にとってたいへんな労力だったと思いますが，私たちがそれをどれだけありがたく思っているか知ってもらいたいと思います。ありがとうございました！

> マサチューセッツ大学で最高の科目だった。そんなにたくさん学ぶことがあるとは思ってもみなかったが，先生は毎回の授業をとても魅力的なものにしてくれた。講義，ディスカッション，講読，ディベートがどれもすばらしかった。私は1回も授業を欠席しなかった。

6）教育に関する賞

- **教育に関する教員補助金**（Faculty Grant for Teaching）——マサチューセッツ大学教育センター教育・学習・指導技術に関する審議会。1998～99年。

現代的な教育の問題に関する新しい科目を開設する提案。
- **傑出したカレッジ教員賞**——マサチューセッツ大学アマースト校教育学部。1997〜98年。
- **ティーチノロジー・フェローシップ（TEACHnology Fellowship）**——マサチューセッツ大学教育センター。1997〜98年。10名の上級教員（各学部とカレッジから1名ずつ）が授業へのテクノロジー利用を研究するフェローに選ばれた。
- **傑出した教育を称える角帽賞（Mortar Board Award for Outstanding Teaching）**——マサチューセッツ大学アマースト校。1993年春。マサチューセッツ大学での傑出した教育に与えられる賞。
- **顕著な教育賞**——マサチューセッツ大学アマースト校。1984〜85年。教室での授業に関して本学で最も名誉あるものと見なされているこの賞は、大学教員としての職歴の中で1回しか受賞できない。

7) 教育を改善する活動

教育理念の中に述べたように、全ての教師は継続的な刷新と成長を追求しなければならない。私は、自分の知識基盤と指導方法を改善するためにたゆまぬ努力をしている。以下にそれを簡単に説明する。

大学の教育学部に関するコロンビア大学（教員カレッジ）の全国調査

これは、教員養成、管理運営／リーダーシップ・プログラム、博士課程プログラムに焦点をおいた調査である。現地視察チームの一員である私は、これまでにノースカロライナ、ミシガン、バージニア、カンザス、ミズーリの各州の教育学部を調査してきた。大学執行部（学長、プロボスト†、学部長、学科長）、大学教員、大学院生、学部生、校長、教員への大規模なインタビューを行う機会を得たほか、背景、方針、手続きを明らかにするため、各種のハンドブック、報告書、改革案、パンフレット、配布資料の調査も行っている。毎回の現地視察のあと、専門的な報告書が作成される。

ティーチング・ポートフォリオの作成

私は、招待された研修チームの一員として、ジョージア、テキサス、オハイオ、ミズーリの各州の大学における4日間のプログラムで、さまざまな学問領域の教

員たちがティーチング・ポートフォリオを作成するのを手助けしてきた。

双方向的な PTA のモデル

私は，父兄と教師のコミュニケーションを調査し，PTA の新しいモデルを発展させて，マサチューセッツ，ニューハンプシャー，バーモントのさまざまなコミュニティで教師や父兄に紹介してきた。このモデルは研究学会で発表したのに加え，*Capstone Journal of Education* にも発表した（添付資料 F 参照）。

ティーチノロジー・フェローシップ

マサチューセッツ大学教育センター。10 名のシニア教員が授業へのテクノロジー利用を研究するフェローに選ばれた。

キャンパス外での教育に関する全国調査

2 つの全国的な調査の指導を行い，その結果を学会で発表した。それは *Educational Research Quarterly* と *Educational Horizons* にも発表されている（添付資料 H 参照）。

ワークショップの実施

1989 年以来，毎年 8 月，マサチューセッツ大学教育センターの招きにより，「科目の設計，シラバス，授業の第 1 日目」と題する本学 TA オリエンテーションで指導を行っている。

8) 省察

私はしばしば自らをふり返り，個人的にも専門家としても大きな見返りが得られる職業を見つけられた自分はいかに幸運かと思う。以前の学生たちから，遠い目標に狙いを定めるに当たって，私の指導，助言，全般的な支援が役に立った，と心から感謝する手紙を受け取るとき，胸が躍るほど嬉しい。科目の新しい要素を企画するという課題に取り組むとき，あるいは学生たちがうなずき，理解の表情を見せるとき，大きな喜びを感じる。私はどのクラスでも，第 1 日目に，「私にとって何より重要なのはみなさんです」と学生に伝える。実際，私にとって何より重要なのは学生である。教師としての私の責任は奥深い。私は授業の内容と教授方法を改善し，日々，最高レベルの教育活動をしようと懸命に努力している。

かつてジョン・F. ケネディは「優れた教師は現実を教え，夢を抱かせる」と言った。これが私の使命である。

9) 添付資料

添付資料A：各科目のシラバス
添付資料B：補助教材
添付資料C：プレ実習のブックレット
添付資料D：学生による授業評価
添付資料E：学生による記述式の評価
添付資料F：PTAのモデル
添付資料H：全国調査
添付資料I：支援に関する自発的な手紙

24

ティーチング・ポートフォリオ

メアリー・バロウズ（Mary Barrows）
英語学科（Department of English）
バートン郡コミュニティカレッジ（Barton County Community College）
2003年春

目次

1) 教育の責任
2) 教育の理念
3) 教育の戦略，目的，学習意欲を高める手法
4) スーパーバイザーによる評価
5) 学生による授業評価
6) 表彰と賞
7) シラバスとカリキュラムの修正
8) 学生の学習成果の例
9) 将来の目標とタイムスケジュール
10) 添付資料

1) 教育の責任

　英語の基礎科目を受講する学生は，学力や無気力さ，不安感の程度のばらつきが大きい。こうした学生たちが学び，自己を高め，理想的には文章コミュニケーションを理解し，それに習熟できるような授業を行うのは，困難ながら手ごたえのある仕事である。私はテニュア†をもつ常勤教員として，「英作文Ⅰ」（ENGL1204），「英作文Ⅱ」（ENGL1206），「文学入門」（LITR1210），「世界の文学」（LITR1215），「大学リーディングスキル」（READ1111）のシラバスを作成し，講義を準備・実行し，学生の課題を計画し，試験を作成・採点し，教室での学生の学習を評価している。私は，指導を必要とする学生のために，オフィスアワーを設けている。

2) 教育の理念

　私の教育の理念は多面的かつ多次元的である。教育は，多大な努力やスキル，個性を必要とし，また，それら以上のものも必要とするからである。学習は多くの学生にとって大変なものであるため，彼らが自ら学習を継続的に続けられるよう秩序だった方法を注意深く選ぶことが重要であると考えている。

　英語科目における学習要素の1つであるライティングは複雑なプロセスを有し，他の全ての価値ある活動と同じく，継続的な訓練と知識に基づく誘導によって時間をかけて成熟するものである。いかなる専門分野であれ，教室で学ぶことがらは教室内にとどまらず，その学生の人生の私的あるいは公的なさまざまな面に影響をおよぼす。ライティングもまた，学習の達成と知識の創造，そして，科目の内容の理解が相互に作用するプロセスであると私は考えている。したがって，学生が得る理解と知識の量は，学生と教員がその科目の学習のために行う確固たる努力の量に直接比例する。教室での学習は，学生と教員の間の意見交換と相互作用を可能にし，しかも学生を望ましい到達度まで押し上げるよう，うまく調整されなければならない。相互作用を通してのみ，それぞれの学生の能力が自覚され，高められるのである。

　ゆえに私は，学生の授業における裁量の権限拡大が重要だと考えている。原理や手段が身につくように学生を導くことによって，自分たちの教育において互いが効果的なパートナーとなるよう学生を励まし，大学でも人生でもより大きな成功を生み出す外面的な行動と内面的な資質を獲得させることができる。

　英語学科の目標と目的に従い，私は，立案／下書きの作成／修正に力点をおくプロセスライティングのアプローチを強調している。教室で講義を行い，学生の学習到達度を評価し，成績をつけるのは，教育活動の基本を成す。しかし，学生の成功の基礎を形成するのは学生と教師の個人的な相互作用であるというのが私の信念である。学生との個別的なやりとりによって，教員は学生の学問的能力を高めるばかりでなく，全人的な発達を促すことになる。文章を書くという行為は個人的であると同時に社会的でもあることから，この1対1のコミュニケーションにより，学生は建設的な形で自分の考え，不満，軋轢を文章に表現することができる。そして，それにより学生は自信をつけ，ものごとをやりぬく意志を高める。同様に，学生は学生どうしの交流からも学ぶ。そのときの私の役割はそれらを促進することである。それぞれのクラスが独自の文化を持つため，私は，教室での議論が各クラスのニーズに合うように導くよう努めている。学生相互のコミ

ュニケーションが重んじられる環境ならば、学生はディスカッションに進んで参加するし、その授業に関連した個人的な意見や経験を共有しやすくなる。質の高い指導とは、教科の内容以上のものを教え、好奇心を刺激し、生涯にわたる学習と探究の大切さを伝えるものである。

何より重要なこととして、学生は教室の中だけではなく人生において、自分の勉強、活動、言動に責任を持つべきだと私は考えている。そうすることで、学生たちは、人生を通して公式・非公式に学ぶ機会を求めるとき学習の真の利益と力が得られるのだということを学ぶ。それに気づかせることができてはじめて、社会の一員として社会の役に立ち、貢献するメンバーを生み出すという米国の教育の役割が完結するのである。

3) 教育の戦略、目的、学習意欲を高める手法
戦略と目的

多くの新入生にとって、ライティングとはけっして完全には習得できないと思われるスキルである。彼らを指導する私は、ライティングのプロセスを対処可能なステップ――立案／下書きの作成／修正――に分ける。このそれぞれが効果的なライティングの礎を築く。これらのステップはあらゆるライティングにとって不可欠であり、このプロセスを身につけることにより、学生たちはこれから遭遇することになるあらゆるライティングの状況に取り組む能力を身につけることになる。ライティングの課題を仕上げるたびに、学生の経験と自信と能力が積み重なっていく。

私が担当する全ての科目で、私は学生に対し、受身のままで得られるより多くのものに自ら手を伸ばすよう要求する。具体的に言うと、まず、取り上げるトピックに関する基礎を築いてから、教えられたスキルの応用、技法、モデリング、概念の実証へと進む。次に私は、教わった手段を実際に使用するよう学生に求める。ときには、学生たちが特定の概念を完全に理解していることを確認するため、それを過剰に強調または誇張して用いるよう求める。たとえば、「英作文Ⅰ」のある課題では、全ての文に接続表現を入れることにより、接続語句や一貫性を保つためのその他の工夫を過剰に強調するよう求める。多くの学生はこの課題に悪戦苦闘する。それまで、接続語句に注意を払ったことがなく、効果的に配置された接続語句の力を認識するよう学んだこともなかったからである。私はこの課題に取り組む学生を手助けするため、接続語句や一貫性を保つその他の工夫の詳し

いリストを渡す。この課題によって学生たちは，自分の考えや主張の進行を見直し，分析し，一連の自分の考えがどのように結びついているかを明らかにしなければならない。その結果，学生たちは，複数の考えの関係を明確にすることの重要性を学ぶ。

　学生にライティングを教えるには，学生たちに書かせ，書いたものに応えてやることが必要である。私はまず，ブレインストーミング，マッピング，リストアップの手法を使ってアイディアを生み出すことに授業時間を使う。これらによって，学生は，学生相互あるいは学生と教員間で意見を交わし，同じトピックに関して異なる視点を持つことは誤りではないと気づく。実際に書き始めるプロセスでは，学生一人一人のニーズや長所は異なるため，互いの考えを共有および評価しながら，綿密に組織されたライティングプロセスをたどることが必要である。この共同学習†の環境はしばしば，パラグラフを書き始めるときの学生の不安を軽減するのに役立つ。

　同様に，教室での指導を通して，明確で説明が一貫し説得力のある論文が書けるレベルに到達するのに必要なアカデミック・ライティングの技術も身につけさせる。ライティングプロセスが立案から下書きの段階に進むと，私はできる限り学生に個別に対応するよう努力している。最終的に課題を提出する前に1回か2回の下書きを通して学生たちとやりとりをすれば，私は教えてきた概念を強化することができ，学生たちは質問をし，誤解を正し，最終的に成績が決定される前にフィードバックを得ることができる。教師の指導を受けながら何回か下書きをすることによって不安が軽減されたとコメントする学生は多い。教室でのこの付加的な活動が学生たちの最終的な取り組みをより揺るぎないものにするのだと考える。

　私の役割は学期が進むにつれて変化する。学期の初めには私は指導者であり，学生たちに物事を示し，話す。誤りを指摘し，問題点を説明し，それを修正する方法を示す。しかし，学習が進み，学生が自分の能力の向上に自信を持つようになると，私はファシリテーター†の役割を果たすことが多くなる。依然として問題や誤りを見つけるが，学生たちに自分で解決策や修正方法を考えるように促す。ライティングスキルを高める手段として，ピア・エディティング†や修正提案を用いるのはこの時点である。

　「文学入門」（ENGL1210）の授業では，より広い意味で，文学の語彙に重点をおいている。この科目は入門的な概論として設けられているため，誰にでも理解できる概念を引き出す確実な基礎が必要である。学生はこの科目全体を通してそれら

の語彙を利用し，各ジャンルに適用しなければならない。たとえば，私はフォークナーの短編で取り上げた話の筋の各部を，エリオットの物語詩，シェークスピアの悲劇，ショパンの中編小説の構想に応用するよう求める。その中で，学生は概念を記憶して応用するだけではなく，文学のさまざまな発想や原理の間に見られる相互関係を学ぶ。

　私の全ての授業，特に文学の主な部分は議論を基礎としている。その際，私は非公式のライティング課題やそのとき教室で討議している特定の問題に関する学生の質問を通して，学生の読書を方向づける。教員としての私の役割は，疑問を提起し，学生の論評を明確化し，討論を促し，誤解について説明し，危険な解釈に注意を喚起し，議論を進行させることである。

学習意欲を高める手法

　単純にいって，学習には努力が必要である。それは必ずしも容易ではなく，また必ずしも楽しいことばかりではない。したがって，学生たちは，成功を導くと感じられる効果的な戦略を学び，それを利用するよう動機づけられる必要がある。英語の科目をうまく修了できるような戦略をあらかじめ持って教室にやってくる学生は多くない。理由はともあれ，そうした学生たちは既にその科目を学ぶ意欲を備えている。彼らは，高校の英語の授業で望ましい経験をしたのかもしれない。「英語が得意だ」と感じ，この授業を受ければ自分の好む活動ができると考えている者もいるかもしれない。知的な挑戦が好きな学生もいるかもしれない。こうした学生がいるのは本当に嬉しいことである。しかし，それは少数である。

　英語の科目を履修する学生の大部分は，自分自身について，科目のトピックについて，また「英語の教員」について，ネガティブな認識を持っている。過去に教科の内容を習得できなかったために，英語というのは自分たちの生活には関係のないものであり，複雑すぎて理解できず，「英語の教員」は暗黙の期待に応えることを望む理不尽に気難しい人々だと思っている。ゆえに，こうした学生たちの学習意欲を高める重要な部分の1つは，彼ら自身が英語に関して持っている先入観を克服させることである。私は，以下の点が学生の学習意欲を引き出す鍵だと考えている。

1）学生に良い成績をおさめるよう奨励すること。努力をほめるが，それは最小限にし，できる限り肯定的なフィードバックを与える。

2）期待事項を明確にする。
- 曖昧ではない一貫した表現で課題の指示を書く。
- これらの期待に対するフィードバックを個別に与える。
- 不満足な提出物は修正や書き直しを認めることにより，学生が良い成績をとることを期待していると知らせる。
- 授業の全般的な期待事項をシラバスに概説する。

3）学生が概念を把握しやすいように，具体的な学習例を用いる。
4）学生が自分の経験や現実社会での経験を利用できるようなライティング課題を設けることにより，科目の内容を学生にとって意味のあるものにする。
5）熱意を持って教える。
6）学生が何を学んでいるかに関心を示し，学習プロセスに学生を取り込む。
7）学生にとって相談しやすい教員であること。早めに教室や研究室に着くようにする。また，私の研究室に来て1対1の助力を得るよう，繰り返し学生を促す。
8）教室での質問，試験，提出物に対して，すばやいフィードバックを与える。試験やライティング課題を学習のツールとして用い，明示した期待事項にしたがってライティング課題を評価する。
9）学生たちが何を理解し，何を理解しなかったかについて，フィードバックを引き出す。

4）スーパーバイザーによる評価

バートン郡コミュニティカレッジでは，毎年春，教員本人と学部スーパーバイザーのギリアン・ゲーブルマンが「常勤教員年次業績評価——評価者フォーム」を作成する。教員が評価書を提出したあと，教員とスーパーバイザーが面談し，評価書の内容について話し合う。教育評価書の3つの分野——教育活動，専門的な成長と業績，大学およびコミュニティへのサービス——に関する1から7の7段階評価で，私は常に7の評価を得ている。

5）学生による授業評価

バートン郡コミュニティカレッジでは，毎学期，長短いずれかの書式による「個人教育評価」を用いて学生による授業評価が行われる。この評価には，教員が各科目に関して記入する独立したデータ収集フォームが含まれている。教員は，

データ収集フォームの項目にある一定のスキルや知的な活動の優先順位をつける。一方，学生の評価からのフィードバックにより，優先された事項に関する学生の視点からの情報が教員に与えられる。このようにして，教員は，その科目に関する自分の受け止め方と学生の受け止め方が一致しているかどうかを知ることができ，一致していない場合には，必要な変更を加えることができる。下記の表は，「英作文Ⅱ」（ENGL1206）に関する最新の個人教育評価の結果である。以下の3つのカテゴリーが選ばれている。

1）口頭および文章でのコミュニケーション・スキル
　　質問：口頭で，または文章で，自分自身を表現するスキルが向上したか。
　　回答の選択枝：この科目での私の進歩は，1＝小さかった，2＝平均よりやや小さかった，3＝平均的だった，4＝平均よりやや大きかった，5＝大きかった
2）思考スキルの向上
　　質問：科目の内容を（思考，問題解決，決定の向上に）適用することを学んだか。
　　回答の選択枝：この科目での私の進歩は，1＝小さかった，2＝平均よりやや小さかった，3＝平均的だった，4＝平均よりやや大きかった，5＝大きかった
3）教師の優秀性
　　質問：担当講師の授業手順が優れていると感じたことは
　　回答の選択枝：1＝ほとんどなかった，2＝たまにあった，3＝ときどきあった，4＝頻繁にあった，5＝ほとんどいつもそう感じた

結　果	00年秋 平均と回答学生数		01年春 平均と回答学生数		01年秋 平均と回答学生数		02年春 平均と回答学生数	
口頭・文章でのコミュニケーション・スキル	4.9	22	4.8	12	4.4	17	4.6	16
思考スキルの向上	4.6	22	4.6	12	4.5	17	4.4	16
教師の優秀性	4.7	22	4.6	12	4.2	17	4.2	16

　このフィードバックの書式には，教員が改善すべき点についての提案も含まれている。私は，将来の改善のためにそうした分野に力を注ぐことにしている。量

的な指標に加え，私の教育目標に直接関連したコメントも学生に書いてもらっているが，そうした自由記述によるコメントはしばしば非常に啓発的であり，私の励みになっている。

6) 表彰と賞

私は幸運なことに教育に関するいくつかの賞への推薦と受賞を経験している。まず，カンザス大学コミュニティカレッジ優秀教員に2回指名された。これは，カンザス大学の現在の学生に影響を与えたコミュニティカレッジの教員を表彰するものである。また，テキサス大学オースティン校より，全国教職員・組織発展協会[1]の優秀教員賞を受けた。この受賞者は他の教員によって推薦され，特別メダルを授与される。さらに，米国大学教員人名録賞[2]も受賞した。この賞も，卒業生が自分の人生に影響を及ぼした教員を選ぶものである。

教員にとって最大の栄誉は，他の教員からの認知である。1998年，バートン郡コミュニティカレッジ教授会が私を優秀教師賞に推薦した。これは優れた教育活動と本学への貢献を認識する賞である。この賞に応募するプロセスは厳格であり，候補者だけではなく同僚，コミュニティのメンバー，学生もかかわる。5人の審査員で構成される審査団が候補者の応募書類を審査し，最終的に卒業式で受賞者が発表される。私は恐れ多くも，尊敬すべき多数の候補者の中から優秀教師に選ばれるという栄誉を得た。

7) シラバスとカリキュラムの修正

「英作文Ⅰ」(ENGL1204)，「英作文Ⅱ」(ENGL1206)，「文学入門」(LITR1210)は，過去3年間に進化してきた。それは，これらの科目のどの分野の洗練や追加が必要かという私の認識，および学生の学習に対してもっと責任を持とうとする教育機関の集中的な取り組みの結果である。たとえば，各科目のシラバスは，教室での方針，カリキュラム全体におけるその科目の位置づけ，その科目の大まかな目的，修了するまでに学生が習得しなければならない能力，習得したことを証明しなければならない能力に関して，具体的な情報を示している。また，学生に対して教師が期待することがら，指導と評価の方法，出席の要件，科目の全般的な概要も含まれている。

---

[1] National Institute for Staff and Organizational Development：NISOD
[2] Who's Who Among American College Teachers Award

初期のシラバスと比べてみると，現在のシラバスでは，目的と習得すべき能力が具体的かつ包括的になっている。学生たちはこれらが何を意味するのか最初は理解できないかもしれないが，学期の終わりには，その目的と習得すべき能力を自分の達成事項のチェックリストとして見ることができるようになり，自分の努力や粘り強い取り組みの全てが有益なものだったとわかるであろう。

　英語科の教員の立場から言うと，シラバスの修正は指針と継続性を与える。教員は一人一人が独自に自分の科目を設計するため，シラバスは授業，課題，試験を作り上げる青写真になる。教員によって方法は異なっても，各学期の終わりには全ての学生が同じ概念を学び，同じ目的を達成していることになる。また，それぞれの教員が習得すべき付加的な能力をシラバスに書くこともできる。つまり，シラバスは教員に柔軟性を与えることになるのである。

8）学生の学習成果の例

　このティーチング・ポートフォリオには，学生の学習成果の2つの例が含まれている。まず，「英作文Ⅱ」について，プラトンの「洞窟の比喩」に関する要約と小論の最終稿を取り上げた。これは，私が学生たちに達成してほしいと希望する「優秀」の基準を例示している。もう1つの例は，「英作文Ⅱ」の最終研究レポートである。これは「英作文Ⅱ」に求められる能力の習得度を表している。どちらの提出物も完璧ではないが，学生の進歩と一貫性を見て取ることができる。

　今後，私は，学生の進歩をより詳しく追跡するために，複数の下書きを収集しようと考えている。これは教師としての私にとって役立つばかりでなく，英語学科全体としての評価活動にも寄与することになるであろう。私は，まず春学期の「英作文Ⅰ」のクラスで試験的に実行し，最終的にライティングの全ての科目に広げるつもりである。

9）将来の目標とタイムスケジュール

　私は，バートン郡コミュニティカレッジの英語教員としての職務を続けるにあたり，将来に向けて短期・長期のいくつかの目標を持っている。

1）2003年春学期の始めと終わりに，「英作文Ⅰ」（ENGL1204）と「英作文Ⅱ」（ENGL1206）の受講前と受講後の試験を行い，データを集める予定である。このデータは，学生の英語力の向上を評価する手段の1つとして利用したい

と考えている。この試験の得点を英語学科全体で蓄積すれば，将来の評価に向けたデータとなるであろう。

2）2003年春学期から，「英作文Ⅰ」（ENGL1204）と「英作文Ⅱ」（ENGL1206）の授業成果を文書化するポートフォリオを作成しようと考えている。私が学生たちの多様なニーズに対応しているかどうかを判断するため，いろいろな学力レベルの3人の学生の進歩を体系的に追跡するつもりである。

3）全般的かつ継続的な目的として，教室での経験のバラエティを増やしたい。第1に，ピア・エディティングに重点をおくつもりである。学生は，クラスメートと共同作業をすることにより，文章コミュニケーションの複雑さを認識・理解し始め，自分の誤りによりよく気づくようになるであろう。

4）2003年の春学期に，学生の得点と欠席状況を追跡するためにGrade Quickを取り入れる計画である。このコンピュータ・プログラムを使うことにより，課題の未提出を含め，学生が「英作文Ⅰ」と「英作文Ⅱ」における自分の状況を知るのを容易に手助けできるようになるはずである。

10）添付資料

添付資料A：接続語句の資料
添付資料B：パラグラフの形式
添付資料C：パワーポイント・プレゼンテーション
添付資料D：スーパーバイザーによる評価
添付資料E：業績評価
添付資料F：個人教育評価
添付資料G：表彰と賞
添付資料H：2003年春学期の各科目のシラバス
添付資料Ｉ：前年の各科目のシラバス
添付資料Ｊ：学生の提出物

25

ティーチング・ポートフォリオ

ジェーン・コリンズ（Jane Collins）
英語学科（Department of English）
ペース大学（Pace University）
1998〜2003 年

目次

Ⅰ．教育の責任
Ⅱ．教育の理念と方法
Ⅲ．カリキュラムと科目の開発
Ⅳ．代表的な科目のシラバス
Ⅴ．教育の評価
　・学生による授業評価
　・他の教員による評価
Ⅵ．ティーチング・ディベロップメントセミナーへの参加
Ⅶ．教育に関するプレゼンテーションと論文発表
Ⅷ．学生の学習成果
Ⅸ．目標
Ⅹ．添付資料

Ⅰ．教育の責任

　私は文学とライティングの幅広い科目を担当している。私の博士論文のテーマは 16 世紀と 17 世紀の英文学であり，それは LIT211「初期イギリス文学とシェークスピア」を教えるのに生かされている。しかし，私が受けた大学院および博士課程での教育は，多くのジャンルや時代について幅広く教えることができる教員の養成であった。私は恒常的に，必修科目の LIT211 と 212 を教えている。これはたいていの場合，30 人の定員いっぱいの学生が受講する。また，「現代アメリカ演劇」，「アメリカの短編小説」，「アメリカの中編小説」，「チョーサー」，「シェークスピア」，「4 年次演習」など，多くの専門選択科目も教えている。専門科目の受講者は通常 15 人から 25 人である。私の所属学科には大学院の学位コース

はないが，通例，文学の専門科目の受講生には教育学専攻の大学院生が含まれている。

　ライティングに関する私の主な担当科目はENG100AとENG116である。ENG100Aは英語を第二言語とする学生たちに，ライティングの普通クラスを他学生とともに学べるだけの力を養わせるためのものであり，ENG116は2年制のカレッジからペース大学に転学した学生向けの必修ライティング科目である。どちらも，効果的なライティングのスキルを教えるのに加え，学生たちをペース大学の環境になじませ，本学のアカデミックな基準を満たす能力を身につけさせるという社会的な要素も持っている。

Ⅱ．教育の理念と方法

　教室での活動を考える上で私が第1に目指しているのは，学生の積極的な参加である。このポートフォリオの第5部にある学生の授業評価の要約は，私がこれに重点をおいていることを証明している。Ⅴ．に取り上げた科目のうちの3つで，学生の参加が奨励されたと全員が回答しているのである。私は，学生を中心とした教室，学生を中心とした授業という概念に揺るぎない信念を持っている。私の目的は，複雑で厳しい素材を学生に与え，多様な教育戦略を通して彼らが学習に立ち向かうのを手助けすることである。私にとって，優れた教育とは，手ごたえのある困難な素材と，学生たちがそれを習得する自分の能力に自信を持てるようにするための教育方法・戦略の組み合わせである。私が授業で取り上げる素材は厳格であり，学生たちが内容を理解するためにはしばしば講義を要するが，学生は自分でこの素材に取り組んでいると感じることが必要である。

　学生たちは，自分がすでに知っていることと今アプローチしている新しい素材との間に明確な関連づけができるとき，最もよく学べると私は考えている。学生が自分の知識と私の教える内容を関連づけるのを手助けするため，私は複雑な教材への取り組みを支援するよう考えられた次のような教室戦略とカリキュラム戦略を組み合わせて使用している。

- 共同作業による学生参加型学習
- 学生たちが教室を超えた知的共同体の一部になることを可能にする，インターネット・テクノロジー
- サービス・ラーニング†，およびシェークスピア劇の俳優や創造的な作家を

キャンパスに招くことによる，教室への「現実世界」の取り込み

　私は，担当科目のほとんどにおいて，授業の不可欠の部分として共同作業による学生参加型学習の戦略を用いている。特に文学の科目では，教師の指導の下でのグループ課題で自分たちの批判能力を発揮できるとき，学生はそのテキストを自分のものにしたという感覚が大きくなることに私は気づいている。私が教える典型的な文学の授業では，テキストに関する質疑応答を含む簡単な講義のあと，講義で説明された考えやスキルをその日のテキストに応用するグループ共同作業を行う。添付資料 A.1 に，学生たちに難しい文学作品に取り組ませるために私が考案した共同作業の例が提示されている。

　1998 年以降，私の文学のクラスのほとんどで，双方向インターネット・ソフトウェア Blackboard を使っている。これによって，学生は，クラスの掲示板に自分の考えを掲示することができ，瞬時にウェブ上にも公表することができる。これは，知識の受身的な消費者という学生の役割を変化させている。コンピュータ上での発表を通して，学生たちは知の生産者になり，意味を作り出す知識人の大きな対話コミュニティの一部になるのである。私はこの教授法について，1999 年 10 月の中部大西洋大衆文化学会会議[*1]で発表した論文「公共的対話の実践——ネットワークの理論と知識の社会的生産」において説明した。また，私はライティングの科目でも電子技術を利用している。添付資料 A.2 に，文学とライティングを教えるために私が利用している革新的な技術が一覧にまとめられている。

　私はまた，大学外の「現実世界」で文学やライティングがどのように使用されているかを学生が理解することが必要だと固く信じている。私が企画した2つのサービス・ラーニングの科目では，学生たちは，放課後プログラムで恵まれない子どもたちと話をしたり，低所得者向け住宅に暮らす高齢者にインタビューをしたりすることにより，言語の持つ力を知るようになる。この2つの科目については添付資料Bに説明されている。また，私は，学生たちを学外に出向かせ，自分のスキルの価値を学ばせるのに加え，学生が自分たちを文化の消費者として見ることができるようにするため，大学に俳優や作家を招いている。これまでに，シェークスピア劇の俳優のグループに大学での上演と学生向けのワークショップを行ってもらったほか，私が主催する「ペース大学の詩人」という朗読シリーズに 16 人の現代の詩人を招いた。このような相互作用は，文学が——400 年前の文学でさえも——20 世紀終わりの世界にどのような意味を持っているのかを学生が

理解するのに役立った。私がキャンパスに招いた俳優と作家のリストが添付資料A.3に記されている。

Ⅲ．カリキュラムと科目の開発

　私は，4年次演習，サービス・ラーニング，遠隔教育，多文化主義という4つの重要な分野でいくつかの科目を開発してきた。1998年，ダイソン・カレッジ4年次卒業演習科目として「作家と社会」と題する講義を創設した（この科目のシラバスについては添付資料C参照）。この科目はペース大学での教育に関するNEHセミナーでロバート・ディヤンニによって取り上げられた（この科目に関する博士の手紙は添付資料Eに含まれている）。

　また，2つのサービス・ラーニングの科目も開発した。1999年，「ライティングと社会的アイデンティティ」とよばれるサービス・ラーニングの科目を作った。これは，2回実施され，学生からも大学コミュニティからも高く評価された。この専門ライティング科目を履修するペース大学の学生は，サウスウェスト・ヨンカースのYMCA放課後プログラムで，子どもたちの創造的ライティングのメンターになるのである（この科目のシラバスについては添付資料C参照）。同じく1999年，「口承文学と歴史」と題する科目を開発した。これは2000年春，個別指導科目として実施された。このサービス・ラーニングの科目は，昔話，民話，歌など，言い伝えられた文学と歴史に焦点をおくものである。学生たちは，教室での議論やテキストの分析に加えて，ウェストチェスター郡の高齢者を訪問し，その記憶を記録することによって，口承文学と歴史を集めるという活動に取り組む。

　1998年，私はダイソン・カレッジの学部長によって開始された試験的プログラムの一環として，遠隔教育の科目を開発した。ウェブを使って各自がそれぞれに学ぶこの科目は，これまで3学期にわたり定員いっぱいの学生が登録し，成功裏に実施されている。私は，この科目に関する私の活動を説明するためにペース大学とその他の大学でいくつかのワークショップを行っている。添付資料Bに，この科目のシラバスおよび「ハーレム・ルネッサンス」に関するセクションを含む，この科目のウェブページの例が記されている。私は，それ以来4つのオンライン科目を創設し，毎学期1科目ずつ教えている。

　2000年には，文学・コミュニケーション学科の多文化ニーズを満たすために，アフリカ系アメリカ人の文学に関する科目を開発した。

---

*1　Mid-Atlantic Popular Culture Association Conference

さらに，文学・コミュニケーション・ジャーナリズム学科によって創設されたプロフェッショナル・コミュニケーションの修士課程の科目として，「ビジネス・ライティング」と「アメリカ文化における仕事のイメージ」の2つを開発した。

Ⅳ．代表的な科目のシラバス

　学生たちは教室にやってきた第1日目から，その科目について明瞭で正確なビジョンを持っている必要があると私は考えている。そのため，私は，詳細で完全なシラバスを作成するよう努めている。私のシラバスは，科目の内容と学習の目的，成績評価のガイドライン，出席の方針，必要とされる教科書のリスト，および全ての読書課題，その他の課題，試験の具体的な日程を含んでいる。また，学生がその学期の時間の使い方を計画することができるように，可能な限り，主な課題についてシラバスの中で詳しく説明している。本ポートフォリオには，私の担当科目を代表するものとして，以下の4科目のシラバスを取り上げている。

1）ENG100A：英語が第二言語である学生のためのライティング科目
2）LIT211「世界の文学Ⅰ」：文学の必修科目
3）私が創設した4年次向け演習：「作家と社会」
4）私が創設したサービス・ラーニングの科目：「ライティングと社会的アイデンティティ」

　これらのシラバスは添付資料Cにまとめられている。

Ⅴ．教育の評価

学生による授業評価

　私にとって学生による授業評価は，科目の改善のために用いる主たる情報源である。私は，学生たちがその科目の内容を学んだと感じているかどうか，およびその内容を教えるために私が用いた方法に満足しているかを授業評価によって見きわめようとする。ペース大学で用いる一般的な学生授業評価の書式では，学生がどのテキスト，教育方法，課題が最も役立ったと感じているかという具体的な情報が必ずしも得られるわけではないため，私は多くのクラスに関して，学生から具体的なフィードバックを得ることを目的とした非公式の調査も独自に行っている。

　全体として，学生たちの評価は肯定的である。特に，私は無記名のコメントを

重視している。自由記述式のコメントは，学生の受け取り方について信頼できる情報であると思われるからである。以下の表に，学生の参加，それぞれのテーマに関する私の知識，シラバスの質，評価の公平性，私の授業に対する学生たちの総合的な印象という代表的な5つのカテゴリーについて，「強くそう思う」または「そう思う」と答えた学生の数をまとめた。

科　目	学生の参加が奨励された	教える内容について教員がよく知っていた	目的が明確であった	試験が公平であった	自分はこの教員を推奨する
シェークスピア	15人中12人 (80%)	15人中14人 (93%)	15人中14人 (93%)	15人中13人 (87%)	15人中11人 (73%)
チョーサー	17人中17人 (100%)	17人中17人 (100%)	17人中17人 (100%)	17人中14人 (82%)	17人中17人 (100%)
中編小説	21人中21人 (100%)	21人中21人 (100%)	21人中21人 (100%)	該当せず*	21人中21人 (100%)
サービス・ラーニング	7人中7人 (100%)	7人中7人 (100%)	7人中7人 (100%)	7人中6人 (86%)	7人中7人 (100%)
ENG100A	12人中11人 (92%)	12人中12人 (100%)	12人中10人 (83%)	該当せず*	12人中7人 (59%)
イギリス文学Ⅰ	28人中24人 (86%)	28人中22人 (79%)	28人中18人 (64%)	28人中17人 (61%)	28人中17人 (61%)

*小論文のポートフォリオを試験の代わりとした。
　これら6科目の評価の写しが添付資料Dに提示されている。

　また，私は，長年にわたり多くの学生たちが電子メールや個人的な手紙などで私との連絡を保っていることを非常に嬉しく思っている。卒業後も学生たちはしばしば，自分たちの仕事や大学院での経験と私の担当科目の関連を報告してくれる。たとえば，私の文学の科目を3科目履修したスーザン・ルフトは，電子メールで「先生の授業を懐かしく思います。コリンズ先生のようなやり方で授業を行う人は誰もいません」と述べている。スーザン自身，将来教師になろうとしているため，私は彼女のコメントを特に嬉しく思っている。やはり教師を目指しているロビン・マスラネクは，私のサービス・ラーニングの科目「ライティングと社会的アイデンティティ」が自分の修士論文の基礎となったことを手紙で知らせてくれた。「この科目の最終レポートが，修士号取得のために完了しなければならない独立研究プロジェクトの種を私の頭に植えつけてくれました。私はリテラシ

一，それが持つさまざまな意味，特に貧困層や有色人種にとってのその意味に非常に強い関心を抱いてきました。これまでとは違う視点で，情熱を持って考えることを可能にする科目を設けてくれた先生に，感謝の念でいっぱいです」と書かれている。さらに，1999年，フェイ・ロバーツ＝ポールは，私の演習について「すばらしい授業でした。グループでの共同作業のありかたに強く刺激を受けました。あるとき，私は『これこそ人が学ぶということだ』と感じました」と書いてくれた。

これらを含む手紙の全文が添付資料Dにまとめられている。

他の教員による評価

私はこれまでに5回，同じ学科の教員たちに授業を参観してもらっている。その5つ全ての評価を添付資料Eに提示しているが，核心的なものをここに引用しておきたい。これらの評価に共通するのは，私が教育に強い情熱を持ち，学生を自分の学習プロセスに関わらせるよう熱心に取り組んでいるということが評価者に認識されていることだと思う。

ペース大学の正教授であるロバート・ディヤンニは，1998年の私の4年次演習に関して，「クラス全員で夕方いっぱい行われた議論の質と全体的なレベルの高さに感銘を受けた。これは積極的に参加する魅力的な教育・学習のありうる姿の模範である」と書いてくれた。また，ディヤンニ教授は，ペース大学のファカルティ・ディベロップメント・ワークショップで「4年次卒業演習の例」としてこの科目のシラバスを使ったと注記している。

ディヤンニ教授は2000年にも新入生向けのライティングに関する私の授業を観察し，次のように記している。

> コリンズ教授は，明らかに自分の仕事を楽しんでおり，その結果，教える内容に明確な熱意を示していた。彼女の学生との会話は学生の興味や関心を引きつけるものであり，学生たちの文章の修正プロセスを導くのに真に役立っていた。ジェーン・コリンズ教授が教育に全力を注ぐひたむきな教員であるのはきわめて明白である。

ペース大学プレザントヴィル校のライティング主任であるリンダ・アンステンディグは，2000年1月，私のサービス・ラーニングの専門科目を参観し，次のように書いている。

> コリンズ教授は見事に練り上げられたすばらしい授業を行っていた。学生たちは現

実のライティング状況での実践にじっくりと積極的に取り組んでいた……文学／コミュニケーション学科にこのように進歩的で独創的な教員がいるのは幸運なことである。

ペース大学の准教授であるレベッカ・マーティンは，文学の専門選択科目を参観し，次のように記している。

クラスに前向きな雰囲気があった。学生たちは安心して気持ちよく自分の意見を述べることができ，コリンズ教授と学生は知的な目的意識を共有しているように思われた。……コリンズ教授が真剣に取り組んでいるということには疑いの余地がない。文学と教育に対する教授の情熱がはっきりと感じられる。この熱意は，力強く核心に迫り，熱心に議論に参加する学生たちに反映されている。

ペース大学の正教授であるスーザン・ギャノンは，私が企画し教えているオンラインでのアメリカ文学の授業を観察し，次のように記した。

コリンズ教授は，他の人に先駆けて LIT212 のオンライン授業を実施するために大いに尽力してきた。同学科は彼女のイニシアチブの恩恵を得ている。……この授業での掲示や反応のアーカイブは，彼女がオンラインを通した本物のライティング・コミュニティの形成に成功していることを証明している。

これらの評価の全文は添付資料Eに示されている。

VI. ティーチング・ディベロップメントセミナーへの参加

私は，教育活動を改善する上でワークショップやセミナーが有用であると信じている。過去数年，私はしばしばそのようなワークショップのリーダーを務めており，その中で他の参加者から多くのことを学んできた。毎年，ペース大学の教員のために多数のワークショップを行っているのに加え，最近では他の大学の教員たちからもファカルティ・ディベロップメントに関するワークショップに招かれ，学習を強化するためのテクノロジーの利用に関する私の経験を伝えるよう要請されている。

ペース大学では，英語が第二言語である学生への支援，多様性と国際的な教育の問題，教室でのテクノロジーの使用についてワークショップを行ってきた。1998年と1999年，英語が第二言語である学生のライティングの評価と成績判定について文学・コミュニケーションの教員を支援するワークショップのリーダーを務めた。次いで2000年9月，新入生オリエンテーションにおける多様性に関

するワークショップを行った。2001年春には、プフォルツハイム・ファカルティ・ディベロップメントセンターから、教室での多文化主義に関するワークショップのリーダーを務めるよう要請された。

1999年夏、リンダ・アンステンディグとともに、自分の教育用ウェブサイトを開設して授業にテクノロジーを利用したいと考えるダイソン・カレッジの教員を対象として、2日間のワークショップを開いた。2000年3月には、遠隔教育授業の開設・実行についてダイソン・カレッジの教員向けのワークショップを開き、2002年5月には、プフォルツハイム・ファカルティ・ディベロップメントセンターのために「教室でのテクノロジー」とよばれるワークショップを実施した。

私は、これまでに2度、ナッソー・コミュニティカレッジに招かれている。2002年4月、「学生の学習を向上させる――教室でのコンピュータ」と題するワークショップで話をし、2002年5月、ネットワーク型のライティングラボを用いた作文指導に関するワークショップを主宰した。2002年1月、センテナリー・カレッジを訪れ、学生のコミュニケーションを改善するためのライティング・ソフトウェアを同大学の教員に紹介した。2002年4月、ニュージャージー大学ファカルティ・ディベロップメント第10回年次総会で、バーゲン・コミュニティカレッジの主任ワークショップ・リーダーを務めた。これらのワークショップの記録は添付資料Fにまとめられている。

Ⅶ. 教育に関するプレゼンテーションと論文発表

過去5年間に、私は教育に関して4つの論文を発表し、2つの会議論文を提出した。教育に関する論文の発表は、自分の教育活動を改善する重要な手段の1つであると私は考えている。論文発表には厳格さが要求されることから、教育に関する議論に遅れないよう努力し、高いレベルの専門性を保つことが必要である。

1998年、『高等教育における女性に関する第8回国際年次会議の会議要録』に「コミュニティを作る――教室でマイノリティ女性を支援する戦略」と題する私の論文が発表された。これは、私がペース大学に職を得る前にクイーンズ・カレッジで教えていた大学院生向けの科目を詳細に取り上げたものである。

1999年の論文「コミュニティのためのライティング――学生を中心とした教室のためにインターネットのニュースグループを利用する」は、エピファニー・プロジェクトによって作成されたオンライン文書『21世紀のライティングへの手引き』に発表された。この論文は、リストサーブに自分の文章を発表することによ

ってペース大学の学生が自分たちを知的なコミュニティの一員と見ることができるようにするための私の戦略から生まれた。私は，インターネット・ソフトウェアの発展に伴い，このライティング・プロジェクトを手直しした。また，文章の公表が自分のライティング能力のとらえかたにどのように影響を及ぼすかを知るため，学生に対して一連の調査を実施した。私はこの調査に関して，1998年11月に開かれた第8回中部大西洋大衆文化学会会議で，「公共的対話の実践――ネットワークの理論と知識の社会的生産」と題する論文を発表した。

ペース大学における多様性の重要性を記した2000年の私の論文「世界は思いのほか小さい――国際的な学生がペース大学に文化を運ぶ」は，メンタリング†科目UNIV101を履修するペース大学の新入生向けの教科書に使用された。この教科書『連携――ペース大学新入生セミナー用テキスト』は，Simon and Schusterによって出版されている。

1999年，『シェークスピア・マガジン』に私の論文「教室における男子の女役」が発表された。この論文は，シェークスピアの時代の舞台習慣をペース大学の学生が想像できるように私が編み出した革新的な演技の実践について，詳細に説明するものである。また，1998年2月にシカゴで開かれた全国英語教員会議[*1]主催の第2回国際シェークスピア教育会議で，この演技の手法についてのワークショップを行った。

添付資料Fに，これらの出版物と会議論文の年代順のリストが記されている。

Ⅷ. 学生の学習成果

学生に困難で手ごたえのある教材を与えて学習を手助けするのに加え，私は教員としての役割を教室外にも拡張し，学生のメンター†として活動している。この役割により，私と学生の関係はしばしば1学期間の授業を超えたものになる。勉学面で困難を抱えている学生も優秀な成果を上げている学生も含め，私は長年にわたり多くの学生とかかわってきた。ここでは，このメンタリング関係によって学生の学習をどのように強化しうるかを示すため，数人の学生の例を示す。

私は何より学生に自分を「専門家」または「知識人」と見る新たな視点を与えようとし，授業においては伝統的な受身的役割から成熟した積極的な役割へと学生を移行させる経験を模索している。ここでは，私の担当科目を代表する各種の科目分野（ライティング，文学，サービス・ラーニング）から，何人かの学生の

---

*1 National Council of Teachers of English

学習成果を選んで説明する。これらの学習成果についての詳しい根拠資料は，添付資料Gに含まれている。

ダイソン・アカデミー・オブ・フェローズ

　私の学生であるアンジェラ・ナリーは，私の「アメリカの中編小説」で書いた論文の質の高さが認められ，ダイソン・フェローズに迎えられた。私は，優れた書き手であり思考家であるとしてアンジェラをフェローズ協会に推薦した。アメリカの作家ケイト・ショパンに関するアンジェラの論文が受理されたのを受け，私は彼女の意見や研究の見直しに協力した。彼女の論文は，ダイソン・カレッジ生の最高の学習成果の例としてフェローズ協会総会の開会の場で読み上げられた。1998年11月8日の会合では，私はペース大学の多数の学生と教職員にアンジェラを紹介する栄誉を得た。2000年春には，大規模な独立研究プロジェクトを行うというダイソン・フェローズの要件を満たすものとして，口承歴史・文学に関する彼女の独立研究プロジェクトを（Via Pace [1] と連動して）指導した。このプロジェクトから生み出された成果は，文学・コミュニケーション学科のウェブサイト，および高齢者向けの地元の新聞に発表された。

サービス・ラーニング表彰ディナー

　サービス・ラーニングの科目である「ライティングと社会的アイデンティティ」を受講した3人の学生が，毎年行われているVia Pace サービス・ラーニング表彰ディナーでスピーチをするよう要請された。サラ・ホイットマン，ジーン・サルヴィア，クリスティン・モロウグニーはそれぞれ，放課後プログラムで恵まれない子どもたちに創造的ライティングを教えた経験について，短いスピーチを行った。

NEH 会議学生公開討論会

　1998年秋，私は「作家と社会」と題する文学のダイソン・カレッジ4年次演習を担当した。これを履修した4人の学生が，ダイソンNEH助成金の一環として行われるダイソン・カレッジ環境デー会議の公開討論会で学習成果を発表した。「作家と環境」と名づけられた私たちの討論グループには，モロッコ人学生1名，大学院生1名，学部生2名など，ナイジェリアの作家ケン・サロ＝ウィワと環境的人種差別に反対する彼の活動についての独創的な研究を共有した，ペース大学

の多様なグループが含まれていた。

倫理学小論コンテスト

　1999年春，私はENG116ライティングの受講者全員に，ペース応用倫理学センターが実施する年次倫理学小論コンテストに応募するよう勧めたところ，私の学生のドン・ヴェントリスの論文「根本的感受性」が選外佳作に選ばれた。彼は1999年5月12日に，他の最終選考候補者とともに公開討論会でこの論文を読み上げた。

IX．目標

1) パワーポイントを使って，教室でのマルチメディアを利用した講義を行い，その成功度を評価する。私は2002年春に，コンピュータ学習センターでパワーポイントのコースを受講した。来年度，学生にとって講義をもっとアクセスしやすく理解しやすいものにするため，教室でのマルチメディアの利用を開始したいと考えている。こうした提示方法により，学生が複雑な情報を吸収するのを手助けし，文学作品の歴史的時代を視覚化するのに役立つ映像や画像を提示することができるであろう。
2) ペース大学で，教育・学習・テクノロジー座談会の監督を継続する。
3) 学生がテクノロジーを使ってどのように学ぶのかを評価する新しい調査を作成することにより，自分の教育活動の向上を継続する。

X．添付資料

　添付資料A：教育の方法
　添付資料B：開発した科目
　添付資料C：代表的なシラバス
　添付資料D：学生による授業評価
　添付資料E：他の教員による評価
　添付資料F：プレゼンテーション，論文発表，セミナーのリスト
　添付資料G：学生の学習成果と発表

---

*1　Via Pace　ペース大学独自の取り組みで正式名称はVolunteers in Action at Pace University。サービス・ラーニングプログラムの提供活動などを行っている。

26

ティーチング・ポートフォリオ

ソーンドラ・K．リギンス（Saundra K. Liggins）
英語学科（Department of English）
ニューヨーク州立大学フレドニア校（State University of New York, College at Fredonia）

2003年春

目次

1) 教育の責任
2) 教育の理念
3) 教育の戦略
4) 教育活動を改善する努力
5) 学生の学習成果
6) シラバスと課題
7) 学生による授業評価
8) 教育関連の活動，助言，委員会活動
9) 将来の教育活動の目標
10) 添付資料
    - 添付資料A：各科目のシラバス
    - 添付資料B：ENGL209，ENGL338，ENGL341の課題の例
    - 添付資料C：授業評価の要約
    - 添付資料D：アメリカ文学会年次総会に提出した論文の摘要

1) 教育の責任

　2001年秋学期，私は学部生向けの3つの科目を担当した。①英語・英語教育専攻の必修科目であり一般教養の必要単位にカウントされるENGL209「小説と物語」，②アフリカ系アメリカ人研究副専攻の必修科目，英語・英語教育専攻の選択科目であり，一般教養の必要単位にカウントされるENGL240「アフリカ系アメリカ人の文学と文化入門」，③英語・英語教育専攻の「時代」科目に該当し，一般教養の必修単位にカウントされるENGL341「ハーレム・ルネッサンス」で

ある。これらの科目の受講者は，それぞれ25人，10人，25人であった。2002年春学期には，学部生向けの4つの科目を担当した。ENGL209の2クラス，英語・英語教育専攻の「時代」科目に該当するNGL338「現代アメリカ文学」，英語・英語教育専攻およびアフリカ系アメリカ人研究副専攻の選択科目である新しい科目ENGL399「アフリカ系アメリカ人の自伝」である。受講者数はENGL209が17人と22人，ENGL338が25人，ENGL399が23人であった。

2) 教育の理念

　教師としての私の仕事は，学生のある特定のトピックに関する知識基盤を拡大するのを手助けすることであると信じている。ニューヨーク州立大学（以下，SUNY）フレドニア校の学生は，私が教えるほとんどの科目の基礎であるアフリカ系アメリカ人の文学について，ほとんど知識を持っていない。これはプラスにもなりマイナスにもなる。私は学生がしばしば新しい素材に非常に熱心に取り組むことに気づいており，学生たちがアフリカ系アメリカ人の文化について少なくとも基本的な知識を身につけて私の教室を出てゆくとわかるのは嬉しいことである。

　私の学生の大部分は英語教育を専攻しているため，学生が私の教室で学んだことを吸収し，自分の授業案に取り入れていると知るとき，この仕事のやりがいを感じる。しかし，素材の提示にはリスクがある。学生がアフリカ系アメリカ人の文化に関する全てのことがらについて，私を権威者とみなしてしまいやすいのである。私は学生たちに対し，自分は唯一の絶対的な専門家ではなく案内人なのだと強調している。ある集団の人々の文学や文化について学ぶには，1学期間の授業以上のものが必要とされる。私の仕事は，黒人文化の全ての面を学生たちに示すことではなく，その文化の道しるべを描くことである。

　学生にとっては，素材について理解できるだけでなく，それを評価し，その重要性に疑問を投げかけることができるようになることも重要である。おそらく，私が教える実際のトピック以上に重要なのは，学生が教室で発展させる分析スキルであろう。これは，特定のトピックを超え，全てとは言わないまでも多くの学問領域に及ぶ能力である。学生が自分の受け取る情報について自分で考え，論拠を明確にし，現在および将来の知識に対して判断を下し，それを応用できるようになることが不可欠である。

3) 教育の戦略

　講義とディスカッションの進行のバランスをとることが授業の中で最も難しいことの1つである。文学や文化を理解するためには，その文学が生み出された歴史的，文化的，社会的背景を伝えるのが重要である。特に，学生たちはアフリカ系アメリカ人の文化についてほとんど知らず，その歴史についてはさらに知識が乏しいことから，重要な事実情報を与えることが欠かせない。したがって，私は歴史的背景を教えるためには主に講義を用いている。講義は，難しい論文やテキストを読むときにも有益である。しかし，ディスカッションを促進することも私の仕事である。クラスでのディスカッションでは，私は学生の読書を（ライティング課題や質問を通して）特定のテーマや問題点に導く。

　文学はしばしば主観的な学問とされ，さまざまな解釈が可能であることから，私はテキストの1つの読み方を指示するのではなく，扱っている素材について重要な問題だと私が考えることがらを強調する。また，もっと直接的にテキストにかかわる機会を学生に与えるため，教室でのディスカッションと，自宅および教室でのライティング課題を課している。

　文学作品の分析は究明や発見のプロセスであり，学生たちは自分で探究を行うときに多くを学ぶ。私は，科目によってはグループまたは個人での発表や，短いクラス・ディスカッションの進行を学生に求めることもある。こうした方法は，その素材のある側面について自分で研究や調査を行う機会を学生に与えることから有益である。また，学生が中心となって行う発表も，他の学生の学習を促進する。学生は教師からよりも仲間からのほうがよりよく学ぶ場合が多いからである。

4) 教育活動を改善する努力

　2002年1月，私はジョン・オルサフスキーの主宰でSUNYフレドニア校において開かれたワークショップ「Blackboard入門」に参加した。これは教室でBlackboardの技術を利用するのに役立っている。私は，テクノロジーが進むにつれて，よりインターネットを利用することが大学のほとんどの科目において重要になるだろうと考えている。また，私は「技術のための技術」という姿勢には賛成しないが，Blackboardのような手段は適切に使用すれば教育活動を強化しうると考えている。

　2002年3月，私はピーター・セルディンが指導するSUNYフレドニア校でのワークショップに参加し，ティーチング・ポートフォリオの作成方法を学んだ。

このワークショップは多くの実際的な目的に役立った。職業的に，更新のための素材の準備方法を知ることができただけではなく，自分の教え方について真剣に考える機会になった。このワークショップで焦点が明確化されたことは私の教育に反映されている。

5) 学生の学習成果

2001年秋学期，私はアフリカ系アメリカ人研究副専攻の要件を満たすための論文に関して，学部生のメラニー・ヤスクルスキを指導した。彼女の論文の中心テーマは，トニ・モリソンの『スーラ』における女性の友情の描き方であった。

2002年春学期，同じくアフリカ系アメリカ人研究副専攻の要件を満たすための論文に関して，学部生のマルセル・フリーマンを指導した。この論文の中心テーマはアフリカ系アメリカ人の映画であった。

学生のアン・フィアマンは，私の担当科目「ハーレム・ルネッサンス」で書いた論文を SUNY フレドニア校ローザ・パークス奨学金コンテストに提出した。彼女は受賞者の一人になり，キャンパスでの式典とレセプションでその論文を発表した。

6) シラバスと課題

添付資料Aに，2001〜02年度の私のシラバスの写しが含まれている。私のシラバスは，担当する科目の多様性を反映しているばかりではなく，それぞれの科目に取り入れている多様性も反映している。2001年秋学期，前年の秋に教えた2つの科目，ENGL240「アフリカ系アメリカ人の文学と文化入門」と ENGL341「ハーレム・ルネッサンス」を再び教える機会を得た。私はこれをこの科目の構想を改善するチャンスとして歓迎した。

「ハーレム・ルネッサンス」の2年目，教室でどのようなテキストや活動がうまく機能するか前年よりよくわかっていたため，どちらのクラスも最初の年よりもうまく構成することができた。テキストの注意深い選択も，この科目のダイナミクスを改善した。歴史，音楽，芸術など，その時代の他の側面を取り上げることにより，その時代について以前よりはるかに広い視野を学生に与えることができた。

「アフリカ系アメリカ人の文学と文化入門」も大幅に改善された。単に年代順に並べるのではなく，テーマに沿って読む内容を構造化したため，以前よりも格

段に構成が優れたものになった。これによってこの科目の視野が広がったと私は確信している。今後，アフリカ系アメリカ人の文学のテキストについて論じるだけではなく，「文化」——音楽，映画，テレビなどに関する討議——をいっそう取り入れていきたいと考えている。

　「ハーレム・ルネッサンス」の授業の大きな修正点は，学生一人一人に，素材についてのクラス・ディスカッションの進行役を務めるよう求めたことである。これによって，学生はテキストを綿密に分析し，その素材に関するディスカッションにクラスメートを引き込むという機会を得ることになった。私は，学生が進行役となるディスカッションはしばしば講義より優れた指導方法であり，少し手を加えればより多くの学生がこの方法の有用性に気づくはずだと考えている。

　2002年春学期は非常に手ごたえのある刺激的な学期であった。2つの新しい科目，ENGL338「現代アメリカ文学」と，私が提案した新しい科目 ENGL399「アフリカ系アメリカ人の自伝」を教えたからである。ENGL338については，限定的に Blackboard を取り入れた。最も有益だったのは，リストサーブに似た機能を持つ Blackboard のディスカッションボードである。これによって，学生たちは，授業で読んでいるテキストに関連する問題について，より多く議論する機会が得られた（たとえば，アート・スピーゲルマンの『マウス』の抜粋を読んでいるとき，学生たちは，ニューヨークのユダヤ博物館で開催された論争の多い美術展について Blackboard で議論した）。

　私にとっては ENGL209「小説と物語」も楽しい授業であった。テキストやその他の教育戦略について実験をすることができたからである。おそらくこの科目は，私が担当する全ての科目の中で最も予測の難しいものであろう。これは英語・英語教育専攻の必修科目であると同時に一般教養の必要単位にもカウントされる科目であることから，しばしば教室内に英語の専攻学生とそれ以外の学生が混じっている。学生たちは，ゴシック文学について，あるいは文学全般の分析方法についてほとんど知らない状態でこの授業にやってくる。しかし，学期の終わりには，このジャンルの慣例やテーマについて少なくとも基本的なことを理解するようになる。私は，この文学ジャンルに関する自分の理解度を明示する機会を学生に与えるため，最初または最後のレポート課題の1つとして自分自身のゴシック短編小説を書くことを選択できるようにしている。この課題を選択した学生たちは，創造性を発揮できたこと——大学ではあまり得られないチャンス——を高く評価している。

添付資料Bは，私が担当する3つの科目の代表的な課題の写しである。ENGL209「小説と物語」については，この課題で多くの学生が見せた独創性を例示するために，ある学生の短編小説を取り上げた。ENGL338「現代アメリカ文学」の例は，教室でのディスカッションの課題から生じたものである。学生たちはその日のテキスト講読について発表を行うか，またはクラス・ディスカッションの進行役を務めることを求められた。私は教室での自由な思考を奨励したいと考えているため，ある学生がニュー・ジャーナリズムをめぐる教室での講読に関して標準的なクラス・ディスカッションを超え（ディスカッションの疑問点を提起し）たとき嬉しく思った。私は学生たちに，1つの新聞記事を取り上げてニュー・ジャーナリズムのスタイルでそれぞれ自分の記事を書くよう求めた。添付資料Bの最後は，ENGL341「ハーレム・ルネッサンス」で書かれた論文である。

7) 学生による授業評価

　添付資料Cは，秋学期および春学期に私が担当した科目に関する学生の授業評価を学科内の他の教員がまとめたものである。英語学科の教員は，学生の授業評価にどの書式を使用するか選ぶことができる。私は，各科目の質と教師の能力が数字で評価される伝統的な形式よりも，学生たちが教室での自分の経験について自由に記述する形式を利用している。特定の質問への学生の対応のしかたを見ることによって，その科目に対する学生の感情をよりよく知ることができることに気づいているからである。

　この要約を見ると，私の指導の中で最も成功した分野および改善が必要な分野について概要を知ることができる。これに示されるように，私の学生のほとんどは，私が彼らの役に立ち，友好的だったことを評価しており，私がやりがいを起こさせる教室の雰囲気を作り出したと考えている。ただし，一部の学生から，教室でのディスカッションを促進する技術をもっと高めること，および文章で示した課題に関して何を要求しているのか明確にすることが求められた。全体的に言うならば，私の授業は非常に成功し，楽しいものであったと言える。

8) 教育関連の活動，助言，委員会活動

- 英語・英語教育専攻の学生12人のアドバイザーを務めた。
- 黒人学生連盟の共同アドバイザーとして，ウィリアムズセンター多目的室で

映画「Black Is, Black Ain't」,「Bamboozled」,「Sankofa」を上映した際，司会を務めた。
- アフリカ系アメリカ人研究副専攻の臨時コーディネーターを務めていた間に，2人の学生をこのプログラムに勧誘した。
- 2002年1月23日に行われた英語学科の2002年春学期アカデミック助言に助力した。
- ブルース・サイモン教授の成績優秀者セミナーの中で,「Great Migration（黒人の大移動）」，ハーレム・ルネッサンス，トニ・モリソンの『ジャズ』に関するディスカッションにゲストとして参加した。
- 2002年4月，学生組織のための専門的な手紙の書き方と電話エチケットに関し，黒人学生連盟やその他の学生のために開かれたワークショップで進行役を務めた。

教育の学究活動

2001年12月，私はルイジアナ州ニューオーリンズで開かれた現代語学会（Modern Language Association：MLA）総会の特別セッションで議長を務めた。MLAの「現代語教育における大学院生の地位委員会」が主催したこのセッション「大学院の体験談」は，大学院生にとって自分たちが直面するいろいろな課題について論じるチャンスになった。

2002年6月，私は「現代アメリカ文学」で教えている小説に基づき，カリフォルニア州ロングビーチで開かれたアメリカ文学会年次総会で，「コールソン・ホワイトヘッドの *The Intuitionist*(1999)——都市のゴシックビジョン」という論文を発表した（添付資料D）。

9) 将来の教育活動の目標

来年度，私は3つの新しい科目「19世紀のアフリカ系アメリカ人の文学」,「20世紀または現代のアフリカ系アメリカ人の文学」およびゴシック文学に関する科目を提案するつもりである。特に，アフリカ系アメリカ人の文学に関するこれらの新しい科目は，この学科にとって重要な要素を付加し，すでに開講されている「黒人女性作家」,「ハーレム・ルネッサンス」,「アフリカ系アメリカ人の文学と文化」と並行する適切な科目になるだろうと考えている。

SUNYフレドニア校で教えてきた2年間に，私は，アフリカ系アメリカ人文学

のテキストやマイノリティに関するテキスト全般に対する認識が本学の学生に欠けていることに気づいている（またそのように他者から聞いている）。これらの新しい科目は，学生の知識の基礎を拡大するだけではなく，専攻・副専攻コースの選択科目や「時代」科目の選択枝になるなど，いくつかのカテゴリーを満たすことができるであろう。

　また，私は，学生のディスカッションを促進する新しい手法を教室に取り入れようと計画している。学生がディスカッションに積極的に参加する気がない，またはできないとき，しばしばクラスが沈黙してしまう。学生を恒常的に話し合いに参加させるよりよい方法を見出すのは，不断の課題である。

10）添付資料

添付資料A：各科目のシラバス
添付資料B：ENGL209，ENGL338，ENGL341の課題の例
添付資料C：授業評価の要約
添付資料D：アメリカ文学会年次総会に提出した論文の摘要

27

ティーチング・ポートフォリオ

アラン・シェパード（Alan Shepard）
英語・演劇研究学部（School of English and Theatre Studies）
ゲルフ大学（University of Guelph）
カナダ，オンタリオ州ゲルフ
2003年3月

私のポートフォリオは2つの部分に分かれている。2002年から働いているゲルフ大学での教育活動に関する少数の資料をまとめたものと，それ以前の12年間にテキサスクリスチャン大学（TCU）で作成された多くの資料をまとめたものである。

目次

1) 教育の責任
   - 正式な科目
   - 修士論文・博士論文の指導
   - 院生講師と若手教員のメンタリング
2) 教育の理念
3) 教育の目標と戦略
4) シラバス，課題，学生の提出物への対応
5) 教育の有効性の根拠
   - 他の教員，学生，卒業生の意見
   - 「学生による授業評価」のデータ
   - 学生の学習成果と業績
   - 教育の学究活動に関する賞と専門的認知
6) 将来に向けた教育活動の改善目標
7) 添付資料
   - A：ゲルフ大学とTCUで教えた科目，UCRの指定と履修者数
   - B：ゲルフ大学およびTCUのカリキュラムのために私が作成した科目
   - C：修士論文・博士論文；学部4年次成績優秀者の論文
   - D：院生講師と若手教員のメンタリング・プログラム
   - E：シラバスと課題の例

・F：学生の提出物への対応の例
・G：私の教育に関する他の教員の意見
・H：私の教育に関する学部生，大学院生，卒業生の意見
・I：「学生による授業評価」の代表的データ，1996～2003 年
・J：以前の学生の業績の例
・K：教育に関する賞と専門的な認知の写し－ウェブサイトを含む

1）教育の責任

正式な科目

　多くの教員と同様に，私は，1 年次向けの科目から英語専攻を目指す中間レベルの科目，さらには私の研究分野である初期近代英文学・文化と現代英米演劇の大学院ゼミまで，全てのレベルで教えている。それは，学生になりたての若者や専攻以外の学生を教えるという知的・職業的な大きな楽しみを与えてくれるものであり，実際私はいつもそうした楽しみを感じながら教育活動を行っている。

　2002 年にゲルフ大学に移ってから，私ははじめて，文理学学士課程（B.A.S.）の 16 人の学生を対象に，私の最新の研究プロジェクトである「初期近代文学批評」に関する新しいゼミを行っている。これは少人数のゼミ形式であるため，TCU で培ってきた自分の教育手法を利用することができる。TCU では 35 人以上のクラスを担当したことがなかった。

　しかし，来学期から，ゲルフ大学での私の職務には大人数の学生を対象にした講義科目が含まれることになる。シェークスピアとその同時代人を扱うこの科目は，受講者が 80 人から 100 人になると思われる。公立の大学ではこのような規模の授業は一般的である。ゲルフの同僚たちはすでに，比較的学生数の多いクラスで効果的な授業をするための戦略を私や本学部の他の新しい教員に教えてくれている。本学部は教育の戦略や手法に関する独自の内部セミナーを行っており，教員 1 人あたりの学生数が多い――教員が自由に選べるなら望むであろう数よりも多い――場合の新しい教育手法を編み出すという責任を負っている。

　TCU での 12 年間で，私は，ライティング集中科目を含む 24 の科目を教えた。この期間に私が担当した学士課程の科目の平均受講者数は 22 人であった。これは私立大学としての教育目標に沿ったものである。私の仕事には，折に触れてチームティーチングを行うことが含まれていた。たとえば，各学期に 1～3 シリーズが実施される成績優秀者伝統（Honors Intellectual Traditions：HIT）シリーズ，私が職業倫理のセクションを担当した英語学科大学院 1 年目の「英語に関す

る専門職業」，TCU－エジンバラ・プログラムなどである。また，私は，4年次成績優秀者論文で4人の学部生の指導をした。私がTCUでの最後の学期に指導を行うことになった5人目の4年次成績優秀者は，学会でその論文を発表した。これは博士課程に進もうとするこの学生の関心と努力の現れであった。

　エジンバラ・プログラムでは，私はスコットランドの工芸品と舞台を利用したルネッサンスの文学と16世紀の魔女裁判に関する地域限定の科目を創設した。そのほか，エイズの流行がアメリカ人の生活に及ぼした影響，初期近代の演劇と戦争，シェークスピアとマーローに関する科目など，TCUの英語および成績優秀者プログラムのカリキュラムにおいていくつかの科目を創設した。研究者・教師としての私自身の発展という意味で最も重要だったのは，ルネッサンスの文学，および学部生向けの科目と大学院の科目の両方として教えた「ニュー」サイエンスの科目であった。

修士論文・博士論文の指導

　以前はTCU，現在はゲルフ大学の大学院課程の教員である私は，かなりの時間を博士課程の学生の個別指導に費やしている。両大学とも英語の博士課程は小規模なプログラムであるため，私が指導する博士課程の学生の中には，私の専門領域の研究を行っている学生もその他の分野の学生も含まれている。私はこれまでに4人の学生の博士論文を指導し，現在5人目の指導を行っているのに加え，そのほかの数人について第2指導教員または第3指導教員となっている。学生の博士論文指導の前段階として，ときどき，通常のコースワークで取り上げられない分野での研究を指導することもある。最近のそのような例としては，ルネッサンスのヒューマニズムに関する研究がある（2001年春）。私が一番最近に指導した博士課程学生は，現在，ペンシルバニア州立大学のテニュア†を持つ准教授になっている。

院生講師と若手教員のメンタリング

　私はゲルフ大学でも教務面の管理者の1人としての仕事を続けており，ゲルフでもTCUでも，大学院生や若い教員（常勤および非常勤）のメンタリング†を行うことが可能ないくつかの役割を引き受けてきた。1996年から1998年にはTCU英語学科の学部生研究の主任，1998年から2002年には同学科の学科長を務めた。ゲルフ大学では，英語・演劇研究学部のディレクターである。

こうした職務は全て，私の授業の責任を大きく変化させてきた。典型的には，私は各学期に正式な科目を1つしか教えていない。2000年から2002年にかけてTCUの自主研究の主任を務めていた18ヶ月間，私の教育責任は指導の下での講読と非公式のメンタリングだけであった。しかし，各学期に50人から60人の英語・演劇の教員がいる学科の長／学部ディレクターとして，私は自分のオフィスでかなりの量の非公式の指導，助言，メンタリングを行っている。特に，院生講師や若手教員がそのキャリアの初期に効果的な授業を行えるよう手助けをしている。

TCUでは，私が学科長を務めている間に，学科の中から教育改善を目指した2つのプログラムが生まれた。英語学科の新しい院生講師全員を対象とした1年間のプログラム「院生教育実習」と，「ファカルティ・ディベロップメントシリーズ」である。「院生教育実習」には通常3人の常勤教員が配置され，それぞれが1年次の作文を教える1年目の講師3〜4人のメンター†となる。「ファカルティ・ディベロップメントシリーズ」は，各学期の前半，毎週1回教員全員が集まり，教育と研究の問題，およびそれらを統合する方法について話し合うものである。以下に，2000年秋からの「院生教育実習」において私が担当した部分のシラバスが含まれている。

2）教育の理念

私は以下の点を私自身への期待事項としている。

- 相互の信頼，学習の尊重，思考の喜びの雰囲気を作ること
- その日のテキストをよく知ること；授業の前に何か新しいことがらを学ぶこと
- 授業ごとに新しいノートを作成すること
- 授業で学生に何を学んでほしいかを明らかにし，スケジュールを渡すこと
- 教室の内外で，多様な方法による能動型学習†を奨励すること
- うまくいったことといかなかったことを把握し，そのメモから学ぶこと
- 少なくとも自分がしゃべるのと同じだけ聞くこと；学生の質問，疑問，成長に耳を傾けること
- 公平，誠実であり，学生に忍耐強く接すること
- 学生の提出物を注意深く読み，彼らを前進させる形で対応すること；学生が提出物を修正し，自分の誤りから学ぶことができるようにすること
- 学生を知的に前進させるべきときと，ほめるべきときを正しく判断すること

- 学問上の高い水準を設定し，それに到達する基準を学生に理解させること；自分の学究活動においてその水準の模範となること
- 私自身にとって最も優れた教師は積極的に研究を発表している学者だったこと，そしてそうした教師は私の知的な成長や作家としての成長を促してくれたことを忘れないこと
- ときとして，具体的なアイディアや，真実である，あるいは真実に違いない継承された叙述に疑いをさしはさむことにより，学生と「生産的離間」をすること
- 学生が人文科学のより大きな背景や価値を理解するのを手助けすること

私は以下の点を学生に期待している。

- 読み手コミュニティを作り出すのに役立つよう，授業の準備をすること
- 知的に成長・発展する準備を整えること
- 教室で，また論文で，自分自身を表現するよう努力し，よりよい書き手，思考者になること；できるならば，書き手としての自分の成長を促進すること
- 授業にきちんと出席し，グループ・ディスカッションに積極的に参加すること
- トピックについて十分に研究し，必要ならば支援を求めること
- 与えられたトピックに関して自分で考え，それについて自分が取る立場が他の分析的または批判的な立場とどのように関連しているかを理解すること
- 敬意を持ってクラスメートと私に接すること
- 指定された課題を学び，アイディアを発展させる上でクラスメートや私と協力し，その作業——およびこの科目で行う全ての作業——を誠実に行うこと
- 知的な挑戦を引き受ける生産的な形で，私の科目における学生としてのニーズを表明し，可能な限り，どの挑戦が成功し，どれが成功しなかったか，そしてそれはなぜかを理解すること

3）教育の目標と戦略

　私の目標には，能動型学習，複雑なテキストや概念への洗練された知的な取り組み，および書き手としての成長を促す雰囲気のある科目を作ることが含まれる。特に，専攻やそれ以外の学習の初歩的な科目において，文学や演劇の研究は単にある作家やジャンルが「好き」かどうかという問題ではなく，テキストに「正し

い」答えを見いだすものでもないということを強調しようとしている。

　人間の記憶はしばしば篩(ふるい)のようなものである。学生が1年後，2年後，あるいは5年後に覚えているのは，その科目で学んだ具体的な概念ではなく，彼らが身につけた「メタ教訓」，すなわち，ニュアンスや文脈を注意深く読む方法，相反する視点を総合する方法，鋭い疑問を提起し，それに対する答えを探求し，新しい知識を作り出す方法，明快で説得力のある散文を書く方法，そしてなぜそれが重要なのかということだと私は認識している。このような認識のために，私は以下に説明するような課題を設けている。

　教室において私は，「混合メソッド」(mixed method)とよぶものを採用している。私はこれをオプラ・ウィンフリー方式（Oprah Winfrey mode）とよぶこともある。どの授業でも，私は講義をする。それから，学習しているテキストの特定の場所で，具体的な質問について学生とともにコール・アンド・レスポンスを行う。その質問は多くの場合，前もって学生に渡してある。それから，歴史的な情報，文学上の手法，鍵となるパッセージの綿密な読みを統合しようとする。授業のおよそ3分の1は，3〜4人ごとのグループでのディスカッションに充てる。このディスカッションでは，私が事前に文章で与えておいたテキストの「問題」を解決するために学生が協力し合う。通常，このグループ作業に20〜30分程度を費やし，その後クラス全体で問題の解決を共有する。

　人文科学の教育と学習のかなりの部分は教室の外で行われる。私の場合，教室外での教育には，インターネットのディスカッションボード，ウェブサイト，個々の学生またはクラス全体との電子メールのやりとり，私またはクラスメートに読んでもらうために学生が書いた小論に対する文章でのコメントが含まれる。私が教えることの多くは，注意深い読み手，正確で説得力のある書き手になるための学習であるから，学生が書いたものに私が具体的で丁寧な反応を返すことが重要である。院生のゼミを含め，私が教えているどの科目でも，少なくとも1回，たいていはそれ以上，学生が提出物を書き直せるように課題の構造と評価を設定している。このポートフォリオの添付資料には，こうしたシラバスと課題の例が含まれている。

　私は，学生のライティング力は日常的に練習することで向上すると確信しているため，ほとんどの科目でちょっとした文章を書かせている。学部生のライティング力は，伝統的な10〜15ページの研究レポートを書くよう要求され**ない**ほうが効果的に伸びる。TCUで教えていた間，私は，各科目の最初の提出物に対し

てシングルスペースで丸1ページにわたるコメントをつけることも珍しくなかった。また，私はこうしたコメントのほとんどをコンピュータ上に保存し，学生の進歩に合わせてふり返ってみることができるようにしていた。しかし，学生の次の提出物に成績をつけるときには，こうした以前のコメントを参考にしない。誰がどの文章を書いたかを知ることなく，提出物を読み，評価する仕組みを採用しているからである。

　学生はこのモデルを高く評価している。潜在的な客観性，または少なくとも可能な限りの客観性が取り入れられていると考えるからである。教師1人に対する学生の数TCUよりずっと多いゲルフ大学では，私は大人数の講義の現実に対応するために，学生の提出物に対するこのパターンを修正することになるであろう。しかし，これまでのところ，ゲルフ大学では少人数のゼミしか教えていないため，課題と学生の提出物への対応に関する新しいモデルは必要ではない。

　学士課程の科目でも大学院の科目でも，私はそれぞれの科目で最初または2番目に学生が書いた文章について，学生同士で話し合うことを求める。これによって，クラスの緊張をほぐし，私に提出された小論を私がどのように読むかを示し，一緒に学ぶ素材に関する懸念，条件，熱意を学生から聞くことができる。また，授業の中で，学生が知的な意味で自分の教育において「今いる」場所を理解し，できる限り指導を個別化する計画を立てようと努力する。たとえば，可能ならば，主要な研究プロジェクトを学生のこれまでの知的な関心に合わせ，彼らの関心がどのように拡大しうるかを示すようにしている。

4）シラバス，課題，学生の提出物への対応

　私の担当科目は，時とともに上述した目標をよりよく達成できるようになってきている。それは主に，私が教育の経験を積むにつれて目的そのものが明確になっているからである。たとえば，能動型学習を奨励するため，私は小グループでのディスカッションを重視している。それは，私が大学教員としてキャリアをスタートしたときの学科長によって提案されたものであった。能動型学習を推進するという目標のため，私は教室内での最終試験よりも教室外でのライティングを重視し，また事実を反復するだけではない試験を作成するよう努力してきた。私は，最終試験の問題を前もって学生に渡し，答案用紙に書きうる限りの中身の濃い洗練された答えを作成するために，教室外で学生が協力することを奨励する，という戦略を取っている。

また，学生と私は，図書館の稀覯書室を定期的に訪れている。TCUでは，私たちはミルトンの『失楽園』の初版など，初期近代の書籍の大規模なコレクションを利用することができた。教室外に出かけるこのような実地学習は，初期近代の物質世界とその知的な所産に関する学生の知識を深める上で，たいへん重要である。私の専門分野の1つは，16世紀から21世紀の演劇である。演劇の科目を教えるとき，私は学生に，本物の演劇を見に行きその批評を書くよう求める。また，自分の演劇評を発表する一般誌や新聞を想定させ，それに合わせたスタイルと内容で批評を書くのを手助けする。

大学院のゼミでは，学生が学士課程の科目の設計を実践できるように，私が開講している科目と関連はするが正確に同じではない科目のシラバスを作成するよう求める。その上で，自分が考えているその科目の構造と内容について主張を述べ，どのようなテキストを用いるか，なぜ，どのようにその科目の組み立て，学生の学習状況を判断するかを考えるよう求める。

多くの大学教員と同じく，私はテクノロジーの進歩を授業に取り入れようとしている。人文科学全般においては，今や人文科学－コンピューティングの分野が不可欠のものになっている。私は，授業で扱っている素材についての学習に役立つウェブサイトを探し，それについてレポートを書くという課題を実験している。学生たちは，たとえば，専ら初期近代のイギリスとヨーロッパの文化を取り上げたウェブサイトがすでに何百もあることや，主要な大学の研究機関に関連したウェブサイトが学習している素材の背景を理解するのに非常に役立つこと，などを知って驚くことが多い。

5）教育の有効性の根拠
他の教員，学生，卒業生の意見

私は，ゲルフ大学では今最初の正式な科目を教えているところであるが，TCUでは，カレッジレベルの教育賞に3回推薦され，1999年にはそれを受賞した。このティーチング・ポートフォリオには，教育賞への推薦を裏づけるために以前および現在の同僚たちから提出された複数の手紙が含まれている。また，以前の副カレッジ長，自ら学士号取得のために学んでいるスタッフメンバー，大学院生，学部生，卒業生からの手紙も含まれている。そのうちの一部の人々は，現在または過去に修士・博士課程で学んでおり，ゆえにそれぞれの将来に向けた準備を私がどのように支援したかについてコメントできる立場にあった。

「学生による授業評価」のデータ

　ゲルフ大学ではまだ学生からの評価を得ていないが，TCU での教育活動について多くのデータがある。ここに，TCU の「学生による授業評価」報告書のデータからいくつかの例を選んで提示する。これらは，私の授業に対する学生の反応がいつも一定であることを示している。以下の数字は，「この学科で教わっている他の全ての教師と比べて，この教師は……」という質問への学生の回答である。

	科目番号	科目の名称	UCR	人数	クラスの平均	英語学科	学部
			履修登録		平均	平均	
1996年春	20403	イギリスの主要な作家	L	33	4.28	3.72	3.93
1997年秋	20403	イギリスの主要な作家	L	27	4.48	3.9	4.03
2000年春	20403	イギリスの主要な作家	L	20	4.88	3.94	4.07
1999年秋	20433	シェークスピア	L	24	4.41	3.74	3.96
1997年春	30423	初期イギリス演劇	W	25	4.46	4.47	4.39
1995年春	40483	シェークスピアとマーロー	W	17	4.71	4.19	4.12
1998年秋	40483	シェークスピアとマーロー	W	25	4.29	4.38	4.43
1996年春	60433	ルネッサンスの演劇		16	4.85	4.49	4.54
1999年春	60433	ルネッサンスの演劇		9	5	4.27	4.3
2000年秋	60433	ルネッサンスの演劇		5	5	4.24	4.27

評価尺度は5を最高とする1から5の5段階である。

学生の学習成果と業績

　私は以前の学生のかなり多くと連絡を保っている。その一部は非公式のものであり，学生が自分のキャリアや新たな機会について，あるいは生活全般について，電話やメールをくれる。公式のものとしては，専門的なプログラムや大学院を志願する学生のために私が推薦状を書いている。私が親密に指導し，ごく最近に接触した学生の中には，たとえばコロンビア特別区巡回控訴裁判所の連邦判事の事務官を務めている法学部の学生，ヘルシンキ大学で言語学修士課程を修了し，現在ハワイ大学の英語学博士課程で学んでいる学生，ダラスの弁護士，バージニア大学スペイン語学科の博士号候補者，私の指導の下で博士号を取得し，現在はパ

デュー大学（カリュメット校）で英語と女性学に関してテニュアを持つ教員になり，2年前にはミンスクにフルブライト奨学生として留学した学生などが含まれる。これらは，私が連絡を保っている学生の例であり，添付資料 J に，こうした以前の学生たち，および何らかの長距離連絡を保っているその他の人々の氏名がリストされている。これは私にとって，これまでの私の教育活動や個人指導が効果的であったことを示す証である。

教育の学究活動に関する賞と専門的認知

　私は TCU で 1999 年に学部長教育賞を受けた。最近では，2 人の学生が私を「今年の角帽教授」に選び，ある卒業生は「4 年生感謝賞」を私に与えてくれた。TCU のキャンパス外では，私の社会階級の歴史に関連した授業特性に関する見解が評価された。この見解は，私の論文「『ルネッサンス』を教える——奇妙な意識と階級の不快感」に示されている。これは，私がゲイリー・テートおよび当時大学院生であったジョン・マクミランと共同編集し，1998 年にハイネマン・プレスから出版された論文集『階級に至る——教育学と教師の社会階級』に収録されている。私は，この論文集は米国の英語学科での教育に対する私の最も重要な貢献であると考えている。これは，2003 年夏に再びブレッドローフ作家会議で使用されたほか，最近ではたとえばインディアナ大学で新しい TA を教育するのに使われている。また，ペンシルバニア州立大学，アイオワ大学，ジョージメイソン大学，ライト州立大学などの教育機関で，大学院の科目のシラバスに取り入れられている。*Lingua Franca* 誌は，最近廃刊になる前に，「1990 年代で最も影響力のあった学術書」の 1 つとして読者に推薦された本のリストに『階級に至る—』を掲載した。

6）将来に向けた教育活動の改善目標

　私は今後 3 年間に，教育活動に関して以下の目標を達成するつもりである。

- 私が教える科目において，より効果的に人文科学のテクノロジーを利用する。特に，EEBO（初期英語書籍オンライン（Early English Books Online））を利用する。
- 稀覯書室や劇場と連携することにより，もっと頻繁に「現実世界」の学習を行う機会を作る。

- 私の大学院ゼミから生まれた論文を発表しようとする大学院生に関し，いっそう一貫したフォローアップをする。
- ゲルフ大学英語・演劇研究学部に学部生向けの研究科目を新設することにより，学部生が私と共同研究プロジェクトに行う新しい機会を作り出し，そうした研究に取り組む学生の意欲を引き出す。

28

ティーチング・ポートフォリオ

ステファン・W. ヘンダーソン（Stephen W. Henderson）
地質学科（Department of Geology）
エモリー大学オックスフォード・カレッジ（Oxford College of Emory University）
2003 年春

目次

1) 教育の責任
2) 教育理念
3) 教育戦略と目標
4) カリキュラムの改訂と追加
5) 指導力向上のための構想
6) 学生の学習
7) 指導に対する学生の評価
8) 指導に対する同僚評価
9) 添付資料

1) 教育の責任

　私は，オックスフォード・カレッジの地質学科が行っている全ての講義に対して責任を持っている。したがって，私は，私の専門分野の多くの講義の企画に関わっている。これは大きな喜びをもたらしてくれると同時に，困難な作業でもある。私は，毎学期，キャンパス内で開講される複数の講義を担当し，またキャンパス外で実地調査を行う数講義を担当している。オックスフォード・カレッジにおいて，私は講義部門と実験部門両方の指導を担当している。オックスフォード・カレッジに在籍しているのは，学部1年生と2年生である。私が指導している学生はほとんどが理系以外の学生であり，理系科目の履修要件を満たすために私の講義を取っている学生たちである。加えて，私の講義は，環境学専攻の学生の注目を集めている。以下の講義のシラバスは，**添付資料 A** に記載されている。

　●気象学および気候学，実験を含む（Geosciences115）——この講義の受講者数

は約24名である。私は，毎年春学期にこの科目を教えている。この講義は主に理系以外の専攻学生用に設計されているが，環境学専攻の学生が選択する科学系科目の1つとしても利用可能である。

- 自然地質学，実験を含む（Geology141）――この講義の受講者数は1クラス24名であり，毎年秋学期に2クラスが開講され，私がこの2クラスを教えている。私は，この講義は，地質学の基礎講義であると考えている。受講登録している学生のほとんどが非理系の学生であるが，私は，地質学専攻学生のための自然地質学講義と同レベルの指導を行っている。
- 地球の進化，実験を含む（Geology142）――Geology250と1年おきに春学期に開講される。Geology141を受講していることが受講要件となっており，受講者数は常に少なく約8名から10名である。
- 鉱物資源，エネルギー，電力，実験を含む（Geology250）――Geology142と1年おきに春学期に開講される。通常，受講者数は約24名である。
- 砂漠の地質学，現地調査を含む（Geology100N）――この講義は，Geology200Nと1年おきに開講される暫定講義である。受講者数は年によりまちまちで9名から20名である。様々な学生が，このクラスに魅力を感じる。すなわち，非理系の専攻学生から医学部予科の学生，環境学専攻の学生まで様々である。講師の許可が必要であるが，それ以外の受講要件はない。この講義は春学期中に週1回の授業とテキサス州西部にあるビッグベンド国立公園内のチワワ砂漠への12日間の実地見学旅行を含む。
- 恐竜とその世界，実地見学を含む（Geology200N）――この講義は，Geology100Nと1年おきに開講される隔年講義である。Geology100Nと同じく，受講者数は年によりまちまちで9名から17名であり，学生の種類も様々である。講師の許可が必要である以外には受講要件はない。この講義は，環境学が専門のアンソニー・マーチン教授と私が合同で担当しており，エモリー大学のビデオ会議設備を利用している。1週間に1回の割合で，オックスフォードとエモリーのキャンパスでゼミが行われている。

実地見学旅行

私が担当する講義の多くには実地見学が含まれている。したがって，その実地見学が中心の講義か，講義の一部に実地見学が含まれているに過ぎないかにかかわらず，私がこれまでに学生を連れて行った場所の一部でもリストがあれば，私

の講義について理解しやすいと考えた。同リストは**添付資料B**に記載されている。

地域コミュニティとの関わり

　正式な講義に加え，私は，地元の小学校に出かけ，様々なクラスでゲストとして話をしている。**添付資料C**は，生徒たちが書いてくれた手紙である。最も記憶に残っているものの1つは，私の娘の4年生のクラスを訪問し，そこで恐竜と化石についての話をしたときのことである。私は，最後に，古代生物学者として，昔の人々の生活様式についての我々の知識が正しいと判断する根拠について話した。まず，恐竜の人形を使って話をはじめ，それから，どうしてその人形を黄褐色と灰色に塗ったかということや，その他の根拠のない部分についての話をした。この話の後，私は他の講義にとってもこの方法は役に立つ方法であると判断した。私はまた地域社会の集まり，すなわち，カブスカウト，ブラウニーズ，ライオンズ・クラブなどでも，スコットランドや洞窟探検や恐竜についての話をしている。

2）教育理念

　博士号をとり大学院を卒業したばかりの私は，地質学という狭い分野の研究に没頭しようとしていた。また，同時に，地質学であれば全ての分野に関してすでに豊かな知識を有していた。私は，オックスフォード・カレッジという小規模な教養科目を教えるカレッジにおいて地質学科全体を統括する職を得た。私は常に好奇心に満ちていた。とりわけ，文学，歴史，写真，建築，美術を趣味としていた。私は，これらの分野を互いに切り離そうとするのは，人間の都合によるものであると考えている。したがって，私は，指導においては，地質学を他の様々な学問と結びつけようと努力している。ここ10年ほど，私は地質学と文化の結合に大きな魅力を感じてきた。マーク・オースランダーと私は，場所についての教育というテーマで1日のシンポジウムを開催した。すなわち，場所という意識をどのように教育に持ち込むか？ 学生は場所についてどのように考えているか？ というテーマである。このごろ，ショッピングモールでほとんどの時間を過ごしたいと考える学生が増えてきたように思う。彼らは，地質学や景色などを意識していないが，それは彼らがこれらを指摘されたことがないからである。彼らは自分が何を求めているのかが分かっていない。私は，学生たちに，あらゆるものの間に存在する関係を理解してほしい。私の考え方については，その一部が，2002年6月10日に発行された『エモリー大学要覧』の中の職員紹介欄で紹介されてい

る（添付資料D）。私がしようとしていることがあるとすれば，それは，学生たちに，彼らの周りにあるものに目と心を向けさせること，そして彼らがこの世界の真の姿を理解し評価できるようになることである。

3）教育戦略と目標

　学生の学び方は多様であり，私は，指導している最中に様々な見解を紹介する。私は，科学を学ぶ場合の最初の段階となる，観察と解説のための手解きを行っている。最近，私のクラスでは，最初の数回を観察と解説についての実習にあてている。これにより，学生は，科学的方法の原則を身につけるだけでなく，科学を実体験することによって科学的手法の初歩を学ぶことができる。まず，小グループに分けて，各グループに標本を配り，細かいところまでスケッチするように（つまり観察するように）指示する。それから部屋の中を回り，彼らの観察結果を話すように求める。彼らが私に解説し始めるとすぐ，観察と解説の違いが明らかになり議論になる。その時をとらえて，科学的手法を持ち出し，科学理論の特徴についてのディスカッションを行う。私は，私が新しい情報を紹介するときには，いつでも，観察と解説の違いについて理解させるためにこの試みをやりたいと思っている。私は学生たちに，「私はついに科学とは何であるかが分かった！」と言ってほしい。この言葉を学生から聞いたことはあるが，しかしもっともっと多くの学生からこの言葉を聞きたい。

　あまりにも多くの人々が，科学とは，自分たちが完全に理解することのできない事実の集合であると考えている。これらの人々は科学というだけで圧倒され，生まれてからずっと科学が不得意だと感じている。私はこれらの人々が，科学は情報の集合体ではなく，エキサイティングな調査の方法であることを理解してほしい。科学を学べば，考え方を変えることができ，自分が聞いたり読んだりした全てのことを今より批判的な方法でとらえることができるようになる。

　最近の学習方法の新しい傾向は，調査にもとづく学習である。私は，実地見学の講義ではこの学習方法が大幅に取り入れられているが，しかしキャンパス内の授業を中心とする講義では十分ではないと考えている。実験室では，私は学生たちに，鉱物や鉱石のにおいを嗅ぎ，触り，味を見ることをさせる。私は，私の撮影した地質の様子を示すスライドを見せることで，学生たちがその特徴をイメージとして理解することができると考える。もし学生たち自身のスライドがあれば，その効果はさらに大きくなる。なぜなら，彼らはその場所の環境や地質学的な重

要性を実際に知っているからである。教授の個人的な経験を知ることも，学生が授業にやってくる理由の1つである。学生たちは，スライドの効用についての意見を寄せてくれた（**添付資料N**の学生による評価の項の学生意見を参照のこと）。**添付資料E**に，私が利用している代表的なスライドを見出しつきで紹介している。

　言葉も重要である。学生が学ばなければならない地質学用語がある。私は，その言葉の由来や，その言葉が地質学の歴史をどのように反映したものか，などを説明する。その一部を**添付資料F**に掲載している。

　私は，学習に対して強い好奇心と情熱を持っており，それが私の大きな特徴のひとつである。私が教えた学生はいつもこの点で私を極めて高く評価してくれる。これに関係する学生からのコメントは，**添付資料N**の学生評価の項で紹介している。私が情熱を持っていれば，教えている学生もその内容に情熱を持ってくれるのが普通である。私は，大学院の初級および上級の地質学講義の中の実験部分の指導を担当したときに，この教育への愛情を感じ始めた。現在の教育スタイルもそのころのものが発展したものである。この大学院で私が発見したことは，現在でもそのまま真実である。ほとんどの学生は科学の教科書を自分で読むことができず，その内容の多くが理解できないまま放置される。彼らは，科学は他の科目とは全く違うと思っている。私が授業で解説する多くが教科書に書いてあることであるにもかかわらず，学生たちは私が説明すれば理解できるがそうでなければ理解できない。私は彼らが覚えやすいように関係のある話や個人的な経験談を付け加えている。また，複雑な概念を取り上げるときには日常的な事例や似ているが単純な考え方を紹介するように努力している。クラスではしばしばハリケーンや竜巻や地震や火山噴火などの経験を話すように学生に呼びかけている。これらの経験のある学生がそれほど多くないことは私にとってはおそらく好都合であろう。

　私が，指導において非常に効果的であると感じているもう1つの側面は，ユーモアのセンスを持つことである。ユーモアは授業を活性化するために役立つだけでなく教材を記憶するときに大きな助けとなる。2002年秋から自然地質学の講義を受けたある学生は次のように述べた。「私は，先生が授業中に言うわずかなジョークを楽しんでいた。そして，後になってこのジョークが，先生が授業中に教えてくれたことを思い出す手がかりとして役立っていることを実感した。」私は，学生からの質問に答えながらゆっくりと講義を進めている。学生が理解していない場合にはそのコンセプトを他の方法で解説してみる。私にとっては，授業中も

それ以外も学生からの質問に耳を傾けること，また，成績の査定にあたっては公平公正で一貫性があることが極めて重要である。これに関係する学生からのコメントは，**添付資料N**の学生評価の項で紹介している。

　実験は，グループ作業と個人の理解にとって最も重要な時間である。学生は，うまくいかないと欲求不満におちいる可能性がある。私は，学生に手を貸すタイミングそしてどの程度手を貸すかを，慎重に測っている。私は彼らの意欲をくじくようなことをしたくないが，しかし，問題を解決しながら学問を究めていってほしいと思っている。実験では，私は学生に回答だけを教えるようなことはせず，学生自身が質問を主導しあるいは観察すべき点を指摘することを通して発見してゆく手助けをしている。

　実地見学では，学生に新しいことを発見させそれについてグループディスカッションを行う。このように地質学の基本原則を学生たちに定着させるやり方は，私の気に入っているやり方の１つである。学生たちは自分たちで何かを発見するとほんとうに興奮する。特に，大学構内での授業のみの講義においてこのような経験をもっと学生たちにしてほしいと思っている。

4) カリキュラムの改訂と追加

　ここ数年私が最も力を注いでいるのは，他の研究分野と地質学を統合し，今まで以上に調査中心のプロジェクト（学生の自主的研究と総合的活動を必要とする教程）を実施することである。私の気象学の講義の最初の実験は，外に出て天候を観察しその結果をグループで話し合うことである。そこで，天候について詳しく知る人が誰もいず，何かを測定しようとしても機器もないことが明らかになる。この実地演習の目的は学生たちに科学的な測定と表現という概念を紹介することである。これは標本を使った観察と解説に非常によく似ているが，この講義では標本ではなく天気と空を利用するのである。学期末にもう一度外に出てみる。しかし，今度は知識も持ち機器も揃っている。そこで学生たちは自分たちが随分と成長したことを実感できるのである。このオックスフォードの天気を利用した実験演習については，**添付資料G**で紹介している。

　地球の進化の講義は，地球の歴史を理解する際に必要となる証拠の分析と解説にテーマを絞って行われる。私はその証拠が解説の役に立つかどうかを常に学生に問うている。我々は，現在の環境と過去の環境の比較に多くの時間を費やす。演習として，メーコン南部の石灰石採石場に化石収集旅行に出かける。私は学生

28 地質学

たちに，それがオックスフォード・カレッジにおける良い思い出となると言ってきた。学生は，自分が収集し名前を見つけた化石については，その名前をずっと覚えていることができる。

　鉱物資源講義では，地質学と他の研究分野の統合に取り組んできた。私が，地質学と産業革命の歴史についての講義を行った後に，社会学専門のマイケル・マックアイド教授が，社会学的に見た産業革命についてゲスト講演を行った。私は，鉱業地質学とアメリカの労働運動の歴史を関連づけて教えてきた。私は，捕鯨の話やハーマン・メルヴィルの『白鯨』を取り上げながら，石油について教える。オックスフォードのキャンパスの建設用石材についての実地旅行のテーマには，歴史と建築が含まれている。

　私は，石油探査プロジェクトや原油抽出など，数多くの調査にもとづく実験演習を取り入れてきた。地質学者のリチャード・ギブソン教授と相談しながら，実際の地質学データおよび状況を利用して石油探査実習を考案した。その詳細は**添付資料H**のとおりである。このプロジェクト全体が，グループでの作業の進め方を学ぶ絶好の機会となっている。カレッジでは十分なグループ作業ができないが，実際のビジネスの世界ではグループとしての成功が求められる。化学者であるブレンダ・ハーモン教授と私は，原油抽出に関する実地演習を考案した。その様子は，**添付資料I**のとおりである。

　砂漠地質学の講義では，ビッグベンドへの研修旅行の途中，ミシシッピーやビックスバーグへ立ち寄る。私は，ビックスバーグの市民戦争に地質学がどのような影響を与えたかを，国立のミリタリー・パーク内を運転しながら話す。ビッグベンドに到着後，学生たちは多くのプロジェクトを行う。テーマの1つは，地質学から見た火山運動の相対的年齢の理解である。私は，学生たちに観察を促しその後集合して観察結果を説明させ，地質学の理論の特徴について議論させる。学生の学習についての項の中で最初に紹介している日誌がこの演習について書かれたものである。

　私は，恐竜の講義とバハマの講義の両方で，ビデオ会議設備を使って，教室での授業形式の指導を行い成功をおさめた。この両方の講義に関してもっとも重要な点は，エモリー・カレッジのアンソニー・マーチン教授と合同で指導に当たっているという点である。我々は，ゼミ形式で講義を行っており，各教室に1人の教官が担当している。加えて，これらの講義は実地演習を中心としたものであるので，学生たちと個人的に有意義な時間を過ごすことができる。

私が指導した学生の1人であるクリス・セドウィックは，海岸の砂の運動でできたスコットランドのスカイ島についてのプロジェクトを行った。この調査研究は，最終的に海岸の砂の浸食と，政治紛争に発展した近くの埠頭の建物の話を関連づけるに至った。これこそ地質学と文化のパーフェクトな結合であった。この研究は，**添付資料J**に掲載されている『アトランタ・ジャーナル－組成』の記事の中で取り上げられている。

5）指導力向上のための構想

1つの講義を担当し始める前に，私は，その前に教えた講義の学生の成績評価を見直し，修正すべき点があるかどうかを考える。たとえば，「地球の進化」のクラスでは，実験を約30分ずつに分けて，次のセクションに進む前にグループでその実験について総括することがいいのではないか，という示唆を得た。

私は，以前は実験を行う日にはその日の実験で取り上げる題材についての小テストを行っていた。学生たちからは，実験が終わってからのほうが多くの知識を得ている，という指摘があった。確かにそうではあるがそれでも実験前に予習をしてきてほしいという私の思いは変わらない。それで今では，実験前に小テストを行いさらに，実験でどの程度学んだかを知るために実験後にも小テストを行っている。

2000年2月にニューオリンズで開催された第8回全米高等教育連合の「教員の役割と報償」についての会議に出席し，2つのワークショップに参加した。1つは，「教室での慣行と学生理解の関係――教育と学習の文書化と評価」に関するものであった。とりわけこのワークショップで，実社会に存在する地質学的問題について授業でもっとディスカッションを行い，もっと現実問題にもとづいたテスト問題を考案するためのいくつかの役立つアイディアを得ることができた。

私は，リチャード・ライトが書いた *Making the Most of College: Students Speak Their Minds* を読み，2001年11月に同氏が大学を訪れたときにその講演会に参加した。同氏の著書から学んだことの1つは，「科学の勉強の本来あるべき姿として，自分以外の学生や教員との相互作用をもっと盛り込んだものにすべきである」と学生たちが強力に指摘した，という点であった。もちろん我々は実験の時のパートナーを決めたり，グループディスカッションを行っているが，もっとカリキュラムの中にグループ・プロジェクトを導入したいと思っている。これまでの私の指導の中で最も良い例は，鉱物資源の講義で行っている石油探査実習である。

その他の全ての講義についてもグループ・プロジェクトを取り入れていくべきだと思っている。

6）学生の学習
テスト

　私の指導の中で私が誇りを持っている点の1つが，私が小論文のテストで出す問題の質の高さである。私は学生たちに，「あなたたちは学部生として大規模校に行くことができるが，大規模校に行けば自分の教授のことを知らないままに卒業したり，本当に考えるべき部分ではないことでテストを受けたりしなければならないというリスクがある」と言っている。私は，小論文のテストの問題の一部に，解決しなければならない問題を取り入れている。そのいくつかの事例を**添付資料 K** で紹介している。

発表と刊行物

　私の指導した学生の1人であるキャスリン・オルボルドは，1997年春の「地球の進化」の受講によって得られた地質学の知識を自分が受講している別の講義に異なる形で利用した。18世紀のイタリアの有名な地質学者であるジオバンニ・アルデュイノについて学んだ後，彼女はイタリア語のクラスでイタリア語でこの地質学者についてのプレゼンテーションを行った。私は，学生がこのようにして自分の持つ知識を統合していることを知るといつも興奮を感じる。

　鉱物資源の講義で金鉱の地質についての授業を行った後，私は英語学部のクリスチン・ロフリン教授とともに，南アフリカの金鉱山が社会に与えた影響についてのショートストーリーを書くという課題を生徒に与えた。学生が書いた作品のいくつかは，1999年の *Oxford Review* に発表された。エリザベス・スミスの *Ninjuni and Tuntuko*，マンディ・シュミットの *Constellations*，アビー・ピーターソンの *Trapped* は秀逸の作品である。これらは**添付資料 L** に記載されている。

卒業生の進路

　私が指導した学生の多くが大学院とロースクールに進んだ。フレッド・ニコルは科学教育の修士課程に進んだ。ニック・ペンソンは，カリフォルニア大学バークレー校において脊椎動物の古生物学の博士号取得に向けた研究を開始した。テラ・コンプトンは，ジョージア州立大学のロースクールで特に環境法を専門に勉

強している。

日誌

　私が指導している一部の講義では学生が実地学習の日誌をつけることが1つの特徴となっている。学生たちの日誌を読むことで私は彼らが何を学んだかを知ることができる。日誌の一部は**添付資料M**で紹介しているが，ある学生は次のように記述している。

　　この実地見学旅行には当初あまり期待していなかったと言わなければなりません。私は，旅行は退屈でハイキングや暑さなどの問題が私を悩ませるだろうと思っていました。旅行から帰ってから3日たちますが，いまだに私が本当にあんなことをしたのか信じられません。私は今回の旅行中の自分自身をとても誇りに思います。それは，自分が成し遂げたことに対してであり，また私が自分の限界を超えたことに対してです。

　　このような旅行に参加させてくれたことに，また私を快く受け入れてくれたことに対し感謝します。先生の仕事は私たちを教えることですが先生はその仕事をし，しかし，それを越えて私たちの友人でありメンター†となってくれたのです。

7）指導に対する学生の評価

　私の講義および指導に対する学生評価の要旨は**添付資料N**に示すとおりであるが，ここでは，最近の講義のデータの一部を紹介する。以下に紹介する最近実施した講義は，主に，非理系専攻の学生が受講しており，最高が4の4段階評価で評価されている。

講義	開講時期	開始時間	全体平均
Geos115	2002年春	8：30 am	3.27
Geos115	2002年春	9：35 am	3.72
Geos141	2002年秋	8：30 am	3.45
Geos141	2002年秋	9：35 am	3.55

　授業開始時間が8：30 amのクラスと9：35 amのクラスの違いに注目してほしい。この傾向は学期や講義を問わず見られる傾向である。また，専門科目であるGeology142の評価データをまとめたものも示した。この講義の受講者には，環境科学を専攻する学生が多いのが特徴である。この場合の評価方法は前述のものとは異なる。最高が3の3段階評価で評価されている。

28 地質学

講義	開講時期	開始時間	全体平均
Geos142	2002年春	9：30 am	2.83

　私にとって最も参考となるのは，評価用紙の意見の欄に書かれた学生の意見である。したがって，ここにそのいくつかを抜粋して紹介することが必要だと思う。以下に示す学生の意見は，自然地質学（2001年秋）の講義を受講した学生から寄せられた意見の抜粋である。2クラスの平均評価は，3段階評価中の2.75であった。

- 私は授業中にスライドを見ることができるのがすごくよかった。実際の場所の写真を見ることで授業の内容をしっかりと把握することができた。ヘンダーソン先生のこの科目に対する情熱のおかげで，地質学の学習に熱心に取り組むことができた。
- 先生は，教材をわかりやすい方法で解説し，常に実際の事例を示して講義の内容を補足してくれたと思う。
- 先生のこの科目に対する情熱と愛情は素晴らしいと思う。
- この科目にこんな情熱を持っている先生に指導してもらったことはすごいことだ。授業に出席するのが楽しみだった。

　過去の指導した学生にどのような長期的効果を与えたかをフィードバックすることが重要である。したがって，**添付資料O**には，学生からの自発的な手紙の内容が示されている。

8) 指導に対する同僚評価

　私の指導に対する同僚評価で最も価値あるものは，何年にもわたってともに教え働いてきた同僚たちの評価である。私は，オックスフォードとエモリーの両方のカレッジの構内において授業を行い，またオックスフォードの多くのクラスでゲスト講師として講義を行っている。活動中の私を見たことがある人は，カレッジを出て現場に一緒に行った人たちがほとんどである。たとえば，オックスフォード・カレッジで社会学，英語，哲学，人類学を教えている教員や，エモリーカレッジで環境科学を教えている教員などである。私は，かれらの多くは私のために特に私の指導に関して手紙を書きたいと思っていると確信する。それらの手紙が届いた時点で，**添付資料P**に掲載し，その一部を抜粋してこのポートフォリオ

で紹介したいと思う。

9) 添付資料

添付資料A：講義シラバス
添付資料B：実地見学旅行（フィールドトリップ）リスト
添付資料C：小学校の生徒からの手紙
添付資料D：『エモリー大学要覧』の記事
添付資料E：見出しつきのスライド，代表的なもの
添付資料F：地質学用語の由来
添付資料G：オックスフォードの天候の実習
添付資料H：石油探査実習
添付資料I：原油抽出実習
添付資料J：『アトランタ・ジャーナル－組成』の記事
添付資料K：小論文の問題例
添付資料L：学生の書いたショートストーリー
添付資料M：学生の書いた日誌からの抜粋
添付資料N：講義評価の概要
添付資料O：過去の学生からの手紙
添付資料P：同僚からの手紙

29

ティーチング・ポートフォリオ

カレン・L．ラズマッセン（Karen L. Rasmussen）
教育工学科（Division of Instructional and Performance Technology）
専門教育カレッジ（College of Professional Studies）
ウェストフロリダ大学（University of West Florida）
2003 年春

目次

1) 教育の責任
2) 教育理念
    - 教育方法と戦略
    - 対面式指導
    - オンライン指導
    - シラバス
    - 指導力の向上
3) 教育達成度の評価
    - 同僚参観
    - 教材についての同僚評価
    - 学生の講義評価データ
    - 教育関係の受賞
4) 学生の学習成果の根拠
    - プロジェクトを通した学生の成功
    - 卒業生の進路
5) カリキュラムの見直し
6) 教育学および専門職への拡大
7) 専門職としての目標
8) 添付資料

1) 教育の責任

　私は，主に，教育工学科の修士課程，専門課程，博士課程の学生を指導している。以前は，教室での技術利用の分野で学部生レベルの教育実習生を教えていたことがある。現在の私の指導の中心は次のとおりである。

- 教育設計および教材開発初級（EDG5332，各クラス30名，オンラインおよび対面式授業，必修科目）
- ウェブを中心とした教育（EME6414，各クラス25～30名，オンラインおよび対面式授業，オンラインプログラムは必修科目，その他は選択科目）
- ウェブ中心の学習環境，上級（EME7417，各クラス10～15名，対面式授業，選択科目）
- ITリサーチ・デザイン・ゼミ（EME7938，各クラス12名，対面式授業，博士課程対象のリサーチ・デザインの必修科目）

　私は，専門課程（約50名）と博士課程（約50名）で学ぶ教育工学専攻の学生全員に対し，彼らが博士号を取得するまで助言を行っている。加えて，学位論文のための研究を行っている10名の学生および1年以内に予備試験全てを完了する予定の10名の学生の指導を行っている。これまでに私が指導した学生のうち5名が学位論文に合格し卒業した。

2) 教育理念

　教育工学という学問分野では，技術に先導されているこの世界と同様に，多くの質問に対して全て答えられる人は誰もいない。学生も教師も，学習というプロセスにおいてはパートナーでなければならない。学生が教師から学ぶように教師も学生から多くを学ばなければならないのである。このパートナーシップがあれば，コミュニティを構成する全ての人のために新しい知識を取得することに照準を合わせた有益な学習コミュニティを発展させることができる。パートナーシップというこの考え方にもとづけば，学生と教師は対象とする分野の新人あるいは他の学生のためにメンター†として行動することが求められる。

　学習コミュニティは私の教育理念の基礎をなすものである。学生はすでに持っている様々なスキルを学習環境に持ち込む。これらのスキルは，見直しや微調整が必要である。この学習コミュニティは，これらのスキルを「実世界」でどのように利用することができるかという検証と実行を礎としている。私の教育理念は，

29 教育工学

学生は教育スキルを様々な状況の中で利用し，教育上の問題を解決するために適切なツールを選ぶことができなくてはならないという信念から発している。

　私はこの職業に就いたころに比べると，次第に上級の学生たちを対象とした指導が中心になってきた。このような変化にしたがい，私は学習者に対する気持ちや彼らとの関係を発展させてきた。すなわち私の教育理念も変化してきた。私は当初，単純なスキルの習得に専念し参考書通りのプロジェクトにもとづく方法の実行に多くの時間を費やしていた。私が対象とする学生が変化したために，私の教育理念の範囲は広がり，学生は教育デザイナーあるいは教育工学者としての知識，スキル，能力を向上させるべきだという考えを抱くに至った。構成主義の理論は，教育的戦略や講義の研究課題を構築するための枠組みを提供するのにきわめて適している。オンライン授業の枠組みも対面式の授業の枠組みもこの構成主義にもとづいて決めることができる。

教育方法と戦略

　私は授業において様々な教育戦略を活用する。授業方式（オンラインか対面式か）に関係なく，優れた戦略は枠を超えて全ての方式に有効である。私は，学生は学習環境およびコミュニティに参加している存在であるから，コミュニティが活性化するためには学生が積極的な学習者でなければならないと思っている。私は教育戦略の一部には，学生がスキルを開発しその職業人生と教育の結びつきを問い直すときに指針を示してやることが必要であると考えている。これらを戦略に結びつけるために，私のクラスはオンラインであれ対面式であれ次のような構成をとっている。すなわち，講義部分（30分ぐらい），小グループによるディスカッション，大グループによるディスカッション，ゲーム，クラス内での作業グループ，討論，反省，そしてデモンストレーションという構成である（いずれも教師と学生による）。

対面式指導

　対面式指導においては複数の目標に見あうように授業時間の配分を決める。パワーポイントを使ったプレゼンテーションによって授業を構成するとともに，授業後の参考資料として活用できる資料を配付している。学生はクラスのウェブサイトを通してプレゼンテーションの内容にアクセスし，ノートをとり，翌週中に体系的に授業内容をふり返ることができる。プレゼンテーションにはそれまでの

授業で取り上げた重要事項，全内容，授業中に出された課題，次の授業までの課題が含まれている。このような手法を用いることで授業の主要な目標を達成することができる。ただし，授業の進行に応じてその他の問題も柔軟に取り上げている。プレゼンテーションのサンプルは，添付資料Aに示されている。

プレゼンテーションに加え，各クラスでは小グループに分かれてディスカッションが行われており，その内容や目的によってはケーススタディの分析，ディベート，ゲームなどが含まれることもある。ディスカッション後，学生たちのディスカッションの内容と過程について報告させる。制作に関する講義では研究室でテクノロジーを使ったスキルの実習が行われる。

オンライン指導

オンラインによる指導は，学生にとっても指導者にとっても特別な挑戦の場である。我々のオンラインプログラムの理念では，学生は学習プロセスに積極的に関わることによって学習意欲を持ち，授業に積極的に参加し，孤立化を回避することができる，と考えられている。対面式の授業に必要な指導戦略をオンライン指導用に修正し実施することは比較的簡単である。

私のオンライン授業では，まず，その学期で取り上げるテーマ（毎週の授業内容）の概要を示し，その週の授業の予定と特別活動がある場合にはその詳細について説明する。さらに，学生たちの復習のために前週のディスカッションの内容も含める。オンライン授業の一例（添付資料B）では，まず，前の週の主要テーマの紹介と概要から授業が始まる。次に「今週の焦点」の中でその週の目標と主要な活動の概要を示す。この例の講義では，学生はチームに分かれてケーススタディについての作業を行い，ニーズ評価を実施した。学生にはニーズ評価およびその過程についての情報が提供され，ニーズ評価のためのツールおよびテクニックについての情報も提供される。次の授業では，学生はチームに分かれ課題を与えられる。ディスカッションがうまく実施できるように，プランニング・ガイドが提供される。そして，活動をどのように開始するかについての細かい指示が出される。授業の最後には今後の課題，活動の再開，翌週の見通しについての追加情報が提供される。

オンライン・クラスにおいては，私は週1回以上チャット・ルームを使ってオンラインで交信できるようにしている。これらのチャット・セッションの一部は学生たちが話したいことを何でも書き込めるようになっている。またその他は，

29 教育工学

テーマに絞って書き込みが可能である。学生は，チャット・ルームに参加しグループメンバーとEメールで交信することによって，グループ活動を通して互いの関係を維持することができる。

シラバス

シラバスは，学生と指導者の目標を示し，講義修了時に学生が獲得することのできる知識，スキル，能力を詳細に示したものである。加えて研究課題の要約も示されている。添付資料Cはシラバスのサンプルである。シラバスの材料の1つとして，講義スケジュール，オンラインリソースへの接続，講義の研究課題の全内容，章題などの詳細を示した総合的なウェブサイトを作成している。そのサンプルも添付資料Cに示している。

指導力の向上

学期中，私はプレゼンテーションや教材の内容をチェックし，改善が必要な活動や方法がないかの見直しを行う。そして，全ての学期の開始に先立ちこれらの教材を再検討し，担当する予定の各クラスで使っている教材の評価を行う。それまでに寄せられた意見，クラスの活動や学生の成績評価についての批評を含む学生からのフィードバックにもとづき，クラスの進行方法，活動，評価方法を見直す。たとえば，EDG5332「教育設計初級」の講義では，学生は自分自身のプロジェクトの枠組みの決定に役立つ新たな事例の提供を望んでいた。この希望を受けて，我々はパム・ノースラップ教授と共同で支援システムSID（教育設計者のためのサポート）を開発し，これが学生のための新たな指針となった。EDG6335「教育設計上級」においては，学生は教育問題や研修および訓練の問題に教育モデルをあてはめるために新たな演習が必要であると考えていた。この新たな演習を定着させるために，私は発見と探究を促進することができるケース・スタディ的な方法を用いるようになった。

3）教育達成度の評価

私は，教育者としての私の実効性を評価するために様々なデータを利用している。これらのデータは教育戦略を変更したり学習環境を向上させるために使われている。これらの評価およびその後の査定を進めるために数種類のフォームを利用している。

同僚参観

　我々のコースでは同僚による授業参観が取り入れられておりその成果に期待が集まっている。私は，対面式授業であれ，オンラインあるいは双方向遠距離学習スタジオによる授業であれ，他の教員と合同のチーム指導を行うことが多い。添付資料Dには同僚による授業参観の指針となる評価フォームのサンプルが示されている。このフォームは教室の構成，指導方法，学生との関係，期待に関連した問題が取り上げられている。

教材についての同僚評価

　私が作成した教材は，恒常的に学科の内外の教員により彼らの講義において使用されている。添付資料Eには私の教材を使用した教員からの教材に対する評価がおさめられている。

学生の講義評価データ

　学生は，学期末に講義および担当教員に関する評価を行う。評価フォームの20項目から成る質問および結果は添付資料Fに示されている。学生から収集したデータには授業の構成や指導力についての学生の感想が含まれている。次に挙げる表は，特に学業の成就を左右するクラスと担当教員の特徴に関連した6項目およびこれらの項目に対する3クラスの評価を示したものである。

　学生のコメントも私の教育が成果を挙げているかどうかを見るための指標となる。以下に示すのは，私が担当したクラスおよび指導スタイルに対する学生の感想が特に明らかになっているコメントである。オリジナルのレポートは添付資料Fに記載されている。

- 「このクラスではおそらく今まで受けたことのあるどの授業よりも多くのことを学ぶことができたと思う。」
- 「先生は学生に対する期待値は高いが辛抱強くクラス全員のニーズに敏感に対応してくれた。講義はしっかりした構成で目標が明確に示されていた。先生は多様な指導方法のモデルを示してくれた。先生はグループ指導のエキスパートであり，ときどき素晴らしいユーモアのセンスを発揮してくれた。」
- 「私はこのクラスで非常に多くを学び非常に多くの作業を行った。私は教育設計上級クラスで学んだ設計と評価基準と同様に，最新技術の利用に大きな関心を持った。」

ウェブ中心の指導 EME6414C（オンライン） 15名，2000年夏		教育設計上級 EDG6335（対面式） 25名，2000年春		教育設計初級 EDG5332（オンライン） 15名，2000年春	
素晴らしい	非常によい	素晴らしい	非常によい	素晴らしい	非常によい
講義は知的にやりがいが感じられる。					
75%	25%	83.3%	16.7%	92.9%	7.1%
段階別演習についての文書による説明が十分である。					
100%		66.7%	3.3%	71.4%	14.3%
教員がテーマについて指針を示している。					
100%		100%		100%	
教員が学生に対して敬意と関心を持っている。					
75%	25%	100%		100%	
教員に対するあなたの総合評価は？					
100%		100%		100%	
講義の実質的価値の全体評価は？					
100%		100%		92.9%	7.1%

教育関係の受賞

　私は1998年に大学の「教育インセンティブプログラム（TIP）」の受賞者の1人に選ばれた。このプログラムは大学の教員を対象に行われるコンペティションである。専門教育カレッジでTIPを受賞したのは5人のみである。この賞は教員としての生産性，教育理念，学生評価，同僚評価などの複数の基準にもとづいて決定される。

　また，過去に2度，大学の「最優秀教育賞」の候補となった。この賞は，学生が大学の学生自治会に対して候補を推薦する。私が初めて候補者となったのは1994〜95年度であった。（私が教育カレッジの教員となった最初の年）当時，私は雇用が保証される地位を獲得していなかったために受賞の資格がなかった。次に候補者となったのは2000〜01年度であった。残念なことに査定が行われる学期に私はサバティカル（研究のための1年間の有給休暇）をとっていたことから再び受賞対象から外れた。学生自治会からの書簡は添付資料Gのとおりである。

4）学生の学習成果の根拠

　学生の学習成果を伴わない指導は優れた指導ではない。指導者としての私の業績が評価されるためには私が教えた学生たちも成功していなければならない。学生のプロジェクトの検証と卒業生の進路をたどることで，彼らの成功を明らかにすることができる。

プロジェクトを通した学生の成功

　添付資料 H には，学生のプロジェクトが紹介されている。これらのプロジェクトから，学生たちによる最初の構想から最終的な成果まで，彼らの能力が高まってゆく過程を知ることができる。各プロジェクトの全期間を通して学生たちに私が提供するフィードバックの例も示されている。

- **教育設計プロジェクト**　　EDG5332 は，全ての教育技術について最初に教える講義であるが，学生たちには教育設計プロセスの段階別に指針が与えられる。セクションごとに学生にフィードバックを与え，学生はそのフィードバックにもとづいて設計案を修正する。その後，学生は設計案をもとに教育用の商品を開発する。学生は対象とする学習者からの正式評価を実施してプロジェクトを完了し，その結果にしたがって教育内容を修正する。プロジェクトは，修正後の設計案および評価計画とともに提出される。
- **ウェブ利用の教育**　　EME6414 は，提供システムとしてのウェブを組み込んだ教育設計と開発プロセスについて教える講義である。学生は，教育設計の中心的要素に焦点を合わせた設計案を作成する。ウェブ利用のプロジェクトのサンプルは添付資料 H で紹介している。
- **上級ウェブ利用学習環境**　　理論を中心とした講義である EME7417 は，将来の学習分野（学習コミュニティ）とこれらの分野において技術が果たす役割に関する学生の省察力を高めることを目的としている。学生は，調査資料や技術革新にもとづき自分たちで合成した理論モデルを参考にして現場に即した試作品を開発する。EME7417 の成果として，学生は，試作品およびその現場の発展への貢献に関する論文を提出する。

卒業生の進路

　当学部のプログラムの卒業生 85 人中 84 人が，IT 関連の職に就いている。オンライン授業を受けた最初の学生（当大学における最初のオンラインプログラム

の修了者）に関しては，定着率は96％という高さである。これは，わが国の平均が30〜50％であることを考えれば驚異的な数字である。以下は，卒業生と現在の肩書きの一例であり，我々のプログラム修了によって可能となったキャリアである。

- ジョアン・ウィーラー，教育学博士，タールトン州立大学教育技術および教育普及センター部長。
- サンディ・キング，教育学修士，オンラインプログラム修了生。ベイ郡内の学校のビーコン学習センターのリソース教員。
- バレリー・チャブ，教育学修士（現在，専門プログラム在籍中），オカルーサ郡内の学校の物理教師。オカルーサ郡の2002〜03年度最優秀教師。

5) カリキュラムの見直し

技術は進歩しつづけているためカリキュラムの見直しは常に必要である。新しいクラスが始まる前には常にそれまでのシラバスの見直しとその結果に応じた課題の修正を行う。我々の専門分野に関係する国の標準や能力を決定している国家機関の意見も取り入れている。目標の修正が必要な場合には，まず，会議やオンライン書店を通して講義の内容に適していると思われる新しい教科書や参考書を選ぶ。その後，スケジュールを見直し学期の予定にあわせて修正する。同時にクラスに関係する文書を掲載するウェブサイトの見直しを行う。それから，対面式授業を行うクラスの場合には授業内容の見直しに着手し，オンラインコースでは初期の授業の内容修正を行う。

6) 教育学および専門職への拡大

教育設計者として，我々は常にプログラムの向上と学生の成功を目指して仕事をしている。私は，契約研究および研究補助金による研究を教育や学習プロセスの向上に役立つような調査や学問上の関心と結びつけている。最近のこれらの研究において私や私の同僚はオンライン教育について調査し，教材開発および実施を通して学習技術や戦略を発展させることができるようになった（事例については添付資料Ⅰ参照）。また，同僚に役立つ調査結果を報告するために，教育改革推進に関係するテーマについての発表を行っている。最近の学会発表および刊行物は以下のとおりである。

発表

- Rasmussen, K. L., Northrup, P. T. & Lombardo, C. (2002). Seven Years of Online Learning. IITSEC.
- Rasmussen, K. L. (2002). Online Mentoring: A Model for Supporting Distant Learners. Ed-Media 2002.
- Online Learning: A Survivor's Guide. (October, 2001). CNET CISO Conference. Pensacola, FL.

刊行物

- Northrup, P. T., & Rasmussen, K. L. (2001). A web-based graduate program: Theoretical frameworks in practice. *Computers in the Schools, 17* (3/4), 33-46.
- Rasmussen, K. L., & Northrup, P.T. (1999). Situated learning online: Assessment strategies for online expeditions. *Diagnostic, 25*(1), 71-82.

　これらの事例に加え，私は長年にわたり学部が行っている様々な教員育成に加わってきた。ここ3年間，夏になると我々の科の教員は，教育カレッジの他の科の教員が先進技術をカリキュラムに組み入れるための戦略策定作業に，協力してきた。教員育成の最初の年には，教員に先進技術のためのスキルを紹介し，適切な技術を授業に組み入れるための戦略を作成した。2年目には，教員に対し彼らの学習環境におけるマルチメディアの利用とウェブページの作成のための指導を行った。最後の年には，全カレッジの教員と合同で彼らのプログラムや講義に遠隔学習技術を取り入れる方法の開発に取り組んだ。

7) 専門職としての目標
　次の3年から5年間の私の目標は次のとおりである。

- 評価に重点をおくこと。評価は指導および学習プロセスに不可欠の要素である。私は，学生に対して学習プロセス上の指針となる新たな規準を提供し，評価戦略を強化するための取り組みを続けていく意向である。
- フィードバックに重点をおくこと。フィードバックは，学習者が自分の作業の質を見直し向上させるために役立つ。プロジェクトを行っている学習者を

支援するために私は自ら提供するフィードバックについて質，量ともに向上させたいと思う。
- コミュニケーションに重点をおくこと。学生とコミュニケーションを図り相互に影響を与え合うことで学習プロセスを向上させることができる。特に，ケーススタディの利用に際しては，ケーススタディに固有のプロセスや内容に学習を集中させることのできる聴取技術の向上に努めたいと思う。
- パフォーマンスに重点をおくこと。私の指導力向上についての提案をしてもらうために，同僚に私の授業の参観を依頼し私のパフォーマンスを観察してもらう。

8) 添付資料

添付資料A（プレゼンテーション）
添付資料B（オンライン授業）
添付資料C（シラバス）
添付資料D（同僚による参観）
添付資料E（同僚による検証）
添付資料F（学生による評価データ）
添付資料G（教育関係の受賞）
添付資料H（学生のプロジェクト）
添付資料I（契約研究および研究補助金を得た研究）

30

ティーチング・ポートフォリオ

ウィリアム・J. ロビンソン（William J. Robinson）
数学科（Department of Mathematics）
バートン郡コミュニティカレッジ（Barton County Community College）
2003年春

目次

1) 教育の責任
2) 教育理念
3) 教育戦略と方法
    - 補習講義
    - カレッジレベルの講義
4) 優れた教育者である根拠
    - 学生による評価
    - 教育関係の受賞
5) 学生の学習成果の根拠
6) 学生の学習成果向上のための取り組み
7) 将来の目標
8) 添付資料

1) 教育の責任

　私は大きく分けて2つのカテゴリーの講義を担当している。すなわち，補習講義とカレッジレベルの講義である。

　補習講義は，MATH1811「数学準備」とMATH1821「代数学基礎」である。これらの講義は，数学の点数が低く補習が必要な学生を対象に行われている。1クラスで約20名の学生がこれらの講義の対象となっている。これらの講義の仕事は私の仕事量全体の約3分の1を占めている。

　カレッジレベルの講義は，MATH1824「代数学中級」，MATH1828「大学の代数学」，MATH1830「三角法」，MATH1829／BUSI1609「統計」が中心となって

いる。代数の講義は，準学士号の修得を目指している学生あるいは4年生大学への進学を希望する学生の必修科目である。ビジネス統計の講義は経営学専攻学生の必修科目である。その他の科の学生は，数学／科学系の一般教養科目として「三角法」や「統計初歩」の講義をとることができる。各クラスの登録人数は約25名であり教師としての仕事はこれで全てである。

2）教育理念

　数学教育に私が没頭できるのは主に次の2つの理由による。すなわち，数学という科目に対して情熱を持っていることと，学生に愛情を感じていることである。この2つが結合することにより，高水準の数学教育を維持することができ，学生の落ちこぼれを回避することができる。このことは，2000年の卒業生が提出した文章の中で明らかになっている。この卒業生はBarton Differenceの中で次のように述べている（添付資料A）。

> 先生は担当分野に対して熱い情熱を持っており，この情熱は授業の中で明らかになります。先生は疲れを知らないかのように，僕たち学生が数学的概念を理解できるように熱心に教えてくれます。先生は，学生の学習を手助けすることを決して厭わず，辛抱強く，分かりやすい方法で，初歩的な質問にも答えてくれます。

　私は，指導者としての私の役割は学生の学習意欲を損なう事態を最小限にし，エキサイティングで挑戦しがいがあり分かりやすい方法で教材を紹介することであると信じている。学生が学習意欲を失う事態は様々な場面で起こる。それは精神的な不安や心構えなどの内的な要因から，私の教え方や授業の管理方法などの外的な要因まで多岐にわたる。

　大半の学生にとっては，教材は目新しいものではない。彼らはすでにそれらの教材を見たことがあり，よくも悪くも彼らにとって重荷となっている。ほとんどの場合，数学で悪い成績をとった経験や数学の難しさのせいで，あるいはそれまでの数学の先生との関わりが薄かったせいで，あるいは「母も数学が得意ではなかった」というような言い訳で，ネガティブな意味での重荷となっている。次項で説明しているが，私の教育戦略には授業をもっと活性化して目的のある学習環境を作り，学生の不安感をなくし彼らの心構えを変え，数学への学習意欲を高めたいという私の願いが反映されている。私は学習に与える様々なリスク要因を取り除くために取り組んでおり，数学的な事実，概念，問題解決の醍醐味を学生が味わうことができるように努力している。

私は，他人を変えることはできないという考え方に賛同できない。私の教育で学生が生き方を変えてくれればよいと思う。私は教室の内外で学生に影響を与えることができると信じている。個人的な配慮と学習意欲を涌かせるための戦略が結びつけば，数学だけではなくあらゆる科目についてさらに深く学習する可能性を学生に提供することができる。

　「この材料をいつ使うというのか」という問いかけに私は挑戦しつづけている。私が担当するクラスが学生にとって数学を学ぶ最後の場であれば，その講義が終わった後に具体的に数学を応用する機会が訪れない可能性が高い。私はある分野に数学的原則を当てはめるためにどのような基本原理が必要かというもっと大きな視野からの指導を行っている。数学の授業に出席する学生にとっての最大のメリットは，数学という学問を学ぶことではなく，むしろ体系的に問題を解決する能力を養うことであると言える。

　私は，学生であれば，彼らが学ぶために私が用意する機会やオープンな環境を利用しなければならない，と感じている。私は学生が授業に注意深く耳を傾け，ノートをとり，テキストを読み，授業外で問題を解き，困難な場面では助けを求めることを期待している。最終的には学生は自分の学習について何をすべきかを選択しなければならない。代数学基礎の授業を受けたある学生はその授業について次のように評価している。

> 私にとってこの授業は楽しみでした。決してやさしい授業ではありませんでしたが，先生は私が数学を学び最善を尽くすための様々な方法を示し，また様々な機会を提供してくれました。そのおかげで次のレベルの学習に移行することができたのです（添付資料B）。

3）教育戦略と方法

補習講義

　コンピュータを利用するソフトウェア・システムである「アカデミック・システム」が，バートン郡コミュニティカレッジの全ての補習講義用システムとして，2000年春に試験的に導入された。このシステムは，補習講義の試験に合格する学生（C以上）のパーセンテージを高め，講義から脱落する学生の比率を引き下げ，その後の数学科目履修に成功する学生の比率を高めるための方法として導入された。

　これは私にかなり大きな課題を与えることになった。なぜなら，授業で人間的

な要素を発揮したり私の影響力で学習意欲を高めるという場面がなくなる可能性があったからである。現在では学生を学習の中心に据えるというコンピュータを利用したこの新しい学習モデルが導入されても，その2つの重要な要素の1つを依然として私が担っていると自負している。私は，方向性を示し，指針を与え，学生個人に適した指導を行う。コンピュータは様々な方法で教材を紹介し即座にフィードバックを提供する。

　現在，私は教室に来る学生を歓迎しペーパーを返却し毎日のスケジュールを確認させる。教室での私の時間のほとんどは個々の学生を補助しコンピュータを通して学生の進度をモニタリングし，短い授業を行うことに費やされている。

　コンピュータを利用した指導に関する詳細な情報は，「学生の学習成果向上のための取り組み」の項を参照していただきたい。

カレッジレベルの講義

　ほとんどのクラスの場合，私の指導方式は従来型の授業に加えて，ときどきグループ活動，質疑，コンピュータ作業，ビデオ視聴，計算機を使ったグラフ作成作業などを行っている。私は全てのクラスについて十分な準備を行う。私はクラスに活力のある学習環境を作り出すことを目指し，またプレゼンテーションのスキル（声，オーバーヘッド，読みやすい板書など）の向上に常に努めている。

　私は，学生の性格を知るために学期初めに学生に「個人情報シート」を書いてもらっている（添付資料C）。このシートに記入されたデータから，私は個々の学生についての基本情報と「数学に対する不安度格付け」の質問から明らかにされた学生の気持ちに関する情報を得ることができる。私は学期中の講義においてこれらの情報全てを参考にして，特定分野についての数学的概念を教え単位取得が必要な学生のために勉強の方法を伝授する。そして，これらの情報は私が数学を教える際にそれぞれのクラスの学生が数学に対してどの程度の不安を感じているかを確認するために役立っている。学期末には，欠席日数，宿題，小テスト，試験の平均成績，過去の数学の成績，査定の成績，最終試験の成績を含む追加データをこのシートに記入している。このシートの利用についての詳しい情報は，「目標」の項を参照していただきたい。

　添付資料Dに示すシラバスとスケジュールのサンプルから，学力向上に関してまた個人的な関心を高めることに関して，私が学生にどのような期待を持っているかが明らかである。中でも学生に対する支援方法と学生への期待とその評価方

法を示しているのが特徴的である。詳細にスケジュールを示すことで，講義の全体像を学生に示し予想外の事態の発生を避けることができる。さらに，学生は何を期待することができるか，何が学生に期待されているかを明らかにすることができる。シラバスとスケジュールから私が担当する講義の構成も明らかになっている。

　1つのコンセプトから別のコンセプトへの移行は，新しい教材を取り入れつつ計画されたものである。反復は，数学の基本概念の習得方法である。このために，継続的な復習は講義の必須要素であり，試験の成績に関しては全ての試験の合計点を評価対象としている。私は，正確で最新の記録を残すことを心がけており，宿題，小テスト，試験に関しては翌日にフィードバックを行う。そして，2ヶ月に1回進度レポートを学生に配付している。

　MATH1828「大学の代数学」の夏期講義に対して学生が寄せた意見の中に，私の指導が柔軟で辛抱強いことが明らかにされている。「私はこの講義の先生が気に入っている。彼は，学生が何か分からないことがあったときも腹を立てることがなく，理解できるまで教材を徹底的に教えてくれる」（添付資料E）。学生が数学的概念を理解するのを手助けする方法として，複数の方法で教材を説明すること，様々な分野の事例を紹介すること，ビデオを取り入れること，集団学習を行うことなどを用いている。

　私が最も多く利用する方法は，オーバーヘッドに基本概念を示し，これにしたがって短く説明して学生の意見も聞き，関連問題を解くという方法である。学生は目と耳を働かせ，また書き取らなければならない。さらに，定期的に集団学習を行っている。これは小規模なグループの中で自分の疑問や解法を安心して発表できる機会を学生に与えることが目的である。学生は，私がそこにいなくても学ぶことができるのである！

　私は，統計の講義をコンピュータ室を使って行っている。統計の講義では，データ入力，グラフ作成，分析に利用できるソフトウェア・パッケージの使い方を学生に教えることが絶対に必要であると考えている。操作方法について説明し段階別の詳細な内容を示した配付資料を授業のために作成している。広く利用されており操作性が高いという理由で，マイクロソフトのエクセルを使っている。添付資料Fは，統計の講義でのコンピュータ利用の実例を示したものである。

4）優れた教育者である根拠
学生による評価

　学生による授業評価には，「個人の学力向上に関する教育的評価」のフォームが使われている。2001年秋に行われたMATH1828「大学の代数学」の講義についての評価結果では，私の指導を学生がプラス評価していることが明らかになった。そのデータと学生のコメントは添付資料Gのとおりである。この調査では，「教材を明確かつ具体的に説明してくれた」の項目で最高得点を獲得し，今後も維持されるべき特色と評価された。

　以下の表は，「この教師に最優秀教師としてのランクを付ける」の項目の数学期のスコアをサンプルとして示したものである。評価は，1＝絶対「いいえ」，2＝「はい」より「いいえ」だと思う，3＝「はい」と「いいえ」の中間，4＝「いいえ」より「はい」だと思う，5＝絶対に「はい」，の5段階評価である。各欄に記入された数字は，その回答を選んだ学生数である。

　私は，教師としての優秀性に関して常に高得点をとっており，学校平均および全国平均を同等もしくは上回っている。

　さらに，添付資料Hの以下のコメントから，数学という科目に対する私の情熱と学生の心構えや数学学習に影響を与えることのできる指導力が明らかになっている。

- MATH1829　統計初歩，2000年春
「講義の教材に対するあなたの情熱は大変ためになり，その姿を見るのが楽しかった。」
「こんなに自分の担当分野に夢中になっている先生に教えてもらって感動的である。」
- MATH1828　大学の代数学，2001年秋
「私は，今まで高校ではどうやっていいか分からなかった様々な問題を理解することができた。先生は私に学びたいという気持ちを起こしてくれた。これは彼が，自分のしていることを愛しており，それを見て学生たちも数学を愛したいと思うようになるからである。」
- MATH1830　三角法，2002年秋
「先生は，教育に対して常に情熱を持ち，私たちの興味を高める授業を行っている。」

開講学期	講義名	1 2 3 4 5	私の平均	学校平均	IDEA全国データベース
1999 春	代数学中級および大学の代数学	0 0 1 2 10	4.7	4.4	4.1
1999 秋	代数学中級および大学の代数学	0 0 1 1 16	4.8	なし	なし
2000 春	統計	0 0 1 1 12	4.8	なし	なし
2000 秋	代数学中級および大学の代数学	0 0 5 5 16	4.4	4.4	4.1
2001 春	統計初歩	0 0 0 2 14	4.9	なし	なし
2001 秋	大学の代数学	0 0 1 3 15	4.7	なし	4.2
2001 秋	代数学基礎	0 1 1 4 8	4.4	なし	4.2
2002 春	大学の代数学	0 0 2 1 15	4.7	なし	4.2

教育関係の受賞

　1994年と2000年に，私は全国教職員組織発展協会の優秀賞を受賞した。この賞は，コミュニティカレッジの教員を対象とした賞であり，優秀な指導者に贈られる賞として認められている。同僚教員が，候補者をカレッジの学長に推薦し，この推薦にもとづき学長が上記協会に候補者名を提出する。

　2000年春に，私はカレッジの優秀教員賞の16人目の受賞者となった。この賞は，カレッジの常勤教員の中から選んで贈られる賞である。同僚の大学教員が候補者をノミネートし，バートン郡の住民2名，全日制の最終学年の学生1名，過去の受賞者1名，カレッジの理事1名，バートン郡コミュニティカレッジ組織委員会のメンバー1名で構成される選定委員会により最終的な受賞者が決定される。授賞式の祝辞の中で，教育学習部長は次のように述べた。「土曜日や日曜日にも，私は先生が1人の学生に黒板を使って教えている姿を目にします。」

5）学生の学習成果の根拠

　これは，おそらく形に現すのが最も難しい分野の1つであろうが，しかし，学生が学ぶために私が提供したものを実際に学生が習得したことを証明するために最も重要であることは間違いない。当カレッジにおいては，学生の学習を評価することに重点が置かれるようになり，自分自身の指導のしかたというよりむしろ学生の学習について考えなければならないという私にとって新たな課題がつきつけられている。私が担当するクラスの学生に自分たちの学習について聞いてみると，その答えはなかなかよいが，しかし実際にどの程度彼らは教材を勉強したの

であろうか？　学生が学習と感じているのは，学習と言うに十分なものなのであろうか？　教師の側からみてシラバスにリストアップした能力（コンピテンシー）を学生がどの程度マスターしたのかを知りたいと思う。

　コンピュータを使ったクラスの大きな利点は，小テスト前の成績と小テスト後の成績を追跡し比較することができる点である。2000年春学期中，私はMATH 1821「代数学基礎」講義の学生のテスト前とテスト後の成績を追跡調査した。添付資料Kには，テスト前の平均とテスト後の平均に大きな差が生じているという結果が示されている。学生は学習し習得したのである。さらに，小テストの成績と紙媒体による試験の相関関係から，これらの試験の成績が小テストの成績と連関していることがはっきりと明らかになった。学生が小テストで良い成績をとるぐらい教材を勉強すれば，紙媒体の試験でも，それまでに習得した知識を繰り返し利用することができるのである。

　学生の学習成果を示すためのもう1つの事例は，統計のラボで生まれる。統計のクラスの学生にプロジェクトを与える。このプロジェクトは，学生がデータを収集し，必要な技術を駆使してデータをグラフ化し，データの分析を行い，そのプロセスと結果をまとめたレポートを作成するというものである。添付資料Lは，このクラスで自分が学んだ全てのことを総合し，模範的なレポートを作成した1人の学生の事例を示している。

6）学生の学習成果向上のための取り組み

　「アカデミック・システム」を使った指導を2学期実施した後，これらのクラスに関して新たな指導戦略を策定した。すなわち，毎日の詳細なスケジュールを配付し，短時間の講義を計画し，管理追跡機能を使って学生の進度をチェックし，教室内を回って質問に答え，ハードコピーの目的別試験問題を作成し実施する，というものである（添付資料K）。

　補習クラスの学生には学習の構成を示すことが必要である。詳細なスケジュールには，その日に学習しなければならない項目，短時間の講義のテーマ，小テストや試験の日程，宿題などが細かく示されている。短時間の講義では，黒板を使って（私か学生かが）いくつかの問題を解いたり教材を簡単に紹介したり小テストや試験の準備のために教材を復習したりする。

　また，コンピュータを使った指導が学生の心理にどのような影響を与えているかについてのデータも収集された。学期末に，コンピュータを使った指導に対す

る学生の意見や態度に的を絞った調査が行われた。その調査結果は分析され今後のコンピュータ利用に関する提言をまとめる際の参考資料となった。添付資料Mはその調査内容を示したものである。

私は授業中に学生の習得度を測定する技術を定期的に利用している。これは，「ワン・ミニット・ペーパー」の1種でデイリークイズと呼ばれる方法である。代数基礎のクラスでは，授業の最後に，その日に教えた教材について1つの質問をする。この答えはすぐに採点し学生に返却しその質問と答えについて話し合う。こうして学生は正しい答えを知り，さらに他の質問をすることができる。

三角法のクラスでは，1章が終わるごとに，自己評価表に記入するように学生に求めている（添付資料N）。この評価表は，各章で習得すべき能力をリストアップしたものである。学生は，各能力について自分がどの程度自信があるかをレベルで示す。私は，学生が記入したこの表を参考にして，多くの学生が習得しづらい能力に的を絞って授業で再度取り上げ，試験準備の際にもこれらの分野に的を絞って勉強するように学生に助言する。

7）将来の目標

私は，学生の学習をプロデュースできる偉大な教師になりたいという大きな希望を抱いている。この目的のために，私は次の4つの目標を定めている。

1) 「学生の学習成果の根拠」の項で述べた，学生の作成する統計レポートの事例の収集を続ける（2003年春）。
2) 担当する学生をよりよく理解するために，学生個人情報シートに記入された全ての要素について過去にさかのぼって検証を行う。ここから得られたデータは，どの要素が学生の成功に最も関係しているかを明らかにする上で貴重なデータとなるであろう（2003年夏）。
3) 私のやり方，指導方法，個性が，数学への不安感を軽減するために役立っているかどうかを明らかにするために，「数学に対する不安度格付け」の調査を講義終了後に行う必要がある（2003年夏）。
4) 私の指導を改善するために，指導用教材（ノートと試験）に関する同僚の意見を聞き，同僚に私の授業を参観してもらいたい。私は，「大学の代数学」に関しては，数学科全体に共通の最終試験の実施に協力する予定である。前年度の結果を検証することにより，私が担当した学生がマスターした分野に

関してはその指導をさらに強化し，学生がマスターできなかった分野に関してはその指導方法を変えたいと思う（2003年春）。

8) 添付資料

添付資料A：The Barton Difference ―― 2000年
添付資料B：1999年秋期講義評価――学生の意見
添付資料C：学生個人情報シート
添付資料D：シラバスとスケジュールのサンプル
添付資料E：2001年夏期講義評価――学生の意見
添付資料F：統計ラボのワークシートのサンプル
添付資料G：2001年秋期講義評価レポート
添付資料H：1999年秋〜2000年秋期講義評価――学生の意見
添付資料I：1994年および2000年全国教職員組織発展協会プログラム
添付資料J：優秀教員賞2000年
添付資料K：コンピュータを利用した指導に関する調査
添付資料L：学生が作成した統計レポートの模範例
添付資料M：コンピュータを利用した指導のための調査
添付資料N：自己評価の事例

31

ティーチング・ポートフォリオ

ジャネット・リウ＝マーク（Janet Liou-Mark）
数学科（Department of Mathematics）
ニューヨーク・シティ工科カレッジ（New York City College of Technology: CUNY）

2003年春

目次

Ⅰ．教育の責任
Ⅱ．教育理念の表明
Ⅲ．指導方法の解説
Ⅳ．講義シラバス
Ⅴ．学生の学習成果
Ⅵ．指導効果
　・指導についての同僚からの評価
　・指導に対する学生の評価
Ⅶ．指導向上のための取り組み
Ⅷ．今後の教育目標
Ⅸ．添付資料
　・添付資料A：学習記録記入のサンプル
　・添付資料B：学習方法目録つき学習記録のサンプル
　・添付資料C：MA180の課題のサンプル
　・添付資料D：学生のポートフォリオ作成のためのガイドライン
　・添付資料E：MA530プロジェクトのサンプル
　・添付資料F：講義シラバス
　・添付資料G：グループ・プロジェクトのサンプル
　・添付資料H：小テスト訂正のサンプル
　・添付資料I：ピアレビュー
　・添付資料J：学生評価
　・添付資料K：サンキュー・カード

31 数学

I．教育の責任

数学科での私の担当分野は，学部生に対して数学の講義を行うことである。数学科は，コンピュータ・サイエンスの分野の準学士号（A. S.）を付与しているので，私は学生に対し登録時にコンピュータ・サイエンスを専攻することを勧めている。私が担当している講義は以下のとおりである。

- 数学概念と応用（MA180）――4時間，4単位

    このクラスの学生数は約40名である。この講義で取り上げるテーマは，代数，幾何，グラフ，関数，不等式，確率，統計から選んだテーマである。
- 数学基礎（MA175）――4時間，4単位

    このクラスの学生数は約40名である。この講義で取り上げるテーマは，1次関数および2次関数，平面幾何，代数学中級，直角三角形の三角法である。
- 数理解析学序論（MA275）――4時間，4単位

    このクラスの学生数は約40名である。ここでは，2次方程式，線形方程式の体系，指数関数と対数関数などの代数学中級および上級のテーマを取り上げている。恒等式，方程式，三角形の解法を含む三角法に関するテーマも取り上げている。
- 数理解析学（MA375）――4時間，4単位

    この講義の学生数は約40名である。この科目は，微積分関数科目の準備科目であり，代数学上級，多項式による解法などの方程式理論，ド・モアブルの定理，二項定理，ベクトル，線，円錐曲線，数列などのテーマが取り上げられる。グラフ計算機が必要である。
- 離散数理（MA440）――3時間，3単位

    この講義の学生数は約25名である。ここでは，コンピュータ・サイエンスに必要な離散数学理論の各部門のテーマを取り上げる。アルゴリズム，ブール代数，コンピュータ・デザインとの関係を教えている。フローチャート作成への応用とともに有向グラフについても取り上げる。
- 解析幾何および微積分Ⅰ（MA475）――4時間，4単位

    この講義に登録している学生数は約40名である。取り上げるテーマは，関数，極限，微分，接線，ロールの定理，平均値の定理，積分およびこれらの応用などである。
- 解析幾何および微積分Ⅱ（MA575）――4時間，4単位

この講義に登録している学生数は約40名である。この講義は，MA475に続く講義である。積分のテクニック，導関数，超越関数の積分，極関数，助変数方程式について取り上げる。

- 数値解析（MA530）——3時間，3単位

この講義に登録できる学生数は，授業用コンピュータ台数に制約があるために，24名に限定されている。サイエンスおよびエンジニアリングへの応用を含む記号代数プログラムを使ったコンピュータ関係の数学的問題の解決についての序論が示される。非線形関数の根，補間，数値微分などのテーマを取り上げる。

II．教育理念の表明

古い中国のことわざに次のようなものがある。

1年の計画であれば，小麦を育てよ。
10年の計画であれば，木を育てよ。
一生涯の計画であれば，人を育てよ。

数学教育にこれを当てはめれば，数学は直線的な学習プロセスであるから，数学教育とは，担当する全ての学生に優れた基礎を「植えつけること」であることは明らかである。私は，私の指導が学生の学習に役立つことを望んでおり，学生が私の指導によって数学に対する理解を深め自信を高めることが重要であると考えている。

優れた数学の教師であるためには，以下が求められる。

- 体系的であり十分な準備がなされていること。学生のモチベーションを高められる教師であるためには，十分な準備がなされている必要がある。優れた授業計画とは，明確な目標が設定され，学生が無理なく従うことのできるような方法で論理的に構成されているものである。
- 教材（題材）について説明する時間をとること。数学は，学生に十分な基礎ができていることが必要な教科である。基礎となる部分を確実に理解していなければ，学生がその数学的概念の応用に困難をきたすことは自明である。したがって，学生が新たな概念をよりよく理解することができるように定理の証明に十分な時間をかけること，あるいは1人あるいはグループで解法を見つける時間を学生に与えながらより多くの例題を出すことが重要であると

考える。
- 質の高いノートをとらせること。私は質の高いノートをとらせることが重要だと確信する。ノートをとる意味について最初の授業で説明する。私は，トピックからはじまり定義や特定の問題のための解法，関連の例題について，その概要を黒板に書く。質の高いノートをとっていれば，授業で学んだことを復習する際に役立つ。さらに，問題を解く時に計算が必要な際には段階的に処理する方法を指導しており，この方法を利用すれば数学が苦手な学生も問題を理解することが可能となる。
- モチベーションを高める工夫をすること。数学は，「難しい教科」であると考えられているので，教師が一人一人の学生の習熟度に目を配っているという姿勢を示せば，学生は手ごたえを感じより上級を目指そうという意欲がわく。私は，しばしば学生自身が問題に取り組み，解答を見いだすことが重要であると教えそれを奨励している。
- 数学用語を使いこなす能力を身につけること。数学は外国語のようである。数学用語は馴染みのないものが多い。学生は，自分の解答を書くときに数学用語を使用することで，その意味を理解することができる。
- 学生が教師になれるように指導すること。教師は，学生を指導することによって新たに学ぶことができるのであるから，学生もまた，難しい概念や問題を自分の仲間に教えることで，自らも学ぶことができる。知識の共有，専門家としての個々の成長に大きな効果をもたらす（次項で詳しく解説する）。共同作業を取り入れることにより，学生は自分の学習に積極的に取り組むようになる。

Ⅲ．指導方法の解説

　私の指導方法には，従来型の鉛筆と紙による試験や小テスト以外にも，日誌記入，学習方法目録，共同作業学習，宿題，学生のポートフォリオ，テクノロジーなどの基本的要素が取り入れられている。クラスのレベルやディスカッションのテーマに応じて，これらの戦略を様々に組み合わせた授業を行っている。

授業日誌（ジャーナル）作成

　学生に対して，講義の後に自分の学習記録を作成し提出するよう求めている（添付資料 A 参照）。学生には，授業の目的を確認し，与えられた問題を解決す

るために利用した手順について詳細に説明し，不明な概念について質問し，懸念事項を示すことによって，自分が学んだばかりのことを反芻することが求められる。学習記録はいくつかのセグメントに分かれているので，学んだばかりの数学的な概念や数学用語を使って学生が思考できるようになっている。このプロセスを踏むことで，学生は授業内容を自分が本当に理解したかどうかを判断することができ，不明な点を書き記すことが奨励されている。さらに，この学習記録は私にとっても学生の習得度を評価するためのツールとして有効である。フィードバックが得られることで，私は学生が抱えている問題にただちに対応することができる。

学習方法目録

学生は様々な方法で情報を入手し処理する。すなわち，視覚や聴覚からの入手，反芻，分析，接触，理論的および直感的な推論など様々な方法が組み合わされている。指導者の指導スタイルもまた様々である。指導者の中には講義を行うものもあれば，デモンストレーションを行ったり，学生自身に発見させたりする者もいる。原理原則を中心に指導する者もいれば，応用例中心の指導を行う者もいる。記憶を重視する者もいれば，理解を重視する者もいる。

私のクラスでは，多くの学生の学習方法が私の指導方法と合わないという事態を回避するために，各学期のはじめに，学習方法目録が作成される（添付資料B参照）。これには二重の目的がある。学習方法目録を作成する１つの理由は，学生が，自分自身の学習方法を認識するためであり，もう１つは，指導者である私が，この目録の結果にもとづき教材や指導戦略を決定するためである。この方法により，授業中に退屈したり注意散漫となること，小テストで悪い成績をとること，講義やカリキュラムや自分自身に対して魅力を感じなくなること，などを最小限に抑えることができる。

協調学習†による学習

協調学習は，グループ・プロジェクトおよびグループ・ワークという方法で全てのクラスで導入している。これは，学生が能動的な学習者となる必要があるからである。学生は，自分のグループあるいは仲間との共同作業に積極的に参加するようになると，指導やコミュニケーションやリーダーシップのためのスキルを取得しはじめる。学生同士が知識を共有し，相互に助け合うことによって，同じ

ところに属しているという意識が生まれることが望ましい。このような環境は特に新入生のクラスで効果的である。なぜなら，友情および／もしくは勉強仲間が生まれるからである。さらに，合同で作業するという経験は学生の職業人生の準備としても有効である。なぜなら，雇用主はチームプレーができ，他者と協調的に働くことのできる人材を希望しているからである。

家庭学習

学習テーマの中には，学生が自分で調べるほうが学習効果の高いものもある。たとえば，統計は，実際に調査を行うことで最も学習効果が高まる教科である。私のMA180のクラスでは，統計の宿題が与えられる（添付資料C参照）。学生は，与えられたテーマについて自分のデータを収集し，まとめ，分析し，解釈を加えなければならない。さらにこの方法を採用することで，学生は基本的な調査を行ったという経験を得ることができる。

学生のポートフォリオ

学期末に学生は慎重に設定されたガイドラインに沿って，自分のポートフォリオの設計を行う（添付資料D参照）。学生はこの機会に学期中に受けた試験や小テストの中から最高の成績のものを選び，グループ・プロジェクトに対する評価や宿題やレポートの提出による点数を加え，学習記録提出で得た点数を明らかにする。このプロジェクトでは，学生は，試験，小テスト，レポートの全てを網羅したポートフォリオを作成しなければならないので，自分自身に責任を持ち体系的でなければならないことを学生に教えることができる。

テクノロジー

グラフ計算機，コンピュータ，インターネットは，数学の指導や学習に大いに役立つリソースである。最新技術を利用することにより，学生は，違った方法で数学をビジュアル化し，体験することができる。学生は実世界の問題解決に参加し，複雑な計算の答えをただちに出し，自分が学習した内容を明らかにすることができる。さらに，テクノロジーを利用すれば学生は他の教科と数学を統合することができる。

グラフを微積分（MA475とMA575）のクラスで使用すると，学生は，高度な例題に挑戦し瞬時にグラフを作成し煩雑な計算が必要な時でもそれに長時間を費

やすことなく特殊な練習問題を解くことができる。

　JavaアプレットはMA175と同じ時期に導入された。これらのアプレットは様々なウェブサイト上の双方向式のプログラムであり，学生はアニメーションを操作し観察することにより，数学的な構想の意味を把握することができる。

　Mapleのような記号代数プログラムを使用して数学的概念を探究することにより，以前は計算が複雑すぎてアクセスできなかった問題を解決することができるようになった。数値解析（MA530）においては，問題をクリエイティブな側面からとらえることが重視されている（添付資料E参照）。

Ⅳ. 講義シラバス

　学期の最初にその講義のシラバスがクラスに発表される（例として，添付資料F参照）。各シラバスの最初には，オフィスアワー，必要な教材，試験形式，成績決定と課題に関する方針が明らかにされている。さらに，学生のポートフォリオ作成義務について詳しい解説が記載されている。各日に取り上げるテーマ，提出が必要な課題，試験実施予定日に関するスケジュールがシラバスに添付されている。このスケジュールは授業を欠席した学生にとって特に有用である。

Ⅴ. 学生の学習成果

　教師としての1つの大きな目標は，学生が習得したことを確認することである。学生が習得したかどうかは，小テスト，グループ・プロジェクト，テストの再提出など様々な方法で知ることができる。

　学生の最初の試験の前には特に，全てのクラスで頻繁に小テストを実施する。これらの小テストの実施によって，私が教えた教材をどの程度学生が理解しているかを把握することができ，また同時に学生は大きなテストの前に勉強を開始せざるをえなくなる。

　学生が習得しているかどうかを知るために利用しているもう1つの方法は，グループ・プロジェクトである（添付資料G参照）。これらのプロジェクトは，チームワークを奨励し，ライティングとコミュニケーションのスキルを上達させ，数学が実際に役立つものであることを明らかにするために設計されている。グループ別に，何回か原稿を提出させ，改善すべき点を指摘したコメントをつけて返却する。学期末に最終原稿を提出させる。クラスによっては，各グループが，プロジェクトの成果をまとめ10分で発表しなければならない。書面のレポートおよ

び口頭による報告の両方を評価するために，チェック項目が細かく分かれている。自分の間違いを訂正することは，数学を学ぶ学生の習得度を評価するもう1つの方法である。試験や小テストそれぞれについて，私は間違った部分の訂正に対して追加点を与えている（添付資料H）。学生には間違いを訂正後，間違いがなぜ生じたかを説明するように求めている。この説明から，私は，その学生が問題を理解しているかいないかを判断することができる。

VI．指導効果

指導についての同僚からの評価

　授業参観を通して，私の同僚は私の講義に満足したと表明した。添付資料Iには，同僚が記入した私の指導に対する評価内容が示されている。以下は，同僚の評価からの抜粋である。

>「リウ＝マーク教授の授業は，ポジティブでプロフェッショナルでかつ人柄の良さがにじみでている。彼女は忍耐強くまた個性的であり学生と良好な関係を作ることに成功している。」（P. デラニー教授，2002年春）

>「このクラス（MA530）は極めて興味深かった。学生は2名あるいは少人数グループになって積極的に作業を行っており，アイディアや情報の比較，交換を自由かつ熱心に行っていた。リウ＝マーク教授は，あちこちを回りながら，作業が進むように声をかけ，適切な質問を行い示唆を与えていた。授業の最後に3人の生徒を指名し，授業中の1人あるいは集団の作業の成果について黒板を使って明らかにするように求めた。」（E. ヒル教授，2001年秋）

>「この日の授業の内容が，講義ナンバーとして，黒板に書かれていた。教材が論理的な方法で紹介され，学生のそれまでの知識が常に動員されるように，教材について十分な検証が行われ，繰り返し解説が行われた。」（R. ノル教授，2000年秋）

>「学生は，躊躇せずに質問することができていた。講義は質問しようという意欲をわかせるような構成であった。学生が積極的に授業に参加していた。」（J. ナトフ教授，2000年春）

指導に対する学生の評価

　以下の表は，私の指導効果に対する学生の評価をまとめたものである。パーセンテージは，「強く同意する」回答者が占める割合を示している。「n」は，回答者数である。完全な学生評価のコピーは，添付資料Jに記載されている。

基準	2002年春 MA175 (n=28)	2001年秋 MA530 (n=21)	2000年秋 MA530 (n=21)	2000年春 MA575 (n=33)	2000年春 MA180 (n=33)
1. 教師によるコミュニケーションは，自分が理解できる方法で行われた。	89%	100%	100%	88%	85%
2. 授業は，自分の関心や注意を引くものであった。	71%	81%	76%	85%	76%
3. 教師は，学生が理解できないときは教材に関する説明に時間を割いた。	100%	91%	90%	97%	94%
4. 学生が質問することが奨励されており，質問に対して教師から有意義な解答が与えられた。	82%	82%	95%	76%	91%
5. 教師は，学生に対する礼儀と敬意を失わなかった。	93%	100%	100%	91%	91%
6. 学生が討論あるいは会議を希望するときに，教師の参加を得ることができた。	82%	82%	81%	79%	82%
7. 全体として教師の指導は効果的であった。	86%	82%	86%	85%	85%

　以下は，学生からの評価およびクラスで配った「サンキュー・カード」（添付資料K）の中から選んで引用したものである。サンキュー・カードは，私の指導理念および指導方法が功を奏するのに役立っている。私は，学生たちが私の熱意と努力を理解してくれていること，そして何よりも学びたいという意欲を持っていたことを嬉しく思う。

　　「自分の学生に情報を提供する教師は優れた教師である。自分の生徒に新しい概念を教える教師はもっと優れた教師である。学生が学習を続ける中で，さらに上を目指そうという意欲を啓発してくれる教師は多くの人が認める類まれな能力を持った教師である。そして，私の知る，献身的な姿勢とプロ精神を持つリウ＝マーク教授は，この最後のカテゴリーに分類される教師である。」（サフィール・ギメネス，2002年秋）

「……私は,リウ教授から,優れた教育者となるためにはどうすればよいかを学んでいる。教授は私に手本を示してくれた。『あなたが教育者になる前に,まず優れた聞き手でなければならない』という彼女の言葉は,私の目標すなわち教師になるために進むべき正しい道をこれからの私に示してくれるだろう。」(ヨン・チェン,2001年春)

「いつも,ただ単に問題を出すだけでなくその問題に関して最も重要な点を指摘してくださってありがとうございます。」(MA180, 2000年春)

「リウ=マーク教授は,すばらしい先生です。彼女は,私たちに数学を教えるという自分の職務以上のことをやってくれます。」(MA175, 2000年春)

「先生は,私たちがどんな質問をしても親切に答えてくれて私たちにやる気を起こさせてくれます。一部の学生は下らない質問もするのに。」(MA440, 1999年春)

「先生の忍耐と指導方法は私にもっと勉強してよい成績をとろうという意欲を引き起こしてくれます。」(MA440, 1999年春)

Ⅶ. 指導向上のための取り組み

　指導力のある教師となるためには,常に新しい情報やスキルを取得しまた様々な経験を他の教師と共有する必要がある。種々の会議に出席することによって私は学生をどのように評価し,クラスにおける私の指導をどのように改善するかについての技術を学んできた。

学会発表

- 2002年11月　「実際的アプローチを利用した数学教育」S. ハン教授および A. タラポレバラ教授との合同プレゼンテーション。(全米2年制カレッジ数学協会[*1] 第28回年次会議,アリゾナ州,フェニックス)
- 2002年4月　「共同作業アプローチを利用した数学プロジェクト」S. ハン教授および A. タラポレバラ教授との合同プレゼンテーション。(ニューヨーク州2年制カレッジ数学協会[*2] 第37回年次会議,ニューヨーク州,ビンガントン)
- 2001年3月　「ティーチング・ポートフォリオ――指導および学習の文書化のための方法」S. ジャクソン学部長,G. ガイダ教授,J. レイド教授,P. ラッ

[*1] American Mathematics Associaton of Two Year Colleges
[*2] New York State Mathematics Association of Two Year Colleges

ソ教授との合同プレゼンテーション。(専門開発諸問委員会，ニューヨーク・シティ工科カレッジ，ニューヨーク州，ブルックリン)
- 2001年1月　「数学における読み書き」C. ゴフ教授，J. メイヤー教授，D. スミス教授との合同プレゼンテーション。(全米数学協会*1と全米数学連盟*2の合同数学学会，ルイジアナ州，ニューオーリンズ)
- 2000年10月　「口頭および文書を使った数学理解」J. ナトフ教授，M. E. ロジャス教授，A. タラポレバラ教授との合同プレゼンテーション。(CUNYライティング指導者会第24回年次会議，ニューヨーク州，ニューヨーク市，マンハッタン・コミュニティカレッジ)

出席した会議

- 2002年8月　集団チーム学習に関する全国会議(モンタナ大学，モンタナ州，ミズーリ)
- 2002年6月　ファカルティ・ディベロップメント・ワークショップ——学生の習得度評価(ニューヨーク・シティ工科カレッジ，ニューヨーク州，ブルックリン)
- 2001年11月　全米2年制カレッジ数学協会第27回年次会議(カナダ，トロント)
- 2001年8月　全米数学協会，NExT/Mathfestプロジェクト(ウィスコンシン大学，ウィスコンシン州，マディソン)
- 2001年1月　全米数学協会と全米数学連盟の合同数学学会(ルイジアナ州，ニューオーリンズ)
- 1999年6月　P. セルディン博士によるティーチング・ポートフォリオ・ワークショップ(ニューヨーク・シティ工科カレッジ，ニューヨーク州，ブルックリン)

Ⅷ．今後の教育目標

　教師としての私の目標は，学生に対し，数学は決して難しい教科ではなく，誰でも数学を理解することができるということを明らかにすることである。私は，学生の人生に影響を与えたいと思っており，この目標を達成するためには常に自分の指導方法を評価し改善することが必要であると考える。したがって，私は，

31 数学

2002〜03年度について以下の目標を定めた。
1）私の指導の向上に役立つ国内学会に少なくとも2回出席すること。
2）担当する講義のシラバスおよび計画について同僚に年に1度評価をしてもらうこと。
3）グループでの作業の方法をどのように改善するかについて学ぶこと。
4）グループによる計画および口頭によるレポートを評価するための項目を改善すること。
5）学生の数学学習に役立つテクノロジーを授業中にもっと取り入れること。

IX．添付資料

添付資料A：学習記録記入のサンプル
- 数学基礎（MA175）：2002年秋
- 数学概念と応用（MA180）：2000年秋

添付資料B：学習方法目録つき学習記録のサンプル

添付資料C：MA180の課題のサンプル

添付資料D：学生のポートフォリオ作成のためのガイドライン

添付資料E：MA530プロジェクトのサンプル

添付資料F：講義シラバス
- MA175の講義シラバス：2002年秋
- MA530の講義シラバス：2001年秋

添付資料G：グループ・プロジェクトのサンプル

添付資料H：小テスト訂正のサンプル

添付資料I：ピアレビュー
- P. デラニー教授　　MA175：2002年春
- E. ヒル教授　　　　MA530：2001年秋
- R. ノル教授　　　　MA175：2000年秋
- J. ナトフ教授　　　MA440：2000年春

添付資料J：学生評価
- 数学基礎（MA175）：2002年春
- 数値解析（MA530）：2001年秋

---

*1　Mathematics Association of America
*2　American Mathematical Society

- 数値解析（MA530）：2000 年秋
- 解析幾何と微積分 II（MA575）：2000 年春
- 数学概念と応用（MA180）：2000 年春

添付資料 K：サンキュー・カード

32

ティーチング・ポートフォリオ

ケイ・L. エドワーズ（Kay L. Edwards）
音楽学科（Department of Music）
マイアミ大学（オハイオ州）（Miami University, OH）
2003年春

目次

1) 教育の責任
2) 教育理念
3) 教育方法
4) シラバス──講義内容，課題，プロジェクト
5) カリキュラム開発と見直し
6) 指導評価──総括的評価と形成的評価
7) 学生の学習成果
8) 教師としての専門能力開発
9) 教育目標
10) 添付資料

1) 教育の責任

　私は，マイアミ大学音楽学科の一般音楽教育の専門家として働いている。毎学期，私は，MUS266E「幼児教育者のための基本的な音楽スキルと指導方法」の2セクションを受け持っている。この講義は，（音楽専攻ではなく）教育学を専攻する学生のための3単位の講義である。春学期には，MUS355「一般音楽教育指導方法」の1セクションを受け持っている。これは，音楽教育専攻の学生のための3単位の講義である。秋学期中は，音楽教育科の学生教師の監督を行い，さらに，音楽教育専攻学生のための1単位の講義であるMUS356「中等一般音楽」の1セクションを受け持っている。また，夏には3年に1回のペースで，大学院生を対象とする一般音楽の講義MUS622「初等音楽の指導──理論と実践」を教え，他の教師と合同で一般音楽に関する夏期ワークショップを行っている。さらに，学生のための個人指導も行っている。私の担当分野についての詳しい情報は，

添付資料 A に記載されている。

2）教育理念

　音楽指導者であり作曲家であるゾルタン・コダーイは，「音楽は全ての人のためのものだ」と述べた。私は，誰もが音楽に関わる様々な機会を得る権利がある，と考えている。音楽は聴覚，視覚，運動感覚に訴える多面的な性格を有するものであるので，音楽を知るためには様々な方法があり表現にも様々な方法がある。

　私は，音楽の指導とは，教育者，音楽家，学者としての要素を網羅した1つの芸術であると考えている。音楽を教える教育実習生は，クラスの学生に音楽を通して指導する方法を模索し，優れた指導戦略のレパートリーを増やし，音楽教育の分野における現在の方法論を良く知るために，教育学を学ばなければならない。

　音楽を教える教育実習生は自分自身が優れた音楽家でなければならない。これらの者は多くの楽器を演奏することができ，音楽の複雑さと豊かさを理解し，子どもたちが音楽のこれらの側面を経験し理解できるように導くことができなければならない。

　音楽を教える教育実習生は，音楽の分野で一般的に言う優れた研究者でなければならない。さらに，音楽教師は自分の一生の経験を音楽教育にささげるために「生涯にわたり学者」でなければならない。

　誰もが音楽好きである。全ての子どもそして全ての人が生来音楽好きである。私は一般音楽（幼稚園入園前の子どもから8年生までが教室で習う音楽）は，音楽教育の分野で特異なものであると考える。一般音楽は，学校教育を受けている全ての子どもたちのためのものであり「才能のある人たち」やプライベートレッスンや楽器のレンタルにお金をかけることのできる一部の人たちだけのためでなく，学校行事で活躍する子どもだけのためでもない。一般音楽の教師は学校教育の中で全ての子どもたちの人生に影響を与えるという課題と喜びと特権を持っている。多くの子どもたちにとって音楽を習う教室が，彼らの天国，自分が参加でき成功感を味わうことのできる場所になるかもしれない。音楽は，特別な学習者や特に音楽が必要な子どもたちの人生を変える「きっかけ」を与えることができるかもしれない。同様に，大学の学生は様々な方法で学び，音楽は彼ら個人にとってまた彼らの指導者としての今後にとって，新しい創造的な可能性の扉を開く鍵となることもできる。

3) 教育方法

　私は，現実的，折衷主義的，人間的な考え方の持ち主であり，児童教育の実践的応用を重視している。連続的かつ効率的な私の指導や技術は総合的な枠組みにもとづいて構成されたものである。私は，オルフ音楽教育[*1]，コダーイ[*2]，ダルクローズ・リトミック[*3]などの現在の音楽教育理論を参考にしている。私は，学生のためにベストを尽くすよう努力しており，授業に参加し主体的に学ぶように学生に呼びかけている。私は，学生に対し明確な学習予定を示し，必要なときには支援を提供することにより，学生の成功に貢献している。グループ・ワーク，マイクロ・ティーチング（学生にクラスを指導させる模擬授業）による教育実習，日誌，ディスカッション，プライベートな話し合い，自己評価などは全て，学生の能力を向上させるためのものであり，また協力的かつ支援的な環境は，学生の創造性を生み出す多くの機会を与えている（シラバスについては添付資料B参照）。

　私は，特にMUS266Eで音楽専攻でない学生を指導する際には，学生が将来教師となって子どもたちに教えるときにポジティブな環境を作り出すことができるように，そのモデルとしてリスクのない包括的な環境を作ろうと心がけている。3回のマイクロ・ティーチングの機会を通して，これらの学生は教師として短いレッスンを行うことができるようになり，徐々に小グループを指導し，ついには就学児童を1人あるいは仲間の学生と2人で教えることができるようになる。授業への参加，実習，創造性，個人的な音楽能力の向上が必要であることを，授業や研究課題を通して強調している。

　意欲があれば進歩する。私が受け持っている学生は私の模範例を見て，また小グループの中の仲間やクラス全体との意見交換を通して，学習意欲を感じる。私は様々な経験や種々の課題を与えることによって多くの学習方法を提供している。私は学生自身の個人的な成長ならびに，職業人としてまた音楽家としての成長を促すための触媒となることを目指し，信頼に足る模範を示そうと努力している。私は，能動型学習†およびクラスの学生が児童役を演じ音楽を体験するという一種のロール・プレイングを通して，客観的に考え，教育実習生としての体験を分析することを極めて重視している。授業中にこれを行う頻度や方法は，おそらく他の音楽教師とは異なるだろう。全てのクラスで，誰の目にも明らかな方法

[*1] Orff-Schulwerk
[*2] Kodály
[*3] Dalcroze Eurhythmics

で理論を直接，実践に応用する。クラスの中で主体的に行動しているという感覚が学生に意欲を引き起こすことができ，意欲やインスピレーションが高まれば，学習の主体性はますます高まり，学生は音楽に対して自信を深め彼らが持っている音楽性を目覚めさせることができる。

　学生は，自分のマイクロ・ティーチングおよび小グループで行った作業について自己評価を行う。私は，個人作業とグループの作業をバランスよく配置している。私の経験では，小グループによる作業のほうが，音楽専攻以外の学生が人前を気にせずに楽器演奏や歌唱を行うことができることが明らかである。マイクロ・ティーチングの後に，（教師に加え）クラス全体が教師役の学生に対し口頭あるいは書面でフィードバックを行い，マイクロ・ティーチングについてよかったところや改善すべきところを明らかにする。各クラスでは複数の評価方法が採用されている。課題には楽器の演奏技術を発表したり，地元のワークショップや学校の音楽の授業に出席した後の感想を書いたり，雑誌の記事の書評を書いたりすることから，授業計画や教材の決定を含めた教育実習まで様々な分野に渡っている。これらについては次項で詳細に説明する。それぞれの課題に対して目標と成績決定のための要素および基準を設けている。

4）シラバス——講義内容，課題，プロジェクト

教育者としての能力

　私が教えている講義では，学生は幼児／小学生教育に必要な概念と技術を積極的に体験することができる。オルフ音楽教育，コダーイ，ダルクローズ・リトミックをはじめとする様々なアプローチを，授業の中で学生に積極的に体験させディスカッションを行う（講義シラバスの内容および授業予定の例は添付資料Bを参照のこと）。初等音楽教育カリキュラム全体がスパイラル構造になっており，レベルに応じて何度も上記のアプローチを「繰り返し学習する」ことにより，これらの指導方法をどのように連続させていくかが明らかにされ，議論される。音楽専攻の学部生は，地域の学校の一般音楽の授業を指導する教育実習を通して，自分たちの得た知識を応用し，さらに深くこれらの方法を学習し（実際に利用する）。

　私が受け持っている4つの講義の学生は全員が，講義計画の作成，マイクロ・ティーチング，地域の学校訪問および／もしくは指導現場のビデオ視聴を行っている。また，これらの活動のレベルや頻度および使用する音楽の難度は講義によって異なっている（MUS355,356,622は音楽専攻の学部生あるいは大学院生，

266Eは音楽を専攻していない学生が対象)。

音楽家としての能力

学生は，レコーダー，オルフ楽器，ギター／バリトン・ウクレレ，オートハープ／Q-Chord，ピアノなどの一般音楽の指導で広く利用されている教室の楽器が演奏できなければならない。学生は，特定の上達度要件を満たしていなければならず，この要件は講義によって異なっている。たとえば，音楽教育専攻の学生は，音楽教育を専攻していない学生に比べて高いレベルの演奏能力が求められ，歌のレパートリーも広くなければならない。音楽を専攻していない学生に比べ，音楽専攻の学生は，授業中に歌を歌ったり指揮することを求められることが多い（添付資料B，スキル・テストの課題)。

学者としての能力

講義用のテキストは講義によって大きく異なるが，これらのテキストの学習に加え，学生は書庫の中から与えられた記事や論文を読み，自分たちが学んだことを文章にまとめる（添付資料B：記事，論文の概要の課題)。地元の学校で行った教育実習についてレポートも書く。学生は読んだ本や授業で発表された考えについて批評し，児童の音楽による表現についての観察結果を明らかにするために自分の日誌を書いている。3つの講義（MUS266E，355，356）では，学生は授業で使った全ての教材を網羅したノートを作成している。このノートにはクラスの同級生が行った講義内容および自分が選んだテーマについてそれぞれの学生が行った授業などについて書かれている。MUS622を受講している大学院生は，初等音楽教育の中の特定科目に関するリサーチおよびカリキュラムの作成ならびに評価プロジェクトに参加している（添付資料B：日誌とノートの課題——リサーチ・ペーパーの例については添付資料Eを参照のこと)。

誰もが音楽好きだ！

教育理念にもとづき，私は私の講義の学生全員を様々な方法で評価している。すなわち，楽器演奏能力，マイクロ・ティーチング，ライティング，授業への積極的参加，講義内容やオリジナル教材の作成などである。授業の中で音楽を使う方法は多くの方法があり，全ての学生が音楽教育のあらゆる面で秀でた存在となるわけではない。受け持っている学生を良く知ることによって，個々の学生の能

力を引き出している。

　最初の授業の日に，私は学生にこれまでの音楽の経験（あるいは一番得意な楽器），これまでの指導経験，一番あるいは最も心に残った音楽の記憶について書かせている。MUS266Eの学生は音楽を専攻していない学生であるが，楽器を習ったりコーラス隊で歌ったり，ハイスクールのバンドで演奏したり，子どもたち相手の仕事をしたりした経験がある者もいれば，音楽や教育に関する経験が皆無もしくはほとんどない学生もいる。また中には，音楽に関して辛い経験を持ちその経験が「精神的な負担」となっている学生もいる。私は，音楽に親しんできた学生には，過去のポジティブな経験の上に新たな能力を構築し，音楽と縁のなかった学生には音楽を通したポジティブな経験と自信を提供することを心がけている。

5) カリキュラム開発と見直し

　私は，マイアミで大学院生を対象とした一般音楽講義を企画し，2002年夏に始めて授業を行った（MUS622のシラバスについては添付資料Bを参照のこと）。私はまた，夏期講習の一般音楽ワークショップ・講義を企画し，2003年秋にオルフ音楽教育レベルIの資格取得講義を行った。

　私はまたマイアミの講義内容（MUS266Eと355）を大幅に修正し実地ラボの体験学習を加えた（新旧のシラバスおよび主な変更点については添付資料Dを参照のこと）。たとえばMUS266Eでは，3つの選択枝の中から投票で最終的なプロジェクトを選ばせている。マイアミで授業を行った最初の年には1講義の授業（11:00の授業）に参加している学生は，土曜日の朝に4歳児と5歳児を対象とした音楽祭を開催することを決めた。他の授業（12:00）に参加している学生は，オックスフォードのクレーマー小学校の幼児クラスで20分の音楽のレッスンを行うことを決めた。このプロジェクトに関しては学生は，MUS266Eの講義で過去に自分が行ったレッスンを改良することができた。両プロジェクトに対する学生，教師，保護者，子どもたちからの意見は，極めて好ましいものであった（Eメールによる感謝状の例については添付資料Eを参照のこと）。

　2002年秋には，MUS266Eのクラスの1セクションが体育／ダンスのクラスと合同セクションとなった。私はこの学期に2つの研究課題についてダンス教師と協力して指導を行った。その1つとして，大学生がキャンパス内の「児童開発センター」において4歳児および5歳児を対象とした「音楽とクリエイティブな動き」を合わせたレッスンを行った。

現在，私が担当する学部生のための講義の中で初めて私が取り入れている課題が，日誌作成，あるいは個人的な講義報告の利用である。私は，この方法は学生が自省し，観察し，意見を表明し，指導者である私とコミュニケーションを図るために有意義なツールであることを発見した（日誌記入事例については添付資料Gを参照のこと）。Eメールや会議の頻繁な利用に加え，日誌や報告を活用することで，私は学生と良好な関係を築くことができ，また，学生のニーズにすばやく対応することができる。

6）指導評価──総括的評価と形成的評価

　私の指導は，以下の合算方式に従い評価されている。すなわち，**学生の評価**（標準的な評価フォームの質問と2〜4の追加質問ならびに学生の講義修了目標の達成度に対する自己評価），**ピアレビュー**（評価者はボブ・リー，講義の全教材に関する5項目の評価と検証），**自己評価**，ならびに在校生および卒業生からの**継続的なフィードバック**（非公式）の合計である。

学生の評価

　学生の評価は，学期の最後の週に行われ，その概要は以下のとおりである（マイアミ大学以前の評価については添付資料H参照のこと）。

尺度1-4

第1問：指導者の関心度の高さと熱意	第9問：受講要件の明確性
第2問：学生の関心度の高さと熱意	第10問：講義内容と目的の適合性
第3問：指導者の教科に関する知識	第11問：指導者の総合評価
第4問：指導者のプレゼンテーション	**追加質問**
第5問：指導者の学生に対する態度	第12問：講義内容と個人的目標の適合性
第6問：クラスに参加する自由度	第13問：授業中の雰囲気
第7問：指導者のアクセシビリティ	第14問：講義申請の格付け
第8問：評価技術の一貫性	第15問：講義のキャリアに対する価値

2002年春学期の指導評価── MUS266E
（セクションA：回答者19名／在籍者20名，セクションB：回答者18名／在籍者18名）

セクション	第1問	第2問	第3問	第4問	第5問	第6問	第7問	第8問	第9問	第10問	第11問	第12問	第13問
A	3.9	2.9	3.9	3.8	3.7	3.9	3.8	3.8	3.8	3.8	3.9	3.7	3.9
B	3.7	2.9	3.6	3.2	2.8	2.8	3.3	3.1	3.4	3.2	3.4	3.2	3.6
学部平均	3.5	2.9	3.6	3.4	3.2	3.4	3.2	3.3	3.4	3.4			

2002年春学期の指導評価——MUS355

(回答者6名／在籍者6名)

セクション	第1問	第2問	第3問	第4問	第5問	第6問	第7問	第8問	第9問	第10問	第11問
A	4.0	3.2	3.8	3.7	4.0	3.8	3.7	3.5	2.8	4.0	4.0

2001年秋学期の指導評価——MUS266E

(セクションA：回答者24名／在籍者24名，セクションB：回答者24名／在籍者26名)

セクション	第1問	第2問	第3問	第4問	第5問	第6問	第7問	第8問	第9問	第10問	第11問	第12問	第13問	第14問	第15問
A	3.9	2.8	4.0	3.8	3.8	3.8	3.9	3.6	3.6	3.9	3.9	3.5	3.8	3.8	3.5
B	3.8	2.7	3.8	3.5	3.3	3.3	3.3	3.1	3.3	3.5	3.5	3.3	3.1	3.7	3.1
学部平均	3.5	2.8	3.8	3.4	3.4	3.5	3.2	3.3	3.4	3.5	3.5				

　以下に示す概要は，音楽学部の教員であるロブ・トーマス教授が作成したものである。講義評価の際に寄せられた学生の意見をまとめた同教授のサマリーの全文は，添付資料Hに記載あるいは請求すれば入手可能である。

　　全体として学生の意見は極めて好意的なものであり，どの学生も，エドワーズ博士の教育に対する熱意，講義の教材に関する高い見識，教師としての経験から得られた利点を評価しており，さらに学生自身が自分が将来教師となったときに「自分の授業のために」同博士の講義の教材が実際に役立つと推測している。どの学生も同博士の授業はつねに居心地がよく出席する価値があると感じたこと，また，同博士の知識の深さと人間的な温かみの両方を真に評価していると書面で述べている。

同僚評価

　以下の報告文は，音楽教育を専門とし音楽学部の副部長であるボブ・リーが，2001～02年および2003年秋に5つのクラスを参観し全ての講義教材を検証した後に作成したものである。同氏から，歌唱をMUS266Eの全てのクラス・セッションに組み込むことを検討してはどうかという提案があり，また音楽専攻でない学生が私の助けを得ずに1人で譜面を読めるようにする必要がある，という助言があった。同氏による評価の全文は，添付資料Hに記載あるいは請求すれば入手可能である。

　　昨年，私は，ケイ・エドワーズ博士の授業を参観し，同氏のシラバスおよび講義の教材全てについて検討を加えた。彼女は，学生にやる気を起こさせる熱心な教師であり，学生は積極的に授業に参加し学習に励み，年齢に応じた教育法を展開し，授業の運営方法に優れ，共同学習†を利用しており，自分の受け持つ学生全員が目標

を達成するように取り組んでいる。彼女の講義は厳しく，時代に即したものであり，カリキュラム全体から見て教育学的に適切なものである。彼女は，一般音楽のマルチカルチュラリズム（多文化主義）の権威であり，学生全員に役立つように自分の講義でその専門性を生かした授業を行っている。彼女は模範的な教師であり彼女が受け持つ学生について，プリンストン市の各校の一般音楽教師たちは，最高の学生指導を行えるという評価を下している。

自己評価とたゆまぬ向上

　自分の行ってきた指導を分析しふり返ったときに，私は多くの点で喜びを感じる。音楽教育に対する私の愛情，情熱，熱意は，私の指導スタイルから明らかである。私は，学習のために極めてポジティブで全ての学生が参加できる授業を行っている。私の指導は体系的であり，クラスの学生全員が授業に参加できるように様々な方法を採用している。私は，学生に敬意を払った態度で接しかつ学生を鼓舞し創造的な思考を奨励している。私は，学生の能力を見て指導することを心がけ，彼らに成長を促している。

　私は，大学の教育推進センターに「小グループ指導診断」（SGID）を申請し，MUS266E の両セクションの学期中の評価として，ファシリテーター†のゲイル・ジョンソンが 2001 年 11 月と 2002 年 3 月に診断を行った。診断結果は，多くの点で私の指導に影響を与えた。SGID の結果，2001 年秋の学生評価および授業中の学生との対話を参考にして，私は，2002 年春から，MUS266E の講義シラバスと予定を変更した。この変更には，出席に関する規則を明確に示すこと，講義を通して日誌提出回数を半分に減らすこと，ノートの課題に関するガイドラインを明確化／再編することが含まれていた。さらに小グループ診断を受けることで，私が講義を続ける上で役立つ多くのことを確認することができた。たとえば，私が熱意のある教師であること，効果的な指導を行うという点で模範的であること，授業が体系的なことなどである（添付資料 H 参照）。2002 年秋には，さらに，出席に関する規則および記事や論文に関する感想文の課題についてさらに明確な指示を行った（添付資料 D 参照）。

　今後も改善を続ける分野として，研究課題のガイドライン作りと特に MUS355 の学生に対して成績評価の基準を明確に示すことがある。

7) 学生の学習成果

　MUS266Eでは学生の取り組みからその学習成果が明らかになる。たとえば，2人1組の学生が，講義の課題としてマイクロ・ティーチングを行い，その内容を改善，拡大し，最終プロジェクトとしてクレーマー小学校の幼児クラスで指導する際に使用した（添付資料E参照）。

　私の講義をとるまでは，多くの学生が譜面を読むことができず楽器を演奏したこともなかった。これらの学生は全員が，レコーダー，バリトン・ウクレレ，オートハープ，歌唱，オルフ楽器を演奏することができるようになり，B以上の成績をとった。

　講義の途中には様々な種類の筆記試験を行っている。すなわち，短答式，論文式，選択式，マッチング，周期的なディクテーションなどである。これらの筆記試験の例は，添付資料Cに示されている。私の指導目標の1つはテスト前およびテスト後の論文であり，これは2002年春に実施した（添付資料C参照）。

　講義の学生がその日誌の中で，私の講義を受けるまでは学習センターの利用を理解していなかったが，しかし，学習センターを自分たちで作り，それを最終プロジェクトのために子供たちとともに利用する機会を持つことは貴重であり「実地の」経験であったことを明らかにした（添付資料G）。学生は児童を指導する際にビデオテープを利用することにより，自分たちの指導が成功し実を結ぶ可能性が高くなることをそれまで以上に認識した（添付資料E）。MUS355,356,622では，クラスおよび指導者からのフィードバックにもとづき学生が設計した指導教材に修正を加えることが慣例となっている。

8) 教師としての専門能力開発

個人的な能力開発

　時代に即した教育を行うことができるように関係する分野の雑誌を講読している。*Music Educators Journal, General Music Today, Teaching Music, Contributions to Music Education*（私も編集会議に参加している），*Bulletin of the Council for Research in Music Education, Journal of Music Teacher Education, Triad*などである。また，各種の会議やワークショップに参加している。最近のものには，全国音楽教師学会総会[*1]（2002年4月），全米Orff-Schulwerk学会（2001年11月），オハイオ音楽教育協会学会総会[*2]（2002年および2003年の2月）などがある。また，私はオリジナルの指導教材を作成し，これを授業に取り

入れている。私自身が新たに獲得した専門能力を担当する講義に取り入れるその他の方法としては，学生教師あるいはクラス全体に特に関係する記事を取り上げ，その内容について話し合うこと，雑誌あるいは新聞記事の中から必要なものを保存すること，授業で新しい教え方や教材を試験的に利用すること，などがある。（私の教育目標の1つは，私が習得した新情報を文書化し，これらの情報を担当する講義にどのように組み入れるかについても文書化することである。）

　私の専門能力が向上したことを示すもう1つの証は，2000年6月にアリゾナ州立大学において2週間の集中研修を受け，「オルフ音楽教育レベル」の認定証を授与されたことである（認定証のコピーは添付資料Gを参照のこと）。私は私が受け持っているMUS355，MUS356，MUS622のクラスでこの集中研修で得た情報の一部を活用している。

音楽教育への貢献

　私はまた，教育に関するプレゼンテーションあるいは著作の発行により私の考えや教材を公開している。最近の例は次のとおりである。

- Edwards, K., & Dendler, D. (2003年春)。The school song: A unifying force. *General Music Today* （全国音楽教師会議発行の雑誌）
- Erwin, J., Edwards, K., Kerchner, J., & Knight, J. (2003). *Prelude to music education.* Upper Saddle River, NJ: Prentice-Hall. これは，大学新入生および2年生の音楽教育序論の教科書である。
- Session: "NOW HEAR THIS: Creative Music Listening for Young Children." オハイオ音楽教育学会総会発表，オハイオ州シンシナティ，2002年2月。
- Session: "Multicultural Music in the Private Studio." 音楽教師全国連盟学会発表，オハイオ州シンシナティ，2002年3月。
- Beethoven, J., *et al.* (2002). *Making Music.* and Beethoven, J., *et al.* (2000, 1995). *The Music Connection.* Parsippany, NJ: Scott Foresman Publishing/Silver Burdett.
- また，地域の音楽教育専門家の集まりにおいてプレゼンターとして私のオリジナルの教材や指導戦略についての講演を行っている。（たとえば，2003年

---

*1　Music Teachers National Association Conference
*2　Ohio Music Education Association Conference

2月，3月，2002年8月）

9）教育目標

　私は，過去に設定した教育目標を見直し，2003～04年に達成すべき新たな教育目標を定めた。第1の目標は，学生が習得していることを明らかにする根拠を集めることである。特に，

- 私が受け持っているクラスで学生が行った取り組みについての新たなサンプルを，意見とともに様々なクオリティのものについて学生の許可を得て集める。
- MUS355とMUS356について教室外での研修を拡大しその効果を確認する。

第2の目標は，私自身が学んだことの文書化に関係している。特に，

- マイアミ以外の同業者に対し私の指導教材やシラバスを送り書面によるフィードバックを得ること。
- 出席した会議のワークショップの内容およびその新情報を自分の受け持つ講義にどのように取り入れているかについて文書化すること。
- 課題の成績を決める際の基準をさらに明確にするために1～3の項目を新たに加える。

10）添付資料

添付資料A：業績報告書の第1節
添付資料B：シラバスと課題
添付資料C：学生学課，課題，テスト
添付資料D：新旧のシラバス
添付資料E：最終プロジェクト
添付資料F：オリジナル教材
添付資料G：日誌
添付資料H：学生による評価および同僚評価
添付資料I：教育およびその他に関する書簡および注記
添付資料J：旧講義のシラバス

33

ティーチング・ポートフォリオ

キャスリン・A. バロー（Kathryn A. Ballou）
看護学研究科（School of Nursing）
ミズーリ大学カンザス・シティ校（University of Missouri, Kansas City: UMKC）
2003 年夏

目次
1) 教育の責任
2) 教育理念
3) 教育方法と戦略
4) カリキュラムの見直しと改訂
5) 教育効果の証明と評価
6) 協力と公開
7) 今後の教育目標
8) 添付資料

1）教育の責任

　私は，看護学校の学部，修士，博士課程で教えている。どのレベルのプログラムでも私が重点的に取り上げているのは，看護，医療政策，職業的価値の分野での専門的かつ今日的な問題である。さらに，看護システム／健康調査プロジェクトに参加している修士レベルの学生を監督し，博士課程の学生の看護／医療システムの研究論文作成のための助言を行っている。

学士課程

　毎年秋に，RN（正看護師）から BSN（看護理学士）／ MSN（看護理学修士）までのプログラムの入門講義，N481「看護における個人的能力」の授業を行っている。約 20 のコホート・グループ*¹が，この通信教育と実習を組み合わせた 5 単位の講義を履修している。この講義は，私が 4 年前に開発した新しい RN BSN 修了プ

＊1　cohort groups　同時期にプログラムを開始した学生のグループ。

ログラムの中で必修となっている講義中，最初に履修すべき講義である。このプログラムは，スチーブン・コベイの原理中心のリーダーシップ理論にもとづくものである。この理論は，自分自身を管理できなければ複雑なシステムの中で管理運営能力を発揮することはできない，という理論である。N481は，RNが，社会性を養い専門的価値を持ち，自己認識と実力を通して自分自身を知ることを目指すための準備を整えることを目的に設計されている。

　これらに加え，N483「人間の健康への効果」の中の医療政策の部分，およびN484「複雑な医療システム」の中の政治の部分を担当している。これらは毎年春に同じグループを対象として実施されている。2003年春には，このプログラムの中に含まれる2〜3単位が必要な臨床の手引き講義，N486「実地への応用」のチーム指導を行っている。また，コミュニティ・サービスおよびリーダーシップ・プロジェクトを行う2つの地区保健所で10人の学生に指導を行った。

修士課程

　私は，毎春，約40名の修士課程の学生を対象とした，2単位（まもなく3単位となる予定）のN514「医療政策，組織，資金調達」を担当している。この授業は3つのキャンパスにおいて同時にテレビ生中継で行われている。2003年春には，大学の教育技術学部と共同で，オンラインによる授業の開始に携わった。N514はこの夏からは全米から集まる約30名の新生児医療専門の準看護師学生および全日制の地元学生を対象に提供される予定である。

　最後に，毎年春に，N572NE「上級看護実習――看護教育の総合実習講義」の学生1〜2名に対し実地指導を行っている。これらの学生はその見習い期間の学期中の指導者として，ほとんどの場合希望して私を選んだ者たちである。私はほぼ1週間に3時間の割合で，これらの看護学教育者を目指す学生と行動をともにし，彼らを補佐し，指導して，高等教育における指導者としての私の役割を果たしている。

博士課程

　約1年に1回のペースで，2単位の講義，N614「医療と社会政策」を担当し，看護学の博士課程の学生5〜6名を指導している。この講義は医療業界のコスト，アクセス，クオリティの問題を取り上げる講義である。また，政策研究論に関する内容も含まれている。

私は，看護学校の数多くの博士課程の学生の博士論文委員会（N699「博士論文研究」）に加わっており，またN694「文献解釈指導」で博士課程の学生を指導している。質的調査の分野での私の実力と，私が医療における社会政治ならびにジェンダーの問題を取り上げたリサーチを行ったことを理由に，多くの学生が，自分たちの博士論文委員会に私が加わることや，方法論および文献の解釈に関して私のアドバイスを求めている。

現在，私は，ケイ・ルフトの博士論文委員会「デフリレーター・デバイスの移植を行っている女性の体験」の委員長を務めている。私はまた以下の学生の博士論文委員会のメンバーを務めている。

- マリー・キナマン，2002～現在，「学際的協力と権限」
- テリ・トンプソン，2002～現在，「児童の保健政策を動かす政治」
- シーレイ・ディンケル，2001～現在，「プライマリー・ケアの必要性とレズビアンの女性の信念」
- カンダス・ランドルノー，2001～現在，「末期腎臓病患者の多くが移植治療を受けられない理由」

私はディンケルとランドルノーのために質的研究用の包括的な試験問題を作成し，また，2002～03年度においてはキナマンに対し，批判的フェミニズム論の著作の解釈を行う3単位の講義を実施した。

2) 教育理念

私の教育理念には，専門的看護師の能力向上は，あらゆるステークホルダーにとって望ましいことであるという私の信念が反映されている（添付資料A，看護理念参照）。したがって，私は看護師の能力向上と社会参加を目標に教育を行っている。私は批判的フェミニズム論を支持する教師であることを自認しており，伝統的な思想や現代思想を参考にして，ヘルスケアと社会という複雑なシステムの中で，看護学生が批判的精神を培い自信に満ちて社会に参加できるように支援している。

批判的フェミニズム論の考えにもとづく私の教育理念は，学生と教師の関係や教師同士の関係に現れている。学生と私の関係においては，私は自分を学生のコーチであり，ガイドであり，メンター†であり，ファシリテーター†であると同時に，知識や規則のプロであると考えている。私は，学生が，様々な信念や価値

および能力を知り，自分の信念や価値を特定し，伸ばし，表現することを助けたいと思っている。そしてこれらの信念や価値を表現しようという意欲があれば，彼らは，患者の看護やコミュニティにおいて根拠のある知識や主張を取り入れることができるようになる。（批判的フェミニズム論者として）私は，学生に比べて地位も高く知識も豊富であるが学生の立場は重要であり尊重に値するものであると考えており，学生と私の関係は相互に尊重しあう関係であるべきだと思っている。

多くの学生が，他の先生の講義に比べ私の講義は大変だと言うように，私の期待と基準は高い。しかし，私は学生一人ひとりに説明責任と完全参加を期待することによって，学生が，ハイレベルの知識を身につけまた批判的に考え行動することのできる自分の能力に自信を持つことができるようになると信じている。

批判的フェミニズム論者としての私の研究には，教育／学習経験および看護学科を支えているシステムあるいは状況に私が教師として関わることが要求される。私は私が担当する学生に豊富な学習経験を積ませるために社会，政治，経済，文化の改革に取り組み，品質向上と能力強化を妨げる障害を取り除く道徳的かつ倫理的義務を感じている。クラスの規模，入学選考基準，多様性，講義の形式，経済的な問題，大学の意思決定への学生の参加，カリキュラム，学生の実習の状況などの問題は全て，学生の学習という意味で，また，彼らの学習を通した専門職のあり方という意味で，批判的フェミニズム論者の教育者として私が取り組むべき問題である。

最後に，私の教師としての目標は，本校が中心にすえる価値「人間の潜在能力の解放」と合致している。教育者として人間の潜在能力を解放したいという願望を私は強く感じる。これこそ，私が教師としてあるべき姿のまさに本質である。私の役目が最も報われたと感じるのは，批判的フェミニズム論者の看護学教師としての私との関係を通して，学生あるいは職業人が，プロの看護師，弁護士，著作者，リーダー，活動家，教師などとして自分の潜在能力を存分に発揮していることを知る時である。

3）教育方法と戦略

私の教育方法は，私の教育理念にもとづくものであり，真の相互作用を促し，学生の能力強化と社会参加を推進するために設計されている。

教室での授業の場合には，通常，私は，椅子を円座に配置し，その中央に私が

座ることによって，全員が授業に参加できるような空間を作るようにしている。これが不可能な場合には，ディスカッションの間に学生の席の間を歩いたり学生の席に座ったりしている。私は，学生に教える時には自分自身について包み隠さず全てを明らかにし，学生と双方向の対話を行うことのできる状況をつくり，信頼性と透明性の向上を図っている。これは，看護師の職場ではしばしば否定されるため，看護師にとっては慣れない状況である。また，私は学生に1分で問題を解くように求めるときには，私も同じ問題を解き声に出して私の答えを読み上げる。私は，看護師の種々の役割に関して自分自身の経験について話しこれらの経験を指導の枠組みの中に組み入れている。この戦略は問題となる状況が発生したときに，知識にもとづいた専門的な解答のモデルを示すことができるという点で有用である。

　私は学生に対し看護師としての自分の経験を授業の内容と結びつけ発言するように呼びかけている。しばしば具体的な事例を取り上げて授業を行い，理論を学ぶクラスでも実際の医療システムの現場を想定して話し合うことを奨励している（添付資料B，シラバスの事例）。私は，具体的な事例学習の際には小グループ方式を取り入れ，対立する問題について討論を行っている。この方法は，大人数の前で発言することが苦手な学生に有効であり，彼らは自信を高め批判的な主張を展開する技術を身につけることができる。また，仲間の提起した問題の解決方法の模索への参加を奨励している。

　また，学生が，様々な理論，問題，戦略について自分の考えを組み立て安心して自己表現を行い，悲しいことに今の学生が苦手な書く能力を向上させるために，日誌や反省文，感想文を取り入れている。さらに学生がしっかりとした意見を持ち，経験や予想ではなく根拠にもとづく研究を重視できるように，専門的な文書を作成する学習機会を設けている。

　さらに，講義内容および目的の枠組みを逸脱しない限り，学生主導の学習戦略や学習内容を取り入れて私の批判的フェミニズム論者としての教育スタイルを貫いている。病院で何をすべきかをすでに何度も「聞かされている」成人の学習者として，学生自身が講義の内容およびプロセスのための材料を提供することで，RNの学生は，自らの学習経験を豊かなものにし，個人的な説明責任を果たし能力を向上させることができる。

4) カリキュラムの見直しと改訂

　私は，カリキュラムに関係する仕事が好きでありまた得意である。学部生および大学院生の両方について，講義およびプログラム・レベルでカリキュラムの徹底的な改革と見直しを行ってきた。プログラム・レベルでは，1999年にRNを対象としたカリキュラム全体を完全に見直しBSN修了プログラムとし，その後も，同カリキュラムにおいて重要な役割を果たしている。このプログラムは，働いているRNのために設計されたもので，進度の速い18ヶ月の学士プログラムである。内容は，職業看護師としての個人的成果，対人的成果，人類の健康に関する成果，システムの実効性が中心となっている。このプログラムがユニークなのは，チームや複雑なシステムの中でのリーダーシップと自己管理を重視している点である。

　実際に仕事をしている正看護師の大部分が医療の現場で専門的な職業人としてあらゆる場面に対応する能力や自信を持たず，その結果患者への支援，仕事への満足感，患者の安全確保の点で不十分である，という問題に対応するために，私は新しいBSN修了プログラムを開発した。また，もっと「システムに明るい」RNが必要であるという病院の経営者側からの不満にも対応した。「新BSNプログラム」では，様々な能力が求められる現代の混沌とした職場環境に必要なスキルと知識を習得するために，学生が集団で取り組みを行っている。プログラムのカリキュラムの枠組みについては添付資料Cを参照されたい。

　また，学生のニーズに対応して，N514「医療政策，組織，資金調達」を大幅に変更した（シラバスの比較については添付資料D参照）。これまで内容と教材を理解するためには，修士レベルの知識が必要とされていたが，目的を適切に反映したものではなかった。学生は，最も基本的な政策理論さえ知らないことが多く，このような難解なテーマや考え方について授業でディスカッションをすることを怖がっていた。私は，学生のレベルと授業内容をそろえ，学生の授業への積極的な参加を促すために学習や評価の方法を再設計した。

　現在，オンラインによる2単位の講義N512「医療における意思決定に際しての価値」の今秋の開講を視野に準備を進めており，この講義の学習方法や評価方法を修正し，教材，テキスト，ウェブサイトを最新の状況に合わせる作業を行っている。この講義に登録する人数は30人前後と予想される。

　私は，2002年秋にはじめて，カンザス・シティ―コロンビアおよびUMSLキャンパスの博士号取得者7名にビデオ・ネットワークを通して，N605「科学哲学」を教えた。この講義は博士課程プログラムの中で「最難関の講義」という評判で

あり，学生から不安を感じるという声が寄せられた。私は講義を開始する前に講義内容を再構築し，教材，学習方法，授業中の活動，評価方法を変更した。講義を進める過程でも，学生からのフィードバックにもとづいてすぐに修正を行い，この講義の難しい内容についてオープンに議論を進めるように励まし，それに従った学生には高い評価を与えた。私は，自然科学の内容に関係した不安材料を取り除くことに努力し，看護や医療に直結したニーズに関係する講義とすることを心がけた。

　このやり方を実施した結果，学生全員が授業に積極的に参加するようになった。その最も顕著な例は，決定論と自由意志の違いに関して1人の学生が行ったプレゼンテーションである。この女学生は，フォークギタリストとシンガーとしての才能を生かし，歌詞の中でこの2つの間の違いを明らかにした。学生たちは，この概念を理解できただけでなく，そのプロセスを楽しんだ。

　その後，2003年の博士号プログラム委員会のためにこの講義を大幅に見直し，プログラムの目標，合格基準要件，科学的な安定性に照らしての評価についての注意点と助言を明らかにした（講義見直しの文書化については添付資料E参照）。学生から優れた意見が得られわずかな修正作業を行った後には，この講義を常設講義としてもう1人の教授とローテーションを組んで指導することを希望している。

5）教育効果の証明と評価

　私は，指導およびカリキュラムについて，ただちに双方向で評価する方式を採用している。私は，リアル・タイムでのフィードバックやニーズへの対応を促進するために，学生や学部教員と協力して様々な方法を活用している。これには開講時点と講義実施中の両段階において，学習ニーズ，不安材料，授業参加レベルについて学生と話し合うことなどが含まれる。私は，相互主義と権限委任の精神のもと楽観的な考え方にもとづき，常に柔軟に対応しており，懲罰を与えたことは1度もない。

　このような私のやり方の典型的な例は，2003年春に修士課程の学生を対象として行ったN514の政策講義である。私は，開講初日から学生たちが講義内容を予習せず関心も持っていないこと，授業中の討論に加わろうとしないことを学生たちに指摘した。学生たちのこのような状況に気づいた私が，クラスに対する自分の感想を明らかにしたのであるが，学生たちの反応はほとんどなかった。私はこ

れを学生たちが私のことをよく知らず，信頼感が欠如しており教師に対して学生が当然感じる不安があるからだと考えた。私は，学生たちが講義内容に徐々に関心を抱くように新しい方法を試した。すなわち，小グループ方式を採用したり，講義内容を学生たちの職場の問題に結びつけたり，学生が意見を表明するたびにその姿勢を高く評価するなどした。これらは効果的な戦略ではあったが，しかし依然として学生たちが予習をせずに講義を受けていること，また話し合いを嫌っていることは明らかであった。

6週目の授業において，私は学生たちが関心を示さず予習もしてこないことが誰の目にも明らかであることに（内心）かなり憤慨した。私は，授業の途中で話をやめて休憩にし私の不満を隠さずに述べた。私は，学生たちが現行の医療システムの中で生き残るための能力を養うためにこの科目が重要であると確信していること，そしてこの状況を打開したいと心の底から願っていることを明らかにした。私に対する批判があれば耳を傾ける準備があること，そして何が問題かを何も恐れず言ってほしいと述べた。学生たちはそれまでの沈黙を破り，長々と不満や希望を述べた。そのほとんどは，学生たちが社会や政治関係の講義に全くのしろうとであり，教材を読むのすら難しいというものであった（ただし教材は，看護学部の学部生や修士課程の学生のための最も標準的な優れた教材であったのだが）。そして，「授業中に学生に発言させようとする」私に対する不満であった。

私は，彼らの批判を私が誠実に虚心坦懐に受け止めることを示すために学生に対してへりくだった態度で応じなければならなかった。双方向の話し合いを通して，私はその場で1つのプランを考えた。私は，討論で取り上げる問題を事前に準備し，それを使って学生たちが重要な理論についての予習を進めることに同意した。学生たちは，討論で取り上げる問題に対する答えを家で書いてきて授業で提出することに同意した。そして，クラスで発言することに対する不安を解消するために，学生たちを数人のグループに分け，各グループでグループとしての答えを作成し，その答えを発表するリーダーを学生たちが選ぶことになった。この戦略は華々しい効果をあげた。学生たちは自由に意見を述べ合うようになり，自分たちを助け自分たちの不安に対応してくれた私に感謝した。授業終了後，数人の学生が私に近づきお礼を述べてくれた（学生からのコメント集は添付資料F参照）。

今年も同様のやり方をN481とBSN修了プログラムでも行った。このプログラムを合同で行うもう1人の教師と私は，プログラムのほとんどをオンラインで提

33 看護学

供するようにという大学執行部からの要請に応じた。これは，私がその履修内容のほとんどについてオンラインを使って指導した最初の経験となった。授業開始から約2週間が経ったころ，私は学生が大きな不安と不満を抱えていることを知った。これらの不安や不満は，主としてオンライン授業が持つ性格に起因するものであった。学生たちはこの方式が気に入らなかったのである。彼らは，オンライン方式は学習の妨げになりまたクラスメートと直接顔を合わせて関係を築くことへの妨げにもなり，また概して勉強があまりにも忙しくなる，と感じていた。

私はもう1人の教師と相談しただちに講義内容を修正して，オンラインによる講義を減らし煩雑な作業をやめて今まで授業に嫌気がさしていた学生のやる気を起こし，授業への参加を促した。さらに，もう1人の教師と私は，2003年春の学期末にこのクラスの学生を対象としてプログラム修了後に学生から生の声を集めた。私たちは，この科目の形式，内容，何を学習したか，課題について学生たちから極めて多くのフィードバックを得た。学生たちは，貴重な授業時間を使って聞くほど学生たちの意見を重視している私たちの姿勢に感銘を受けた。私たちは，オンライン方式をほとんど取りやめ補習にのみ利用することを含め，学生たちの意見のほぼ全てを翌年の授業に取り入れた（評価内容と形式については添付資料G参照）。

私の学生評価は一般的にかなり高い。2002〜03年に関して，1〜5の5段階評価で私が受けた評価の平均は4.5であった。さらに，N481やN605などの一部のクラスでは，評価の平均が1〜5の5段階評価の5に近かった（最初の成績と見直し後の成績については添付資料H参照）。

年度	講義	平均スコア(最低=1から最高=5まで)
2002〜03	N481	4.8
2002〜03	N514	4.2
2002〜03	N605	4.8
2002〜03	N486	4.1

さらに，私は，授業内容を面白くし，応用を可能とし，そして私にとって最も重要な点，すなわち，プロとしての能力を学生に与えるという点での私の能力について，正式評価の一環として，また任意の調査としても，学生から多くの意見を書いてもらっている（レターと意見に関して添付資料I参照）。ここ2年間，博士課程の学生たちは，私が彼らを学者に「変身させ」，看護や医療システムについての彼らの考え方や接し方を変えたことを明らかにしている。

327

私に対する書面による評価の中に少数ではあるが批判が含まれている。たとえば，私は学生の名前を覚えるのが苦手なように見えるという意見である。私は学生の名前を覚えるように常に努力している。なぜなら，意見を発表しているのは誰かを知ることは，評価や指導のために極めて重要であり，また，学生一人一人の価値を私が認めていることを学生に知ってもらうためにも重要であることを私は十分認識しているからである。私は，毎学期，全てのクラスで学生の名前を覚えるように努力しているが特に忙しい学期やその講義が時間的な余裕がなかったり，登録者が多かったり，授業の場所が複数あったりする場合にはこの目標を達成できないこともある。したがって，私が学生の名前を覚えていないことに学生が失望していることを知っても驚かなかった。しかし学生たちは自分たちが軽んじられていると感じたのである。今後は，学生に名札を机の上においてもらい，（私は視覚で覚える方なので）教室にはいない学生には写真を送ってもらうことにする（この種の事務を担当してくれる学外コーディネーターに依頼する。）これが，この問題を解決する手段となるであろう。

　最後に，私ともう1人の教師はBSN修了プログラムに参加している学生のために，全国標準にもとづく付加価値を加えた総合テストを講義に組み入れた。このようなテストを開発したのははじめてのことである。2002〜03年の履修グループの成績は全国平均を大幅に上回った（成績および分類については添付資料J参照）。特に私を興奮させたのは，政治的主張，専門的価値，能力養成の成績であった。それらはほとんどが標準偏差2＋以上であり，一部の学生は満点であった。これらの結果は私の指導分野における学生の習熟度および学生の社会性育成の成果を示すものである。さらに，私は，批判的フェミニズム論者としての指導方法を採用して学生に価値やスキルや知識のモデルを提示していることもまた，学生の成功に貢献していると確信している。

6）協力と公開

　毎年，私は，私自身のシステム・リサーチあるいは学生のシステム関係の研究に関するプロジェクトに参加している2〜3人のN598「研究指導」の学生と研究を行っている。この講義の最近の学生の研究は，次のとおりである。

- アンドレア・スパルター，2003　「病院という職場におけるいじめについての概念分析」

33 看護学

- マリー・カーリー，2002　「搾取的な病院環境において看護師に何を求めるべきか」
- ショーン・バンチ，2002～現在　「看護現場における社会政治的行動主義の概念分析」
- デボラ・ホワイトヘッド，2000～01　「看護師の満足——意味を求めて」
- ジョナ・ドーティ，2000～01　「看護師の職場環境に対する満足度を決定する因子」

　スパルター，カーリー，バンチの3名は，私との共著の発表に向けて準備を進めている。通常は，時間的な制約があるので，私とともに研究を行うことを希望している「研究指導」の履修学生の中から毎学期2～3名のみを選んでいる（学生の希望例については添付資料Kを参照）。

　また，看護学研究科の教員およびその他の学部や大学の教員と，カリキュラム，ライティングやAPAの利用などの学生の学習ニーズへの対応，学生が抱える諸問題の解決などについて，その他の様々な方法で協力している（教員からの手紙については添付資料L参照）。さらに，今秋，看護教育の問題点について2つの記事を発表し（添付資料M参照），また国内の学会において当大学のBSN修了プログラムを紹介する要綱を提出した（添付資料N参照）。

7）今後の教育目標

　私は，高等教育機関での10年の指導経験後，現在，修士課程の指導に取り組んでいる。これは私の自己評価，同僚評価，学生評価から明らかである。しかし，私はまだまだやりたいことがある。私の目標には次のようなものがある。

- 学生との共同研究を発表すること，当大学のBSN修了プログラムのようなテーマに関して国内で講演を行うこと，看護学のティーチング・ポートフォリオ，批判的フェミニズムの看護教育への応用をすること。
- オンライン講義方式およびオンライン指導の開発と修正に関する経験を積むこと。
- 当大学のドクター・プログラムの質的研究を指導する機会を探すこと。
- 様々なレベルの学生のために，適切な指導戦略を批判的立場から決定し実施することのできる能力を高めること。

8) 添付資料

添付資料A：看護理念
添付資料B：履修シラバスの事例
添付資料C：BSN修了プログラムのカリキュラムのフレームワーク
添付資料D：N514「医療政策，組織，資金調達」のシラバスの改訂前後での比較
添付資料E：科学哲学講義・レビューの文書化
添付資料F：講義修正に関する学生からの意見書
添付資料G：BSN修了プログラムの評価――形式と結果
添付資料H：講義の正式な学生評価，2002〜03年
添付資料I：能力向上レターと学生の意見
添付資料J：BSN修了講義履修学生のための標準的なプログラム後のスコアと分類
添付資料K：リサーチ・プロジェクト・アドバイザーとしての私への学生からの希望
添付資料L：学部教員からの書簡
添付資料M：看護教育関連の記事
添付資料N：国内会議でのBSN修了プログラム紹介のための要綱

34

ティーチング・ポートフォリオ

カーチス・C. ブラッドレイ（Curtis C. Bradley）
物理・天文学部（Physics and Astronomy Department）
テキサスクリスチャン大学（Texas Christian University）
2003 年春

目次

1) 教育の責任
2) 教育理念，方法，戦略
3) 実社会との関連性の維持
4) 学生の意欲
5) 指導に対する学生の評価
6) 指導力向上のための取り組み
   ・教育関連学会／ワークショップへの出席
   ・指導についての学生からのフィードバックに対する対応
   ・専門分野における実力維持
7) 今後の教育目標
8) 添付資料一覧

1) 教育の責任

物理・天文学部において私が担当し特に力を入れているのは，学部新入生を対象とした講義である。私は，三角法序論を中心とした連続講義「一般物理学」（Phys10153 と 10163）を 1 クラス（学生数 15～20 人）に教えている。この講義は，生物，化学，地質学，運動学，コンピュータサイエンス，教育学を専攻している学生の学位取得に必要な講義であるが，医学部予科課程でも重要な部分を占めている。また，毎年，物理学，工学，化学，数学を専攻している学生を対象として，微積分を中心とした連続講義である「物理学」（Phys20473 と 20483）を 1 クラス（学生数 15～20 人）に教えている。これらの講義に加え（助手としての 5 名の大学院生とともに），上記の連続講義の最初の学期に該当する実験コースの全クラス（Phys10151 と 20471）の指導監督を行っている（合計で 12 セクショ

ン，120名）。これらの入門課程のクラスに加え，少人数の上級の学部生および大学院生向けの講義を受け持っている。学部3～4年生レベルでは，毎学期「電磁界」(Phys40653，学生5人）と「物理学の現代的テーマ」(Phys50173，学生5人）を担当しており，「上級物理学研究」(Phys40103，学生2名）の研究プロジェクトや「物理学指導」(Phys40050，学生2名）の教育関連のプロジェクトおよび／もしくは活動を行っている学生の指導監督にあたっている。大学院生レベルでは「量子力学II」(Phys60313，学生1名）と「量子光学」(Phys70903，学生1名）を教えている。また，正式な授業ではない方法でも指導を行っている。すなわち，合同リサーチとして多くのレベルの大学院生および学部生を教えている（コーチングを行っている）。さらに，研究あるいは科学教育プロジェクトに関連して，これまでに多くの学部生（年間2名程度）と共同作業を行ってきた。これらの一部は学会で論文として発表された。また，テキサスクリスチャン大学の物理学部のアドバイザーとして私の能力のおよぶ限りの指導を行っている。

2) 教育理念，方法，戦略

　大学内で実力のある教育者となりたいという私の願望は，私の研究が人々に届き人々の考え方や感じ方を学び，その世界観に影響を与えることを目標とした私の生涯の取り組みの延長線上にある。この生涯をかけた情熱については添付資料Gで明らかにしている。私の教育理念は，私自身のたゆまぬ努力と創造的で自己修養を積んだ学習者としての私のあり方から生まれるものである。よりよい指導者になるための道を歩きつづけている私は，私の教育の理想を実現するために必要な枠組みや役割を提供できる新しいアイディアや技術を常に模索している。人生の多くの重要な事柄と同様に，結果としての私の教育を評価することは困難であり，それは私自身のみに課せられた責任であると感じる。収入や発表した論文の数だけで簡単に評価できるものではない。また，学生の意見を集めただけで明らかになるものでもない。私の教育に対する評価というプロセスにおいては，私が担当する学生と私自身のために，教室で私が何を達成したいのかを具体的に明らかにする必要があると思う。

　授業中や学生への助言に関する指導戦略を決定する際には，私は2つの基本目標を念頭におく。私は，学生にどのように学習すべきかを学んでほしいと思っており，科学のすばらしさを学生と共有したいと思っている。特に，物理学が自然を理解するためになくてはならないものだということを伝えたい。私が担当する

学生がどのように学習すべきかを学ぶためには，批判的に文献を読むこと，質問を考えること，情報を整理すること，この３つに自分のスキルを駆使すべきであると言いたい。学生はどのようにすれば役立つノートや記録をとることができるのかを学ばなければならない。学生は自分の考えや質問を言葉にし，また自分が学んでいることを書き記すことによって，コミュニケーション・スキルを養うべきである。最後に，学生は新たな問題への答えを見つけるために，また新たな状況を打開するために，自分の知識をどのように利用し，調整し，動員するかを学ばなければならない。この最後のポイントを学んだ学生はおそらく物理学の教育が自分にとって興味深く手ごたえがあり，まちがいなく価値があると確信するであろう。

　一般的には私は学生に対し授業中のディスカッションに備えて質問を準備してくるように求めている。特定の現象や物理学の法則を説明する方法についてのディスカッションにおいては，私は，様々な，問題解決と分析の方法，質問の精選と表現の仕方，意見交換の際の技術的なコツを教える。ほとんどのクラスで，知識を具体化し，最も重要なポイントについて理解し，記憶し，納得してもらうために，言葉のやりとり，身振り手振りを使った表現，集められる限りの多くの劇的な要素を用いて講義を行う。教室にいる学生のできるだけ多くの魂に知的な影響を与えることが私の願望である。このようなやり方は，重箱のすみをつつくことになり，枝葉の部分にこだわりすぎて，「重要な」概念について徹底的に話す時間がなくなるという事態に陥りやすい。しかし，これまでの私は重要な概念の解説を重視しすぎるほど重視し，厳しい現実についての説明に必要な時間を割かないこともあった（私の指導力向上のための取り組みに関する項を参照のこと）。

　私の授業では学生に毎週問題や質問を課題として与えている。これは自分が概念や技術スキルを理解したかどうかを学生に確認させるために有効な方法である。これらの課題を与えることにより，学生は私の講義における基本的な概念やテーマを理解するために具体的に考える力を身につけ，学期中および講義終了時に行われる同様の試験のために練習する機会を得る。一部の講義では，所定のテーマについてのレポート作成が求められる。私の講義ではほとんどがオンライン・ホームワーク（最初は Blackboard を利用したがその後に WebCT に変更した。最近になってテキサス大学外のオンライン・ホームワーク・サービスの利用を試みている）を利用している。この方法は，学生に対して私のフィードバックをすぐに提供することができ，課題への個人的な取り組みや集団による協力を奨

励することができるという点で，大きな成功を収めている。また，テストに加え多数の小テストを実施しているが，これは小テストにより学生の意欲が活性化され，教材への注意力が研ぎすまされることに気づいたからである。

　実験の講義では，学生は，課題として与えられた実験について，その準備（実験前課題）と実験への参加について記録することが求められる（日誌形式）。加えて，学生は，何が動機となって特定の測定に至ったか，そして，その測定とその後の分析によりどのような理論的結論が得られたかを明らかにするサマリー・レポートを提出することになる。

3）実社会との関連性の維持

　科目とその講義方法に対する学生の関心や熱意を維持することは，物理学の教育においては困難な課題である。特に，極めて細かい分析を必要とする内容や抽象的な分野になると，学生は関心や興味を失いやすい。多くの学生に対してはその講義内容が「実生活」にどのように関連しているか（すなわち，学問をつきつめるだけではないということを），頻繁に思い出させる必要がある。講義やディスカッションの中で私は学生たちが経験したことのある現象をまず取り上げ，彼らの実体験と学習テーマを結びつけ何らかの興味を誘発するように努力している。また，日常的な体験と強く結び付けるために（可能な場合には）講義内容の例や課題として出す質問や問題を，誰もが知っているわかりきったことがらを取り上げるようにしている。たとえば，トースターで消費するエネルギーとヘアドライヤーで髪を乾かすときに消費するエネルギーの比較について質問したり，ひもの長さが 2 m の場合にテザーボール[1]がポールの周りを回るのにかかる時間はどれくらいか，などを聞く。実験コースでは学生の生活や関心に関連の深い実験を工夫し，同時にコースの内容を明らかにするようにしている。

　一部のクラスにおいて講義内容と学生の経験を結びつけるために私が行っているもう一つの方法は，学生に講義の学習日誌をつけさせることである。この日誌は，課題として出された著作を理解する過程を文書化するのに役立てることを意図して導入している。私は講義を行う前に教材について合理性のある質問を考えるように学生に求めることがある（これは多くの学生にとっては極めて厳しい要求である）。このことによって学生が能動的な学習姿勢を身につけることができ，私の講義やディスカッションが彼らにとって受動的なものでなくなることが私の願いである。

また，講義で取り上げる一部について特別単位を上乗せする「自由形式の」プロジェクトについて検討してきた（少数であるが実際に行ったものもある）。単位取得のために学生はプロジェクト計画シートを提出して事前に承認を得なければならない（計画シートの例については添付資料 C 参照）。私はこの自由形式のプロジェクトというアイディアの是非について考えつづけており，意欲と能力を持った学生がこれらのプロジェクト以外では考えられない方法で，講義の内容とリンクさせてクリエイティブな著作やコンピュータ・プログラミング，小論文の作成，何らかの形としての表現を行ってその才能を発揮することが私の願いである。制約のないこの種のプロジェクトは誰にとっても極めて魅力的であるものの，たいていの場合，私が担当する学生がこれに費やせる時間（学習のための機会）は極めて少ない。

4) 学生の意欲

学生が努力する意欲を持つように私は単純な固定点数方式で成績をつけており，様々な方法（問題の追加，いわゆる補習，追試験など）あるいは私の個人的な一存で特別単位を付与している。クラスと私の関係がスタートしたまさにその時点から，学生の名前を覚え（私は学生の席次表を作成し，出席する学生にその表に名前を書いてもらっている），その講義の中で私が出した課題についてそれぞれの学生の進捗度に常に注意している（成績はオンライン上に掲示されるが，パスワードで保護されている）。学生の努力や集中のレベルがどの程度かを明らかにしてそれに対する不満や喜びを，ユーモアをもって表情豊かに学生に伝えている。学生が学習に苦労している場合には大きな障害が何であるかをつきとめ，必要なときに必要なアドバイスを行うことができるように，学生との間に緊密な関係を構築したいと常に願っている。

（私が学生に提案した場合の）いわゆる救済措置としての加点やテストの修正は，教材を十分に理解していない学生に復習を奨励し，その学生の努力に報いるための 1 つの方法である。時には，学生は（私が手引きとして渡した解法やテキストを使って学生同士協力しながら，あるいは私やチューターの指導の下で）問題や質問をやりなおして提出することが認められ，最後の成績に加えられる点数が与えられる（一般的には特別単位として付与される）。これらのチャンスを与

---

*1 tether-ball　柱からひもで吊り下げられた球をラケットで打ち合う二人用のゲームおよびその球のこと。

えると，多くの学生は最終成績を上げ同時に教材に対する理解を深めようと努力する。

5) 指導に対する学生の評価

　添付資料Eに，テキサスクリスチャン大学の指導に対する学生の意見調査（TCU SPOT）の結果を，私の指導についての学生からの回答と学部および大学の平均を比較したグラフで示している。2002年の調査結果から，学生は私の講義が知的好奇心をかきたてるものであり，私が学生に授業への積極的参加を呼びかけ，授業以外での学生の相談に対応し，礼儀正しく敬意を失わない態度で学生と意思疎通を図ることに成功していることに，一般的に（そして一部は強く）同意していることが明らかである。2002年の回答を1999～2001年の調査結果と比較することができる（ただし，旧式のTCU SPOTにもとづいている）。1999年から2002年までの期間において学生全体が満足と評価している。一般的に学生は私の講義の指導が優れており，講義の教材は明確であり，私は学生が必要とする時に役立ち，成績は公平で一貫性があると感じていた。学生は私の講義で使用する教材の多さと授業の進度については不満を持っていた。私は講義の到達目標が遠大なものであり，学生には高いレベルの数学的および知的レベルが求められることから，学生にとってこれらの不満は当然であると感じている。これまでの調査データの蓄積から，この4年間に私の指導が徐々に向上してきたことが明らかである。

6) 指導力向上のための取り組み

教育関連学会／ワークショップへの出席

　ここ4年間に多くの教育および教育関連の学会やワークショップに出席した。1999年3月には，ジョージア州アトランタで開催された全米物理協会（APS）百周年記念学会のうちの全米物理学教師連盟[1]（AAPT）の学会に出席した。

　この学会の話から，講義の教材として先端技術を使ったり，ホログラムからバレーダンサーの動きまで極めて魅力的なものを取り入れることによって，物理を伝える可能性が大きく広がることに勇気づけられた。それ以降私が出席した学会は以下のとおである。

- 全米科学基金地方補助金学会[2]，カレッジの部に参加。2002年4月11～12日。

- サンディエゴで 2002 年春に開催された全米科学教師連盟[*3]の学会に出席。ここで科学の進歩のための全米協会（AAAS）プロジェクト 2061[*4] についての多くを学んだ。また，ノートパソコンおよび関連機器を使った新しい教育の可能性についても学んだ。
- FIPSE[*5]（中等教育以降の教育改善のための基金）の補助金提案書の検討，評価者として取り組んだ。この学会は，2001 年春にアーリントンのテキサス大学で開催された。
- ノーステキサス大学の WebCT ワークショップ（2000 年 6 月 22〜23 日）に参加し，WebCT を使った双方向式のオンライン履修科目のための複数の物理コースを開発した。
- テキサス州ダラスで開催された T3 2000 会議（2000 年 3 月 17〜19 日）に出席し，K-16 教育（現在までのところほとんどが K-12）における先端技術の利用について学んだ。この問題については一部に関して現在，議論が分かれる状況である。学生（教師，保護者他）は，実際には学習の対象となっていないところで学習が役立っていると考えることがある。（代数の問題の解法を学ぶことは，代数の問題を解決するためだけに役立つわけではない。）
- NSF 後援によるメリーランド大学全米物理センターの新任教員のための第 4 回ワークショップに 4 日間参加（1999 年 11 月）。
- 1999 年 8 月に開催された TCU のティーチング・ポートフォリオ・プログラムに参加。

指導についての学生からのフィードバックに対する対応

　授業を開始した時点で，学生（特に話上手でオープンな性格のように見える学生）に私と他の教授や先生の指導スタイルを比較してほしいと頼んだ。この非公式な方法によって，私は自分の指導の良い点と悪い点に気づかされた。ある成績優秀の学生は，私の講義の中で重きをおく部分を変えてほしいと訴えた。彼女は，例題の説明にもっと時間を割き問題の解法のための最初の足がかりを知ることに重点をおいてほしいと述べた。私は講義の中で例題の説明を増やすように努力し

[*1] the American Association of Physics Teachers
[*2] the National Science Foundation Regional Grants Conference
[*3] National Science Teachers Association
[*4] the American Association for the Advancement of Science PROJECT 2061
[*5] Fund for the Improvement of Postsecondary Education

た。また別の学生は私の講義が極めて明快であり，基礎力をつけることを重視している私の姿勢はクラス全員がよく理解していると述べた。私は，TCUのSPOTで学生が提出した私に関する意見を定期的に読み，また，学期の途中と講義終了時点で2～3の質問を学生に行いその回答を書いてもらっている。

専門分野における実力維持

現在，学部生および大学院生を対象として最新技術を取り入れた実験を行うために，TCUの近代リサーチ・ラボが建設中である。このラボと関係する研究の内容および意義ならびにその他の物理学の分野での最新の動向は，特に講義内容に関係している場合には話しやすい。学生が課題の学習に私の助けが必要となり私（あるいは私の研究室の大学院生）に会いにラボを訪れた機会には学生から様々な質問が出る。そのほかにも講義と関係する「現代物理学」についてのディスカッションを，テレビやその他のメディアで取り上げられた問題について学生から質問が出た場合に行っている。たとえば，現在の物理学研究の膨大な量と質を明らかにするために，入門（および上級）クラスで学会で使われた議事録を見せて紹介している。これらの方法から，学生（およびその他の人々）は物理という科目がダイナミックであり，初級の教科書の範囲を超えて成長しつづけていることを感じることができる。

専門分野の最新の知識を常に備えているために，私は以下の専門組織のメンバーとなっている。全米物理学教師連盟（AAPT），全米物理協会（APS），原子分子光学物理学部門[1]（DAMOP），APSのレーザーサイエンス部門[2]，APSの国際物理学フォーラム[3]，APSの物理学と社会に関するフォーラム[4]，APSの基本定数に関係する時事問題グループ[5]，全米物理協会のテキサス支部。

7）今後の教育目標

私は指導力向上のために役立てるいくつかの具体的な方法を持っている。たとえば，教育や指導についての文献を読み勉強することで，新しい問題，戦略，テクニック，テクノロジーについて知ることができる。

- 私は，教育や指導に関して書かれた記事，特に，AAPTの専門誌や全米科学教師連盟（NSTA）発行誌に発表された記事を常にチェックする予定である。
- どの部分でどのように苦労しているかを知るために担当する学生の声に注意

深く耳を傾けようと思う。
- 自分のティーチング・ポートフォリオを常に最新の状況に合わせ，文書化することによって，今後も自分の教育理念と教育目標を自ら決定しつづけようと思う。
- 他の教員，特に極めて優秀とされる教員の指導を参観し，ディスカッションを行うことによって学ぶことができる。

8) 添付資料一覧

添付資料A：担当した講義の概要
添付資料B：講義シラバスの例
添付資料C：講義で出す課題の例
添付資料D：学生からの手紙と意見
添付資料E：指導に対する学生の意見
添付資料F：学生および同僚の評価フォーム
添付資料G：私の教育理念

---

*1　the Division of Atomic Molecular and Optical Physics
*2　APS Division of Laser Science
*3　APS Forum on International Physics
*4　APS Forum on Physics and Society
*5　APS Topical Group in Fundamental Constants

ティーチング・ポートフォリオ

バーバラ・A.B. パターソン（Barbara A.B. Patterson）
宗教学科（Department of Religion）
エモリー大学（Emory University）
2003 年春

目次

1) 教育の責任
2) 教育および学習の理念
3) 教育方法
4) 浸礼の経験を通しての教育と学習
5) 指導力の向上
6) 学究活動としての教育
7) 教育関連の受賞歴／特別表彰
8) 添付資料

1) 教育の責任

　宗教学科におけるシニア教員として私は主に学部生の授業を担当している。また，博士課程の学生の必修科目である教育学の講義を受け持ち，博士論文審査委員会にも加わっている。私の講義のいくつかは環境学の講義としても紹介されている。私が担当する分野は次の 3 分野である。

1) 環境−宗教理論と実践──フェミニスト，ウーマニスト，宗教的瞑想の見地
   - 宗教 329，宗教と環境学──選択科目，学部生対象講義，学生数 30 名
   - 宗教 373，野生の精神性──選択科目，学部生対象講義，学生数 18 〜 22 名（浸礼講義）

2) 宗教に関する体験学習と研究
   - 宗教 300，宗教解釈──専攻学生のための必修講義，学生数 35 名
   - 宗教 370，精神的な実践と社会の変化──選択科目，学部生対象講義，チベット研究者の教授との合同講義，学生数 45 名

- 宗教380，宗教における実習訓練――選択科目，学部生対象講義，学生数18名

3）キリスト教フェミニスト理論と実践
- 宗教366，キリスト教信者の女性の断食慣習――選択科目，学部生対象講義，学生数35名
- 宗教370，女性，キリスト教精神，グローバリゼーション――選択科目，学部生対象講義，学生数35名

　宗教と環境学のクラスは比較アプローチを採用して指導している。このクラスでは主に自然についての仏教とキリスト教の考え方，宇宙論的，哲学的，精神的見地からのエネルギーの動き，自然保護を支持する倫理的行動を中心テーマとして取り上げている。学生は自然の中での礼拝や黙想についての文献を含め古今の文献を読み，その感想を書く。
　宗教解釈のクラスは，宗教学を専攻した学生に対し宗教の歴史および宗教解釈に利用されている基本的な理論や方法論の序論を教えるクラスである。この講義では宗教研究のための様々なアプローチ，すなわち，宗教の歴史，人類学，社会学，心理学，神学，文化論を含むアプローチを明らかにする。学生は特に関心を持った分野に関連して自分で設計したプロジェクトを通して授業で検証した理論と方法を直接適用する。
　宗教学の教育実習クラスは，学生，教員およびコミュニティのパートナーが一般的な問題，政策，慣例の宗教的かつ倫理的な次元を分析し解釈することのできる体系的で内省的な環境を提供する。学生は面接を受けてコミュニティを中心とした学習環境の中の多くの監督者の１人によって実習生として選ばれる。教育実習に加え，学生とコミュニティ・パートナーは毎週行われるゼミに参加し，比較分析，専門分析，実用分析の手法を使って，理論と実践の関係を解き明かす。このクラスでは全体論という前提のもとで，理論，感情，分析，実践，精神，倫理の知識にもとづいた考え方および行動に参加者を導き，指導している。
　女性，キリスト教，グローバリゼーションのクラスでは，学生は様々な年齢層にわたる様々な国のキリスト教信者の女性の声や証言を集めてジャーナルを作成する。彼女たちの話は過去の歴史や場所における女性の実態を明らかにするものであり，これらにもとづいて言語，シンボル，敬意，権限，権力，正義の問題が取り上げられる。このクラスでは学生に対し国内および国際的なキリスト教フェ

ミニストの宗教論序論を紹介し，これらのアプローチが女性が伝統的な殻を打ち破り信念と行動にもとづいて新たな道を開拓するのにいかに役立ってきたかを重点的に取り上げる（添付資料 A 参照）。

2) 教育および学習の理念

「私が提案すること，それは，とても簡単である。すなわち，私たちが何をしているかを考えるということに他ならない。」

——ハンナ・アレント，人間の条件

　教育と学習は基本的には，発見から分析，統合，行動に至るプロセスである。このプロセスの進行には表面に現れない意味が隠れており，理論，方法，実践を通して到達距離がらせん状に伸びていく。表面に現れない部分それぞれが重要で価値があり，全てが規則的で体系的な倫理および個人の反省である。この教育と学習プロセスの目的は 3 層構造になっている。すなわち,

1）思考，感情，精神的認識，運動/肉体，物理的位置，文化的背景を含め，自らと関わるあらゆる側面を含めた意味を全体論的に知識として獲得し，理解を深めること
2）学習者と教師が考え方や方法を実際的な問題や生活上のニーズに統合するために必要な技能を身につけること
3）全ての繁栄に向かって取り組んでいる他者と積極的に協力するための最も効果的で意味のある方法を識別できるようになること

　教育と学習は変化を続けるものである。教育と学習は知的な内容や方法だけでなく，個人や社会の意識や理解も変化することを前提としている。教育と学習は様々なレベルで我々の考え方や生き方に影響を与えるべきものである。このような変化しつづける領域への関わりを維持するためには，徹底的な分析，批判的な思考，想像力豊かな考察を含む深い配慮が必要である。教育と指導のプロセスは，教師と学習者が新知識を発見しその結果として選択を行うという意味で，両者合同の創造性が結実したものである。変化に対応した学習と教育を行う上で倫理的な分析は極めて重要である。我々は常に我々の取り組みが，哲学的，精神的，実用主義的な点で問題となっていることと結びつけた思考を行っているかどうかを自問自答しなければならない。

　学習者と教師が，ともに総合的な取り組みに参加し，教室での学習，特に学問

35 宗教学

と現状および現実のニーズや疑問を結びつけていくことが理想的な姿である。このような学習と教育は，1人で行う場合も他者と協力して行う場合も相互依存を前提としている。個人個人の見方，社会の現実，変化を求める具体的な希望とともに循環している考え，戦略，行動の変化全てが教育と学習の中に組み込まれている。学生と教師はこの相互依存性を認識し，学習スタイルや文化的背景の多様性を認め，どのような方法を採用すれば発見プロセスが相互に有用となるかならないかを，見極めなければならない。キャンパスの境界をこえて社会全体が，それぞれの見方，疑問，知識を持ち寄りながらこのような総合学習の一部を構成しているのである。

　社会全体が教育に与える効果は全てが交差しあい，矛盾し，つながりのあるものであり，意見の交換，収斂，議論，協力，そして時には却下のパターンが作り出されていく。それらの結果は複雑でダイナミックであり周辺の状況や前提，関心，ニーズを映し出したものである。複雑さはストレスを生む可能性があるが，しかし，この多様性は価値のあるものである。教育が多様であれば，他者の情熱を知って自らの情熱に目覚めまた洞察力や謙遜や想像力に富む率直さを学ぶことができる。

　このような発見，イマジネーション，共同の創生という道をたどるには危険が伴う。この危険こそ，変化しつづける教育と学習の特徴である。教師と学習者に改革的であるように求めるということは，周知の境界線内でコントロール不能となる部分が生じることを意味する。概念とその影響の核心を真剣に見極めることが求められる。概念と行動がフレキシブルで想像的な方法で出現するためには，学習者はある意味で無防備でなければならない。教師は無防備であると同時に，自分たちが知り情熱を感じた概念を表現しようとし，学生のニーズと情熱をうまく結びつける。教師は，この無防備な状況やリスクに関して限度を設定する責任があり，鋭敏な識別力をもってそうしなければならない。合意に至っている境界線，目標，目的そして時には学習契約が発見を共有するために不可欠な礎となる。

　変化しつづける発見に伴うリスクに対応するためには，知識と方法がどのようにして意味と目的を持つようになったかというプロセスに対する共感と深い配慮の共有が必要である。教育と学習において共感が存在すれば自分自身や社会が直面する疑問や問題，実際的な解決策について深く考えることができる。共同の目標，知識，利用価値のある理解，参加に関する変化を達成するためのベスト・プラクティスについて，真剣な配慮と見極めが必要である。共感的な教育と学習は，

知的理解と意見を生む新たな可能性の扉を開くことができる。なぜなら，そのような教育と学習は考えと行動が期待され望まれる状況に適しているからである。

3) 教育方法

私は，常に3つのテーマを念頭におきながら指導方法を決定している。すなわち，(1) 参加型の学習，(2) 反省にもとづく判断力，(3) 学習プロセスの重視，である。

参加型の学習

体系的なディスカッションや小グループでの作業に加え，授業で学ぶ理論や手法に関連して学生自身の知的想像力や実用的な想像力を表現できるよう創造的な場を提供するために課題を出している。私のクラスでは，最終プロジェクトとして，物語，芸術あるいは映画という形（宗教190）および／もしくは社会行動プロジェクトプラン（宗教329 あるいは370）（添付資料B参照）という形で，クリエイティブな制作物が作成される。宗教380では，学生は自分の監督者と担当教員との間で合意した学習契約の形で学習計画と学習目標を設定することにより，自分の教育実習と教室で学んだ理論を結びつける（添付資料C参照）。

宗教研究に関して私が教えるテーマは，しばしばニュースや毎日の人々の生活の中に存在する。私や学生にとって研究中の特定の教材に関係する新聞記事や雑誌記事の切り抜きをクラスに持ってくることは日常的なことである。学生は，音楽，映像，食品などをはじめとして，宗教に関係のある現代の社会的問題を持ち込む。これらの教材は研究用のサーバーであるLearnlinkを通じて他の学生にも提供される。授業前に学生は他の学生が持ち込んだ問題を検証し回答を考え，授業後は私がディスカッションのテーマとして選んだ問題をオンライン上でまとめたり，解決を模索したりする。宗教370の学生（2002年春）は次のように述べた。「このクラスはエモリー大学での4年間に経験したどの講義よりも，教育実習生と学生の相互作用が盛んに行われていたと思う。このために私はよりよく理解することができた。」

私が開発したこの特別の参加型戦略は，「分析，実践，反省」（APR）と呼ばれている。APRチームには3人のメンバーがいる。各メンバーが，授業の読本に関係した手紙を所定の様式で送る。まず，分析レポートがオンライン上に掲載され，翌日に実践的および反省的回答が掲載される。クラスのメンバーは全員がこ

のレポートを読むので，APRチームが発表を行ったときには，クラス全員が加わった本質的な議論が可能となる。フレッシュマン・ゼミの講義の後，この講義を受けた学生（宗教190，2002年秋）は次のように書いている。「APRの学習様式は，私の個人的な学習スキルを伸ばすために本当に役立った。」（添付資料D参照）

反省にもとづく判断力

　反省にもとづく判断力は，学生が自分の学習プロセスを検証するときに必要である。学生には学習に自分が持ち込んだ前提，自分の知的発見のスタイル，情報交換とその利用方法，知識の倫理的使用について常に批判的に検証するように呼びかけている。教室では私は，学生たちが実践的問題の解決に向けて自分たちの知識をどのように利用すればよいかを検証するために，知的な問題を特定したり評価することに特に重きをおいている。これにより，学生は問題の複雑さや実世界の実践と理論を結合させることの難しさを知ることができる。学生たちが反省にもとづく判断の重要性に気づくにつれ，彼らは背景や立場が考えや行動に及ぼす影響をよりはっきりと自覚することができるようになる。宗教190のある学生は次のように書いている。「個々の背景や経験を心に止めることで，私の心や自我は今までよりもダイナミックな世界に向けて開かれるようになった。」この自己内省的な作業は，ポートフォリオの形式を採用することにより最も効果的に行うことができるので，教育実習クラスおよび宗教と環境に関するクラスで利用している（添付資料E参照）。

学習プロセスの重視

　上記のように，APR法およびポートフォリオ法を採用すると，学生は，自分の学習プロセスが持つ重要性と力に気づくことができる。学生たちの多くは無理やり目標を設定させられ，その中途で講義の背景だけでなく学習プロセスまでも忘れてしまう。「終了する」ということが唯一の目標となってしまう。自省と討論を通して学生は自分たちの目指すものは何かを再確認し，しばしば，授業のテーマに対してそれまで以上の情熱を持つようになる。ポートフォリオに記入した事項を修正したり，公開の場で新聞記事の分析結果について討論するなどの活動を通して，学生たちは自分たちの考えや意見は単なる数合わせのためのものではなく，影響力を持つということを認識することができる。これが特に効果的なのは「野生の精神性と哲学」のクラスである。このクラスに参加している学生の一部

は，野生というものを経験したことがない。数日間，テント暮らしをすることがどのようなものかを想像して感想文を書かせてみる。そして実際に経験した後に自分が書いた感想文と比べることで大きな効果をあげることができる。環境哲学に関する著作について経験前に書いた短い分析を野生の経験後に読み直し，もう一度その著作を読んでみると，学生は自分の理解や知識の変化に気づくことができる。

4）浸礼の経験を通しての教育と学習

私は，何度かキャンパス外で授業を行う講義を担当したことがある。ある時は2時間の施設訪問で構成される講義であり，またある時は地域社会で活動している団体の職員がその組織に影響のあるシステマティックな社会政治的問題について教室で解説した後に，その団体を訪問する場合もある。また，「野生の精神性と哲学」クラスのように，地元に残る未開地でキャンプをして，教室で学んだ精神的実践を行う場合もある。2年前このクラスに参加したある学生は次のように書いている。

> 「教室以外の場で多くの時間をともに過ごすことで，私／私たちの学習構造が変化し，今までより率直に考えや理解を共有することができるようになった。私にとっては，テキスト，自分自身，そして世界と自分との関係／責任を，今までよりもはるかに総合的に理解できるようになった。」

5）指導力の向上

学生からのフィードバック

勤務時間中およびLearnlinkを通して，私は学生が何に最も関心を持っているか，どんな疑問やニーズを持っているかに耳を傾けている。Learnlinkは授業中に発言しない学生にとっては特に重要である。Learnlinkを通してもたらされる情報にもとづき私はすでに進行中であっても講義の内容を再構成することができる。2002年秋の教育実習クラスについての学生の評価の中である学生は次のように書いている。「中間評価実施後のクラス・ミーティングの結果，授業のやり方が本当に変ったことに驚き歓迎し，そして勇気づけられた。」

私が担当するクラスでは2種類の中間評価を実施している。浸礼クラスおよび宗教の教育実習クラスでは，「中間評価──同級生評価と自己評価」を採用している。この方法は，学生に対し，同級生のクラスへの関わり方と準備についての

基本的な質問への回答を求めるものである。個々の学生が，他者に注目するように求められ，他者の中の称讃すべき部分と変更すべき部分に光があてられる。誰もが，どうすれば講義をもっと効果的に実施することができるかについて意見を述べるように求められる。この最後の部分が，私がその他のクラスで行っている中間評価の中で核となる部分である。この中間評価は，次の3つの質問が中心となっている。すなわち，(1) 我々のしていることで，あなたの学習に役立っていることは何か，(2) 我々のしていることで，あなたの学習の障害になっていることは何か，(3) あなたの学習を改善するために我々（あなた，同級生，教師）は何ができるか，である。これらのツールを利用することで，講義および私の指導の内容およびプロセスをどのように調整すべきかについての貴重なフィードバックが得られる（添付資料F参照）。

　授業中のライティングも，効果的なフィードバックの方法である。時折，授業の開始時にその日の授業で取り上げる読み物についての知識を5分間で簡単に書くように学生に求める。そして，学生の回答を使って授業中のディスカッションや指導を組み立てる。今後は，しばしばクラス終了時にその日の授業で分からなかった問題を質問として書くように求めようと思う（学生が希望するなら匿名で）。これらを回収し，その結果をもとに次の授業のための簡単なレビューを作成する。授業中には学生に3〜5分を与え，そこまでの授業で何が分かったかを書いてもらう。このフィードバックによりどの程度のスパンで学生に注意を喚起すべきか，教材の連続性をどのように保つかなどについて判断することができる。

　最後に，指導者評価フォームの中から私の基本的な教育理念と長期戦略すなわち参加型学習の実現と，理論と実践の関係を明らかにすることのできる教材と技術の利用，を反映しているカテゴリーとして私が選んだ項目を以下に示す。この

評価尺度 1-9

	宗教380 2001年秋	宗教380 2002年秋
講義の構成	8.23	8.75
課題の効果	8.09	8.75
	宗教300 1998年秋	宗教300 2000年秋
個々の授業の構成	8.24	8.29
講義編成	8.12	8.48
読み物の編成	7.54	8.29

データから，私がいかに真剣にフィードバックを集め，見直しを行い，それがよい結果を生んでいるかが明らかとなるであろう。

私の指導力評価報告書の全文は，添付資料Gに掲載されている。

上級生指導員

宗教329を最初に担当した年が終わってから，このクラスを受講した学生の代表から話を聞いた。彼らは，講義を無事終了した上級生を指導員とする制度（私が担当した期間）の導入を提案した。彼らは，この方法を取り入れることは宗教329を受講している学生が，浸礼，未開地でのキャンプやハイキングの中で理論と実践の学習を調整する上で役立つと述べた。上級生指導員は少人数の学生グループを担当し，授業で取り上げる読み物や研究課題について議論し，教室外での授業の編成を行った。彼らは，教師として非常に貴重であり，彼らのおかげで学生は授業で学ぶ様々な要素を全体論として統合することができた。また，上級生指導員は学生の能力向上のモデルとなり，学生たちを組織して学習ニーズと目標にもとづいて未開地での体験を設計し実施した。また，週1回のミーティングにおいて，講義の教材や進行方法の効果について上級生指導員から誠実で直接的なフィードバックを得ることができた。この上級生指導員の中には，教師としての自分の資質を試すために，この仕事を引き受けた者もいた。

6）学究活動としての教育

私は，アーネスト・ボイヤーの"the scholarship of teaching"というフレーズを，私の重要な使命であると思っている。経験を重視する教育学にもとづく研修のためのエモリー大学プログラムを監督する以外の，教師としての私のこれまでの学習について書き記す。

論文と記事

「理論実践学習」について私が書いた最初の論文は，「コミュニティ・サービスによる民主主義的価値の浸透」と題する国内学会の一発表として1995年春にマーケット大学に提出されたものである。私は，長年にわたり全国経験的教育連盟[*1]の学会に参加しており何度も発表を行っている。また，これまでに教育学に関する10の文献を執筆した（添付資料H参照）。最近では全米宗教アカデミー[*2]の学会およびカーネギー基金後援の「高等教育におけるモラルと市民の責

任」と題する学会で，参加型および経験重視の学習についての論文を発表した。

7) 教育関連の受賞歴／特別表彰

　1999年以降，私は教育関係の賞および評価を4回受けた。2001年には，「エモリー教育・カリキュラムセンター」から「今年を代表する人文科学系教師」に選ばれた。最近では2003年春にエモリー・カレッジのデルタ・カッパ支部の優秀教員賞を受賞した。エモリー大学では，私は3つの委員会に属しており，大学全体の教育関連補助金の審査を行っている。また，エモリー大学宗教学部の学部生を対象として必修の教育学講義を担当している。私の助手になることを希望する学生が多すぎて，断らなければならないことがしばしばである。ある学部生は次のように書いている。

> 「私は，カレッジ教育に対する先生独自の考え方を知り，また知的な研究を実践に結びつけることができる優れた教師であるという先生の評判を聞いて，先生の助手になりたいと思いました。そして実際に経験してみて，先生の教育は，学生を学ばせ成長させることができるという点で，私の聞いた評判以上であると報告することができます。」

8) 添付資料

　添付資料A：講義シラバス
　添付資料B：課題サンプル
　添付資料C：教育実習のための学習契約
　添付資料D：APR指導方法
　添付資料E：ポートフォリオ指導方法
　添付資料F：中間評価
　添付資料G：講義評価報告書
　添付資料H：教育学関係の著作目録

＊1　the National Society of Experimental Education
＊2　the American Academy of Religion

36

ティーチング・ポートフォリオ

アーサー・B. ショスタック（Arthur B. Shostak）
心理社会人類学部（Department of Psychology, Sociology, and Anthropology）
ドレクセル大学（Drexel University）
2003年冬

目次

1) プロローグ――『イズベスチア』を読んで
2) 教育の責任，理念，戦略
3) 共同学習者としての学生
4) シラバス，課題，試験
5) 教育者として受けた栄誉
6) 指導力の向上
7) 将来の教育目標
8) 教育に関する講演
9) これまでの教訓
10) エピローグ――『イズベスチア』を探して
11) 添付資料

1) プロローグ――『イズベスチア』を読んで

　私はニューヨークのクィーンのパブリック・スクールですばらしいK-12の先生たちにめぐりあえる幸せに恵まれたが，私はその価値をぼんやりと実感しはじめたのはハイスクールに進級してからであった。

　文学の先生はエディス・ワートンに心酔していたが，どうしてそれほど心酔するのかを学生たちに理解させ，間接的ながら誰かに心酔するということがどれほどすばらしいかを教えてくれた。スペイン語とヘブライ語の先生は，全く知らない言語に関して尽きることなく語彙を増やしていく楽しさを教えてくれた。人気のない「地球科学」という科目を教えてくれた科学の先生は，教師がよければ評判は全く意味がないことを証明してくれた。

そのころを思い返すと，これらの全てが私の人生に最も大きな影響を与えた教師との出会いのための準備であったように思える。そのころの私はまだ教師という職業に携わることにためらいを感じていた。

1954年の秋のはじめ，私がカレッジに入学して最初の授業の日，私は70人の新入生の1人として不安な気持ちで雨漏りのするクォンセットの仮校舎の中にいた。外は雨が降りしきっていて，私たちの不安は募るばかりであった。時間が来てそして過ぎたにもかかわらず，教壇に先生の姿はなかった。

3〜4分後にドアがゆれて開き中年の男性が何かを読みふけりながら入ってきた。男性は顔も上げずに教壇にのぼり，我々の困惑をよそに机に体を預けながら読み続けていた。ついに手元の読み物から目を離し，その先生ははじめて私たちの存在に気づき，命令調の大声で言った。「今週の『イズベスチア』のエアメール版で何を言うべきか君たちは分かったかね。」この先生は全く本気だ，と私はすぐに理解した。そして驚愕した。

私は考えた。『イズベスチア』とは一体何なんだ？ それに一体全体誰が『イズベスチア』のエアメール版なんて持っているというのか？ 他の新聞にしたってありえないことじゃないか？ ブルックリンの家に帰ったって，あるいは大学構内にだって，そんな雑誌を持っている人なんて知らない。『イズベスチア』？ なんのことだ。この先生は普通じゃない。その上，この人は，このロシアの新聞の英語版について我々に質問することが当然だと考えている！ なんてことだ。

その非現実的で非合理的で予想外の質問，それは全く予想を超えた質問であったが，これが私の人生を変えたのである。私はその場でこの難題に挑もうと思った。『イズベスチア』とは一体何なのかを学び，このいまいましいものを読もうとさえ思った。私はこの稀有な経験に対してあきれてものも言えないという状態にならず，目の前の人が知っていると思われるエキサイティングなものを学ぼうとしていた。

その後，私は，この先生以外にも多くの先生から学んだ。ミルトン・コンヴィッツ先生は，アフリカで新たに誕生した国の憲法草案を作成しており，彼の基本的人権の宣言案を支える根拠について辛抱づよく我々に説明してくれた。アリス・クック先生は，労働組合がその失った年月を取り返し，どのように守られていくべきかという問題に取り組んでいた。マダム・フランシス・パーキンス先生はF. ルーズベルト政権で労働長官を務めた人物であり，その当時の逸話を話してくれた。アーサー・マイツェナー先生は，フィッツジェラルド研究の第一人者

であり，その著作の解釈に没頭していた。アルバート・サロモン先生は，それまで私にとって全くの未知の世界であった芸術について教えてくれた。そのほかにも多くの先生がいたが，ここで全てを紹介するには多すぎる。

私は，これらの偉大な教師の恩恵を受けてきた。しかし，最初の先生，すなわち，経済史の教授でロシアの鉄鋼業のスペシャリストであったガードナー・クラーク教授こそ，はじめて私が「砂漠の中で一線を越す」ことに手を貸してくれた人物であり，それ以来ずっと，私は他の人たちが一線を越すのに手を貸そうと努力しているのである。

このポートフォリオを作成する機会に，私は心からの感謝の言葉を伝えたい。

2) 教育の責任，理念，戦略

1967年にドレクセル大学に着任して以来，私は2つの講義（人種と民族の関係——都市社会学）を開講し，別の学部のために3番目の講義（20世紀のテクノロジーが社会に与える意味）を行った。別のカレッジのために実施していた4番目の講義（経営とテクノロジー）からはすでに引退しており，さらに，年1回ゲスト講師として成績優秀者プログラムの学生に対して，自伝社会学を教えている。（これは1996年に私が編集した「個人社会学——厳しい反省，異例の恩恵」を教材としている。）

現在の授業スケジュールに関しては，1年に6回，学部生向けの10週の講義の中の社会学の分野を担当している。さらに，私自身の決断により選択科目である「産業社会学」を1年に2回，必修科目である「社会学入門」を1年に2回，選択科目である「社会の変化」と「未来派」を1年に1回教えている。各クラスともさまざまな専攻の20人から30人の学生で構成されており，その中でハイスクール時代に社会学を学んだことがある学生は少数にすぎない。これは私にとって何よりである。

10,000人以上の若者とともに社会学を学習しなおして42年がたち，教師には6つの大きな責任があると確信するに至った。すなわち，

1) 正しい意思を持った教養ある成人が真似ることのできる模範でなければならない。影響を受けやすい若い成人を前にして，市民社会との関わり，創造性，興味，倫理性，将来への希望，相互の敬意，率直性などの点で模範とならなければならない。

2）私の授業を受けて学習している人たちの注意を引き，関心を向けさせなければならない。社会学が現在および将来の生活に持つ意味を明らかにして，受講生の現実的で熱い興味と教材を結びつけることができなければならない。学生がこの科目に私と同じような興奮を感じたときにはじめて，私が期待する学習成果を私も学生たちも得ることができる。

3）私が担当する科目は，多くの名誉あるすばらしい世界中の人々が近代史の中でその生涯をかけて取り組んできた学問であるから，その学問を代表するものとして私ができる限りのことをしなければならない。この学問の多くの欠点を率直に明らかにしつつ同時にこの学問が社会に行った多大な貢献と今後の大きな可能性について伝えなければならない（そしてそれにより，研究者への志願者増にも成功するだろう）。

4）この科目の複雑な部分を明瞭化し，難問として残る部分を少しでも受け入れやすくし，理論上の論争となっている大きな問題が尊重する価値のある問題であることを明らかにしていかなければならない。授業の内容を易しくしたり，クラスの学生に媚を売るようなまねをして，学生が学習せずに誤った教育を受けることになる事態を避けなければならない。

5）教育のために開発された最新の方法，特に情報時代に生まれた最新技術を利用しなければならない。若者はEメールやウェブなどの最先端の教育ツールの有用性を良く知っており，彼らにとってはそれらの技術を試そうという意欲を刺激することが必要である。

6）常に余裕をもち予想外の展開も認めなければならない。授業の自然なリズムがあれば，たとえ予定どおりに授業が進まなくなっても，行き届いた教育となることは間違いない。学生が常に受身の聞き手ではなく，聞き手の意見に耳を傾け思いもかけない会話が生まれることは非常に望ましい。

理念

以上の全ては私の教育理念から自然に生まれたものである。教育理念については，サポート，挑戦，尊敬という3つの言葉で要約することができる。

「サポート」は，若者は特に自分の価値と潜在能力を高める必要を感じているという点から，意味のあることである。多くの若者は自分の能力に自信を持てず，自分が評価されるかどうかを不安に思っている。特にドレクセル大学の学生は，入学時にその専攻を決めなければならないので，自分の選択が時期尚早であった

と分かった時にもがき苦しむことが多い。したがって私はその教育理念として，私が人工的に作り上げた学習状況の中でうまくことが運ぶことを経験させることによって，学生が自分自身を高く評価するよう手助けすることが大事だと思っている。

「挑戦」は，精神的な問題である。ドレクセルでは，準備が極めて不足している学生は落ちこぼれる可能性が高いが，しかし，私は学生を甘やかしたり，学生に迎合してはならないと信じている。その代わりにどのクラスでも私はカレッジレベルの学生に期待して然るべきと思われる時事問題や世界の知識についての質問を数多く学生に浴びせている。私は毎日3紙の新聞を読んでいることを学生に伝え，学生に対しても世の中の変化に遅れずについていけるように何か工夫してほしいと言っている。

要求することが多すぎると思われないように，私は教師になってからの40年間，若い人たちとともに時間を過ごしてきたが，若い人たちにどれほど敬意を払うべきかということを教えられてきたことをぜひ付け加えたい。数十年前に比べ現在の若い人たちの生活は，ずっと複雑で，不確実で，成功や達成を阻む問題が多いように見える。

したがって，私の指導について，私が教えている各世代の人々の話や過去に教えた人々の成功例を話す時には，私が教えた全員に対する「尊敬」の念を，そして彼らの将来に対する私の心からの希望を述べることを決して忘れない。

教育戦略

ここまで説明してきたこと以外の戦略については，以下の7つの戦略を定めている。

1) 私は学生がノートを取りやすいように，オーバーヘッドプロジェクターを利用している。若い人たちは，切れがよく覚えやすいフレーズ，役に立つアイディアのリスト，その他，授業で得た必要なものを覚えておくために役立つことを評価するように思う（時折，ユーモラスなオーバヘッドを使うこともある）。

2) 授業において10分弱のビデオを視聴させ，また有名な長編映画のシーンを使っている。マスメディアの作品を処理することによって，授業に対する関心を高め高品質の学習が可能となる。*A Few Good Men* の裁判のシーン，

Wall Street の「グリード」のスピーチ，*Other People's Money* の討論のシーンは，心理学の講義の重要ポイントを教える際に特に役立つ。

3）私は学習に適した雰囲気を保つために教室の環境を整備している。すなわち，授業開始前に教室に入り，椅子を並べ替える。まず半円形に並べグループの「傍観者」とならない限り，後ろの席には座れないようにする。このようにして，授業に参加している学生間の親密さ，思いやり，仲間意識を高めることができる（教室の環境が授業を台無しにすることがないように，必要に応じてゴミを集めたり雑巾で床をふいたりすることもある）。

4）私は，学生が与えられた教科書を十分に読んで理解するために，1ページの見開き式のクイズを毎週作成し提供する。このクイズは，○×式の10問の問題と小論文の問題2題で構成されている。これらは，講義のほかの仲間と相談せずに1人で自宅でやってくる問題であり，教科書を念入りに読むように設計されたものである（過去に行われた講義評価から，これらのクイズにより，学生は毎週，自分の学習成果をチェックすることができることから，極めて評価の高い方法であることが明らかになった）。

5）私は，授業の進行を活性化させるために特に優秀な数名の学生を活用している。彼らの名前をできるだけ早く覚え，これらの学生の意見，関係する経験，そして私が言ったり教科書に出ていることに対する疑問や納得できない点について尋ねる。たまたま1人の学生の変わっていく瞬間を目にしたときには，心底ぞくぞくする感じを覚える。このようなできごとは稀であるが少なくとも1学期に1回の割合でほぼ全ての講義で見られる。

6）私は，授業開始前に講義についての情報を提供するためにEメールを使っている。登録者のEメールアドレスを入手し次第メールリストを作成し，歓迎のメールを送る。シラバスもメールで送り，1週間のうち7日間，1日24時間いつでもEメールで誰とでも対話ができることを伝える。

7）私は自分の24の著作の少なくとも1つを使って，ドレクセル大学には本を出版し独自のリサーチを行い，著者としての自分に誇りを持っている教員がいるのだという印象を伝える。当然のことながらタイムリーで関連性の高い事項を取り上げるようにしている。

3) 共同学習者としての学生

以上の全てを実施して講義を行うことは，講義の登録者を学生ではなく共同学

習者*1と見ている教師としての私の希望である。私は，学生という言葉は受身の意味を含んでおり，品位の感じられない言葉であるとみなすに至った（頭を下げて聞いていれば，知識が耳から入っていく，という考え方）。

私はそれよりも，共同学習者という捉え方のほうがはるかに好きである。共同学習者とは，豊かな学習経験を工夫する責任を完全に共有する人，貰うものと同じくらい与えるもののある人，という意味である。

このような立場は実現が極めて困難であり，私の知るほとんどのドレクセルの学生にとっては手の届かない目標ではある。しかし，切望する目標としてのその価値は高く，彼らに対する指導の中で私はこのような考え方が正しく適切であると信じている。

したがって，そこから多くのことを学ぶことができる映画やテレビ番組や本や出来事についての授業中の発言を全て称讃してきた。私は，クラスに何かをもたらしてくれる共同学習者全てをほめ，Aの評価を与えている。私はいくつかのクラスについてはその開講時に私のこの方針を説明し，成績評価でもこの私の方針を貫いている。それについては授業の初日に説明し，またシラバスの中でも明らかにしている。

4）シラバス，課題，試験

私のシラバスは，説得力があり，親しみやすく，明快で，やる気を起こさせるものである。私は読みやすさを重視してシラバスは短くまとめている。また，講義をとることで素晴らしい成果を確信できるようなやる気を起こす内容である。

課題は頻繁に出され，「大量」である。これは，つまらない作業を少ししかやらないより，意味のある作業を大量にやるほうがはるかに効果的であると私が信じているからである。共同学習者には，毎週末に宿題が出される（各章ごとに私が作成する○×式の問題）。また，フィールドリサーチのチーム・プロジェクト，学期の中間で出される小論文の課題（自宅学習），教室での20項目の○×式問題のテスト2回，教科書と映画を題材とした小論文を完成させることが求められる。

学期中，私は共同学習者に対し多くの通信を送る（また講義終了後も受領者リストに残ることを希望した者にも通信を送っている）。私は，担当講義に関係するメーリングリストに参加しているので，常に新しい論文や書簡について知ることができ，これらについて授業中に紹介する。また，共同学習者に対して，授業に役立つと思うインターネットの題材をクラス全員に回覧するために私に送るよ

うに呼びかけている。特に学生の優れた作品に関しては，そこから多くを学んでほしいので，Eメールを使って全員に回覧している。

それまでの成績がC以下の学生には，自宅に持ち帰る方式の小論文による最終試験が実施される。成績がBの学生は，この試験を受けて良い結果がよければ成績を上げることができる。すでにAをとっている学生は，この試験を受ける必要はない。

私の試験は，教材の中でその時々に強調したい切り口に照準を合わせるために，毎回，新しい問題が出題される。小論文を出題する場合には，必ず次の課題が選択枝として入れられる。「あなた自身の作った質問を書いて，それに回答しなさい——ただし，Eメールでその旨を明らかにすること。」一部の学生は，この選択枝を利用するが，これらの学生は光っていることが多い。

2003年に私の母が93歳でなくなるまで，私はフロリダに住んでいた母に私の◯×式の問題をメールで送っていた。母はその成績をつけるのを楽しんでいた。この風変わりな習慣は共同学習者を喜ばせた。特に，非常に高齢な母がそんなことができるということで彼らは母を尊敬した。多くの学生が好意的な意見を述べ学期末に私が回した「サンキュー・カード」にはキュートで親しみのこもった言葉がつづられた。

5) 教育者として受けた栄誉

過去数年間で私は，教育関係のいくつかの賞を受賞した。その中には，ドレクセル大学で最も権威のある賞である，「傑出した指導に対するリンドバッハ賞」も含まれている。

リンドバッハ賞は，学部長から指名された過去の受賞者で構成される小委員会によって選ばれる。この賞の賞金は500ドルで，教職員クラブのブロンズの銘板にその名が刻まれ，年1回の退官祝賀会の中のセレモニーに参加し，受賞した年はその受賞者の大きな写真がプロボスト†室に飾られる（ただ，選出委員会に学生が加わっていないことから，偽善行為の典型のように思われた）。

私は1970年代には数年間「高等教育改革に関するダンフォース基金会議」の講演者に選ばれた。私の講演のテーマは，「教育における創造性——優れた（指導の）時間」であり，自分が「教師の教師」として認められていると感じて嬉しかった。

---

* 1 co-learner

6）指導力の向上

　常に最善のアプローチと方法を試すことに熱心に取り組んでおり，全米社会学会（ASA）が発行している素晴らしい雑誌である *Teaching Sociology* を定期購読している。

　また，ASA の年次学会や東部社会学学会の地域部会において，「コンピュータ利用による指導」をテーマとした会議にも出席している。1972 年には，ペンシルバニア社会学学会の会長を務め，年次学会において「指導の指導」を特に重要テーマとして取り上げた。

　最近になって，遠隔教育に大きな関心をもち，最近では，遠隔教育の問題に関する地域部会で講演を行った。遠隔教育には，遠隔教育にしかできない教育上の可能性があることを知り，私は，遠隔教育に深く関わっている教員の 1 人であることを嬉しく思った。

　私は定年までに後 1～2 年しか残っていないが，自分の教育をふり返る暇もなく時間が過ぎていく可能性が高い。しかし，遠隔教育に対する私の関心は高くこの分野での最先端の技術を試してみようという意欲はまだ盛んである。

　最後に私が最も言いたかったことを述べる。私は常に講義終了時の評価を参考にして指導力の向上に努力している。私は，独自の評価用フォームをデザインし毎年改良を加えている。共同学習者に対し，講義のあらゆる側面について評価するように求め，講義の質向上のために役に立つアイディアがあれば，これらに特別の注意を払っている。

　共同学習者は，私に対し教科書の数を減らすように要求したので，5 冊から 3 冊に減らした。また，外部のゲストによる授業を希望する声が多かったので，10 週間分の授業（各回 1 時間半の授業 20 回分）のうち少なくとも 3 週間分は外部ゲストによる講義を行なうように努力した。共同学習者は，教材についての授業中の討議を増やすように求めたので，私はこの健全な希望に沿うように努力した。ただし全てが成功したわけではない。共同学習者の意見は，それがなければ講義について私が気づくことがなかったような様々な欠点や長所を教えてくれた。

7）将来の教育目標

　私は，新人教師のためのワークショップに今後 2 年以上の貢献する機会をもちたいと思う。また，小さなことであるが極めて重要なこと，すなわち，クラスが始まる前に椅子の並べ方を変えてリラックスして授業にのぞめるようにするこ

と，学生の注目を集める新しいオーバーヘッドを作成すること，異なるポイントを整理するために違う色のチョークを使うこと，決して休講にしないこと（常に代理の教師を確保しておくか，あるいは映像とそれを操作できるスタッフを確保しておくこと）などを力説したいと思う。

また，これまで述べた私の考えをいくつかの論文にまとめて，*Teaching Sociology* やその他の雑誌に発表したいと思う。最後に，教育界と関わりつづけるために，また素晴らしい時間を過ごすために，引退した後もゲスト講師として時折招かれることがあれば嬉しい。

8) 教育に関する講演

まじめに教育に取り組んできた中で得られた予期せぬ恩恵の1つは，私の第2の職業とも言えるもの，プロの講演者としての私の役割である。20年の間，着実な努力をつづけ，現在では米国およびカナダにおいて年間20回以上の講演を依頼されるようになった。50人程度の教会の集まりで話すこともあれば，7,500人もの聴衆が集まった会議場で講演する場合もある。

私は，これらの講演をスピーチではなく「教育」の一環としてとらえている。すなわち，私は1度として同じ話をしたことはなく，その時の聴衆に合わせたスピーチを考えている。私は聴衆の一人ひとりに5問程度の質問を考えてもらい，それを参考にしてスピーチの内容を決めている。スピーチを行うたびに新しいオーバーヘッドを作成し，短いビデオフィルムを選び，できるだけ長く質問と回答の時間をとるようにしている。

スピーチが授業のようにならないようにその違いを明確にするために，私は前もって私のオーバーヘッドを講演依頼者に渡し，これをコピーして講演が始まる前に聴衆全員に配付するように求める。私は，オーバーヘッドの内容についてざっと説明する。このときに大きな声で棒読みしないようにする（これは聴衆に対して無礼な行為である）。その講演で何を取り上げ，何を取り上げないかを決めるときには，映画 *Wall Street* のゴードン・ゲッコーの台詞「私がまだ知らないことを教えてほしい」を参考にしたルールに従うことにしている。

講演者としての仕事の依頼が繰り返し入るようになってきた。現在，講演者の派遣を行っている有名な会社から，講演料の高い講演者にならないかという誘いが来ている。私はいつも愉快にものを考えるので，自分が「講演者の講演者」になっている日のことを考えて楽しんでいる。

9) これまでの教訓

　教師としての私のキャリアをふり返ってみると，私が教師となったときに知っていればよかったと思うこと，そして新人教師に認識してほしいと思うこと，が4つある。すなわち，

1）自分が楽しい授業でなければ，その授業を楽しいと思う人はわずかである。
2）自分が教材を面白いと思わなければ，面白いと思う人はわずかしかいない。
3）教材が実生活にも関連があり学習する価値があると自分が信じられなければ，そう信じられる人はわずかである。
4）共同学習者から評価されなければ，可能性の大半は実現しない。

　新人教師にこのことについて話すように依頼された場合には，これら4つの前向きな考え方を指摘した後で，いくつかの後ろ向きの注意点についても指摘する。
　たとえば，現在の若い人たちが受けた教育は極めてばらばらで統一性がなく不完全なものなので，知的な背景を過大に評価しないように警告する。たとえば，ベトナム戦争やホロコーストが持つ多くの「深い」意味など我々にとって当然のことは，若い人も良く知っていると思いがちだが，しかし，これらを当然だと思ってはならない。これらの重要なテーマはあらためて教えなければならず，せいぜい素朴な好奇心の対象としてしまうであろう若者にその意味深さを知らせなければならない。
　次に，授業に参加しているメンバーは，我々の子供時代とは違うことを認識しなければならない。彼らの世代には彼らの判断基準があり，はやりの言葉を使い，独自の文化を持っている。彼らの世代を理解するためには彼らの世界についてエンドレスに勉強しなければならない。我々の学問的テーマは彼らの言葉に「翻訳される」べきであり，そうして初めて，他の「国」からきた「ネイティブ」である彼らにも理解できるようになるのである。
　第3に，中年や高齢の教師の抱える人生上の問題が，若い人の抱える問題と同じであると考えないように忠告したい。我々は人生の中間地点での危機，1回や2回の離婚，高齢の両親の問題などを抱えているが，若い人たちはそのような心配とは無縁である。したがって，個人的な話題や講義の教材を選ぶときには若い人との違いに配慮しなければならない。
　第4に，それが誰の目にも明らかであったりどんなに腹立たしいことであって

も，教職員間の緊張関係についてのゴシップや不平不満を教室に持ち込んではならない。同様に，あからさまであれそれとなくであれ同僚を批判することも控えたいと思う。なぜなら，それはフェアなやり方ではなく，品のないモデルとなるからである。

しかし，大学の中の問題について建設的な批判をすることは正当な行為であり，特にこれによって共同学習者に実際的な大学改革を考えさせることができ，またその後改革のリーダーとして活躍する可能性もある。私は，教職員議会に長く在籍し，また学生政府の教員側アドバイザーを 2 年努めたことがある。また，ここ 2 年間は「学生生活についての教職員評議委員会」の委員長を務めている。

最後に，人生の陽の当たらない部分，たとえば，失望や不満や幻滅について長々と語ることのないように忠告したい。若い人たちは自分自身がそのような境遇に陥ったことを想像して意気消沈する（そして疲労感を感じる）。かれらにとってカレッジは，大きな希望，純粋な夢，力強い幻想を楽しむことのできる休息場所なのである。

これに関しては，授業に参加している学生と同じような境遇にあった人たちで人生に成功した人たちの話を取り上げることが望ましい。この方法を用いる場合には，教師は，「現実感」のある適切な成功例であるように気をつけなければならないが，高い志をもった共同学習者にその情熱の素晴らしさを間接的に教えることができる。具体的に言えば，私はしばしば海外を旅したときの経験を学生に話している。私が会ったことのある有名人についての話をしたり，人生を歩み出したばかりの人たちの興味をそそるような人生の喜びを紹介している。

上述した 5 つの注意点は，馴染み深いものであるから書き出すのは簡単である。それぞれの注意点について私が犯した失敗は，今思い出せる数よりも多いはずである。だからこそ，新人の教師には早い段階で認識していてほしいと思うのである。すなわち，これらのやり方はどれほど魅力的であるか，しかし，またどれほどの犠牲とつらさと後悔を伴うものであるか，ということを。

10）エピローグ――『イズベスチア』を探して

舞台を降りた後，もし私を思い出してくれることがあるのなら，私のことを授業料に見合う授業をしてくれた先生，共同学習者の興味を駆り立ててくれた先生，時々，しゃれたことを教えてくれた先生，暗いことより明るいことを話してくれた先生，そして何よりも，学習を愛し，それを役立たせることを教えてくれた先

生として思い出してくれれば幸せである。
　もし誰かが，『イズベスチア』のエアメール版を入手し読むことがいまだに可能かどうかを聞きたいと思うのなら，それはなによりのことである。

11）添付資料
　添付資料A：シラバス
　添付資料B：専門用語の手引き
　添付資料C：講義評価フォーム
　添付資料D：Eメールサンプル
　添付資料E：記事
　添付資料F：書籍広告
　添付資料G：前学生からのEメール

37

ティーチング・ポートフォリオ

マーガレット・ミッチェル（Margaret Mitchell）
衣装舞台デザイナー（Costume and Scenic Designer）
舞台芸術学科（Department of Theatre Arts）
インカーネート・ワード大学（University of the Incarnate Word: U. I. W.）

目次

1) 教育の責任の表明
2) 教育理念と目標
3) 講義で採用している方法，メンタリング，コスチューム・ショップの監督
4) カリキュラムの見直しと指導力向上のための段階的対策
5) 指導に関する同僚評価
6) 指導に関する学生評価
7) 学生の作品例
8) 学生の成功例
9) 今後の教育目標
10) 添付資料

1) 教育の責任の表明

　私が担っている責任の中で最も重要なものは，衣装カリキュラムコースの統一性を維持することである。しかし，「舞台入門」を教えたり場合によっては「舞台設計と演技分析」も教え，またアカデミック・シーズンを直接監督する場合もある。講義関係の仕事に加え，インカーネット・ワード大学（U. I. W.）の学生がスタッフとして働くコスチューム・ショップを運営している。U. I. W.のメインステージのデザインを行ったり，プロデュースの手伝いをする学生デザイナーの指導も私の仕事である。デザインと技術に関心を持つ学生の多くは，私のアドバイスを受けている。また，舞台芸術学科の教職員として，大学2年および上級学年の舞台芸術専攻の評価を行っている。

舞台あるいは衣装のデザインも教育活動の一環として分類することができる。それは，私が毎日コスチューム・ショップや，ショーをプロデュースする舞台装置ショップで学生と一緒に働いているからである。私たちは，1年に4回のメインステージショーをプロデュースしている。プロデュースの期間中，私が学生と接する時間は極めて長い。

本大学の文学士号取得プログラムは厳しく難しい内容である。本大学の講義は学習コミュニティ，集団指導，講義の学習と舞台制作の統合という意味で相互に結びついている。本大学のカリキュラムと学期ごとの選択科目は，主要な一般教養カリキュラムともリンクしている。舞台芸術学部の教員は毎年カリキュラムの評価，見直し，作成，編集を分担し合っている。我々教員はシラバスの見直し／作成に関して相互に協力し，お互いの指導が相乗効果を生むように，全体がバランスのとれた講義となるよう努力している。以下の学部講義は現在私が持ちまわりで教えている一般講義である。

- TA1360 **舞台入門**　舞台専攻および非専攻の学生に対して複数の教員が教えている。これは歴史ジャンル，理論，過去の業績，演技分析の基礎を教える入門講義である。専攻学生は必修で平均的な受講者数は30人。
- TA2361 **舞台デザイン入門**　舞台装置，衣装，照明デザインの基礎を教える入門講義。これは技術的制作入門とともに学習コミュニティの講義である。平均的な受講者数は15人。
- TA4341 **衣装デザイン**　上級科目であり，学生がU.I.W.のメインステージ用の衣装をデザインできるように育成する。この講義は制作前の作業および創造的なデザイン・プロセスのあらゆる側面を含み，プロジェクトを軸とした体系的な講義である。
- TA4342 **衣装の歴史**　古代エジプトから現在までの西洋演劇の衣装について学ぶ。この講義はスライドを使った講義，ディスカッション，リサーチ・プロジェクトを通して，衣装という表現の持つ社会的および経済的側面を取り上げる。この講義は，ファッションデザイン専攻学生は必修であり，舞台芸術専攻は選択科目である。平均的な受講者数は20人。
- TA3342 **衣装制作**　ステージ用のフラット・パターニングとドレーピングの技術を学び応用する講義である。この講義では，コスチューム技術，手縫い技術，ミシンを使ったステッチ，舞台用のカッティングなどが取り上げら

れる。平均的な受講者数は10人。
- TA1191-4192 **舞台芸術実用講義**は，舞台専攻の学生の必修科目である。シーズン中の上演の準備のために，受講生はコスチューム・ショップで作業を行う。ここで学習するスキルには，ステッチング，仕上げ，カッティング，ドレーピング技術，パターン・エンジニアリング，ワードローブ・メンテナンス，着付け，コスチューム・クラフトが含まれる。コスチューム部門の平均受講者数は6人。

その他の教育の責任

- コスチューム・ショップで働く学生スタッフの監督。U. I. W. のコスチューム・ショップでは，職業研修に興味のある6人から8人の学生がスタッフとして働いている。これらの学生は上級あるいは「シニア」制作スタッフである。彼らには，学習の進行に応じた作業が割り当てられ，また，プロジェクトについて実用講義を受講している下級生の指導も行っている。U. I. W. のコスチューム・ショップは学習コミュニティの場である。技術指導が行われる一方で学生たちは人生と仕事について，また協力的で創造的な環境の中で互いに助け合うことを学ぶ。
- 学生デザイナーの指導。U. I. W. のアカデミック・シーズンにデザインを行う学生には演出プロセスを通してこれらの学生を指導する教員メンター[†]がつく。これらのメンターの仕事は演出スケジュールの編成，労働力の配分，批判的思考，演出会議への参加，学生との協力による相互扶助，作業評価などである。私は毎年2人から5人の学生デザイナーのメンターを務めている。
- 衣装／舞台装置のデザイン。U. I. W. の演出のためにデザインを行うときには，ポジティブな行動の模範となるように努力し，またプロの世界に学生が入ったときに遭遇する高い基準を採用する。私はほぼ毎回，アシスタント1名に対して，メンターとして指導を行っている。私は1年に3回から4回デザインを行う。

2) 教育理念と目標

私は，教師としての私の役割は学生が所与の課題に関して十分な能力を得ることができるようにリソースとスキルを提供することだと思っている。また，様々

な疑問を感じたり危険を冒したり，提供された材料に挑んだり調べたりすることのできる環境を作らなければならない。私は，教材の学習について成果／習熟の方針を立てるが，その一方でそれぞれのクラスに独自の学習方法と力学が存在することを認識している。私は方針とは異なる進み方になるかどうかを予見し，教育方法と内容と学生ニーズの関係を見極めなければならない。私の主要目標は次のとおりである。

- 全員がともに学べる環境をつくること。
- 学生が自らについて感じる限界を超えて挑戦できること。
- 全員の声に耳を傾け認めること。
- 成功をサポートし，失敗に立ち向かい，成功と失敗の両方から学ぶこと。
- 学生に対し教室の枠を超えて講義教材についてディスカッションや作業を行うように，また，舞台科目の作業と科目の作業を結びつけるように奨励すること。
- 正規の教育と毎日の生活を結びつけること。
- 我々の文化における芸術家の役割と社会的責任を認識させること。

私の指導に最も大きな影響を与えたのは，マオリとアメリカ原住民の学習スタイルである。私は，パウラ・アンダーウッドが提唱し，テキサス，ニューメキシコ，カリフォルニア，日本の教育者が採用しているイロコイ連邦のオネイダ族*1の伝統にもとづく「学習方法教育プログラム」の研修を受けた。オネイダ族の伝統およびマオリ文化では，学習は全てコミュニティの責任である。

3) 講義で採用している方法，メンタリング，コスチューム・ショップの監督

本大学の学生の多くは，移民第1世代の学生であり家族からの援助がほとんどなく，失敗が予想される状況でこの大学に入学した学生が多い。U.I.W.はこれらの学生を対象として教育を行っている。これは，本学が高等教育への進学をあきらめて育った人々を教育しようとする機関だからである。我々は全ての人が教育を受けるべきであると考えている。研修やカリキュラムは，自分のアイデンティティ，思想体系，価値を明確に理解している人物に最も大きな効果をもたらす。社会的正義の問題に取り組むのも，U.I.W.の使命である。我々は社会的責任を常に意識し思いやりのある感受性の豊かな協力者である学生が育ち卒業していくことを願っている。メンタリング†やモデリングを通して，我々は，学生にこの

種のサポートを提供する責任があり，そうすることで彼らに対する教育は強化され，舞台関係の職業の地位が高まるのである．

講義内容

　講義形式科目（衣装の歴史，舞台入門）は，テーマに沿ったディスカッションで構成されている．衣装の歴史の講義は，スライドによる授業とディスカッションを組み合わせたコースである．学生の評価は，レポート課題，研究プロジェクト，試験にもとづいて行われる．学生がなぜそのクラスにいるのか，そして彼らは何を明らかにしようと望んでいるのかを発見することが第1段階である．それまで学生がどのような経験をしていたかの基本的背景が明らかになれば，彼らが教材に取り組むための戦略を選び，開発することができる．学生のクラスへの参加を促すための戦略を立てる上で，集団の力は大きな役割を果たす．私は，討論が白熱するように極端な意見を紹介し，また，議論のテーマと関連性について補充説明を行う．私は専門的知識を持っているが，我々全員がともに学んでいることを学生に感じさせることが重要であり，各クラスでのさらなる研究が新たな疑問を生む．教師が学習者としての模範を示すことで，大きな効果が生まれるように見える．

　芸術関係の科目の指導には，少なくとも2つのレベルの意識が必要である．技術や芸術の表面的な側面を教えることは簡単である．スポーツのコーチのように私は問題を引き出したり，批判的な思考を教えることで彼らを指導している．しかし，創造という行為においては，創造者は自分自身と向かい合うことになる．そしてこれがエキサイティングであったり，あるいは驚愕的であったりする．学生の内面に関わる作業を指導することは，指導の中でも困難なものである．一般的に，学生は自分自身の問題や我々の文化の中で将来芸術家として認められる可能性があるかどうかという問題に直面している．私は，演習やライティングの課題を出すことによって，学生がどのように自分自身を成長させているか，あるいは芸術的な行動を損なっているかを観察することができる．私は芸術家としての成長にマイナスとなる行動を指摘し，それを修正するための方法を提示する．私はまた成長にプラスとなる行動も指摘し，それを支援する．「デザイン入門」が

＊1　the Iroquois Oneida　アメリカのニューヨーク州オンタリオ湖南岸にあるアメリカ先住民族により構成される集団．Oneida族の他に5つの民族（Cayuga, Mohawk, Onondaga, Seneca, Tuscarora）から成る．

終了するまでに学生全員が，基本的なデザインの技術とビジュアル・ランゲージの基本操作について理解していなければならない。学生は自分が芸術家として働いていけるかどうかを見極めることができなければならない。学生は**なぜ**自分が芸術家になりたいかを明確に示すことができなければならない。

　芸術家を選択する学生を指導するために教師は，学生の思想体系，規範意識（あるいはその欠如），批判的思考スキル，コミュニケーション・スキルについて知らなければならない。学生は，聴衆の中で自分の作品がどのようなメッセージを発するかを考えなければならない。U.I.W.がその使命を果たすために私は社会的責任を担う彼らの指導という難題に直面している。彼らは，自分たちが芸術家を選択する理由を理解していなければならない。また，聴衆が彼らのその選択に意味を持たせることを理解していなければならない。彼らは映像が言語としての力を持つことを理解していなければならない。彼らは，原文を翻訳し，自分がデザイン方法をデザインしている理由を知らなければならない。中級および上級の学生には，プロジェクトにもとづいて実習とペーパーを使った作業の両方が与えられる。これらのプロジェクトでは，成績を決めるための部門，自己評価，口頭および書面による弁明などの具体的基準が設定されている。

学習コミュニティとしてのコスチューム・ショップ

　技術クラスとワーク・スタディの活動は，スキル能力の向上と職業研修に焦点をあてたものである。予算と時間が許す限り私は技術スキルの指導および専門的行動の指導においては，プロの基準を採用している。衣装を制作し，ワードローブ（必要な全衣装）を準備する学生はいつも個別に私の指導を受けていることになり，彼らの熟練と知識のハードルはどんどん高くなる。我々のショップの階層構造は，プロの世界を映したものである。素晴らしい技術水準を指導することに加え，安全な労働環境や人道的待遇の要件について学生に教え込んでいくことも私の仕事であると考えている。プロのコスチューム・ショップは，安全とみなすことのできる環境が整備されているとは限らない。学生は安全な慣行を学んでおり，また，ストレスで健康を害することがないように本大学の保健カリキュラムの中から健康管理対策を採用している。

　コスチューム・ショップでの仕事は階層構造にもとづいて決定されているが，私は，このショップ運営に関してマオリ族とオネイダ族の伝統にもとづく「持ち回り（サーキュラー）方式」を採用している。可能な限り合意にもとづく意思決

定が行われている。

　学生は，自分の創造的活動の過程で起きる問題を認識している。学生は，その作品に対して連帯責任を負っており，またそれらの作品の権利を共同で所有している。

　コスチューム・ショップは，ディスカッションを通して学ぶためのもう1つの場所である。学生は，コスチューム制作を実際に行いながら学んでおり，私はしばしばカリキュラムの中心テーマや舞台専攻の履修内容についてこの場で質問し，議論の範囲を広げ，従来の教室での授業の枠を超えた成果を挙げている。

4) カリキュラムの見直しと指導力向上のための段階的対策

　私は自分が教えるシラバスの見直しを毎回行っている。修正が大規模か小規模かは，投入材料や学生ニーズによって決まる。見直しのために投入される材料には同僚および上司の評価，学生の評価，新たなリサーチ結果，国内学会や国際学会のワークショップやセミナーやシンポジウム，講義実施中に私自身が気づいた点などがある。舞台芸術学部は，また，カリキュラムの統合を重視しており，これに関係して方針が変更されると，それに従い講義構成も変更されることがある。

具体的事例

　「舞台デザイン入門」では，毎日の記録の作成とデッサンの実習が行われているが，ここ数年，私は問題の診断を効率的に行い研究課題の合理化を図ってきた（添付資料A参照）。現在，プロジェクトはメイン・ステージ・シーズンと連結しており，リハーサルや公演をディスカッションやディベートの実習の場として利用することができる。さらに，この講義は，「技術制作入門」の講義のカリキュラムとリンクしている。この2つの講義を組み合わせる案は，学部長の提案によるものである。

　「衣装の歴史」のクラスは講義とディスカッションで構成されており，この構成はほとんど変化していないが内容は改善されている（添付資料B参照）。私はこの講義用に約300枚のスライド映像を追加的に用意し，また，1997年にロンドンで実施された夏期コスチューム・リサーチに参加し，従来の教室では得ることのできなかった専門知識を得ることができた。私は，ヴィクトリア＆アルバート美術館，ロンドン美術館，ペトリエジプト古代博物館，バースのコスチューム美術館で研究を行った。衣装制作について私が収集した新しい情報にもとづき「衣

装の歴史」の内容を大幅に変更した。ここ2年，学生は館長の協力を得て，ウィッテ美術館の織物とドレスコレクションでクラス・プロジェクトのための研究を行うことができるようになった。

「衣装デザイン」の講義も「デザイン入門」の講義もどちらも私が国際的な舞台デザインに関わり，国際的な芸術家と仕事をしている経験が反映されている。私は1991年と1999年に4年に1度のプラハ展でデザインを発表した（添付資料C参照）。私は，舞台美術・劇場建築・劇場技術国際機関（OISTAT）の衣装作業グループ*1のメンバーであり，ニュージーランドのドラマ学校であるToi Whakaari o Aotearoaの教員を招聘し本大学で指導してもらっている。私が指導している学生は，米国以外の文化の中で演劇がどのような力と機能を持っているかを身をもって体験する必要がある。私は学生に対し，将来の自分の仕事としてのショー・ビジネスの面ではなく，芸術の持つ政治的，経済的，社会的意味を強調している。これの意味は，ディスカッションや国際的作品についての読み物の中で，また履修内容として取り上げる演劇を通して明らかになる。

サービス・ラーニング†・プロジェクトは，私の最近の講義に盛り込まれている（添付資料B参照）。U.I.W. サービス・ラーニング・タスクフォースは，サービス・ラーニングガイドを発表し，このガイドに触発されて，私は，ウィッテ美術館の織物とドレスコレクションおよびマクネイ美術館のトービン舞台美術コレクションに連絡を取った。この2つのコレクションはどちらもU.I.W.から歩いていける距離にある。どちらのコレクションもカタログ制作と研究のために手伝いを必要としていたので，これらのコレクションのニーズを「衣装の歴史」クラスおよびデザイン関係の講義に組み入れた。

私は最近になって，Blackboardを使って，私が担当する各クラス用のウェブサイトを立ち上げた。クラスで取り上げる材料，グレード，リサーチ対象分野とリサーチ方法，成績が「A」の学生の作品例が，そのサイトに掲載されている。学生とのコミュニケーションが取りやすくなり，学生は，日中でも夜間でも講義の教材にアクセスすることができるようになった。必要に応じて，インターネットサイトをカリキュラムの中に組み入れている。

学生や同僚教員からのフィードバックに耳を傾けることは必要不可欠である。私は，シラバスの改訂に際しては，学生の意見について慎重に検討する。私が指導し始めたころ同僚が学生から常に指摘されたのは，私が取り上げる教材が多すぎるという点であった。学部長から量よりも質を重視するように助言されたが，

そのための改善を行う上で統合が重要なポイントとなった。

5）指導に関する同僚評価

　私はこれまでに学部長の評価を2回，2人の学科長の評価を2回受けたことがある（添付資料D参照）。私は，「舞台入門」を複数の教員とともに集団で指導しており，また正式な評価が実施されない時期には，私と同僚は常に自分たちのやり方を評価していた。また，最近ではニュージーランドの教員とともに指導を行った。初期の正式な同僚評価は評価が大げさなほどによかったために，指導力の向上には大した役には立たなかった。むしろ，打ち解けた雰囲気の中で行われる教育に関する議論や，同僚とともに特定の問題に焦点を絞ったときに同僚に授業を参観してもらったことのほうが有用であった。たとえば，数年前私は学生間の人間関係のトラブルのために特に問題を抱えている2つのクラスを担当した。いつもの私の指導方法は効果がなかった。なぜなら学生はトラブルに気を取られて履修内容に注意が向かなかったからである。私は舞台芸術学科の教員に相談したところ，彼らは私に様々な助言を与えてくれ，私はそれらを実行した。効果のあったものもあればなかったものもあるが，しかしやり方を変えたことは何もやらないよりよかった。集団指導体制は，それぞれの指導を他の教師の多くの目が見ているという点で理想的であり，教育理念に大きな違いがなければ問題を比較的早く解決することができる。私はまた，若い教員たちの同僚評価を行うことや優秀な同僚の授業の参観，資料やワークショップの活用方法を実際に見たりすることによって，多くのことを学んだ。

同僚のコメント（添付資料D参照）
- 「先生の指導と学生とともに働く姿勢は素晴らしかった。学生は，先生のクラスで非常に多くのことが学べることを実感し，先生のクラスに平均以上の評価を下し，また形式的でない先生の授業のやり方を称讃しています。」
　ギルベルト・ヒノジョサ博士，学科長
- 「マーガレット先生は学生の意欲をそそることのできる先生で，チームプレーを大切にし，同僚のよき相談相手である。彼女が優秀で献身的な教師であることは明らかである。」

---

*1　the Costume Working Group of the International Organization of Scenographers, Theatre Architects, and Technicians

ドナ・アロンソン,演劇部長

6) 指導に関する学生評価

　学生の評価は,ほとんどがパーセンテージで示されている。発表様式が変更されているために,時系列でスコアを示す表を作成することはできない（完全な情報は添付資料E参照）。

学生からのコメント

- 「この講義は,私の大学生活の中で最も興味深く,時間がかかり,クラスメートとの交流が最も多く,ペースが速く,集中力を必要とし,非常に教育的で,ストレスを感じるほど負担が過重で,内省を促し,恐怖に直面し,環境を愛し,人生観を変えるものであった。」
- 「このクラスは信じられないほど素晴らしい。私は大学で受講した講義の中で,1つの講義でこれほど多くを学んだことはない。自画像の課題は自分の進歩を見ることのできる素晴らしいクリエイティブな方法である。また全ての演習が私の成長を助けてくれた。感謝します。」
- 「これまでの15年に受けてきた教育の中で,最も私の意欲をそそったクラスであった。先生は手伝ってはくれないが先生から何かを学んだ。先生は何をすべきかをよくご存知である。私は彼女の指導を楽しみ高く評価している。」
- 「マーガレット・ミッチェル先生は素晴らしい教師である。彼女はまちがいなく私の知る最も知的な人間であり,この大学のカリキュラムに彼女の授業が加わることで大学の価値が上昇していることを自覚すべきである。この講義を受講できたことは喜びであった。私はあまりにも多くのことを学んだが,しかし,学ぶべきことはまだまだ残っている。」

7) 学生の作品例

　学生の作品例の第1部には,デッサン技術の進歩を見るために制作した作品が集められている。学生は実力診断「テスト」として初日に自画像をデッサンする。講義の最終日にもう一度学生に同じ課題を与える。学生が学期中に課題に取り組んでいれば,顕著な進歩の跡を見ることができる。自画像をデッサンするという課題は,学期中の学生の総合的な成長を測る指標としても用いることができる。
　第2部は,学生のデザインとコスチューム制作の映像である。第3部は,2000

37 舞台芸術

年春の「衣装デザイン」のクラスの最終プロジェクト作品から選んだコスチューム・デザインである。2000 年に行われた *Land Dreamings* の講演のために学生が作成した衣装計画とデザインも含まれている（学生の作品例については添付資料 F 参照のこと）。

8) 学生の成功例

以下のリストは現在，舞台，テレビ，映画で活躍している卒業生のリストである。これらの卒業生は，全員がデザイン／テクニカル専攻の学生ではないが，彼らがカレッジに在学中に私が身近で指導した学生たちである。

- ジョージ・ミラー，デザイナー。同氏は，テキサス州ダラスに自身のデザイン会社を有している。
- キャシー・クルーター，フリーランスのデザイン・アシスタントおよびテキサス州ダラスの Irene Corey スタジオの人形制作技術者。
- ケント・パーカー，テキサス州ダラスの Irene Corey スタジオの人形制作技術者。
- タムリン・ライト，フリーランスの舞台および衣装デザイナー，カリフォルニア州ロサンゼルス，*Star Trek, Babylon 5, Deep Space Nine* でプロテーゼおよび特殊効果を担当。
- サジャ・ソケル，CAL ARTS のステージ・マネジメント学部で美術修士号取得，ウォルト・ディズニー・スタジオのプロダクション・マネジャー。
- ジャナ・グローダ，女優，American Conservatory Theatre の舞台学部で美術修士号を取得。
- トニー・シアラヴィーノ，ミネソタ大学舞台学部で美術修士号を取得，Guthrie 劇場専属俳優，AEA（俳優労働組合）。
- ジェームズ・ロバーツ，俳優，ミネソタ大学舞台学部で美術修士号を取得。全米シェークスピア・フェスティバル，AEA。
- ニック・コリガン，俳優，ミシガン州立大学舞台学部で美術修士号を取得。
- ローラ・グレイ，女優，イリノイ州立大学舞台学部で美術修士号を取得。
- リンダ・ストウファー，CNN ヘッドラインニュースのアンカーウーマン（キャスター）。
- カレン・クリスチャンソン，フリーランスの制作マネジャー，ロサンゼルス，カリフォルニア。

- アンドリュー・ジェンキンス，フリーランスの照明音響デザイナー，ロサンゼルスと日本で活動。
- ケン・ハーディ，俳優，ラトガース大学で美術修士号取得。
- リカルド・カビラ，俳優，UCSD 舞台学部で美術修士号取得，*Six Feet Under, NYPD Blue, Kingpin, The Alamo,* AEA。

学生によるデザイン関係の受賞（抜粋）

- ジョージ・ミラー，全米カレッジ演劇フェスティバル全国コスチューム賞，1992 年
- ジェイソン・マーチン，最優秀照明デザイン，アラモアート委員会，テキサス州サンアントニオ，1996 年
- レーン・ガルツァ，最優秀照明デザイン，アラモアート委員会，テキサス州サンアントニオ，1997 年
- キャスリン・ハンドリー，傑出した衣装デザインに対するテキサス教育演劇協会賞，1998 年
- フレディ・レイマンド，最優秀衣装デザイン，アラモアート委員会，1999 年
- タムリン・ライト，2002 年アカデミー賞の舞台デザインアシスタントのエミー賞
- アーニー・マルドナド，Tisch 美術学校の特別研究員，McNair 奨学生，4 年に 1 度のプラハ展学生部門展示
- アミヤ・ブラウン，テキサス教育演劇協会賞衣装デザインの部，2003 年

さらに私の指導が効果的であった根拠として，U.I.W. のデザインおよび技術科の学生が，地元および各地の劇場に採用されている事実がある。これまでに，また現在，本学の学生が雇用されている劇場は，Guadalupe 劇場，Zach Scott 劇場，The Carver 劇場，the Majestic 劇場，Utah Shakespeare Festival, Texas Shakespeare Festival, Colorado Shakespeare Festival などがある。私は学生に対し，1 年生の夏休みにこの地域あるいは国内の他の地域で働き始めることを奨励している。

9) 今後の教育目標

- ニュージーランド・ドラマ・スクールの Toi Whakaari o Aotearoa との姉妹校関係を継続する。
- 舞台芸術カリキュラムを制作および中核カリキュラムに統合し採用する方針

を継続する。
- 論文および原稿，またビジュアル画像による学生の作品を文書として残す。
- 学生のデザインの作品を掲載したウェブサイトを作成する。
- 文化とアイデンティティというテーマに関係するオリジナルの題材を使った公演を学生と地元原住民とともに引き続き実施する。

10) 添付資料

添付資料A：講義シラバス，舞台デザイン入門
　　　　　　スケッチブック／研究課題の日誌
添付資料B：講義シラバス，衣装の歴史
　　　　　　ビクトリア・アルバート美術館およびペトリ・エジプト古代博物館の研究用デッサンのサンプル
　　　　　　講義シラバス，上級衣装制作
添付資料C：講義シラバス，衣装デザイン
　　　　　　4年に1度のプラハ展1999年に *T, D & T* に発表されたデザイン作品
添付資料D：指導についての同僚評価
添付資料E：指導についての学生評価
　　　　　　Arts In Motion からの記事引用
　　　　　　学生からのコメント
添付資料F：デザイン入門講義における学生の実力診断のためのデッサン
　　　　　　衣装デザインのスケッチブックからの解剖学研究のサンプル
　　　　　　プロジェクト課題のサンプル・コピー，衣装デザイン
　　　　　　学生の制作デザインと作品
　　　　　　学生のデザイン，最終試験，*Our Country's Good* の衣装デザイン
　　　　　　Land Dreamings のための学生の衣装計画とデザイン
添付資料G：想像上の魔よけの車の演出プロセスのイメージ

参考文献

Barkley, E. F. (2001). From Bach to Tupac: Using an electronic course portfolio to analyze a curricular transformation. In B. L. Cambridge, S. Kahn, D. P. Tompkins, & K. B. Yancey (Eds.), *Electronic portfolios: Emerging practices in student, faculty, and institutional learning* (pp. 117-123). Washington, DC: American Association for Higher Education.

Barrett, H. (2001). Electronic portfolios = multimedia development + portfolio development: The electronic portfolio development process. In B. L. Cambridge, S. Kahn, D. P. Tompkins, & K. B. Yancey (Eds.), *Electronic portfolios: Emerging practices in student, faculty, and institutional learning* (pp. 110-116). Washington, DC: American Association for Higher Education.

Boyer, E. L. (1990). *Scholarship reconsidered: Priorities of the professoriate*. Princeton, NJ: The Carnegie Foundation for the Advancement of Teaching.

Cambridge, B. L. (2001). *Electronic portfolios as knowledge builders*. In B. L. Cambridge, S. Kahn, D. P. Tompkins, & K. B. Yancey (Eds.), *Electronic portfolios: Emerging practices in student, faculty, and institutional learning* (pp. 1-11). Washington, DC: American Association for Higher Education.

Cerbin, W. (1994). The course portfolio as a tool for continuous improvement of teaching and learning. *Journal of Excellence in College Teaching, 5*(1), 95-105.

Cox, M. D. (1995). A department-based approach to developing teaching portfolios: Perspectives for faculty and department chairs. *Journal on Excellence in Teaching, 6*(1), 117-143.

Cox, M. D. (1996). A department-based approach to developing teaching portfolios: Perspectives for faculty developers. In L. Richlin & D. DeZure (Eds.), *To improve the academy, Vol. 15. Resources for faculty, instructional, and organizational development* (pp. 275-302). Stillwater, OK: New Forums Press.

Cox, M. D. (2001). Faculty learning communities: Change agents for transforming institutions into learning organizations. In D. Lieberman & C. Wehlburg (Eds.), *To improve the academy, Vol. 19. Resources for faculty, instructional, and organizational development* (pp. 69-93). Bolton, MA: Anker.

Cox, M. D. (2003). Proven faculty development tools that foster the scholarship of teaching in faculty learning communities. In C. M. Wehlburg & S. Chadwick-Blossey (Eds.), *To improve the academy, Vol. 21. Resources for faculty, instructional, and organizational development* (pp. 109-142). Bolton, MA: Anker.

Designing a teaching portfolio. (1997). University Park, PA: Pennsylvania State University, Center for Excellence in Learning and Teaching.

Edgerton, R., Hutchings, P., & Quinlan, K. (1991). *The teaching portfolio: Capturing the scholarship in teaching.* Washington, DC: American Association for Higher Education.

Eison, J. (1996). *Creating a teaching portfolio: The SCRIPT model.* Tampa, FL: University of South Florida, Center for Teaching Enhancement.

Glassick, C. E., Huber, M. T., & Maeroff, G. I. (1997). *Scholarship assessed: Evaluation of the professoriate.* San Francisco, CA: Jossey-Bass.

Hatch, T. (2000). A fantasy in teaching and learning: Imaging a future for 'on-line' teaching portfolios. Paper presented at the Conference of the American Educational Research Association, New Orleans, LA.

Haugen, L. (1998). *Writing a teaching philosophy statement.* Ames, IA: Iowa State University, Center for Teaching Excellence.

Hutchings, P. (Ed.).(1998). *The course portfolio: How faculty can examine their teaching to advance practice and improve student learning.* Washington, DC: American Association for Higher Education.

Kelly, M. (2001). Wired for trouble? Creating a hypermedia course portfolio. In B. L. Cambridge, S. Kahn, D. P. Tompkins, & K. B. Yancey (Eds.), *Electronic portfolios: Emerging practices in student, faculty, and institutional learning* (pp. 124-129). Washington, DC: American Association for Higher Education.

Knapper, C., & Wright, W. A. (2001). Using portfolios to document good teaching: Premises, purposes, practices. In C. Knapper & P. Cranton (Eds.), *New directions for teaching and learning, No. 88. Fresh approaches to the evaluation of teaching* (pp. 19-29). San Francisco, CA: Jossey-Bass.

Schön, D.(1983). *The reflective practitioner.* New York, NY: Basic Books.

Seldin, P.(1997). *The teaching portfolio: A practical guide to improved performance and promotion/tenure decisions* (2nd ed.). Bolton, MA: Anker.

Seldin, P.(2003). *The teaching portfolio.* Paper presented at the American Council on Education Department Chair Seminar, San Diego, CA.

Seldin, P., & Associates. (1993). *Successful use of teaching portfolios.* Bolton, MA: Anker.

Seldin, P., & Higgerson, M. L.(2002). *The administrative portfolio: A practical guide to improved administrative performance and personnel decisions.* Bolton, MA: Anker.

Shulman, L. S. (1993, November/December). Teaching as community property: Putting an end to pedagogical solitude. *Change, 25* (6), 6-7.

Tompkins, D. P. (2001). Ambassadors with portfolios: Electronic portfolios and the improvement of teaching. In B. L. Cambridge, S. Kahn, D. P. Tompkins, & K. B. Yancey (Eds.), *Electronic portfolios: Emerging practices in student, faculty, and institutional learning* (pp. 91-105). Washington, DC: American Association for Higher Education.

Zubizarreta, J.(1995). Using teaching portfolio strategies to improve course instruction. In P. Seldin & Associates, *Improving college teaching* (pp. 167-179). Bolton, MA: Anker.

Zubizarreta, J.(1997). Improving teaching through portfolio revisions. In P. Seldin, *The teaching portfolio: A practical guide to improved performance and promotion/tenure decisions* (2nd ed., pp. 37-45). Bolton, MA: Anker.

用語解説

協調学習 cooperative learning　グループ活動を中心とした学習形態。単なる形式ではなく，個人が学習に対する責任を持ち，助けあいながらグループとして，目標を達成してゆく協調的かつ相互依存的な学習である。

共同学習 collaborative learning　1つの課題を集団で取り組む学習形態。協力関係が，共有される成果，発見活動にあらわれる。インターネット環境のもとでは，学習者が物理的に同じ場所にいる必要はない。

グランドラウンド grand rounds　病院内外から講師を招きテーマ別の講演・セミナーなどを行うもの。

サービス・ラーニング service learning　青少年が地域ニーズに応えることを通して，同時に学習を行う活動で，学校での学習の効果を高める取り組みの一つ。

集合学習 collective learning　広義には共同作業，あるいは協力関係のもとで進められる学習全般を指す。狭義には，個々がプロジェクト志向型の学習を進め，そのプロセスや学習効果を共有するような学習デザイン。

テニュア tenure　終身在職権と訳される。アメリカでは，大学教員は新任として着任した段階では，終身雇用は約束されておらず，期限つきの雇用であるのが一般的である。一定の年数を経て，研究業績および教育業績などの審査を経て，終身在職することのできる権利が与えられる。

能動型学習 active learning　従来の「受け身的な学習」に対し，学生が受け身ではなく，自ら主体的に学ぶように設計されている学習スタイル。

ピア・エディティング peer editing　学生が互いの作文について，コメントをしあいながら推敲を進める学習スタイル。

ファシリテーター facilitator　とりまとめ役，世話役。議論が活発にかつ円滑に進むように導く役割を担う人。

プロボスト provost　大学院を除く学務・教育部門担当の副学長。大学の学長はpresidentであり，プロボストは学務関係を管轄する。

メンター mentor　良き指導者，助言者。学習者の成長を助けるために指導を行う経験豊かで信頼のおける人物。

メンタリング mentoring　メンターの行動。指導や助言を行うこと。

索引

[ア 行]

アイオワ大学　30
アナンダン，シヴァンティ　152, 384
アニス，リンダ　99
アンステンディグ，リンダ　84, 384
インカーネート・ワード大学　363
ウェストフィールド州立大学　202
ウェストフロリダ大学　143, 273
英語・演劇研究学　250
英語学　220, 230, 242
エヴァンズヴィル大学　108
エドワーズ，ケイ・L.　307, 385
エモリー大学　340
エモリー大学オックスフォード・カレッジ　77, 261
オーウェン・スミス，パッティ　80
オハイオ州立マイアミ大学　67
音楽学　307

[カ 行]

カーター，エロイーズ　82
カーネギー財団　43, 52
カーン，スーザン　38, 385
会計・金融学　143
学生による授業評価　22, 27
学生のコメント　22
学問領域間のコミュニケーション　112
科目ミニポートフォリオのガイドラインとFAQ　76
カレッジ教育に関するリリー会議　73
カレン，マイケル　110
看護学　319
管理職の審査　95
教育学　202
教育活動ピアレビュー　40
教育関連の賞の根拠資料　71
教育工学　273
教育の学究活動　72, 93, 97
教育評価　74

教員養成プログラム　211
協調学習　298, 380
共同学習　39, 223, 380
クナップ，コンスタンス・A.　84, 385
グランドラウンド　98, 380
グリーン，ダナ　81
ゲルフ大学　250
言語・文学部　181
コックス，ミルトン・D.　67, 384
コミュニケーション学科　171
コミュニケーション研究／コミュニケーション科学・聴覚言語障害学　162
コリンズ，ジェーン　230, 384
コロンビア・カレッジ　30

[サ 行]

サービス・ラーニング　231, 370, 380
サービン，ウィリアム　52
ジェイコブス，デニス　40, 43
シェパード，アラン　250, 388
自己省察　14
事務管理コーディネーター　111
シャックルフォード，レイ　99
ジャフ＝ルイス，マリリン　85, 89
宗教学　340
集合学習　40, 380
ジョージタウン大学　44
ジョージ・メイソン大学　45
情報過多　46
ショスタック，アーサー・B.　350, 387
人事上の決定　94
シンプソン，ナンシー・J.　99, 387
心理社会人類学　350
数学　284, 294
ズビザレタ，ジョン　120, 126, 387
生物科学・生命工学　152
セルディン，エイミー・E.　202, 387
セルディン，クレメント・A.　211, 387
セルディン，ピーター　57, 79, 85, 92, 99, 109, 388

381

［タ　行］

大学執行部の支援　96, 113, 121
地質学　261
著作権とプライバシーの問題　47
追跡調査　115
ティーチング・エクセレンス・センター　91, 99
ティーチング・ポートフォリオ
　――アプローチの受容　23, 24
　――ウィークエンド　103
　――合宿研修のスケジュールの実例　105
　――作成のヒント　20-24
　――と相互作用　100
　――と多様な情報源　101
　――とは何か　3
　――に関する質問と答え　25
　――に組み込む項目　9, 11-13
　――に含める項目の選択　11-13
　――の改訂と更新　126
　――の改訂を持続する　123
　――の更新　15
　――の更新と改善　120
　――の作成　6
　――の省察プロセスの手引き　32
　――の定型書式　97
　――の評価のチェックリスト　35
　――のページ数と費やす時間　13
　――の要素　31
　――の利用　16-20
　――をなぜ作成するのか　4
　オンライン・――　40
　教員自らの選択としての――　101
　公的／総括的な――　58
　私的／形成的な――　58
　プロセスおよびプロダクトとしての――　100
　臨床――　95
ディヴァナス，モニカ・A.　91, 385
テキサスA＆M大学　30, 99
テキサスクリスチャン大学　191, 331
テクノロジー　47
デザイン・マーチャンダイジング・繊維学　191
テニュア　7, 92, 160, 380
電子的　19
電子的ティーチング・ポートフォリオ　38
　――作成上の課題　45-47
　――の受け手と目的　48
　――の将来　51
　――のテーマ　48
　――の内容と構成　49
　――のプランニング　48
添付資料　14, 72, 123
トーマス，ブリジット　181, 387
特殊な教育環境　96
ドネラン，ジョセフ・G.　143, 385
トルーマン州立大学　181
ドレクセル大学　56, 152, 350

［ナ　行］

内省の実行　120
ニュージャージー医科歯科大学　97
ニューヨーク・シティ工科カレッジ　294
ニューヨーク州立大学フレドニア校　171, 242
ネブラスカ大学リンカーン校　40
能動型学習　9, 133, 253, 380
ノートルダム大学　43
ノックス賞　71

［ハ　行］

バーグ，アビー・L.　162, 384
パークス，アネット　117
バートン郡コミュニティカレッジ　220, 284
バーンスタイン，ダン　40
パターソン，バーバラ・A.B.　340, 386
バロウズ，メアリー　220, 384
バロー，キャスリン・A.　319, 384
ピア・エディティング　223, 380
ファカルティ・ラーニング・コミュニティ　67
ファシリテーター　68, 223, 380
フィードバック・ループ　40

フォルテンベリー，サリー・L. 191,
    384
舞台芸術学 363
フットヒル・カレッジ 44
物理・天文学 331
プフォルツハイム・ファカルティ・ディ
    ベロップメントセンター 84
ブラッドレイ，カーチス・C. 331, 384
フランク，サンドラ 85
フレイディ，マイラ 77, 385
プロボスト 74, 85, 380
ベイカー，スティーブ 80
ペース大学 84, 162, 230, 388
ヘンダーソン，ステファン・W. 80,
    261, 385
ホール，ジェイムズ 85

[マ 行]

マイアミ大学（オハイオ州） 307
マクダナー，キャスリーン・A. 171,
    386
マサチューセッツ大学アマースト校
    211
ミズーリ大学カンザス・シティ校 319
ミッチェル，マーガレット 363, 386
ミラー，リズ 99
目に見える知識プロジェクト 44
メンター 6, 26, 59, 86, 110, 380
メンターの支援 121
メンタリング 92, 138, 156, 239, 380

[ラ 行]

ラガーディア・コミュニティカレッジ
    44

ラズマッセン，カレン・L. 273, 386
ラトガース大学 91
リウ＝マーク，ジャネット 294, 386
リギンス，ソーンドラ・K. 242, 386
リサーチ・ファカルティ 92
リム，テク＝カー 56, 386
履歴書 128
リンヴィル，ケント 79
レイン，ジーン・E.L. 99, 386
ロジャーズ，マイケル 79
ロバート・ウッド・ジョンソン医学部
    97
ロビンソン，ウィリアム・J. 284, 386

[ワ 行]

ワンデル，タマラ・L. 108, 387

Barkley, Elizabeth 44, 46
Barrett, Helen 49
Boyer, Ernest 120
Hatch, Thomas 52
Journal on Excellence in College Teaching
    73
Kelly, Mills 45, 51, 52
post-tenure review: PTR 57
Tompkins, Dan 44

寄稿者略歴

シヴァンティ・アナンダン（Shivanthi Anandan）
ドレクセル大学生物科学・生命工学科准教授。教育研究の専門分野は，微生物学，遺伝学，生命工学である。

リンダ・アンステンディグ（Linda Anstendig）
ペース大学プレザントヴィル校（ニューヨーク州）英語・コミュニケーション学科教授。新入生向けと上級のライティング，およびアメリカ文学を教えている。プフォルツハイム・ファカルティ・ディベロップメントセンターの共同所長も務めている。

メアリー・バロウズ（Mary Barrows）
15 年以上にわたりバートン郡コミュニティカレッジ（カンザス州）の英語・英文学の常勤講師である。大学院での担当科目は学習障害である。

キャスリン・A. バロー（Kathryn A. Ballou）
ミズーリ大学（カンザス・シティ）看護学部准教授。医療保険制度の研究と批判的フェミニストの質的手法を専門としている。

アビー・L. バーグ（Abbey L. Berg）
ペース大学ニューヨーク・シティ校コミュニケーション研究／コミュニケーション科学・聴覚言語障害学科准教授。研究分野は聴覚障害の早期発見と同定など。

カーチス・C. ブラッドレイ（Curtis C. Bradley）
テキサスクリスチャン大学物理学准教授。原子物理学を専門とし，米国学術研究会議（National Research Council：NRC）の博士研究員として 2 年間，国立科学技術研究所（National Institute of Science and Technology：NIST）で働いた。

ジェーン・コリンズ（Jane Collins）
ペース大学ニューヨーク・シティ校英語学准教授。「ペース大学の詩人」と題する朗読シリーズを主催している。教育の関心分野は，中心的文学作品他，現代アメリカ演劇，チョーサー，シェークスピア，アメリカの中編小説である。

ミルトン・D. コックス（Milton D. Cox）
オハイオ州立マイアミ大学（オハイオ州オックスフォード）の教育効果プログラムの大学ディレクター。全国的な「カレッジ教育に関するリリー会議」を創設し，現在もその運営を続けている。また，*Journal on Excellence in College Teaching* の創始者であり編集主幹である。

モニカ・A. ディヴァナス（Monica A. Devanas）
ラトガース大学教育センターのファカルティ・ディベロップメントおよび教員評価プログラムのディレクター。全米カレッジ・大学連盟（Association of American Colleges and Universities）から，「科学教育と市民参加」（Science Education and Civic Engagements）モデルのディベロッパーに認定されている。

ジョセフ・G. ドネラン（Joseph G. Donelan）
ウェストフロリダ大学の会計学教授。教育と研究の関心分野は，プランニング・管理・意思決定を目的とした経営上の情報利用である。

ケイ・L. エドワーズ（Kay L. Edwards）
オハイオ州立マイアミ大学（オハイオ州オックスフォード）の音楽教育准教授であり，教育実習生の監督を行っている。主な関心分野は，幼児期の初歩的音楽，多文化音楽教育，および子どもの音楽への反応を強化するための指導付き鑑賞教材の使用についてである。

サリー・L. フォルテンベリー（Sally L. Fortenberry）
テキサスクリスチャン大学アドラン人文・社会科学カレッジのデザイン・マーチャンダイジング・繊維学科准教授。学科長。インターンシップ・プログラムのコーディネーターも務めている。

マイラ・フレイディ（Myra Frady）
エモリー大学オックスフォードカレッジの財務・経営・情報技術担当副学部長であり，数学のシニア教員である。学生の学習評価とファカルティ・ディベロップメントの斬新なアプローチに積極的に取り組んでいる。

ステファン・W. ヘンダーソン（Stephen W. Henderson）
エモリー大学オックスフォード・カレッジの地質学准教授。（彼は子どもの頃から古生物学者になることを夢見ていた。）主な関心分野は，化石生成，および地質学と文化関連分野である。

スーザン・カーン（Susan Kahn）
インディアナ大学-パデュー大学インディアナポリス校の大学評価事務局ディレクター。評価，ファカルティ・ディベロップメント，電子的ポートフォリオについて，広く講演やコンサルティングを行っている。

コンスタンス・A. クナップ（Constance A. Knapp）
ペース大学プレザントヴィル校（ニューヨーク州）の情報システム准教授兼プフォルツハイム・ファカルティ・ディベロップメントセンター共同所長。

ジーン・E. L. レイン（Jean E. L. Layne）
テキサス A&M 大学のファカルティ・ラーニング・コミュニティ――教育センターとドワイト・ルック工学カレッジの行動プロジェクト――のプログラム・コーディネーターである。ファカルティ・ディベロップメントに携わるとともに，学習戦略の講座を教えている。

ソーンドラ・K. リギンス（Saundra K. Liggins）
ニューヨーク州立大学フレドニア校の英語准教授。アフリカ系アメリカ人の文学，現代アメリカ文学，ゴシック文学，ハーレム・ルネッサンスについて教えている。

テク=カー・リム（Tech-Kah Lim）
ドレクセル大学物理学教授。1998 年にティーチング・ポートフォリオ・プログラムに参加した最初の教授陣の一員であり，現在はドレクセル大学の他の教員のポートフォリオ作成を支援する学内メンターである。

ジャネット・リウ=マーク（Janet Liou-Mark）
ニューヨーク市立大学ニューヨーク・シティ工科カレッジの数学科准教授。幸運にも，創造的な教育スタイルが所属学科に支援され，他の教員がティーチング・ポートフォリオを作成する際のメンターを務める機会を得ている。

キャスリーン・A. マクダナー（Kathleen A. McDonough）
ニューヨーク州立大学フレドニア校のコミュニケーション准教授。賞を獲得したドキュメンタリー映画制作者であり，ビデオ制作，マルチメディア，応用メディア美学を教えている。

マーガレット・ミッチェル（Margaret Mitchell）
インカーネート・ワード大学舞台芸術学准教授。衣装デザイン，衣装の歴史，舞台デザイン入門，舞台装置デザイン，舞台実習の科目を教えている。

バーバラ・A. B. パターソン（Barbara A. B. Patterson）
エモリー大学宗教学科シニア教員。精神的実践と社会変化の関係を探求している。学識ある市民活動（scholar citizenship）の擁護者としてエモリー実験学習プログラムを率いている。

カレン・L. ラズマッセン（Karen L. Rasmussen）
ウェストフロリダ大学専門研究カレッジ教育・作業工学部准教授。副学科長。科学技術活動を支援する教師向けのツール Quick Science のウェブクエストなど，各種のプロダクトの設計と開発の顧問を務めている。

ウィリアム・J. ロビンソン（William J. Robinson）
バートン郡コミュニティカレッジ（カンザス州）の数学講師。20 年間にわたり，このコミュニティカレッジであらゆるレベルの数学を教えている。

エイミー・E. セルディン(Amy E. Seldin)
マサチューセッツ州スプリングフィールドの公立学校のリーディング／言語科目専門家を養成する教師である。この職を得る前に1年間，ウェストフィールド州立大学でリーディングとリテラシーを教えていた。

クレメント・A. セルディン(Clement A. Seldin)
マサチューセッツ大学アマースト校の教育学教授。同大学の「顕著な教育賞」を受けた。現在，コロンビア大学（教員カレッジ）との協力により，全国の教育学部に関する調査に取り組んでいる。

アラン・シェパード(Alan Shepard)
カナダ，オンタリオ州のゲルフ大学英文学・演劇学部の教授，学部ディレクター。社会階級が教育に及ぼす影響に関する論文集 *Coming to Class: Pedagogy and the Social Class of Teachers* および *Marlowe's Soldiers* の著者である。

アーサー・B. ショスタック(Arthur B. Shostak)
ドレクセル大学社会学教授。プロのフューチャリスト（未来予測家）であり，産業社会学を専門としている。これまでに24冊の著書と150を超える論文を執筆，編集，または共同執筆している。

ナンシー・J. シンプソン(Nancy J. Simpson)
テキサスA&M大学教育センター所長。10年にわたってファカルティ・ディベロップメントに携わっているのに加え，数学の科目を担当している。

ブリジット・トーマス(Bridget Thomas)
トルーマン州立大学の古典学准教授。古代ギリシャとローマの言語，文学，文化を教えている。研究の中心は古代ギリシャ文学におけるジェンダーと民族のアイデンティティである。

タマラ・L. ワンデル(Tamara L. Wandel)
サザンインディアナ大学公共関係学准教授。これ以前には，エヴァンズヴィル大学副学部長として，ティーチング・ポートフォリオ・プロジェクトの調整役を務めた。

ジョン・ズビザレタ(John Zubizarreta)
サウスカロライナ州コロンビアのコロンビアカレッジ英語学教授。成績優秀者プログラム・ファカルティ・ディベロップメントディレクター。カーネギー財団／C. A. S. E. の「プロフェッサー・オブ・ザ・イヤー」に選ばれ，教育，学習，ポートフォリオについて幅広く出版や発表を行っている。

著者略歴

ピーター・セルディン（Peter Seldin）

　ペース大学プレザントヴィル校（ニューヨーク州）の経営学部の著名な名誉教授。行動科学者，教育者，著述家であり，教職員の評価およびファカルティ・ディベロップメントの専門家でもあるセルディン氏は，全米および世界の40ヶ国の300を超える大学で，高等教育の問題に関するコンサルタントを務めてきた。

　セルディン氏は，アメリカ国内および国際的な学会の講演者としてもよく知られている。また，恒常的に，全米教育協議会（American Council on Education：ACE），全米高等教育協会（American Association for Higher Education：AAHE），大学ビジネススクール推進協会（Association to Advance Collegiate Schools of Business：AACSB）による各種プログラムの教員リーダーを務めている。

　評判の高い著書としては以下のものがある。

　　The Administrative Portfolio（2002，Mary Lou Higgerson との共著）
　　Changing Practices in Evaluating Teaching（1999，共著）
　　The Teaching Portfolio, 第2版（1997）
　　Improving College Teaching（1995，共著）
　　Successful Use of Teaching Portfolios（1993，共著）
　　The Teaching Portfolio（1991）
　　How Administrators Can Improve Teaching（1990，共著）
　　Evaluating and Developing Administrative Performance（1988）
　　Coping with Faculty Stress（1987，共著）
　　Changing Practices in Faculty Evaluation（1984）
　　Successful Faculty Evaluation Programs（1980）
　　Teaching Professors to Teach（1977）
　　How Colleges Evaluate Professors（1975）

　セルディン氏は，教育職，学生の評価，教育の実践，大学の文化について，*The New York Times, The Chronicle of Higher Education, Change* 誌などに数多く寄稿している。また，教育の学究活動に対する貢献により，キーストーン大学（ペンシルバニア州），コロンビア・カレッジ（サウスカロライナ州）から名誉学位を授与されている。

著　者
ピーター・セルディン（Peter Seldin）
ペース大学ルービン・ビジネススクール教授。
1963年，ホバート・カレッジ（心理学）卒業，1966年ロング・アイランド大学で修士号（MBA）取得。1974年，フォーダム大学で博士号（教育学）取得。1979年よりペース大学ルービン・ビジネススクールの教員に就任。
専門分野：リーダーシップ，業績評価，大学教育，教育評価，組織行動学。
世界各国の300以上の高等教育機関で授業評価やティーチング・ポートフォリオなどに関するコンサルティング活動を行う。キーストン・カレッジ，コロンビア・カレッジ名誉博士。

監訳者
川口昭彦（かわぐちあきひこ）
独立行政法人 大学評価・学位授与機構理事。
1964年岡山大学理学部卒業。1969年京都大学大学院理学研究科博士課程単位取得退学。理学博士（京都大学）。東京大学名誉教授。
主な著書：『生命と時間　生物化学入門』（東京大学出版会），大学評価・学位授与機構大学評価シリーズ『大学評価文化の展開—わかりやすい大学評価の技法』（ぎょうせい）

訳者
栗田佳代子（くりたかよこ）
独立行政法人 大学評価・学位授与機構評価研究部准教授。
1993年東京大学教育学部卒業，2000年東京大学大学院教育学研究科博士課程単位取得退学。博士（教育学，東京大学 2002年）。
主な著書：『アカデミック・ポートフォリオ』（玉川大学出版部）

大学教育を変える教育業績記録（だいがくきょういくかきょういくぎょうせききろく）
—ティーチング・ポートフォリオ作成の手引き—（さくせい てびき）

2007年10月25日　初版第1刷発行
2019年 8月10日　初版第4刷発行

著　者　―――――ピーター・セルディン
監訳者　―――――独立行政法人 大学評価・学位授与機構
　　　　　　　　川口昭彦
訳　者　―――――栗田佳代子
発行者　―――――小原芳明
発行所　―――――玉川大学出版部
　　　　　　〒194-8610 東京都町田市玉川学園6-1-1
　　　　　　TEL 042-739-8935　　FAX 042-739-8940
　　　　　　http://tamagawa.hondana.jp/
　　　　　　振替　00180-7-26665
装　幀　―――――渡辺澪子
印刷・製本　――――（株）広真
乱丁・落丁本はお取り替えします。

© Tamagawa University Press 2007　Printed in Japan
ISBN978-4-472-40354-5 C3037 / NDC377

玉川大学出版部の本

TA 実践ガイドブック
小笠原正明・西森敏之・瀬名波栄潤 編

大学院生をティーチングアシスタント（TA）として雇い、授業を手伝わせる TA 制度の役割と TA が実際行う仕事を詳しく解説する。よい授業と優秀な人材を養成するために。
A5 判並製・160 頁　本体 2,800 円

＊

授業評価活用ハンドブック
山地弘起 編著

学生による授業評価の歴史と機能から、アンケートのつくり方、評価を授業に生かす方法など、授業評価のすべてを概観するのに最適な手引き書。実施に当たっての Q&A 付き。
A5 判並製・216 頁　本体 3,400 円

＊

大学生のための「読む・書く・プレゼン・ディベート」の方法
松本　茂・河野哲也 著

知的な学生生活、社会人生活に必要な 4 つの基礎力の本質を、正攻法で伝授。情報の収集・整理のしかたから主張・議論のしかたまでを、内容・形式両面から実践的に身につける。
A5 判並製・160 頁　本体 1,400 円

＊

日本の教育
岡村　豊 著

現行教育システムの基礎知識を初めて体系化。教員や教育の質の確保のために、どのような方策がとられているのか。学校教育、社会教育、生涯学習の実態と運用について解説。
A5 判並製・560 頁　本体 4,500 円

表示価格は税別です。